入門 地方財政

地域から考える自治と共同社会

—— 編著 ——

平岡和久・川瀬憲子
桒田但馬・霜田博史

JN089358

自治体研究社

目 次

入門 地方財政
地域から考える自治と共同社会

序　章

地域から考える地方財政

キーワード
地域共同体、共同社会的条件、コモンズ、サステナビリティ、
グローバル資本主義

1　地域共同社会を基盤とした地方自治と地方財政

　地域の問題は必ずといってよいほど財政の問題に行き当たります。今、みなさんの地域で何が起こっており、私たちの暮らしにどのような影響があるでしょうか。例をあげれば、近隣の小学校や公民館が統廃合でなくなるかもしれないという地域があります。その反対に豪華な観光施設やホールを建設する計画がある地域もあります。住民負担という点では、保育料や国民健康保険料（国保料）、各種の手数料を引き上げる自治体もある一方で、保育料を無料化したり、国保料を引き下げたり、子育て支援を充実させている自治体もあります。

　こうした自治体における公共施設や公共サービスのあり方や住民負担のあり方はすべて財政問題に行き当たります。

　ところが、財政は難しく、よくわからないという声をよく聞きます。そうなれば、「財政が厳しいから公共施設の統廃合はやむを得ない」とか「財政が厳しいから料金引き上げはやむを得ない」といった説明や「この施設整備には国の有利な補助金や地方債が利用できる」といった説明を聞くだけで思考停止に陥ってしまうことがあります。

ですから、住民が地方自治に関心をもち、参加していくためには財政の知識が不可欠になります。地方財政学は、地方自治に関心があり、自分たちの暮らしをよくし、地域を維持していくことを求める住民の皆さんの素養として身に着けるべき知識を提供しなければなりません。

　「財政は国家の顔」であるともいわれています。そうであれば「財政は自治体の顔」でもあります。どんなに美辞麗句を並び立てても実際に何にどう貴重な税金を使っているかは財政の中身を知ればわかります。しかし、財政の仕組みは複雑なので、しっかり理解しなければだまされるかもしれません。「だまされない」ための地方財政学ということもできます。

　財政は政治と経済の結節点であるともいわれています。財政学や地方財政学は単なる経済学の応用分野ではない独自の学としての体系を有しています。もちろん、経済学は財政学の重要な基礎を提供しています。ただし、本テキストでは主流派経済学を基盤にもつ主流派財政学とは異なる理論的視点に立ちます。序章ではこのポイントを説明することとします。また、「地方自治があるから地方財政がある」という関係性があることから、地方財政学は地方自治論を基礎としなければなりません。そのポイントも説明することとします。

1-1　地方自治の基盤としての地域共同体

　宮本憲一によれば、地方自治とは以下のように定義されます。「地方自治は住民が生産と生活のための**共同社会的条件**を創設・維持・管理するために、社会的権力としての自治体をつくり、その共同事務に参加し、主人公として統治すること」（宮本，2016）。

　ここでいう共同社会的条件は、社会的生産手段（道路、港湾、工業用水、生産用電力など）と社会的生活手段（医療、福祉、教育、共同住宅、公園、緑地など）からなります。サステナブルな地域を構築するためには、地域の共同社会的条件のあり方がきわめて重要となります。地域の足下から共同社会的条件を**サステナビリティ**の観点から見直し、再構築するためには、社会的権力としての自治体の役割が果たされなければなりません。

　グローバル化のなかで地域経済の悪化、サステナビリティの揺らぎが生じ、地域を維持するための自治体の役割の重要性の増大するなかで、自治体の強化

および地方自治の拡充が不可欠となっています。

　自治体の基盤となっているのが**地域共同体**（コミュニティ）です。自治体の強化のためには、その基盤となる地域共同体の活性化が求められます。そのためには地域自治組織の形成・活性化、NPOなどのテーマ型住民組織の形成と活性化、自治体への住民の学習と参加が大切であり、そうした自発的な取組みが自治力の向上につながることが期待されます。

1-2　経済の仕組みと地域共同体

　地方自治の基盤としての地域共同体の位置づけを考える際に、主流派経済学を批判し、新しい経済の捉え方を提起した**ケイト・ラワース**の所説が参考になります（ラワース，2018）。ラワースは地球のなかに「社会」があり、「社会」のなかに「経済」活動があるという「組み込み型経済」の考え方を提示しました（図序-1）。そこでは、「経済」活動のなかの「家計」、「市場」、**コモンズ**（みんなで共有できる自然や社会の資源）」、「国家」の4つの供給主体が人間のニーズや欲望を満たすものとされています。従来の経済学における市場と国家の2分法が見逃してきた「家計」と「コモンズ」は、市場経済と異なり住民と地域共同体が自己統制できうるものです。

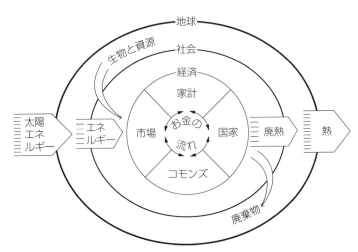

図序-1　組み込み型経済の図

出所：ケイト・ラワース（2018）。

ただし、ラワースの組み込み型経済論には自治体が明示的に登場していません。「コモンズ」と「国家」を媒介する地方自治と地方財政の役割を入れて考える必要があります。また、現代資本主義の経済は単に「市場」という理解では済まされません。資本主義的生産様式がグローバル経済を主導している点を踏まえる必要があります。

　歴史的に形成されてきた「コモンズ」あるいはそれを担う地域共同体は、資本主義の発達のなかで市場と国家に置き換わり、しだいに縮小していきました。しかし、現代資本主義におけるグローバル化がもたらす地球環境の危機と経済社会の危機に対して「コモンズ」の領域の再拡大と地域共同体の復興が求められる時代に入っています。

　それゆえ、地域共同社会を基盤とした地方自治とそれを支える地方財政の役割はより大切になってくると考えられます。

2　サステナブルな地域の内発的発展

2-1　サステナブルな内発的発展

　サステナブルな社会の内容について、宮本憲一は①平和、②環境保全、③絶対的貧困と経済的不平等の克服、④基本的人権の確立と国際・国内的民主主義の確立、⑤多様な文化の共生という5つの内容を提起しました。これらのサステナブルな社会の内容は誰しも合意できるものですが、それを実現するためにはこれまでの工業化、都市化の文明にコペルニクス的転換がもとめられます。また、経済開発のあり方も外部の民間企業に依存する外生的開発でなく、サステナブルな社会をめざす内発的発展がもとめられます（宮本，2007）。

2-2　環境制約のなかで社会の基本的なニーズをどう満たすか

　サステナブルな社会の条件を「ドーナツ」でイメージしたのが、先に紹介したケイト・ラワースです（**図序-2**）。ラワースによれば、人類のサステナビリティの条件としては、環境的条件（地球環境・環境容量の限界内での経済活動）、経済的条件（食料、水、エネルギー、住居、健康・医療、教育、所得、人間らしい仕事など、基本的なニーズを満たす）および社会的条件（平和、公平、人

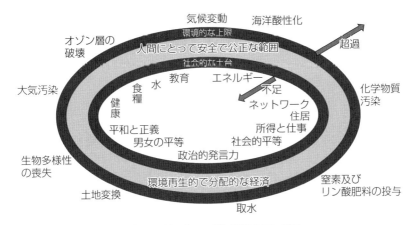

図序-2　ドーナツ—21世紀のコンパス

出所：ケイト・ラワース（2018）。

権、民主主義など）が核となります。

　「ドーナツ」とは、社会経済的土台を満たすとともに環境的な上限の範囲内を指すのであり、その範囲内に人間の活動をおさめることが21世紀のコンパスとなります。

　経済成長と地球環境の許容限界との十分な絶対的デカップリング（切り離し）は可能なのでしょうか。再生可能エネルギー、循環型経済によるグリーン成長論は「切り離し」への挑戦を重視しています。しかし、経済成長優先のグリーン成長論にはその実現可能性に懸念があります。「切り離し」は不確実であり、期待しきれないのであれば、経済成長にこだわらず、環境再生的で分配的な経済を目指そうというのがラワースの主張です。

　ただし、**グローバル資本主義**をどう制御するかという大問題があります。環境再生的で分配的な「新しい資本主義」は可能なのでしょうか。これに対しては、資本主義である以上はあくなき利潤の追求と成長を求めるという資本の運動法則を止めることはできないという見解もあります。では、資本主義へのオルタナティブを求める体制変革が模索されるべきでしょうか。それともラワースの見解のように、「家計」を適切に位置づけるとともに「コモンズ」の領域を広げ、また、それを支援する国家の政策によって市場とうまく付き合いながら進める漸進的改革に期待をかけるべきでしょうか。こうした点ついてよく考え

てみることが大切です。その際、「コモンズ」と「国家」を媒介する地方自治と地方財政の役割はきわめて重要になってくるとおもわれます。

③ 現代資本主義における地域と地方財政

3-1 地域を形成する主体と地域問題、地方財政

　岡田知弘によれば、地域は本源的に人間が生活する場であり、人間と自然との物質代謝が行われる場です。それとともに、資本主義における地域空間を形成する主体は「資本」であり、資本は、自らの活動に適合的なインフラやサービスを政府や自治体に求め、それらを活用しながら地域を形成し、さらにはさまざまな地域をまたいで活動していきます。資本の活動は「生活の場としての地域」の形成や変容に大きく影響を与えます（岡田，2020）。

　資本の活動の条件整備のために小さな政府と規制緩和を進める中央政府の政策が、地球のサステナビリティや地域における生活権・共同社会的条件の維持・充実とバッティングする場合、中央政治・行政と自治体の政治・行政との間にせめぎ合いが起こる可能性があります。

3-2 グローバル資本主義と地方財政

　グローバル資本主義がもたらす環境と経済社会への破壊的影響を緩和・制御し、サステナブルな地域をつくるためには、市場原理や資本の論理と異なる、信頼と互酬性の規範にもとづき地域資源を共同管理していく「コモンズ」と地域共同体の再活性化が求められています。さらに、現代資本主義社会においては、グローバル資本主義と国家の政治・行政の地域への影響を制御しながら地域の内発的な発展を目指し、「コモンズ」と地域共同体の再活性化を支援する地方自治の役割が重要です。

　環境再生的であり、かつベーシックな人間のニーズを満たす公正な地域社会をつくるためには、さまざまな共同社会的条件の維持・充実が求められます。そのためには共同社会的条件を担う地方自治の拡充が重要となります。さらに、地方自治の拡充のためには地方自治の制度的な基盤としての地方財政制度の充実が不可欠です（杉原，2002）。

今、グローバル資本主義とそれを推進する国家の政治・行政に抗して、新たな社会運動とその影響下での新たな自治体の取組みに注目が集まっています。それはミュニシパリズム（自治体主義）と呼ばれており、草の根の住民運動による自治体への参加・直接民主主義、格差と不平等の是正、人権、公共サービスの再公営化、エコロジー、コモンズの保全、ジェンダー平等などを重視しています（山本ほか，2022）。このような世界的な新たな潮流は日本においても注目されており、地方自治のさまざまな優れた実践が始まっています。

4　本書の構成

本テキストはこれまでの地方財政学のテキストと共通する内容とともに、やや異なるユニークな特徴があります。それはできるだけ多くの分野を取り上げ、地域で起こっている具体的な問題を地方自治と地方財政の問題として取り上げたり、優れた地方自治の実践例を取り上げたりしながら考察していくことに力点を置いていることにあります。

第1部は理論・制度解説のパートであり、自治拡充の視点から、現代資本主義論や歴史と世界の流れを意識しながら、地方財政制度と実態をバランスよく解説します。

第2部は個別テーマ・分析のパートであり、住民が自治の主体として地域と自治体をつくっていくために必要な理論、制度、現状分析について具体事例を解き明かしながら解説します。読者は第2部の関心のある章から読み進めることも可能です。関心のある具体事例を把握したうえで、第1部の制度解説編を読むという方法もあります。

第3部は改革・展望のパートです。ここでは第1部および第2部を踏まえ、人口減少社会が進行する日本における最新の地方自治・地方財政改革の現状を把握するとともに、歴史を踏まえた地方財政改革の課題と展望を提示します。

●参考文献
岡田知弘（2020）『地域づくりの経済学入門——地域内再投資力論［増補改訂版］』自治体研究社。

杉原泰雄（2002）『地方自治の憲法論――「充実した地方自治」を求めて』勁草書房。

山本隆・山本惠子・八木橋慶一編著（2022）『ニューミュニシパリズム――グローバル資本主義を地域から変革する新しい民主主義』明石書店。

宮本憲一（2016）『日本の地方自治　その歴史と未来［増補版］』自治体研究社。

宮本憲一（2007）『環境経済学　新版』岩波書店。

Raworth, Kate（2017）*Doughnut Economics: Seven Ways to Think Like a 21st Century Economist*, Chelsea Green Pub Co. 黒輪篤嗣訳（2018）『ドーナツ経済学が世界を救う――人類と地球のためのパラダイムシフト』河出書房新社。

（平岡和久）

第1部
理論・制度編

第1章

日本の地方自治と地方財政

> **キーワード**
> 共同社会的条件、現代的地方自治、現代資本主義、融合型地方自治、集権的分散システム

1 地方自治と地方財政

1-1 地方自治とは

　地方財政は、制度として**地方自治**を支えるものであるとともに、地方自治の内実の経済的側面でもあります。日本国憲法では第8章に地方自治が盛り込まれ、第92条には「地方公共団体の組織及び運営に関する事項は、地方自治の本旨に基づいて、法律でこれを定める。」と規定されています。では「地方自治の本旨」とは何を指すのでしょうか。

　「地方自治の本旨」は「団体自治」と「住民自治」を指すというのが通説となっており、行政学や地方自治論の多くの教科書でも踏襲されています。「団体自治」とは国から独立した自治体の存在を認め、自主的・自律的に政治・行政を行うという原則を指します。「住民自治」とは自治体が住民の意思に基づいた政治・行政を行うという原則を指します。では、「団体自治」と「住民自治」との関係性についてはどう理解すればよいのでしょうか。

　これについて、「団体自治」をより重視する見解と「住民自治」をより重視する見解がありますが、本テキストでは**杉原泰雄**と宮本憲一の説にならい、「地

方自治の本旨」を「住民自治を基礎として団体自治を確立すること」と理解することにします（杉原，2002および宮本，2016）。

　杉原・宮本説の考え方の背景には、地方自治が憲法で保障されるはるか以前から存在してきたという歴史があります。よく知られるように、古代ギリシャの都市や中世ヨーロッパの自治都市の例もあります。日本においても中世における自治都市・堺はよく知られています。地方自治を歴史貫通的に把握するならば、序章でも紹介した宮本の次の地方自治の定義の意味が理解できます。

　「地方自治は住民が生産と生活のための**共同社会的条件**を創設・維持・管理するために、社会的権力としての自治体をつくり、その共同事務に参加し、主人公として統治すること」（宮本，2016）。

　ここでいう共同社会的条件は、社会的生産手段（道路、港湾、工業用水、生産用電力など）と社会的生活手段（医療、福祉、教育、共同住宅、公園、緑地など）からなり、近代以前から人間の歴史のなかで存在してきたものです。つまり、古くからの歴史のなかで、地域における共同社会的条件を創設・維持・管理するために住民が自分たちの共同業務を自分たちで行うという住民自治が基盤となり、住民による統治団体としての自治体が成立したということが地方自治の起源であると解釈されます。

　地方自治の発展の3段階論というものがあります。「古典的地方自治」から「近代的地方自治」へ、さらに「**現代的地方自治**」へと発展してきたという説です（島，1963および重森，2013）。ここでいう「古典的地方自治」とは、近代的租税制度などの地方財政制度確立以前において、地域の土地などの共有財産や地域の名望家の負担で財源をまかなうとともに、共同業務に対する住民の労役提供に依拠した地方自治の姿を指します。島恭彦は封建社会から資本主義社会への移行期における絶対王政下において「古典的地方自治」の姿を見出しています。また、都市だけに地方自治を限定するのは正しくないとして、広く農村にも地方自治があったと考えるべきだとしています。また日本においては明治期の「地主的地方自治」に「古典的地方自治」の姿を見ています（島，1963）。こうした「古典的地方自治」に地方自治の原初形態をみる見方は、杉原・宮本説と共通する面があるといってよいでしょう。

　地方自治の発展の3段階論によれば、「古典的地方自治」から「近代的地方自

治」へと発展することになるのですが、その契機となったのが資本主義の発達とそれに伴う都市化の進展です。資本主義と都市の発達によって都市には、教育、道路、交通、上下水道、保健衛生、住宅、消防、警察などの財政需要が高まるとともに、財産に代わって租税が主要な財源となり、有力な地方税の税源が増加するようになります。こうした都市では公選制と議会政治が発達していきます。また、近代的地方自治の確立の過程は、近代国家が租税制度など近代的な財政制度を確立するなかで中央集権的に自治体が包摂しようとする力が働くとともに、自治を拡充しようとする自治体とのせめぎ合いの過程でもあります。このような姿は「近代的地方自治」と呼ばれたのです（島，1963 および重森，2013）。

　重森暁（2013）によれば、現在の地方自治は近代的地方自治としての基本的性格をもちつつも、それを超えた「現代的地方自治」とも呼ぶべき新たな特徴をもつようになりました。なかでも現代的地方自治の中核となる特徴が基本的人権の保障・確立に対する役割であり、そのための公務労働の役割です。また、現代資本主義の発達に伴なう都市と農村の不均衡発展により都市自治体と農村自治体の財政力の格差を調整しなければ現代的地方自治が果たすべき基本的人権保障の役割が果たせない問題が起こります。そこで現代的地方自治における財政制度として自治体間の課税力と財政需要の両方を調整する財政調整制度が高度に発達してきました。この点も現代的地方自治の特徴の1つだといえます（重森，2013）。

　以上、やや歴史的な視点から地方自治をみてきましたが、次に宮本による地方自治の4機能論（宮本，2016）を**辻清明**（1976）の3機能論（媒介・抑制・参加）で補強しながら整理しましょう。

　第1に、地域の公共的な課題・問題を地域の実情に即して解決したり、地域に合った社会資本や現物給付（サービス）を効率的に供給したりする機能です。地域における公共的な課題は同じではありません。たとえば防災・減災の課題をみれば、農山村、漁村、沿岸部の都市など、それぞれの地域で具体的な課題が異なります。また、社会資本のあり方も地域によって異なる面があります。たとえば汚水処理について、人口密度の高い都市部では公共下水道が効率的ですが、小規模集落が点在する農山村では合併処理浄化槽が効率的になります。

第2に、**民主主義の学校**（住民が身近な政治に参加）としての機能です。住民に身近で切実な公共的課題は多岐に渡っています。生活道路や上下水道、ごみ処理、環境保全といった生活課題、保育、学校教育、保健・医療、福祉などです。これらの公共的課題に住民が身近な自治体の政治に参加し、地域課題を学習してその解決策を議論し合い、議会や直接参加をつうじて政策を実現していくプロセスのなかで、民主主義の基礎力が育まれていくことが期待されます。こうした地方自治のもとでの民主主義の基礎力は住民自治力と言い換えることができます。

　第3に、中央政府の政治や行政への抑制機能（中央政府の画一的規制や過剰な介入を防止するとともに地域の多元性を維持し、集権や専制を抑制する機能）や媒介機能（中央政府の政治や行政に対して政策や行政サービスに関するローカルな政治的調整とサービスの総合化により最適化を図る機能）です。中央政府の政策を実現するためにつくった制度・財政措置等がダイレクトに地域に適用されるとすれば、全国画一的な施策・制度が地域の実情に合わないことがでてきます。1つ例をあげると、現在、再生可能エネルギーの普及は温暖化防止の目標のなかで要となるものであり、政府も推進しています。しかし、外部事業者によるメガソーラーの地域への導入は環境や景観への悪影響が懸念されることから各地で反対運動が起こっています。こうしたなかで自治体が条例を制定し、地域の環境や景観を守りながら再生可能エネルギーの普及を進めるための独自な対策を立てるケースが増えています。これらは国の画一的行政による弊害に対して自治体が媒介機能や抑制機能を発揮する例といえます。また、沖縄の米軍基地問題や原発再稼働問題なども地方自治の抑制機能が発揮されうる例です。

　第4に、地域の環境・経済や文化などの独自性を維持し、自治体を要としながら地域の諸主体が連携して地域の内発的発展を実現する機能です。環境的にも経済的にも社会的にも維持可能な地域をつくっていくためには地域が独自の行財政権限をもち、それを発揮しながら地域の諸主体と連携した取組みを進めることが不可欠です。

1-2 自治体財政の範囲

　日本における地方財政をみる際に、自治体財政の範囲を把握しておく必要があります。その際、会計区分をみると理解しやすいとおもわれます（図1-1）。自治体会計はまず一般会計と特別会計に区分されます。一般会計は自治体会計の基本となる会計であり、主な財源として地方税とそれを補完する地方交付税といった一般財源と補助金や地方債といった特定財源があり、支出としては教育、福祉、保健衛生、土木、消防、警察など住民にとって不可欠な公共サービスをまかなっています。一般会計とは別に収入・支出を区分する必要がある場合、特別会計が設定されます。特別会計には、介護保険や国民健康保険などの保険会計や上下水道、病院、バスなどの公営企業の会計、その他、競馬・競輪などの収益事業の会計などがあります。その他にも、自治体は任意に特別会計を設けることができます。

　こうした会計区分とは別に、国が自治体財政を統一的な基準で把握するために決算統計を作成しています。決算統計における会計区分が普通会計と公営事業会計です。普通会計とは、一般会計にプラスして、他の自治体では一般会計で処理するような一部の特別会計も入れますが、ほぼ一般会計と重なります。公営事業会計とは公営企業会計およびその他の公営事業会計からなります。

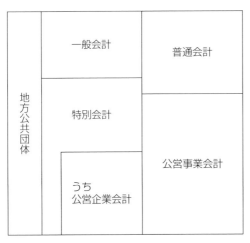

図 1-1　地方自治体の会計区分

出所：総務省資料をもとに作成。

その他に、複数の自治体が事務の共同処理などを行うための特別地方公共団体として一部事務組合や広域連合などがあります。共同処理する事務としては、介護保険、消防、廃棄物処理などがあります。一部事務組合や広域連合の会計は主として構成自治体からの負担金等と国・都道府県からの支出金などが財源となります。

　以上の自治体の会計の他に**公社**、**第三セクター**といった自治体出資法人の会計があります。

　さらに広義に地方財政をみる場合、自治体と地域自治組織、NPO、民間団体等との関係性も視野に入れる必要があります。この点は地方自治の歴史的起源と発達過程の観点からも重要です。現代的地方自治において自治体によるインフラや公共サービスの範囲は飛躍的に拡大しましたが、だからといって自治体と公務労働だけで地方自治を語ることはできません。自治体の基盤である地域共同体に関わる地域組織は地方自治の重要な領域であり、それを支える自治体との行財政関係は地方財政論のテーマの1つです。

1-3　地方財政の役割

　財政の役割について通説的な位置を占めるのが**マスグレイヴ**の財政3機能論です。すなわち、①資源配分の調整（公共財の供給）、②所得再分配、③経済安定化を指します。

　次に問題になるのは、財政3機能論における地方財政の位置づけです。その点について主流派財政学（公共経済学）における説明は、地方財政の役割を地方公共財の供給に限定し、地域における受益と負担の一致を求める一方、所得再分配、経済安定化は中央政府の役割とするものです。ここでいう地方公共財とは、公共財のうち利益が特定地域内に止まる性質をもつものを指します。地域の生活道路や文化会館などがその例です。

　しかし、現代的地方自治における地方財政の役割は、実際にはこのような見解では把握できません。現実の地方財政は、地方公共財だけではなく、住民の基本的人権を保障・確立するために、教育、福祉、医療、公衆衛生など幅広いサービスを提供しています。そのため、受益と負担の地域的一致を超えた地方財政の役割を発揮するための財政調整制度による財源保障・財政調整がとられ

ています。また、所得再分配は税と現金給付によってのみ果たされるのではありません。教育、福祉、医療などの現物給付・社会サービスにおいて所得再分配効果は高いものがあります。これらの現物給付は地方財政が担っているのです。さらに、地方財政は経済安定化機能の重要な一翼を担っています。公共投資の大半は実際には地方財政をつうじて実施されています。それだけでなく、地域の事業者を下支えしたり、第一次産業や地場産業を育成、支援したりするなど地方財政は幅広く地域経済の維持・発展に役割を果たしています。以上のように財政3機能論から地方財政の役割をみると、3機能すべてにわたって地方財政の役割の重要性が確認できます（重森, 2013）。

　しかし、地方財政の役割は3機能にとどまりません。自治体は住民の共同体意識を基礎として共同業務を住民自治と団体自治によって行う権限をもった公共団体です。つまり、自治体の基盤には地域共同体があり、地域共同体の質こそが住民自治の内実をつくるのです。それゆえ、住民が自分たちの地域を維持・発展させ、基本的人権を確立していくために自治体を強化しなければなりませんが、そのためには、その基盤となる地域共同体の活性化と住民自治力の向上が求められます。そのためには地域自治組織の形成・活性化、NPOなどのテーマ型住民組織の形成と活性化、ならびに住民の学習と自治体への参加が大切になります。住民が学習によって地域課題を把握するとともに、その解決を考え、実践していくためには公民館など社会教育の役割が求められます。

② 日本の地方財政の特質

2-1 日本の地方自治の特質と地方財政

　日本の地方自治と地方財政をみる際に参考になるのが村松岐夫の「融合型地方自治」という捉え方を援用した**金澤史男**の「日本型財政システム」論です（金澤, 2010）。金澤によれば、日本の自治体は、住民生活のかかわる多くの事務・サービスを担っていますが、そこには「融合型地方自治」の特質があります。「融合型地方自治」においては、国の事務の地方への委託が行われるとともに、国・自治体間の相互補完・連携関係が存在します。もう1つの日本の地方自治の特徴は国土の多様性に基底されたさまざまな規模の自治体が存立して

いることです。大都市部に税源が集中する一方、税源に乏しい農山漁村地域が多く存在しています。そのような条件下において、日本の自治体はナショナルスタンダード水準の行政が求められます。それゆえ、多様な条件と規模をもつ自治体が、ナショナルスタンダード水準の行政を行い、住民の**共同社会的条件**を整備し、住民に必要なサービスを提供するために、財源保障の仕組みが不可欠となります。

　財源保障の仕組みは、主に、一般財源保障システムとしての地方交付税と特定財源保障システムとしての国庫補助負担金（義務教育、生活保護、社会資本整備など）からなります。なかでもマクロの一般財源保障の仕組みとしての地方財政計画、ミクロの一般財源保障の仕組みとしての地方交付税制度が重要です。

　以上のような日本の地方自治の特質を踏まえて、基本的人権保障と共同社会的条件の創設・維持・管理における地方財政の役割を把握すると同時に、**現代資本主義**と地方財政との関係性をみておく必要があります。現代資本主義経済においては、独占的な大企業が支配的な地位にあるとともに、公共部門が拡大し、国民経済に対する財政の比重が高まった状態にあります。現代の企業の活動は公共部門、特に地方財政が供給する社会資本（道路、工業用水、エネルギーなどの生産基盤とともに、住宅、教育・福祉施設、上下水道など生活基盤を含む）や公共サービス（教育、医療、福祉、公衆衛生など）が不可欠な基盤となっており、現代資本主義の発達の共同社会的条件として、地方財政が供給する社会資本や公共サービスの必要水準（**ナショナルミニマム**）は拡大する傾向にあります（宮本，1981）。なお、現代資本主義国家においては社会秩序と体制維持のための軍事費・警察費などの増大もみられますが、そのうち軍事費は国家財政が中心になります。

　現代資本主義における国家と財政の役割は国によってやや性格の違いもあります。宮本憲一は国家財政における経費の比重に着目し、「軍事国家」（典型的なのは軍事費が国家財政の40％を超えた1960年代のアメリカ）、「福祉国家」（社会保障を中心に住宅、医療、環境、教育などの社会サービスが財政の半分以上を占めた1970年代のイギリス、スウェーデンなど）、「企業国家」（主要国のなかで際立って公共投資の水準が高かった1970年代の日本）という3つの類

型をあげました（宮本，1981）。

　しかし、「企業国家」といわれた日本でも1970年代以降、社会保障関係費が増大する一方で公共事業関係費は相対的な比重が小さくなり、社会保障関係経費や社会サービスの経費が顕著に増大しました。また、「軍事国家」といわれたアメリカでも冷戦の終結を契機として軍事費が減少し、社会保障関係費が増大しました。財政支出面をみれば、現代資本主義国家においてアメリカや日本を含め「福祉国家」としての性格が強まっているようにみえます。

　図1-2は国民負担率の国際比較（OECD加盟36か国）を示したものですが、日本は44.4％、25位となっており、そのうち租税負担率でみると25.8％、30位となっています。日本は相対的に高齢化率が高く、医療費等の社会保障関係経費の増加スピードが高いにもかかわらず、国民負担率や租税負担率が比較的低位にあることがみてとれます。

　次に表1-1は政策分野別社会支出の対GDP比を国際比較したものです。こ

表1-1　政策分野別社会支出の国際比較

（単位：％）

社会支出	日本 （2017年度）	イギリス	アメリカ	スウェーデン	ドイツ	フランス
社会支出						
対国内総生産比	22.7	22.5	24.5	26.7	27.0	32.2
高齢	10.4	7.2	6.4	9.1	8.3	12.7
遺族	1.2	0.1	0.7	0.3	1.8	1.7
保健	7.6	7.7	14.0	6.3	8.9	8.8
障害、業務災害、傷病	1.1	1.9	1.5	4.5	3.4	1.8
家族	1.6	3.5	0.6	3.5	2.3	2.9
積極的労働市場政策	0.1	0.2	0.1	1.3	0.6	1.0
失業	0.2	0.3	0.2	0.3	0.9	1.6
住宅	0.1	1.5	0.3	0.4	0.6	0.8
比較的若い世代への支出	3.1	7.4	2.7	10.1	7.8	8.2
高齢化率	27.7	14.6	18.1	19.6	21.1	18.9

資料：社会支出についてはOECD Social Expenditure Database、国内総生産・国民所得については、日本は内閣府「平成28年度国民経済計算年報」、諸外国はOECD National Accounts 2017、高齢化率については、日本は総務省統計局「国勢調査」、諸外国はUnited Nations, World Population Prospects: The 2017 Revisionであり、これらより国立社会保障・人口問題研究所が作成した資料をもとに厚生労働省政策統括官付政策統括室において作成。

注：諸外国の社会支出は2015年度。

出所：厚労省資料。

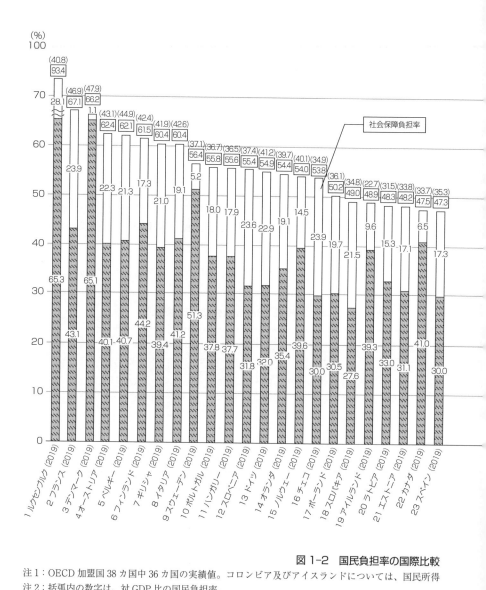

図 1-2　国民負担率の国際比較

注1：OECD 加盟国 38 カ国中 36 カ国の実績値。コロンビア及びアイスランドについては、国民所得
注2：括弧内の数字は、対 GDP 比の国民負担率。
出典：日本：内閣府「国民経済計算」等　諸外国：OECD"National Accounts"、"Revenue Statistics"
出所：財務省資料。

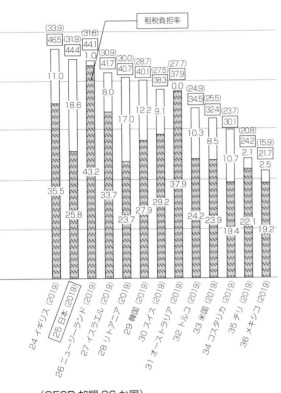

（OECD加盟36か国）
の計数が取得できないため掲載していない。

れをみると「福祉財政」の内容には国による特徴がみてとれます。日本の社会支出の対GDP比は6か国のうちイギリスに続いて低い水準であり、主に年金からなる「高齢」「遺族」や主に医療からなる「保健」を除いた社会支出は3.5％と低くなっています。また「比較的若い世代への支出」は3.1％とアメリカに続いて低くなっており、スウェーデンの10.1％、フランスの8.2％、ドイツの7.8％、イギリスの7.4％と比べると相当な格差を示しています。ドイツ、フランス、イギリス、スウェーデンは「障害、業務災害、傷病」、「家族」、「積極的労働市場政策」、「失業」、「住宅」のいずれも日本より高い水準にあります。日本の高齢化率（2017年度）は27.7％と6か国のうちで最も高くなっており、それによって年金支出や医療支出の水準が高くなる要素があります。実際「高齢」支出は10.4％と最も高くなっています。他方で「保健」は7.6％であり、ドイ

ツ・フランスよりやや低い水準になっています。このことは政府の医療費抑制策が影響しているものと考えられます。一方、アメリカは「保健」が14.0％と突出して高く、「比較的若い世代への支出」は2.7％と日本よりやや低くなっています。なお、アメリカについては公共部門の社会支出は低位ですが、民間部門の社会サービスは他国と比べて高水準になっていることもみておく必要があるでしょう（金澤，2010）。

2-2　地方財政の国際比較

　図1-3は日本の一般政府支出（社会保障基金を除く）の対GDP比を国際比較したものです。ここから日本の地方財政を他の先進諸国と比較した場合、以

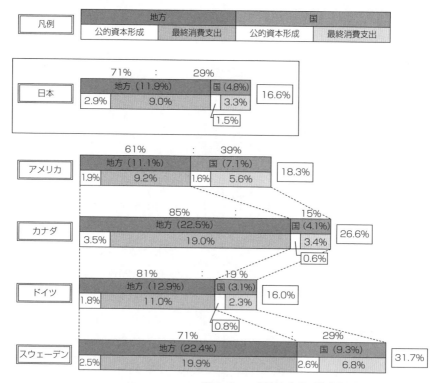

図1-3　一般政府支出（社会保障基金を除く）

注：1　国民経済計算及びOECDデータに基づき作成。
　　2　ドイツ、フランス及び韓国については、暫定値を使用。
出所：総務省資料。

下の特徴がみてとれます。

　第1に、日本の一般政府支出（社会保障基金を除く）の対GDP比は16.6％と9か国のうちドイツに次いで低くなっており、日本の財政は相対的に「小さな政府」という特徴がみてとれます。そのなかで国と地方の比重をみた場合、日本は地方が71％とカナダ、ドイツ、スウェーデンとともに相対的に国家財政と比べて地方財政の比重が7割を超えています。このことは、日本において地方財政が内政の多くの事務を分担していることから、国民経済に占める割合も地方が大きいことを表しています。

　第2に、税収においては国の方が多いのですが、国から地方への巨額な財源移転があるため、最終支出においては地方の方が多くなっています。この点で

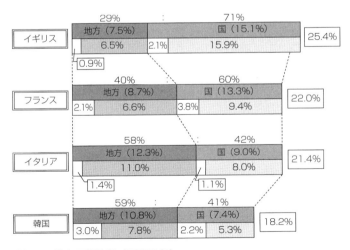

の対GDP比を国際比較（2020年）

の国際比較を行っている沼尾波子ほか（2017）では、2014年度のデータを紹介しており、日本の地方税収の小ささと、中央政府からの財源移転の大きさを示しています。

第3に、高度経済成長期から1990年代にかけては他の先進国と比べ、投資的経費の割合が大きいという「企業国家」あるいは「土建国家」といわれる特徴がありましたが、近年は公共事業が減少傾向にあります。それでも日本の国・地方の公的資本形成合計は4.4％とフランス、スウェーデン、韓国に次いで高く、また地方の公的資本形成をみると日本は2.9％となっており、カナダ、韓国に次いで高い水準にあります。

第4に、他の先進国と比べ、国民経済に占める地方財政赤字の割合が大きく、しかも増大しています（**図1-4**を参照）。

第5に、国の下請けを地方に担わせる中央集権的な行財政関係（集権的分散システム）です。**集権的分散システム**は先にみた「融合型地方自治」とも密接に関係しています。この点については後に触れます。

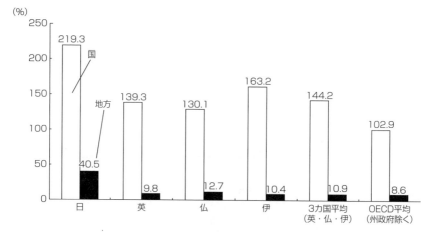

図1-4 国・地方の債務残高（対GDP比）の国際比較

出典：ⓞOECDデータ、内閣府「国民経済計算」より作成。

注1：日本については、「国民経済計算」2020年度年次推計の数値を使用。また、交付税特別会計借入金のうち、地方負担分である31.0兆円（2020年度末時点）は、地方の債務残高に含めている。

注2：一部の国については、暫定値を使用。

注3：OECD平均について、連邦国家の場合、地方政府に州政府を含めていない。また日本を含めていない。

出所：総務省資料（一部省略）。

3 日本の地方自治の歩みと地方財政

3-1 戦前期

明治政府は、自由民権運動に対応するとともに富国強兵策を実現するため、強制的に「**明治の大合併**」を進め、1888（明治 21）年に市町村制、1890（明治 23）年に府県制郡制を導入しました。富国強兵策を進めるための義務教育、軍籍の管理などは市町村が担当しました。選挙制度は制限付き等級選挙制度であり、知事は官選、府県は中央政府の下部機構に位置づけられました。

明治期の行財政制度は中央集権的であり、**機関委任事務**（知事や市町村長を政府の下部機関に任命し、事務を委任）による統制が行われました。地方財政制度においては、税源は国税に集中し（地租、営業税、所得税）、道府県や市町村は付加税（国が許した制限税率のなかでのみ課税）や国・県交付金に依存しました。

1880 年代以降、日本においても産業革命が起こり、労働者が増大しました。大正期には重化学工業化が都市化を促進し、社会資本整備、社会政策、公衆衛生などのニーズが高まりました。そのなかで都市と農村の財政難が深刻化します。都市においては都市化に伴なう財政需要増加が財政を圧迫し、農村においては義務教育が 4 年制から 6 年制に拡大するなかで義務教育費が財政を圧迫するとともに住民にとっては戸数割負担増が重荷になりました。

そのなかで農村部の町村による義務教育費国庫負担の運動が起こり、全国町村会が結成されました。**大正デモクラシー**期には、普通選挙制度と郡制・郡役所の廃止、両税委譲（地租と営業税）を要求する自治運動が起こりました。

1925 年、男子のみの普通選挙制度が導入されると、地方選挙における労働者、小作農民の議員が増加しました。また 1926 年に郡制の廃止が実現しました。他方で知事公選、両税委譲は実現しませんでした。その代わり政府は農村部にたいして義務教育費国庫負担金の増額を行いました。

1929 年、**世界恐慌**（日本では昭和恐慌）が起こり、国民生活へ深刻な影響をもたらしました。農村の疲弊と財政危機に対して、政府は義務教育費国庫負担制度の拡充や各種補助金の拡大を行いました。**昭和恐慌**に対して、**高橋是清**蔵

相のもとで管理通貨制度下における財政支出拡大および赤字公債の日銀引き受けが行われました。軍事費が膨張し、農村の疲弊に対しては時局匡 救事業と呼ばれる農村救済の土木事業が進められました。

戦時期に入ると行財政は中央集権化を強めました。1940年には本格的な財政調整制度として地方分与税制度（配付税と還付税）が導入されました。また市町村民税が創設されるとともに戸数割・所得税付加税が廃止されました。

戦時期には統制経済のもとで行政機構の拡大と広域行政が進められ、1940年に設置された地方連絡協議会が1943年には地方行政協議会（全国を9地方に分け、中央統制）に改組され、1945年には地方総督府（国土決戦への対応）に再改組されました。これは超中央集権的な道州制ともいうべき性格の広域行政組織といえます。また、狭域にいたる集権化と動員を進めるため部落会・町内会が法制化されました。

保守政権によって「戦争ができる国」づくりが目指される今日、戦時下の地方行財政制度が国民を戦争に動員する役割を持ったことを振り返り、その教訓に学ぶことが大切になっています。

3-2 戦後改革から高度経済成長期、低成長期

戦後の民主化のなかで地方自治の改革が位置づけられ、完全普通選挙制度が実現するとともに直接民主主義制度が導入されました。制度改革として、知事公選制、府県の自治体化、内務省の解体、自治体警察、教育委員の公選制などが進められました。財政改革としては、国税付加税の廃止と独立税化が図られました。

続いて**シャウプ勧告**に基づいた地方財政改革が進められ、市町村優先の独立税の拡充や地方財政平衡交付金の導入などが実施されました。しかし、シャウプ勧告が示した事務事業再配分は見送られ、機関委任事務が存続し、その後拡大しました。国庫補助負担金廃止も不徹底に終わり、その後拡大しました。また、平衡交付金は総額確保ができないなかで地方交付税へ変換されました。

1953-54年、第一次地方財政危機が起こるなかで、1953年に「町村合併促進法」、1956年に「新市町村建設促進法」が導入され、「**昭和の大合併**」が推進されました。「昭和の大合併」は地方行財政を合理化するとともに、中学校・国民

健康保険の運営を行えるよう自治体の規模を拡大することが目指され、その結果、市町村数は大幅に減少しました。なお、1955 年、地方財政再建促進特別措置法が導入され、多くの自治体が指定され、国の管理下での財政再建を余儀なくされました。

　高度経済成長期に入ると、1962 年に第一次全国総合開発計画が策定され、拠点開発方式が採用されました。重化学工業を沿岸部に配置する高度経済成長政策は都市問題、過疎問題、環境問題を引き起こし、各地で住民運動が高揚しました。住民運動の高揚を背景として成立した**革新自治体**の政策は、福祉、環境、教育を重視するものでした。

　1970 年代、低成長への移行を契機に「**福祉国家**」は転機を迎えます。福祉、環境、教育を重視してきた革新自治体も財政難に直面します。そうしたなかで1980 年代にかけて革新自治体に代わって保守自治体が増加し、補助金カット、民間委託、自治体職員の定数管理の強化、住民負担の強化などの「行政改革」が推進されました。公共事業への民間資本の導入も進められました。規制緩和、内需拡大策は**バブル経済**を生み出し、地方ではリゾート開発、都市部では民活法による都市開発が展開されました。

3-3　分権改革と集権化改革

　次に 1990 年代初頭のバブル崩壊から今日までの「失われた 30 年」ともいうべき時期における地方財政の流れを整理しておきましょう。

1) バブル崩壊と地方財政の悪化

　1980 年代の地方財政は、日米経済摩擦のなかでの日米構造協議等のアメリカの対日要求を背景とした内需拡大策や金融緩和策、規制緩和策を背景として、1980 年代後半にバブル経済が形成されたことに大きく影響されました。リゾート法（1987 年）や民活法による規制緩和もバブル経済下での地域開発を煽りました。1990 年代初頭に株価や地価が急落し、バブル経済が崩壊すると政府は経済対策に乗り出しました。経済対策の中核をなすのが公共投資であり、なかでも国の補助金を使った公共事業より、むしろ国の補助金を受けない地方単独事業が促進されました。公共投資の推進は、アメリカの対日要求を背景とした内需拡大策の一環としても進められました。1990 年に示された公共投資基本計画

では10年間で430兆円の公共投資を行うとされ、さらにその後改訂された計画では1995年から10年間で630兆円の投資の実施へと拡大しました。

1990年代の国の経済対策に自治体が動員されたことから自治体の単独事業に伴う地方債の発行が増大し、その結果、地方債残高が累増しました。そのなかで1997年にアジア通貨危機が起こり、消費税の引き上げも実施され、それらを契機に経済が落ち込み、法人関係税への依存度が高い東京都などの大都市の都道府県の財政は急速に悪化しました。ついには1998年度、東京都、大阪府、神奈川県が「財政非常事態宣言」を発出するに至りました。

2）2000年地方分権一括法

バブル崩壊不況のさなかであった1995年、地方分権推進委員会が設置され、戦後改革以来の抜本的な改革が目指されました。2000年に施行された地方分権一括法（地方自治法などの法律を一括して改正）における最大の改革は機関委任事務の廃止でした。これによって自治体の事務は自治事務と法定受託事務の2つに区分されることになり、従来、機関委任事務には適用されなかった条例制定権が法定受託事務を含めて対象となりました。しかし、法定受託事務と自治事務には国による関与が維持されており、国の関与を縮小する分権改革の課題が引き続き残りました（詳しくは岡田正則ほか，2014、参照）。また、住民参加の制度化や事務の公共部門と民間部門への配分の見直しなどの抜本的な改革は行われませんでした。また、肝心の財政改革は先送りされ、税源移譲、補助金整理などが未達成のままでした（宮本，2016）。

分権改革が進められるなかで、政府は「分権の受け皿」として総合行政を担える規模と能力をもった市町村を実現すべき市町村合併を推進しました。いわゆる「**平成の大合併**」です。1999年、「合併特例法」が改正され、合併特例債や交付税の合併算定替などの財政誘導措置が拡充されました。また、2000年代に入ると財政再建重視の小泉純一郎内閣の構造改革が進められ、社会保障や公共事業とともに地方経費が抑制・削減対象となりました。そのため、地方行財政の合理化を目指す「地方構造改革」の一環としての市町村合併が国策として推進されたのです。「平成の大合併」は2010年の合併特例法改正でいったん終結しましたが、市町村数は1999年3月末の3232から2010年3月末の1727に減少しました。ただし、政府が目標に掲げた1000には及ばず、合併によらず小

規模自治体の自治を維持したケースが多くみられました。総合行政体論にもとづく市町村合併推進論は農山漁村の小規模自治体の独自性を軽視した乱暴な論理であり、こうした合併論に対抗して「**近接性の原理**」と「**補完性の原理**」にもとづく小規模自治体の存立と自治体間連携・府県による補完といった対応も追求されました。

3) 地方財政制度改革の動き

　「平成の大合併」が進行しているなかで、2003年6月に決定された小泉内閣の「経済財政運営と構造改革に関する基本方針（いわゆる「骨太の方針」）において分権改革の残された課題であった財政改革として「**三位一体改革**」の方針が打ち出され、2004年度から2006年度にかけて改革が行われました。

　三位一体改革とは国庫補助負担金、税源移譲、地方交付税の改革を一体的に行うというものです。その分権改革の趣旨にそった理念は地方行財政の統制手段として機能してきた国庫補助負担金を大幅に廃止するとともに、その規模に見合った地方の自主財源確保と「歳入の自治」拡充の観点から税源移譲を行い、さらに税源移譲によって拡大する自治体間の財政力格差を是正するための地方交付税の機能を強化するというものでした。しかし、実際の改革は地方分権の理念から離れ、地方構造改革の一環としての性格が強まったため、国庫補助負担金は国の負担率引き下げが中心となり、その縮小額に見合う税源移譲とならなかったばかりでなく、地方交付税は一方的に削減され、「三位バラバラの改悪」という地方からの批判を浴びることになりました。

　三位一体改革の最終年であった2006年、北海道夕張市の会計操作による「財政赤字隠し」が表面化し、その後、財政再建団体になる事態が生じました。いわゆる「**夕張ショック**」です。当時の竹中平蔵総務大臣は、ポスト三位一体改革としての地方分権改革を市場主義の観点から進めようとしていました。その1つが地方債の完全自由化と「再生型破綻法制」の導入でした。結局、政府は市場主義的な改革を見送り、2007年、自治体財政健全化法を導入しました。自治体財政健全化法は4つの健全化判断比率を設定するとともに、従来の「レッドカード」だけでなく「イエローカード」に当たる早期是正の仕組みを導入しました。同時に総務省は「集中改革プラン」を推進するなど、地方行財政の合理化を促進しました。その結果、「レッドカード」に当たる財政再生団体は現

在まで夕張市のみであり、「イエローカード」にあたる「早期健全化基準」が適用される団体も徐々になくなりました。しかし地方財政の「健全化」が自治体の果たすべき役割を縮小する方向で進められるという問題が生じました。

4) 民主党政権と地方自治・財政

小泉内閣以降の新自由主義的な構造改革が社会保障関係費、公共事業関係費および地方経費の抑制を進めたことは地域の疲弊や格差と貧困問題を深刻化させ、政権交代につながりました。民主党を中心とした新政権は「コンクリートから人へ」を掲げ、公共事業を削減するとともに、高校実質無償化、こども手当の創設などの改革を行いました。地方行財政分野では地域主権改革を掲げ、「ひもつき補助金」の一括交付金化や「国の出先機関の原則廃止」などを打ち出しました。

しかし、地域主権改革はこれまでの自公政権の地方行財政改革を基本的に転換するものではありませんでした。民主党政権はプライマリーバランスの黒字化を目標としたため、無理な「事業仕分け」による財源ねん出をねらいましたが失敗に終わり、ついには社会保障・税一体改革を打ち出し、自公との3党合意により消費税引き上げに踏み切りました。

2011年3月、**東日本大震災・福島第一原発事故**が発生しました。その復興政策においては、「創造的復興」や「土木事業優先型復興」への傾斜が強いものであり、政府が創設した一括交付金である復興交付金は土木事業優先型復興を促進するものでした。原発事故は避難の長期化、関連死の増加および避難自治体の存立条件の「喪失」といった問題を引き起こしました。

5) 第二次安倍政権と地方財政

民主党は公約違反の消費税増税への批判のなか総選挙で敗れ、2012年12月、第二次安倍晋三政権が発足しました。安倍政権は軍事大国化を志向するとともに改憲をめざしており、そこでは地方自治の形骸化と集権国家化を図る性格が出ていました（川瀬，2022）。また沖縄県の新基地反対の県民の意思を政府は無視して辺野古の新基地建設を進めました。

また、安倍政権は**アベノミクス**を掲げ、「異次元の金融緩和」とともに公共事業を中心とした一過性の財政出動を進めました。また、国家戦略特区や労働法制などの規制改革や社会保障関係費の抑制など新自由主義的改革も進めまし

た。教育費や研究費も抑制されたことから「第四次産業革命」に乗り遅れることにつながりました。地方一般財源総額は、地方財政計画における実質前年度同水準ルールによって厳しく抑制され自治体財政を圧迫しました。第二次安倍政権では2014年4月に消費税の税率8％への引き上げを行い、国民負担増と緊縮政策の中で賃金と消費の低迷から地域経済は停滞し、アベノミクスの破綻が顕在化しました（その後、消費税率は2019年10月に10％に引き上げられました）。

　2014年には発表された日本創成会議の「増田レポート」は「消滅可能性自治体論」を展開し、それを契機として政府の**地方創生政策**が打ち出されました。地方創生関係の交付金が導入され、人口獲得をめぐる自治体間競争を煽りました。地方創生政策は同時に地方行財政の合理化を狙いとし、連携中枢都市圏構想やコンパクトシティなどを推進しました。

　地方創生政策の地方行財政合理化をさらに推し進めたのが総務省の研究会が打ち出した「**自治体戦略2040構想**」です。この構想はデジタル化を背景として行政サービスの標準化・共通化による「スマート自治体」への転換を進めるとともに、各地域の定住自立圏や連携中枢都市圏を基本に、中心都市がマネジメントを担う「圏域行政」を制度化することを目指しました。「圏域行政」は地方団体からの批判もあり、足踏み状態となりましたが、それに代わって行政と社会のデジタル化が全面に出ています。

　2020年初頭に世界的に新型コロナウイルスの感染拡大が起こり、政府は緊急事態宣言やまん延防止等重点措置の連発による社会経済活動の抑制を行いました。政府は2020年度に3次にわたる大型補正予算（総額73兆円）を組み、自治体のコロナ対策財源を確保しました。なかでも自由度の高い地方創生臨時交付金と医療提供体制整備等のための緊急包括支援交付金が主要な自治体財源となりました。これらの交付金を自治体に講じることで社会経済活動の制限に対する補償や医療提供体制の整備に対する国の責任を回避する側面がみられました。自治体における対策は、国の各種補助金および地方創生臨時交付金などを活用するのが中心となり、財政制約を理由に国の財政措置の範囲内での対応策に止める傾向がありました。

　2020年代に入ると社会と行政のデジタル化の推進が加速化しており、スーパ

ーシティ構想やデジタル田園都市国家構想が推進されるとともに、全自治体に自治体DX推進計画の策定が要請されました。

　以上、日本の地方自治と地方財政の歩みをここ30年間の動きを中心に振り返りましたが、今日の地方自治と地方財政をめぐる現状と課題を把握するために歴史の教訓に学ぶことがますます大切になっています。

4　日本の地方財政制度を理解するために

4-1　「集権的分散システム」の財政制度

　神野直彦は日本の地方財政の特質を「集権的分散システム」と呼びました（神野, 2001）。先にみたように「集権的分散システム」とは、権限や財源を国が集権的にコントロールしながら国の下請けを自治体に担わせるシステムであり、実際の公共サービスや社会資本の整備などの多くを自治体が地方分散的に行っている姿を指します。「集権的分散システム」において、自治体の4大財源である地方税、地方交付税、補助金（国庫支出金）および地方債のすべてにおいて国家が統制している姿があります。

　「集権的分散システム」を「分権的分散システム」に変えていくことが分権改革の課題とされています。その際問題になるのは、第1に「融合型地方自治」を活かしながら分権的システムへ変えていくのか、それとも「融合型」を抜本的に見直し、国・都道府県・市町村の役割分担と責任を明確にしていく「分離主義」による分権システムを目指すのかという点です。第2に、地方財政の分権化の方向性として「**自主財源主義**」を重視するか「**一般財源主義**」を重視するかという点です。第3に、上の2点とも関わりますが、「**競争的分権**」を目指すのか、それとも「**協調的分権**」を目指すのかという点があります。

4-2　現代資本主義と地方自治・地方財政をめぐる対抗関係

　現代資本主義下における地域は、「住民の生活の場としての地域」と「資本の活動領域としての地域」という2つの側面があります（岡田, 2020）。グローバル化が進展するなかで、資本（大企業）の活動はグローバルな視野で行われることから、資本の利害が必ずしも国家や地域住民の利害と一致しない状況が

あります。資本と地域の利害がバッティングする典型的な例が誘致企業の工場の海外移転による地域経済へのマイナスの影響です。資本（企業）にとって合理的な活動が地域にとっては必ずしも利益にならないことがあるのです。

　また、外部から地域に進出した企業が自らの利潤を最大化することを優先し、地域の資源を過剰に使ったり、環境を破壊したりする一方、利益は大都市部の本社に帰属するといった状況が生じることがあります。たとえば外部企業によるメガソーラー発電施設が地域の環境や景観を破壊するといったことがあり、実際に各地で紛争が起こっています。メガソーラー発電は装置産業としての性格があり、地元雇用はあまり増えない一方、利益は東京などにある企業の本社に計上されるのです。

　現代日本資本主義における国・地方財政の特徴の1つは先にみたように欧州と比べて「弱い福祉国家」であり、生活保護制度や子育て支援制度などは不十分な状況にあります。またジェンダー不平等や貧困問題が深刻です。これらの課題に対しては、企業の自由な活動を優先する経済主義・企業主義に影響された「小さな政府」論や規制緩和論などと「充実した福祉国家」を目指す国民・住民の運動との対抗関係という構図がみてとれます。こうした対抗関係は国と地方の財政や地方自治の中身に大きくかかわってきます。

　また、サステナブルな地域という観点からみると、日本はエネルギー、食料、木材などの対外依存度が大きく、原発事故や大規模地震等の大規模災害リスクもあります。それらの問題は地域の公共的課題であり、政府と自治体の政策的対応が不可欠ですが、公共政策は十分に対応できていません。これらの課題に対しては、総論的には誰もが一致する課題にみえますが、実際には短期的視点から利益を求めるのか、長期的な視点からサステナブルな社会を目指すのかという点で利害対立が起こっています。

　地方自治と地方財政を学ぶうえで、こうした点を理解することがきわめて大切です。

4-3　「優れた自治」を支える「充実した財政」を

　杉原泰雄は「充実した地方自治」論を提唱しました（杉原, 2002）。杉原の「充実した地方自治」論は自治権を人民主権原理から導き出すという特徴があ

ります。「充実した地方自治」の内容は、「充実した住民自治」、「充実した団体自治」、地方公共団体優先の事務配分と全権限性、事務配分に見合った自主財源配分、というものです。地方財政論の観点からいえば、「充実した地方自治」を支えるための「充実した財政」の実現が求められることになります。

　ただし、「充実した地方自治」の制度だけでは十分ではありません。制度を活かした「優れた自治」の実践こそが重要です。

●演習問題
①地方自治はなぜ必要なのでしょうか。
②日本の地方自治が「融合型地方自治」と言われるのはなぜでしょうか。
③日本の地方財政制度が「集権的分散システム」と言われるのはなぜでしょうか。

●参考文献・資料

岡田知弘（2020）『地域づくりの経済学入門――地域内再投資力論［増補改訂版］』自治他研究社。

岡田正則他（2014）『地方自治のしくみと法』自治体研究社。

岡庭一雄・細山俊男・辻浩編（2018）『自治が育つ学と協働――南信州阿智村』自治体研究社。

金澤史男（2010）『福祉国家と政府間関係』日本経済評論社。

川瀬憲子（2022）『集権型システムと自治体財政――「分権改革」から「地方創生」へ』自治体研究社。

重森暁（2013）「現代地方自治と地方財政」重森暁・植田和弘編『Basic 地方財政論』有斐閣。

島恭彦（1963）『財政学概論』岩波書店。

神野直彦（2001）『希望の島への改革』NHK 出版。

神野直彦・小西砂千夫（2020）『日本の地方財政［第 2 版］』有斐閣。

杉原泰雄（2002）『地方自治の憲法論――「充実した地方自治」を求めて』勁草書房。

辻清明（1976）『日本の地方自治』岩波新書。

沼尾波子・池上岳彦・木村佳弘・高端正幸（2017）『地方財政を学ぶ』有斐閣。

平岡和久（2020）『人口減少と危機のなかの地方行財政――自治拡充型福祉国家を求めて』自治体研究社。

宮本憲一（2016）『日本の地方自治　その歴史と未来［増補版］』自治体研究社。

宮本憲一（1981）『現代資本主義と国家［現代資本主義分析 4]』岩波書店。

●おすすめの文献

宮本憲一（2016）『日本の地方自治　その歴史と未来［増補版］』自治体研究社。

上田道明編（2018）『いまから始める地方自治』法律文化社。

重森暁・植田和弘編（2013）『Basic 地方財政論』有斐閣。

（平岡和久）

第 2 章
公共サービスと地方経費

> **キーワード**
> 公共投資、社会保障、社会資本、経費の二重性、目的別歳出、性質別歳出、経常収支比率、サステナブル・ソサイエティ

1 地方自治体の役割と経費

　公共部門における経費とは、国や地方自治体など公権力をもつ機構の貨幣的支出を伴う諸活動のことを指しています。すなわち、財やサービスの購入、**公共投資**や資金融資、**社会保障**給付や補助金などの経費移転、財産の保有や管理などの経済活動など、公共部門における経済的諸活動の総称を「経費」と呼んでいます。したがって、地方経費とは、地方自治体における経済的諸活動の総称と捉えることができます。また、貨幣支出を伴わない諸活動（ボランティア活動、名誉職的職務遂行など）による隠れた経費、社会福祉や資本蓄積等を目的とした税制上の優遇措置など、税制上の隠れた経費（tax expenditure）も広義の経費論の対象となっています。

　経費論においては、資本主義経済の中で経費がいかなる役割を担い、国民生活にいかなる意義を与えているのかを分析することが課題の１つとなります。そのためには、経費の分類を行うことが必要となります。また、経費には社会に共通の共同的社会業務を行う部分（共同性）と、国家を統治し資本蓄積促進のための国家業務（権力性）があり、それは**経費の二重性**あるいは二面性と呼

ばれてきました。アメリカの経済学者で現代国家の財政危機について論じたJ.オコンナーは蓄積と正当性という二重の矛盾した性格をもつとしました。また、軍隊、警察、裁判所、行政機構などの強制装置以外に、国家は国家のヘゲモニー装置を有しており、権力装置としての国家と、同意の組織者としての国家という2つの側面をもつと論じられてきました。つまり、資本主義国家における経費には、権力性と共同性という二面性がみられます。社会の共同利益の不平等配分が生じた場合には、情報、富、技術の独占が行われます。それらを是正するためには、情報公開の徹底化や住民参加などといった民主主義の手続きが不可欠となります。経費を論ずる上では、財政民主主義は重要な論点となります。

　経費は大きく3つに分類することができます。第1に、社会保障（福祉、保健、医療含む）や教育などの社会サービス供給のための経費、生産や生活のための社会資本の整備のための経費が挙げられます。後者の**社会資本**は、さらに生産基盤の整備（幹線道路、港湾、空港、工業用地等）と生活基盤の整備（上下水道、教育・福祉施設、生活道路等）の2つに経費に分類することができます。第2に、社会における社会秩序の確立と体制維持（軍事、警察、司法、一般行政など）、第3に、自然と人間との調和を図り、環境を保全しつつ、維持可能な社会（**サステナブル・ソサイエティ**）への転換を図るための経費です（宮本，2006）。これらの経費は公共部門の役割と言い換えることができます。

　現代資本主義における公共部門についてみると、先進諸国ではいずれも福祉国家の進展とも相まってその規模は肥大化してきました。公共部門の中でもとくに大きな役割を果たしているのが地方政府です。日本では先進資本諸国の中で、アメリカやドイツなどの連邦制国家、単一制国家の中でも地方政府の役割が大きいスウェーデンに匹敵するほど、国民経済に占める地方部門の役割が大きいことがうかがえます。2020年度における約145兆円の公的支出の内訳をみると、中央政府17.6％、社会保障基金33.3％、地方政府43.9％となっており、社会保障基金を除くと中央政府よりも地方政府の方が大きな比重を占めていることがわかります（総務省『地方財政白書　令和4年版』）。

　中央政府と地方政府の間の関係を**政府間財政関係**と呼びますが、国と地方の**行政事務配分**と**税源配分**をみると、国対地方の割合が2：3と地方の役割が大き

い反面、税源配分は 3：2 と逆転しています。2020 年度決算でみた国民の租税 104.9 兆円のうち、国税は 64.9 兆円、地方税は 40.0 兆円となっています。国の財政から地方に対して、地方交付税や国庫支出金として配分される金額と、地方から国に負担金として支払われる金額は重複されているため、この部分を差し引いて計算してみると、歳出（純計）は、国 98 兆円（約 44 ％）、地方 124.5 兆円（約 56 ％）となります。3 割自治とも呼ばれてきましたが、現在では 4 割自治となっています（総務省「国・地方の税源配分について」）。

　国と地方の事務配分についてみると、国の経費には、対外関係（ODA など）、軍事、司法、幹線道路（国道等）、教育（国立大学等）、一般的な国政事務（管理的経費）などがあり、地方の経費として、教育（小・中・高等学校等）、土木、社会福祉、保健衛生・警察、消防、医療など（直接市民に利益を与える行政事務に関わる経費）、道路、港湾、地下鉄などの交通施設の整備、農林水産漁業施設の整備、都市計画、宅地造成などがあります。

　2020 年度決算でみた国と地方の役割分担では、地方の割合は、衛生費 98 ％、学校教育費 87 ％、司法警察消防費 77 ％、社会教育費等 81 ％、民生費 70 ％、国土開発費 72 ％、国土保全費 58 ％、商工費 58 ％、災害復旧費等 74 ％、農林水産業費 44 ％などとなっており、年金と防衛費を除いて、地方経費の領域が大きいことがうかがえます。

2　地方経費の歴史的展開

2-1　明治地方自治制と地方経費

　日本における地方経費の特徴付けを行うにあたって重要なのは、その歴史的形成過程を明らかにしておくことです。明治維新以降、日本資本主義は近代化の道を歩み始めますが、明治期の日本財政の特徴は、国民経済に占める割合が相対的に高く、経費構造の面では軍事費と国債費が非常に大きな比重を占めていました。軍事費の調達はもっぱら国債に依存していたためです。そのため、内政面の経費は地方財政に対する国政委任事務という形がとられました。税制の近代化が遅れたために、地租や間接税は国税の主要な部分を占めており、全体的にみて大衆課税的性格が強く、地方税はきわめて脆弱でした。財政運営面

では政府の権限がつよく、強力な中央集権体制がしかれていたため、地方財政はいわば矛盾の焦点となっていったのです。

　当時の地方経費の特徴は、①財政運営に関する中央統制が厳しいこと、②地方の経費構造において権力機関費（役場費、警察費、徴税費）、教育費、土木費の比重が高いこと、③地方財源について付加税主義がとられたことに求められます。市町村における教育費負担が急増することになりますが、それを解消すべくすすめられたのが、「**明治の大合併**」です。自然村合併させて行政村に組み替え、その村の中央に学校を設置するというものでした。7万余の市町村は1万5000程度にまで統合再編されたのです。また、**市制町村制**の草案づくりにあたっては、**機関委任事務**が提案されました。ドイツの法学者 A. モッセと大森鐘一（山縣有明の秘書官、のち京都府知事）によるもので、知事、市町村長、予算権をもつ機関の長（教育長、上水道局長など）を政府の下部機関として任命し、国の事務を委任して、職務を怠れば解職もできるというきわめて中央集権色のつよい制度でした。提案を受けて導入されることとなり、2000年の地方分権一括法施行まで、日本における地方自治制度の中心的な役割を持つこととなったのです。

　地主を中心とする官治的地方自治システムの矛盾は、やがて大正デモクラシー期の自治要求となって顕在化していくこととなります。それは、資本主義化による資本の台頭や労働者増加によって、地主制がゆらぎはじめたことを示すものでした。

2-2　大正デモクラシー期の地方経費の急増

　日本資本主義の発展とともに独占が形成され、「地主自治」に基礎をおく地方制度の矛盾が露呈するようになってきます。**第1次世界大戦**後の重化学工業化と都市化によって、都市問題が発生するようになると、都市計画、民生対策、公営事業など地方支出が膨張するようになりました。とくに、明治期に膨張した地方の義務教育費は、教育水準の上昇とともに年々増加し、地方自治運動、地方自主財源の充実を求める（**両税委譲**）運動へと展開するようになっていくことになります。当時、政友会は国税である地租と営業税を地方財源として委譲する案を支持し、これに対して、憲政会（のちの民政党）は農村部の要求を

受けて、地租の減税や地方への補助金を主張しました。1918 年には**義務教育費国庫負担制度**が創設され、窮乏の激しい農村を中心に補助金が配分されました。

　都市部を中心とする改革要求は両税委譲でした。都市では独立税が少ない上、財政権が認められず、大衆課税化がすすんでおり、都市政策のためには独立税が必要でした。**関一**、池田宏、岡実ら都市官僚を中心に、両税委譲のための財源として、国は中央行政の整理と軍縮を行うこと、つまり地方自治を充実させて、軍国主義から平和主義、文化国家をめざすことが主張されました。当時、都市部では、第 1 次都市化が進行し、明治期に 8 割以上を占めていた第 1 次産業人口は、1940 年に 4 割程度にまで減少しました。国家による強力な産業育成策によって四大工業地帯が形成され、ドーナツ化、都心部への中枢管理機能集積と郊外への市民の流出が続きました。公害問題や住宅問題などの都市問題が深刻化し、都市政策の必要性が高まっていたのです。

2-3　昭和恐慌と地方財政

　1930 年代は、**昭和恐慌**による地方財政危機によって、補助金政策と地方財政調整政策を通じた地方行財政の編成替えが行われ、総じて現代資本主義的な中央集権体制に再編成されていく時期にあたります。農村恐慌対策としての時局匡救事業が推進され、国の補助金や大蔵省の預金部貸付が全面化することとなりました。さらにこの時期には、**金本位制**が停止となり、管理通貨制へと移行していくことになります。赤字国債の発行、インフレーション政策による財政主導型の景気回復策などが展開するようになり、現代資本主義へと大きく転換することになります。

　この時期の地方経費の特徴は、第 1 に、行政が中央集権化したことにあり、社会政策、公共事業などが地方レベルから国家的大事業に転換していくことになります。第 2 に、国庫補助金を基軸とする財政の中央集権化が進行したことです。1932 年に補助金事業の全面的な展開をみせはじめて、1937 年を転機に国庫支出が地方支出を上回るようになります。第 3 に、住民自治が抑制され、やがてファシズムへと展開していくことになります。

　政友会内閣のもとでの**高橋是清**蔵相による財政政策は、**高橋財政**と呼ばれています。軍事費が膨張し、1931 年度から 1936 年度の満州事件費と軍備改善費

は年間予算の 1.5 倍になりました。時局匡救事業には、1932 年度から 1934 年度までの間に、年予算の 40％が支出されました。農村の失業対策事業で、アメリカの**ニューディール政策**のような国営大事業ではありませんでしたが、日本財政史上空前の**フィスカルポリシー**ともいわれています。地方自治体を主体とする国庫補助事業で、地方の負担も義務づけられました。地方では地方税収入の 6 割を負担し、全事業の 40〜60％を負担しました。1936 年**2・26 事件**によって、高橋は軍部に暗殺され、これによって高橋財政は終焉を迎えることとなります。

　1940 年に実施された財政大改革は、1898 年の所得税創設以来最大の改革であり、この改革によって財政の中央集権化が定着しました。戦後、シャウプ税制の土台となる改革でもありました。財政改革の目的は、第 1 に中央・地方を通じて租税負担の均衡を図ること、第 2 に、日中戦争以来の軍事費を中心とした国家経費膨張への弾力的な租税体系により税収確保を図ること、第 3 に、源泉徴収制を導入して、収益税を地方税に委譲して、税制の簡素化を図ることにありました。その後、太平洋戦争下の 1943 年には府県制、市町村制の改革、地方議会の縮小、天皇制ファシズムのもとでの地方自治の崩壊などが進行したのです。

2-4　戦後改革とシャウプ勧告

　戦後改革の下では、日本国憲法において地方自治の章が設けられ、首長の公選制、警察・教育行政の地方への委譲、普通選挙制度の実現と住民の自治権の拡大などの地方自治強化に向けた改革がすすめられました。参政権に関しては 1945 年に完全普通選挙制が実施されました。治安維持法廃止、直接請求制度の導入など直接民主主義制導入、公聴会、審議会の創設などがすすみました。知事公選制と府県の自治体化が図られ、府県の位置づけは、国の下部機関としての市町村への指揮監督機関から、広域行政機関として市町村の調整機関になり、政令指定都市制度が導入されて、都市の自治権が拡充されました。地方財政改革では、市町村では、固定資産税と市町村民税、府県では事業税と道府県民税を中心とした独立税が設けられることとなり、両税委譲が実現するにいたったのです。これらはいずれも、**大正デモクラシー**が要求していた改革が実現した

ものであり、制度上の民主化・近代化がおこなわれても、真の地方自治が確立されるまでには、住民の主体形成がなければなりませんでした。しかも、戦後改革それ自体、制約されたもので限界もありました。

こうした中で、1949年5月に、シャウプ税制使節団が来日しました。税制の問題認識としては、税制を簡素化することにより不公平を是正することにありました。国税が中心であるために、地方が補助金に依存し、国の統制が強く自主性が阻害されているとして、独立税、地方財政調整制度、4つの基本方針が打ち出されました。1949年8月に**ドッジライン**の一環として実施された**シャウプ勧告**は以下の通りです。①地方行財政には市町村優先主義をとる、②地方税は付加税を廃止して独立税で構成し、府県は付加価値税、市町村は住民税と固定資産税の税体系をとる、③配布税を廃止して、平衡交付金制度を新設し、地方自治体への財源調整に加えて財源保障を強化する、④補助金は大幅に削減し、多くを平衡交付金に算入する。しかし、一部の奨励的補助金は残す、⑤地方債は一定の限度で自由化する、⑥国と地方の事務は、とくに行政責任の明確化、市町村優先主義、効率という3つの原則にもとづいて再配分をおこなうというものでした。

しかし、付加価値税が未実現におわり、従来からの事業税が一部改正して継続されることとなり、国庫補助金の削減とその平衡交付金への算入、市町村優先主義による行政事務の再配分も未着手となりました。1950年、朝鮮戦争を契機に集権化が強化していくこととなります。自治体警察の廃止、東京都特別区長公選制廃止、**町村合併促進法**の制定、教育委員会公選制の廃止などです。同年5月に地方財政平衡交付金の創設、7月に新地方税制成立となる一方で、1953年に町村合併促進法が3年間の時限立法として制定され、1954年に市町村民税を削って府県民税が新設となり、地方財政平衡交付金（地方の需要から算定した下からの積み上げ方式）を地方交付税に改組（国税の一定枠からの配分）されることとなります。「昭和の大合併」が実施されるとともに、「地方財政平衡交付金や地方債、国庫補助金など、地方の自治活動の推進よりも国政委任事務の遂行に役立つことになり、勧告の目標から乖離」（藤田武夫，1978）していくこととなったのです。

3 戦後における分権論と地方経費

3-1 分権・地方自治制と地方経費

　戦後日本の分権論と地方経費の展開については、3つの時期に区分すること
ができます。第1の時期は、1945年から1950年代前半の時期で、新憲法や地
方自治法が制定され、シャウプ勧告をうけて、民主的地方自治の枠組みがつく
られる時期です。シャウプの理念そのものは骨抜きにされますが、新しい憲法
の下で「地方自治」という1つの章が設けられたことは、その後の民主主義的
な経済発展にとって重要な意味をもつものでした。

　第2の時期は、1960年代末から1970年代にかけてであり、**革新自治体**の誕
生（1967年東京都美濃部亮吉都政誕生など）から、「地方の時代」と呼ばれた
時期です。日本において社会資本充実政策がとられる一方で、公害問題や都市
問題、都市と農村の格差の拡大などが進行し、新しい対応が求められていた時
期でもあります。1970年の**公害国会**での14もの公害関係立法の制度化へとつ
ながり、1973年は**福祉元年**といわれたように、社会保障制度が一定の前進をみ
たのであり、老人や乳児医療無料化、保育所の増設などの成果があらわれまし
た。

　第3の時期は2000年代の地方自治制度や地方分権システムの変革期にあたり
ます。戦後3度目の長期化、深刻化する国家財政危機を背景として、2000年の
地方分権一括法、三位一体改革、平成大合併が実施された時期といえます。
1999年に地方分権一括法が制定され、2000年に施行されることになりました。
改正地方自治法によって機関委任事務が廃止となり、自治事務、法定受託事務、
国の直接執行事務に再編成されました。さらに2003年から2005年にかけては
3兆円の税源移譲と9.8兆円の国庫支出金の廃止・整理合理化や地方交付税の見
直しを中心とした三位一体改革が実施されました。

　ところで地方分権をめぐっては2つの潮流があります。1つは、アングロサ
クソン型競争的地方分権（新自由主義や新連邦主義）であり、C. ティボーの
「足による投票」理論（1956）やW. E. オーツの分権化定理（1972）などを根拠
としたものです。オーツ（1972）によれば、公共財をめぐる市場の失敗が生じ

た場合に、政府が介入して公共財が提供される場合、財政の分権化によって、中央政府による全国均一レベルの産出量よりも高いレベルの社会厚生を供給することができるというものです。公共財をめぐる市場の失敗が生じた場合に、政府が介入し、適切な政策手段が講じられなければならないが、公共財が提供される場合、財政の分権化によって、中央政府による全国均一レベルの産出量よりも高いレベルの社会厚生を供給することができるとされるもので、オーツの「分権化定理」として広く知られる見解です。財政の三機能論で有名な R. マスグレイブ、P. サミュエルソン、オーツらは第 1 世代モデルといわれ、現代では第 2 世代モデルの議論が中心となっています。地方政府が政府間財政移転や公債に依存する傾向などが強調されるようになり、こうした見解が最近の日本における地方交付税改革論議やモラル・ハザード論にも影響し、地方交付税廃止縮小論などの根拠づけになっているといえます。

　もう 1 つは、ヨーロッパ地方自治憲章にみられる補完性原理と住民自治にもとづく地方分権であり、基本的人権の保障や民主主義の発展を含む自治と参加を求める潮流です。地方交付税による財源保障をしつつ、住民の基本的人権を保障するための自治体財政権の確立を中心に議論が展開しています。ヨーロッパ地方自治憲章（1985 年 10 月制定、1988 年 9 月施行）では、地方自治とは「地方自治体が自らの責任において、地域住民のために法律の範囲内において公共的事項の基本部分を管理運営する権力と能力」であると定義され、その範囲として「公共的な事務は一般に市民に最も身近な地方自治体が優先的に履行する」とされています。課税自主権とは、地方が独立して独断的に財政運営を行うという意味ではなく、ナショナル・ミニマムとシビル・ミニマムを分担・維持しつつ地域の特性に応じた自主的な決定を行いうるというものです。

　日本の地方自治制には分権的側面と集権的側面があるといわれています。地方自治体は住民の直接選挙による首長と議員をもち、多くの行政権限と条例制定権を有しています。不十分であるとはいえ、住民直接参加も制度化されており、沖縄県普天間基地整理縮小をめぐる住民投票（1995 年）や市町村合併をめぐる住民投票など多くの自治体で実践されてきました。また、住民監査請求やリコール制などが認められており、自治事務の存在も大きいといえます。国による権力的な支配・監督に限界があることは事実です。

しかし、地方自治体の財政権という面ではかなりの制約があります。地方自治法（1947年）、地方財政法（1948年）、地方税法（1950年）において、地方税の標準税率や制限税率が規定されており、年間の予算も地方財政計画の枠組みにかなり左右されています。行政指導は絶え間なく行われ、地方交付税や国庫支出金に財政誘導が加えられるなど、財政権そのものはかなり限定的なものとなっています。こうした、分権的側面と集権的側面を合わせ持つ制度を丸山高満（1987）は「柔構造的集権制」、重森暁（2003）は「柔らかい分権制」、神野直彦（2002）は「集権的分散システム」と呼んでいます。2010年代以降は財源の中央集中が進行し、「集権型システム」ともいえる様相をみせています（川瀬,2022）。

　戦後の民主的地方自治制をいかに生かすかという観点に立ち、市民運動を中心に平和と基本的人権の保障を軸とした要求が高まってこそ、真の地方自治システムが機能するといえます。

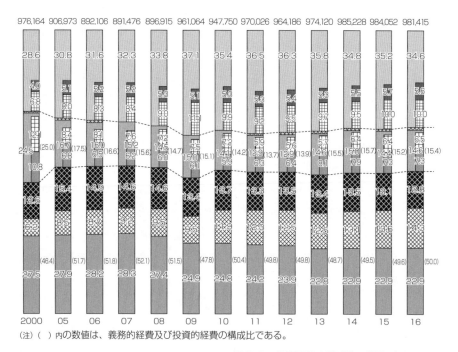

（注）（　）内の数値は、義務的経費及び投資的経費の構成比である。

図2-1　性質別歳出構成比の推移（2010-

出所：総務省（2022）『地方財政白書　令和4年版』より作成。

3-2　経費の分類

　地方自治体の普通会計は、一般会計と公営事業会計を除く特別会計を合算したものであり、地方財政という場合には、この普通会計を指す場合が多く、国の普通会計と対比されます。地方自治体の会計には、特別会計としての公営事業会計があります。特別会計には、収益事業会計、国民保険事業会計、介護保険事業会計、農業共済事業会計、交通災害事業会計、国立大学付属病院事業会計、後期高齢者医療事業会計などがあります。

　地方予算は予め地方財政計画において定められます。内閣は、毎年2月に普通会計の翌年度の歳入歳出額を見積り、国会に提出して一般に公表しています。自治体の実際の収支見込み額を推計して、標準的な経費と収入を掲げて均衡状態を促そうとするものです。**財政力指数**は、地方交付税法の規定により算定した基準財政収入額を基準財政需要額で除して得た数値の過去3年間の平均値であり、地方自治体の財政力を示す指数として用いられています。一般に、財政力指数は1に近くまたは1を超えるほど財政に余裕があるものと見なされていますが、財政力指数が1を超えていても、連結実質赤字比率が高く財政的に逼迫している自治体もあります。したがって、公共事業にかかる経費について国の負担率のかさ上げや国の各種財政援助措置を行う場合などの判断指数とみてよいでしょう。

　経費は**目的別歳出**と**性質別歳出**に分けることができます。地方経費には、性質別分類と目的別分類があります。性質別分類はさらに、義務的経費と投資的経費に分類されています。義務的経費（経常的経費）には、人件費、扶助費、公債費などがあり、投資的経費には普通建設事業費などがあります。**図2-1**から人件費

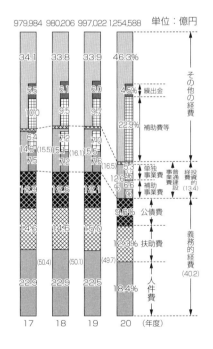

979,984　980,206　997,022　1,254,588　単位：億円

17	18	19	20 (年度)	
34.1	33.8	33.9	46.3%	その他の経費
5.5	6.1	6.0	4.5%	繰出金
10.0	9.5	9.7	22.9%	補助費等
6.4	7.2	7.0	5.3%	補助事業費
14.6(15.5)	5.9(16.1)	7.6(16.5)	12.6%	単独事業費
7.5	7.2	7.6	6.6%	普通建設事業費（投資的経費 13.4）
12.9	12.6	12.1	9.6%	公債費
14.6	14.6	15.0	12.3%	扶助費
22.9(50.4)	22.9(50.1)	22.5(49.7)	18.4%(40.2)	人件費（義務的経費 40.2）

2020年度）

の割合は低下傾向にあることがわかります。財政統制のための指標としてよく使われるのが、**経常収支比率**です。財政構造の弾力性の度合いを判断する指標の1つとして用いられ、経常一般財源のうち経常的経費に充てられる比率のことを指しています。2020年度においては、経常経費充当一般財源（人件費、扶助費、公債費等のように毎年度経常的に支出される経費に充当された一般財源）の、経常一般財源（一般財源総額のうち地方税、普通交付税等のように毎年度経常的に収入される一般財源）、減収補塡債特例分、猶予特例債及び臨時財政対策債の合計額に対する割合として示されています。経常収支比率の推移は**表2-1**に示されるとおり、都道府県、市町村ともに増加傾向を辿っています。

　この経常収支比率を根拠に、人件費、扶助費の抑制が促される傾向が続いてきました。投資的経費の割合が高い方が望ましいとされる傾向が続き、公共事業拡大によって地方債が増発され、それが公債費の増加を招き、人件費や扶助費抑制につながっていくといった事態が引き起こされてきました。また、人件

表 2-1　経常収支比率の推移

	区分	2010	2011	2012	2013	2014
都道府県		%	%	%	%	%
		91.9	94.9	94.6	93.0	93.0
		[109.9]	[110.0]	[109.6]	[107.5]	[105.2]
う　ち	人件費充当	40.9	41.8	40.6	38.6	38.7
	扶助費充当	1.9	2.1	2.0	1.9	1.9
	公債費充当	22.6	23.3	23.1	23.6	23.3
市町村		89.2	90.3	90.7	90.2	91.3
		[97.5]	[97.5]	[98.2]	[97.7]	[98.3]
う　ち	人件費充当	25.1	25.4	24.8	23.7	23.8
	扶助費充当	10.4	10.5	11.2	11.3	11.7
	公債費充当	19.0	19.0	18.8	18.6	18.2
合計		90.5	92.6	92.7	91.6	92.1
		[103.4]	[103.4]	[103.6]	[102.4]	[101.7]
う　ち	人件費充当	32.9	33.4	32.6	31.1	31.3
	扶助費充当	6.2	6.4	6.6	6.6	6.8
	公債費充当	20.7	21.1	20.9	21.1	20.8

原注：1　比率は、加重平均である。
　　　2　[　]内の数値は、減収補塡債特例分、猶予特例債及び臨時財政対策債を経常一般財源等から
　　　3　合計及び市町村には、特別区及び一部事務組合等は含まれていない。
出所：図2-1に同じ。

費抑制や職員給与カット等に用いられているのがラスパイレス指数です。これは地方公務員の給与水準を示すもので、指数を根拠に国から人件費抑制が促されてきました。ラスパイレス指数は年々低下傾向にあります。

　目的別歳出には、民生費、教育費、土木費、衛生費、農林水産業費、商工費、警察費、消防費などがあります（表2-2）。都道府県においては、政令指定都市を除く市町村立義務教育諸学校教職員の人件費が計上されていることから、教育費が最も大きな割合を占めており、民生費、商工費、公債費、土木費の順となっています。また、市町村においては、児童福祉、生活保護に関する事務（町村については、福祉事務所を設置している町村に限る）等の社会福祉事務の比重が高いこと等により、民生費が最も大きな割合を占めており、総務費、教育費の順となっています。

　主な目的別歳出決算については、民生費、総務費、教育費、土木費の順となっています。表2-2に示されるとおり、総務費は、特別定額給付金事業等の新

（2010-2020年度）

2015	2016	2017	2018	2019	2020
%	%	%	%	%	%
93.4	94.3	94.2	93.0	93.2	94.4
[102.7]	[102.3]	[103.0]	[100.7]	[99.8]	[103.0]
38.5	38.8	36.8	36.4	36.2	36.3
1.8	1.9	2.0	1.9	2.0	1.9
22.7	22.4	23.0	22.1	21.6	21.5
90.0	92.5	92.8	93.0	93.6	93.1
[96.0]	[97.8]	[98.6]	[98.7]	[98.3]	[98.0]
23.3	23.7	25.6	25.6	25.6	26.8
11.8	12.4	12.4	12.6	13.1	12.4
17.4	17.7	16.9	16.6	16.5	16.3
91.7	93.4	93.5	93.0	93.4	93.8
[99.3]	[100.1]	[100.7]	[99.7]	[99.1]	[100.4]
30.9	31.3	31.1	30.9	30.8	31.5
6.9	7.1	7.3	7.4	7.6	7.3
20.1	20.0	19.9	19.3	19.0	18.9

除いて算出したものである。

表 2-2　目的別歳出構成比の推移

区　分	2010	2011	2012	2013	2014
	%	%	%	%	%
総　務　費	10.6	9.6	10.3	10.3	10.0
民　生　費	22.5	23.9	24.0	24.1	24.8
衛　生　費	6.1	7.0	6.2	6.1	6.2
労　働　費	0.9	1.0	0.8	0.6	0.4
農林水産業費	3.4	3.3	3.3	3.6	3.4
商　工　費	6.8	6.8	6.4	6.1	5.6
土　木　費	12.6	11.6	11.7	12.4	12.2
消　防　費	1.9	1.9	2.0	2.0	2.2
警　察　費	3.4	3.3	3.3	3.2	3.2
教　育　費	17.4	16.7	16.7	16.5	16.9
公　債　費	13.7	13.4	13.5	13.5	13.6
そ　の　他	0.7	1.5	1.8	1.6	1.5
合　　　計	100.0	100.0	100.0	100.0	100.0
	億円	億円	億円	億円	億円
歳 出 合 計	947,750	970,026	964,186	974,120	985,228

出所：図 2-1 に同じ。

型コロナウイルス感染症対策に係る事業の増加等により、2019年度と比べると
133.0 ％増、商工費は、制度融資等の新型コロナウイルス感染症対策に係る事
業の増加等により 141.2 ％増、衛生費は、医療提供体制の確保等の新型コロナ
ウイルス感染症対策に係る事業の増加等により、43.5 ％増、民生費は、生活福
祉資金の貸付事業、ひとり親世帯臨時特別給付金給付事業等の新型コロナウ
イルス感染症対策に係る事業の増加等により 8.1 ％増、教育費は、児童生徒向け
の 1 人 1 台端末の整備等の GIGA スクール構想の推進に伴う事業の増加等によ
り 3.3 ％増となっています。各費目について解説しましょう。

1) 民生費

　民生費は児童・老人・心身障害者等のための各種福祉施設の整備・運営、生
活保護の実施など、自治体の社会福祉行政にかかわる経費であり、児童福祉費、
社会福祉費、生活保護費、老人福祉費、災害救助費などに分けられます。民生
費の財源構成比をみると、自治体の一般財源等が 62 ％をしめ、国庫支出金は
35 ％程度となっています（2020 年度決算）。1980 年の民生費にしめる国庫支出
金の割合が 45 ％であったことからみれば、地方の負担割合が大きくなってい

2015	2016	2017	2018	2019	2020
%	%	%	%	%	%
9.8	9.1	9.3	9.5	9.7	18.0
25.7	26.8	26.5	26.2	26.6	22.9
6.4	6.4	6.4	6.4	6.4	7.3
0.4	0.3	0.3	0.3	0.2	0.3
3.3	3.2	3.4	3.3	3.3	2.7
5.6	5.3	5.0	4.9	4.8	9.2
11.9	12.2	12.2	12.1	12.2	10.1
2.1	2.0	2.0	2.0	2.1	1.7
3.3	3.3	3.3	3.4	3.4	2.6
17.1	17.1	17.2	17.2	17.6	14.4
13.1	12.8	12.9	12.6	12.2	9.6
1.3	1.5	1.5	2.1	1.5	1.2
100.0	100.0	100.0	100.0	100.0	100.0
億円	億円	億円	億円	億円	億円
984,052	981,415	979,984	980,206	997,022	1,254,588

る費目でもあります。また、国民健康保険事業会計、介護保険事業会計、後期高齢者医療事業会計等への繰出金も民生費全体の２割をしめています。

　生活保護費は生活保護法に基づいて、生活扶助、住宅扶助、教育扶助、医療扶助を行うために必要とする経費であり、保護費、保護施設事業費・委託事務費は国 3/4、地方 1/4、人件費・行政事務費は、地方全額負担となっています。三位一体の改革にて、地方交付税の基準財政需要額への算定基準を厳格化されました（詳細は後述）。

　児童福祉費は児童福祉法に基づくもので、保育所費と心身障がい児の施設費が中心となっています。経費の大半を地方（市町村）が負担しており、児童福祉施設は国５：地方５となっています。扶助的経費は国２：地方８となっていましたが、三位一体の改革にて、公立保育所運営費交付金が廃止となり、一般財源化されています。2020 年度決算では市町村の児童福祉費は民生費の４割と最も大きな比重をしめています。

　老人福祉費は老人福祉法に基づくもので、各種老人ホームなどの老人施設や在宅老人対策などに当てられています。老人ホームの国庫負担率は 8/10 から

7/10（84 年）、5/10（86 年）と引き下げられてきたため、高齢化にともない地方負担増がもたらされました。2000 年の介護保険導入後、その一部は一般会計から介護保険事業会計へ移され、措置から契約への流れの中で個人責任に重点がおかれるようになっています。

　社会福祉費は身体障害者福祉法、知的障害者福祉法に基づくもので、対象者に対する扶助費、救護施設が中心となっています。市町村が実施主体であり、市町村負担は 3 分の 2 でしたが、1984 年以降、国庫負担率の引き下げが続いてきました。2005 年に障害者自立支援法成立（2006 年 4 月施行）が成立しましたが、2013 年からは障害者総合支援法に改称されています。

　また、国民健康保険は、市町村の特別会計であり、4 割は国庫負担金（療養給付負担など）です。1984 年から地方行革の一環として国庫負担率が引き下げられ、45 ％の負担率から 40 ％弱に低下しました。三位一体の改革にて多くの社会保障関連補助金が削減されましたが、国民健康保険に関わる補助金カットもすすめられました。2018 年度からは国民健康保険は都道府県単位化が実施されています。

　さらに三位一体の改革では、**児童扶養手当**の国の負担率を 3/4 から 1/3 に、**児童手当**も 2/3 から 1/3 に引き下げられました。2010 年度に民主党政権に交代したことで、所得制限のない子ども手当に代わりましたが、その後、自公政権下では所得制限が設けられました。2016 年度に年金生活者等支援臨時福祉給付金の創設、2018 年度は幼児教育・保育の無償化、2020 年度にはひとり親世帯臨時特別給付金給付事業等の国庫補助事業が創設され、扶助費が大幅に増加しています（福祉・医療についての詳細は第 6 章〜第 9 章参照）。

2) 教育費

　教育費は、学校教育（小・中・高等学校）、社会教育（生涯教育・文化施設維持運営など）、保健教育（体育施設など）を主な内容としており、教育行政は自治体の基本的な行政分野となっています。教育費の比重は民生費に次いで高く、教育費の内訳（人件費 57 ％、建設事業費が 13 ％、物件費が 16 ％）、義務教育にかかわる小学校費、中学校費は 4 割を占めています。義務教育費国庫負担制度は、小中学校教員の給与費の 3 分の 1 を国庫負担することとなっていますが、1985 年の地方行革以来、義務教育費関係の国庫負担金が一般財源化されてきて

おり、三位一体改革において、給与費以外の費用（退職手当、教材費、共済費など）が一般財源化されました。

　都道府県は、小中学校、高等学校の教職員の人件費を義務教育費国庫負担金から支出しており、人件費の比率は74％となっています。市町村では、屋内運動場、給食施設などの一定割合が補助金として交付されています。そのため建設事業費の比率が24％と比較的高いのが特徴です。学校費、社会教育費、保健体育費の大半は市町村負担です。三位一体の改革においては、義務教育費国庫負担制度廃止か存続かをめぐって議論が巻き起こりましたが、国の負担割合を2分の1から3分の1に引き下げることで決着されました。また、2014年度からは、都道府県から政令指定都市に対して、義務教育教職員給与負担等が移譲されました（詳細は第10章参照）。

3）土木費

　土木費は、道路、河川、港湾、海岸、空港など各種公共施設の建設・維持、都市計画事業や公営住宅建設事業の推進に要する経費のことです。自治体が実施主体で地方単独事業（自治体の自主財源による事業）になっているものと、補助事業（国の補助・負担金を受け入れて実施する事業）に分けられます。土木費の比重は、1955年までは12〜15％、1960年17％、1971年26％。1980年代には20％、1990年代から2000年代初頭にかけてさらに拡大してきました。近年では、その比重が低下しつつありますが、防災・減災・国土強靱化対策に係る道路橋りょう費、河川海岸費の増加などにより、2020年度決算では前年度に比べて4.6％増となっています。

　都道府県では、幹線道路などの道路橋りょう費（43％）、河川海岸費（27％）、都市計画費（33％）の比重が高く、住宅費（6％）の比重は低くなっています。以前は、国の補助事業が半分をしめていましたが、現在は25％程度です。これに対して市町村は、区画整理事業などの都市計画費（50％）、街路などの道路橋りょう費（30％）の比重が大きく、公共住宅の建設費は6％程度となっています。近年では下水道事業会計への繰出金も増えつつあります。

4）衛生費

　衛生費は、結核・伝染病・成人病などに対する医療対策、保健衛生・食品衛生対策、し尿・ごみ処理施設の整備、公害対策などの各種衛生行政に関わる経

費です。戦前から立ち後れた分野であり、60年代からの都市問題、公害問題の深刻化したこともあって、70年代からは積極的な対策が行われるようになりました。都道府県に比べると市町村の方が一般会計予算に占める比重が大きいことが特徴です。公衆衛生費、清掃費、結核対策費、保健所費がありますが、公衆衛生費と清掃費で7割以上を占めています。最も大きいのが公衆衛生費であり、近年では、公営病院事業会計繰出金も大きくなっています。またコロナ禍においては、新型コロナ感染症対応により2020年度決算では4割以上も増加しました。

公衆衛生費は、廃棄物処理施設建設に関わって国庫補助金が大幅に見直され、地方単独事業に移行してきています。廃棄物処理施設はダイオキシン対策が可能な大型施設になれば、補助金の対象となるため、各地で廃棄物処理施設の大型化が進行しました（詳細は第12章参照）。

5) 産業経済費

産業経済費は農林水産費と商工費に分けられます。農林水産業費は、農業振興関係費が4割以上（農地費27％、農業費36％）を占めており、普通建設事業費の補助事業費は、都道府県51％、市町村17％ほどとなっています。かつては補助事業が中心でしたが、80年代以降、国庫負担率は引き下げられてきました。都道府県に補助金が支給、都道府県負担金を加えて市町村に交付されるしくみであり、都道府県では国庫支出金の比重が高く、市町村では都道府県支出金の比重が高いのが特徴です。商工費は、地域産業の振興と経営近代化を目的とする中小企業への融資、工業団地の造成、消費流通対策、観光施設の整備などで、中小企業貸付金（金融的な支援や融資）が都道府県で72％、市町村で45％をしめています。

コロナ禍においては、新型コロナ感染症対応に係る融資制度の増加によって、2020年度決算では1.5倍に増加し、営業時間短縮要請に応じた事業者に対する協力金の支給などの増加によって、補助費等が3倍以上に増加しました。

6) 公債費

公債費は地方自治体が発行した地方債の元利償還費等に要する経費をさしています。1960年代3％台、80年代以降年10％台、90年代から2000年代前半にかけて、地方債償還金も急増しました。地方債の内、6割が国策による赤字

地方債（大半が国からの割り当てによるもの）であり、公債費負担比率（一般財源総額に占める公債費負担率）も拡大傾向にありましたが、実質公債費比率が2007年度から導入され、2008年度の地方公共団体の財政の健全化に関する法律（以下、自治体財政健全化法という）にて連結実質公債費比率などの新たな指標が導入されています。

性質別歳出における公債費が地方債の元利償還金及び一時借入金利子に限定されるのに対して、目的別歳出における公債費は元利償還等に要する経費のほか、地方債の発行手数料割引料等の手数料も含まれています。

7）労働費

労働費は、地域における職業能力開発の充実、金融対策失業対策、労働者向け諸施設の整備・運営にかかる経費です。失業対策費、労政費・職業訓練費・労働委員会費など（労働者金融対策、労働者福祉対策等）。都道府県では労政費が中心です。市町村では、失業対策事業の国庫補助引き下げとともに、次第に比重が低下し、現在では皆減となっています。

コロナ禍においては、事業者に対する雇用維持支援などの新型コロナウイルス感染症対応に係る事業の増加によって、1.3倍に増加しています。

8）その他の経費

その他の経費には機関費（議会・総務費、警察費）と総務費（庁費、徴税費、統計調査費、選挙費などの一般行政費、地域開発関係費）があります。警察費は都道府県の経費であり、約8割が人件費となっています。

4 地方経費の政策的課題

4-1 社会保障と地域福祉

地方経費のなかで最も重要な役割を持っている費目が、社会福祉関係の経費です。目的別分類では民生費、性質別分類では扶助費にあたります。特別会計の国民健康保険事業会計、後期高齢者事業会計、公営病院事業会計なども含まれます。地方自治体は社会保障の多くの部分を担っているといってよいでしょう。歴史的な経過も含めて政策的課題を明らかにしておきましょう。

社会保障には、公的扶助、社会保険、社会福祉、保健および医療が含まれま

すが、広義では教育も含まれます。日本の社会保障制度は、他の先進資本主義諸国に比べて制度の確立が遅く、労働者年金保険法がつくられるのが 1941 年、厚生年金保険法が 1944 年といったように、戦時下における基金を軍事費の財源とする目的が含まれていました。第 2 次世界大戦後、新憲法の下で農地改革などがすすめられ、都市化・工業化の進展とともに、大都市圏へ大量の労働者が流入しました。これまで農村を基盤としていた農村的共同体のしくみが解体し、都市部での核家族化がすすんでいったのです。女性差別の要求や家電製品の普及に伴う家事労働の軽減化とともに、女性の社会的進出もすすみ、個別福祉から全面福祉へと社会保障政策のさらなる充実が求められていきました。

こうした中で、1960 年代の末頃から次々に誕生した革新自治体が、国民皆福祉への改革を実施しました。地域医療での先進事例といわれるのが、**沢内村**（岩手県）と**佐久地域**（長野県）です。当時、乳児死亡率ワースト 1 であった沢内村では、無医村からの脱却をめざす取り組みが行われ、乳児医療費無料化が実施されました。その結果、乳児死亡率ゼロという目標が達成されたのです。乳児死亡率が高いのは、無医村であることと貧困問題が原因でした。その後、老人医療、乳児医療の無料化などが、東京、大阪、京都、神奈川などでも導入されるようになり、国レベルでも 1971 年に児童手当法、1973 年に老人医療費支給制度が開始されました。全国的な保育運動の展開もみられるようになり、全国の自治体で保育所設置に向けた取り組みが始まりました。しかし、摂津訴訟で国の保育に対する補助基準の低さが改めて浮き彫りとなり、「3 割自治」という財源面での限界と国による補助率の低さが問題視されるようになったのです。その一方で、1971 年のドルショック、1973 年の石油危機を契機とする低成長時代に入ることとなり、財政危機への対応に焦点が移されるようになっていったのです。

こうして 1980 年代には、社会保障費の制約と家族による介護を中心とした新保守主義の時代へと突入していくこととなります。第二次臨時行政調査会による行財政改革（臨調行革）によって、社会福祉政策が大きな転機を迎えることとなり、**新保守主義＝新自由主義**の台頭とともに、社会保障制度が全面的に見直されはじめました。社会福祉関連の国庫補助負担金の削減とともに、これまで社会福祉の根幹をなしてきた措置・措置制度が縮小・解体され、これに代

わって、国民の自助努力や地域責任、民間委託あるいは民営化を中心とした方向へと転換を迫られることとなりました。

　こうした潮流のなかで、福祉分野の機関委任事務を国から地方に移譲する動きがありました。1986年に福祉関連法が改正され、老人・児童等の入所措置が機関委任事務のまま、国庫補助負担率のみ8割から5割に引き下げられ、翌年には団体委任事務化の措置がとられました。それに続いて、1990年には「老人福祉等の一部を改正する法律」が制定され、福祉関連8法の改正が行われました。これにより、高齢者福祉の分野においては、ホームヘルプ、ショートステイ、デイサービスといった在宅福祉サービスと施設福祉サービスの実施主体が市町村になり、地方自治体に高齢者保健福祉計画の策定が義務づけられるようになりました。2000年には介護保険が導入され、高齢者保健福祉政策は福祉から保険へと変わっていくことになります。また、地方分権一括法の下で、従来の機関委任事務が廃止となり、自治事務と法定受託事務に組み換えが行われ、地方自治体の役割が拡大しました。

　その一方で、公立病院の統合再編もすすめられました。2008年には、公立病院の経営改善のためのガイドラインが策定され、経営指標の数値目標を設定した「改革プラン」を2008年度中に策定するよう促す方針が打ち出されました（総務省）。その間、全国的な公営病院の統合再編が加速される一方で、規制緩和による医師不足、病院不足が深刻な社会問題となっていきました。また、現在では地域医療構想のもとで、公立・公的病院の統廃合計画が進められています。2020年から始まったコロナ禍において、改めて公立・公的な病院の役割が重視されるようになり、保健所機能と合わせて、重視すべき課題であるといえます。

　また、医療保険に関しては、2008年には、後期高齢者医療制度が導入され、75歳以上の高齢者の負担増と医療制限が加えられるようになりました。

　生活保護については、2003年の小泉純一郎内閣**「骨太の方針」**にその見直しが明記され、2007年には16歳以上の「母子加算」が廃止、2009年には15歳以下の「母子加算」が廃止されることとなりました。2000年代半ばの好景気の時代にも格差と貧困化が進行し、2008年には全国で生活保護世帯が120万世帯を突破しました。セーフティネットを構築するためには、自立支援の仕組みをど

うつくるかが必要になってきますが、各自治体ケースワーカーは1人で80〜100世帯を担当し、過酷な労働となっています。自治体によっては1人で200〜300ケースも担当しているところもあります。2015年に生活困窮者自立支援法が策定され、伴走型の支援が求められるようになりました。しかし、その担い手の多くが非正規雇用の支援員であることから、人的な拡充も課題となっています。

　児童福祉については、三位一体の改革で公立保育所運営費交付金が廃止され、地方一般財源で賄う方式がとられるようになりましたが、財政難のために、多くの自治体では保育の民営化、廃止が加速化しています。それは認可保育所であれば、公立よりも民間の方が国の補助が高いという補助金メカニズムによって、保育サービスの合理化がすすむことになります。民営化によって保育の質の低下、利用料の引き上げなどが懸念されており、採算の合わない地域では民間の引受け先もなく、公立保育所廃止の方向が取られました。

　2015年に子ども・子育て支援新制度が導入されました。自治体における要保育度認定の制度を設けて、民営化と規制緩和を中心に、保育の需要に対応するために、量的拡大を図ろうとする制度です。幼保一元化による認定こども園、園庭がないような小規模な保育所、企業内保育などを次々に導入しましたが、要保育度に応じて自治体が認可保育所のみを決定するため、決定から外れた場合には、認可外保育所を探さなければならないといった状況も生み出されました。

　こうしたなかで、兵庫県**明石市**のように子ども医療費、保育料、おむつ、中学校給食、遊び場の「5つの無償化」（所得制限なし）を実施するなど、積極的な子育て支援に取り組んでいる自治体もあり、注目されています。少子高齢社会への対応として、仕事と子育て両立支援や保育所の充実確保は重要な課題であるといえましょう。

4-2　社会資本整備と地域づくり

　地方経費のなかで、社会資本にかかわる経費は、国土計画や地域づくりとの関わりにおいても重要な要素です。日本はこれまで「土建国家」とも呼ばれ、OECD諸国の中でも高い公共投資が実施されてきました。公共投資とは、国や

地方自治体が社会資本の建設のために行う投資であり、社会資本という場合には、道路、港湾、上下水道、教育施設、公園、公営住宅などをさしています。社会資本には大きく、社会的一般生産手段（**産業基盤**）と社会的共同消費手段（**生活基盤**）に分類され、生産や生活の社会化への対応として、社会資本の形成は不可欠です。地域の経済活動を活発化させ、地域経済の発展に貢献し、都市的生活様式の定着や住民の日常生活の安定性という面においても重要な役割を果たしています。宮本憲一（1967）は社会資本を社会的一般生産手段と社会的共同消費手段に分類し、**集積不利益**と**社会的共同消費手段**の不足によって現代的貧困問題が引き起こされるメカニズムを明らかにしました。

2000年代半ばまでは、総需要の拡大という景気対策の手段として公共投資はさらに拡大されてきました。景気対策は、本来は国の役割であって、地方公共事業は景気対策としては二義的なものです。総務省は、『行政投資』のなかで、産業基盤投資（国県道、港湾、空港、工業用水、工業用地等）、生活基盤投資（市町村道、街路、都市計画、住宅、環境衛生、厚生施設（病院、公立大学付属病院、国民健康保険事業を含む）、文教施設、水道、下水道等、農林水産投資（農林水産業関係投資：農道、潅漑など）、国土保全投資（治山治水：ダム建設等）、海岸保全等、その他の投資（失業対策、災害復旧、官庁営繕、鉄道、地下鉄、電気・ガス等）に分類しており、大半の事業が地方自治体の深い関わりをもっています。

日本においては、1962年の第1次全国総合開発計画（拠点開発構想）から第5次全国総合開発計画、2008年の第1次国土形成計画から第2次国土形成計画に沿った形で国土計画が実施されてきました。2014年には第2次国土形成計画にあたる「**国土のグランドデザイン2050**」が策定され、現在に至っています。

総務省の『行政投資』から行政投資額の実績についてみておくと、1990年頃までは、約30兆円までの水準で推移してきましたが、1990年代以降に急増し、1997年から2000年のピーク時には50兆円を超える公共投資が行われました。それは1989年の日米構造協議を受けた形で内需拡大を目的として、翌1990年に430兆円にものぼる「**公共投資基本計画**」（10カ年計画）が閣議決定されたことによるものです。当初は1991年度から2000年度までの10年間の計画でしたが、バブル経済が崩壊した1995年にはさらに630兆円に上方修正されました。

財政構造改革により実施機関が 10 年間から 13 年間に延長されましたが、1990年代以降 2000 年代半ばにかけて、公共投資が拡大していくこととなります。国の整備計画に沿った形で地方単独事業が定められました。1991 年度から 2000年度までの公共投資額の合計額は、当初計画の 430 兆円よりも多い 465 兆円にものぼりました。また、1995 年度から 2007 年度までの 13 年間の合計額は 485兆円にも達しており、当初計画の 630 兆円に比べると抑制気味でしたが、少なくとも 2000 年代半ばまでは、ほぼ「公共投資基本計画」に沿って事業が推進してきた事実が窺えます。2000 年代半ば以降、行政投資額は減少傾向になっています。

　行政投資実績の構成比をみると、道路のシェアが最も高く、国土保全、下水道、文教施設、農林水産、水道、都市計画、住宅、厚生福祉、環境衛生、港湾・空港などの順になっています。2009 年に道路特定財源が廃止となりましたが、税率水準の維持、国及び地方の道路特定財源については、2008 年度以降 10 年間、暫定税率による上乗せ分を含め、現行の税率水準を維持するとの見解が示されました。2020 年代に入っても依然として幹線道路に関わる経費が大きい比重を占めています。こうした公共投資の拡大によって、1990 年代から 2000 年代半ばにかけて国債のみならず、地方債や財政投融資の融資残高も拡大しました（地方債については第 4 章参照）。

　2000 年代半ば以降、社会資本建設は量的には縮小傾向にありますが、「選択と集中」によって、大規模な公共事業が推進される傾向にあります。資源浪費型・環境破壊型の公共事業も各地で展開しています。社会資本の維持管理も大きな課題となっています。市民のニーズに応じたまちづくり、地域づくりを基本とするサステナブル・ソサイエティに向けた転換が求められています。そのためには、まちづくりに関する縦割り型の行政システムからの脱却を図る必要があります。**環境アセスメント**の実質化と需要予測の市民サイドからの監視システムも重要な課題となっており、市民参加による地域づくりの方向性がもとめられているといえましょう。

●演習問題
①特定の経費を取り上げ、行政サービスのあり方について検討してみましょう。

②個別自治体の決算状況を調べて、国の政策との関わりや政策課題について考えてみましょう。

●参考文献

池上惇（1979）『地方財政論』同文舘出版。

井手英策（2006）『高橋財政の研究——昭和恐慌からの脱出と財政再建への苦闘』有斐閣。

植田和弘・諸富徹編（2016）『テキストブック現代財政学』有斐閣。

川瀬憲子（2011）『「分権改革」と地方財政——住民自治と福祉社会の展望』自治体研究社。

川瀬憲子（2022）『集権型システムと自治体財政——「分権改革」から「地方創生」へ』自治体研究社。

小西砂千夫（2022）『地方財政学——機能・制度・歴史』有斐閣。

重森暁・植田和弘編（2013）『Basic 地方財政論』有斐閣。

島恭彦（1951）『現代地方財政論』有斐閣。

Shoup Mission, *Report on Japanese Taxation*, Appendix Volume Ⅲ General Headquaerter for the Allied Powers, Tokyo, Japan, September 1949. シャウプ使節団（1949）『日本税制報告書』（附録Ⅲ巻）、GHQ。

神野直彦・小西砂千夫（2014）『日本の地方財政』有斐閣。

沼尾波子・池上岳彦・木村佳弘・高端正幸（2017）『地方財政を学ぶ』有斐閣。

藤田武夫（1976, 78, 84）『現代日本地方財政史（上・中・下）』日本評論社。

宮本憲一（1967）『社会資本論』有斐閣。

宮本憲一（1981）『現代資本主義と国家』岩波書店。

宮本憲一・遠藤宏一編著（2006）『セミナー現代地方財政Ⅰ——「地域共同社会」再生の政治経済学』勁草書房。

宮本憲一（2016）『日本の地方自治　その歴史と未来［増補版］』自治体研究社。

森裕之・諸富徹・川勝健志編（2020）『現代社会資本論』有斐閣。

●おすすめの文献

重森暁・植田和弘編（2013）『Basic 地方財政論』有斐閣。

宮本憲一（2016）『日本の地方自治　その歴史と未来［増補版］』自治体研究社。

森裕之・諸富徹・川勝健志編（2020）『現代社会資本論』有斐閣。

（川瀬憲子）

第 3 章

地方税と課税自主権

> **キーワード**
> 税源配分、地方税原則、税源拡充、シャウプ勧告、税源移譲、地方譲与税、
> 法定外税

1 歳入における地方税の地位

1-1 主な財源と財源区分

　本章のねらいは、地方自治の財政基盤となる地方税の意義や種類、規模を学び、制度、理論、政策を踏まえて地方**税源拡充**について検討することです。ここでも本書で重視している地方分権（推進）、すなわち地方自治体の自己決定権の拡大を念頭に置いて、自治体の多様性を考慮しながら、地方税の学習を深めてください。

　地方税とは、地方自治体が強制力をもって、恒常的に課税、徴収し、住民等が納付する税金（租税）をさします。地方税は財政自治の根幹であるといえます。では、なぜ住民等は地方税を納めなければならないのでしょうか。それは地域共同社会を支えるための分かち合いの財源調達手段として税金が最もふさわしいからです。私たちの安全、安心の生活にとって身近な存在としての上下水道やゴミ収集、道路、警察、消防などの活動は、私たちが住む都道府県や市町村などの地方自治体が担っています。それは個々人で確保することは困難であり、地域で決めていく性格のものであり、個別的な見返りを求めるというよ

りも、地域共同社会を支える公共サービスと位置づけられます（無償性）。そのためには民主的手続きが不可欠となり、住民を代表する議会・議員の存在が重要になります（財政民主主義）。

それでは地方自治体の財政における歳入に目を向け、主な財源が何であるかをみることから始めましょう。歳入において最大の比重を占めるのが地方税です。1950年代以降、いくつかの年度（例えば1990年度前後）で40％を超えましたが、長らく30％台前半で推移していました。2000年以降も、いくつかの年度で40％を超えましたが、過去との違いは30％台後半で推移していることです。地方税に次いで大きな比重を占めるのは、地方交付税や国庫支出金です。地方交付税は地方自治体間の財源の不均衡を調整し、どの地域においても一定の公共サービスを提供できるように財源を保障するための地方固有の財源です。国庫支出金は国が使途を特定して地方自治体に交付する支出金の総称のことです。地方自治体が行わなければならない事務事業のうち、主に国の事務的性格を有するものや、国と利害関係があるもの、および国の施策上や地方自治体の財政上特別の必要があるものなどについて、その費用の一部または全部を国が支出することとされています。次いで、地方債があげられます。地方債とは地方自治体が一会計年度を超えて行う借り入れ、つまり借金のことです。

地方分権の推進を念頭におけば、次のような財源区分があります。まず自主財源と依存財源です。自主財源とは、地方自治体が国や都道府県あるいは市町村に依存せず独立に獲得しうる財源をさし、地方税を中心に、分担金・負担金、使用料・手数料、財産収入、寄付金などが含まれます。分担金・負担金、使用料・手数料は収入の規模は小さいですが、受益者負担の性格を強くもっています。保育所、高等学校、公営住宅などを利用する料金が含まれますが、利用料ではなく使用料と呼んでいます。これに対して、依存財源とは、国や都道府県あるいは市町村から交付される財源をさし、地方交付税、地方譲与税、国庫支出金、地方債などが含まれます。自主財源の比率が高ければ、財政運営における自主性、弾力性が確保されることになります。

次に、一般財源と特定財源という区分もあります。一般財源とは使途が特定されていない、つまり地方自治体が独自に使える財源をさし、地方税に加えて、地方交付税や**地方譲与税**などが含まれます。これに対して、特定財源とは、使

途が特定されている財源をさし、国庫支出金、繰入金、繰越金などが含まれます。一般財源の比重が大きいほど、自治体の政策的裁量の余地が大きいと考えられます。地方債を発行する場合、都道府県・政令市は国と、一般市町村は都道府県と、それぞれ協議する必要がありますので、地方債は依存財源かつ特定財源に区分されます。なお、一般財源でも地方譲与税には使途に制限がかかる場合があります。また、特定財源には一部が一般財源に振り替えられて、支出されることがあり、地方財政計画上の財源不足を補うために発行される臨時財政対策債は一般財源とみなされます。

1-2 歳入における地方税の割合

　都道府県、市町村のそれぞれの歳入に占める地方税の割合をみておきましょう。都道府県の場合、2019年度は40.7％、20年度は33.2％（00年度32.1％、10年度31.8％）を占め、20年度については**新型コロナウイルス感染症**（以下、新型コロナ）の感染拡大に伴う諸対策のための財源確保の影響、つまり歳入総額や他の財源の急増が反映されています。市町村の場合、2019年度は33.4％、20年度は26.0％（00年度34.3％、10年度34.1％）を占め、都道府県の数値よりも低くなっています。地方税あるいは歳入の構造の違いがみられます。また、自主財源あるいは一般財源も構造的な違いから大きく異なります。都道府県の方が自主財源の比重は圧倒的に高く、2019年度から20年度への比重低下の幅も小さいです。

　次に、歳入総額に占める地方税収の割合別でみた都道府県、市町村の分布をみておきましょう。2020年度については、都道府県では東京都の58.5％（19年度70.7％）が突出しています。次いで、愛知県46.4％（53.5％）、神奈川県46.3％（61.3％）、埼玉県43.7％（50.9％）の順で、40％以上は5都県です（7都府県）。30％以上40％未満は8府県（14府県）、20％以上30％未満は19道府県（20道県）、10％以上20％未満は15県（6県）です。最も低いのは岩手県の14.6％（15.6％）であり、10％未満はゼロということになります。このことから30％未満が7割超に及ぶことがわかります。この数値は2019年度で55％でした。これと同様に、注意を喚起したいのは、過去10か年度でみて30％未満が8割超であったことからいえば、2019年度までは地方税収の割合の底上

げが顕著にみられた点です。

　市町村では歳入総額に占める地方税の割合で 40 ％以上は 2.6 ％（50 ％以上 0.2 ％）、20 ％以上 30 ％未満は 25.4 ％、10 ％以上 20 ％未満は 35.6 ％、10 ％未満は 22.9 ％です。このことから 30 ％未満が 8 割超に及ぶことがわかります。この点を詳細にみると、政令市では 30 ％以上は 55.0 ％、20 ％以上 30 ％未満は 45.0 ％、中核市では順に 36.7 ％、55.0 ％です。これに対して、人口 1 万人以上の町村では 30 ％以上は 16.2 ％、20 ％以上 30 ％未満は 27.2 ％、10 ％以上 20 ％未満は 46.1 ％、10 ％未満は 10.5 ％、人口 1 万人未満の町村では順に 3.9 ％、4.6 ％、29.9 ％、61.6 ％となっています。ここから市町村間の差異が非常に大きいことがみえてきます。そして、過去 10 か年度でみて 30 ％未満が 6 割台で推移しながら上昇しており（2019 年度 67 ％）、地方税の脆弱化がより進んでいるなかで、20 年度に状況が一変しました。

２　地方税の構造と特徴

2-1　日本における地方税の構造

　次に、国税との比較から地方税の構造に踏み込んでいきます。国税が所得・消費課税中心であるのに対して、地方税は所得・資産課税中心です。国税と地方税では所得課税が共通していますが、例えば前者の所得税（個人）と後者の住民税（個人）の課税ベースは所得で同じです。そして、道府県税と市町村税に分けてみると、前者は所得・消費課税中心であるのに対して、後者は所得・資産課税中心となっています。歴史的な側面からみると、所得課税は経済の好不況の影響を大きく受けますので、国税、地方税のいずれにおいても税収配分の点で上下変動がみられます。他方、消費課税の配分の推移は国税と地方税でかなり異なります。これは度重なる制度改正の影響がありますが、国税では 1989 年の消費税（消費型付加価値税）の創設ならびに 3 度にわたる引き上げによる税収の増大が反映されています。地方税の場合、道府県税と市町村税に分けて理解しておく必要があります。つまり前者では消費税率の一定割合とされる地方消費税が 1997 年に創設され、消費課税の柱となるに至っています。

　国税収入は地方税収入よりも多いのですが（2020 年度の国税収入 64.9 兆円と

地方税収入 40.8 兆円の比率 3：2）、地方税源を拡充するために、所得課税や消費課税に着目し、国から地方自治体への**税源移譲**を進めようとすれば、国・地方間での配分の見直しは避けられないことになります。他方、税源移譲ではなく、地方税の増税が選択肢となります。大規模な増税の場合、現行の税目からいえば、住民税や事業税などいくつかが該当します。この点は後述します。なお、地方税は市町村税と道府県税に分けて呼ばれることが多いですが、この場合、後者には東京都の「都」が、前者にはその 23 区の「区」が含まれていません。これは単なる法的な表記方法によります。地方税法により、東京都に対しては道府県税の規定が、23 特別区には市町村税の規定がそれぞれ適用されます。ただし、本来の市町村税のうち都税となっている税目、すなわち固定資産税（資産課税）、都市計画税（同）、法人市民税（所得課税）などがあり、都が県と市を兼ねるような存在にあることには注意を要します。

2-2　市町村税収と道府県税収の構成

　次に、市町村税収と道府県税収の構成を時系列で理解しておきましょう（表 3-1、表 3-2）。市町村税収に基づく構成をみてみると、1950 年度の**シャウプ**（地方）税制以降、所得課税に分類される市町村民税と、資産課税に分類される固定資産税が圧倒的に高い地位を保持しており、両者を足した割合は増大し、1990 年代以降、90％近い水準となり、見事なまでに安定しています。とはいえ、両者の性格は大きく異なるために、それぞれの構成比はかなり変化しています。また、制度の説明は後述するとして、市町村民税では個人住民税の所得割が、固定資産税では土地分と家屋分が柱となっています。

　市町村税収に対して道府県税収の構成としては、シャウプ税制当時には事業税（所得課税）が圧倒的な割合を占め、それに大きく依存していました。1954 年度以降、法人事業税を柱としながらも、復活した道府県民税（所得課税）の割合が高まっていきました。2000 年代に入ると、事業税の地位は一層低下し、逆に道府県民税収が最大となりました。近年では両者ともに上下変動が大きい状況です。また、地方消費税の創設、拡充により、2020 年度時点でその割合は事業税を上回り、道府県民税とほぼ同水準です。その他には自動車税（消費課税）や軽油引取税（消費課税）、不動産取得税（資産課税）などがあります。道

表 3-1　市町村税収の構成（決算）

（単位：%）

年度	1950	1960	1970	1980	1990	2000	2010	2020
市町村民税	39.2	32.4	43.1	49.2	54.3	41.2	43.1	45.6
個人均等割	7.2	2.3	0.8	0.6	0.5	0.6	0.9	1.0
所得割	32.0	17.6	26.3	33.4	35.9	29.7	32.6	36.5
法人均等割	—	0.3	0.2	0.4	1.6	2.0	2.0	1.9
法人税割	—	12.1	15.8	14.8	16.4	8.9	7.6	6.1
固定資産税	40.1	43.6	35.2	32.7	33.8	45.3	44.2	41.8
土地	15.7	13.0	9.2	14.0	13.3	18.8	17.1	15.5
家屋	16.9	17.2	13.8	11.7	13.2	17.4	18.6	18.0
償却資産	7.5	10.2	10.2	5.9	7.0	8.7	7.9	7.9
軽自動車税	—	1.0	1.5	0.5	0.5	0.6	0.9	1.3
市町村たばこ税	—	8.7	9.4	4.7	3.6	4.3	3.9	3.6
特別土地保有税	—	—	—	0.8	0.7	0.2	0.0	0.0
電気税・ガス税	5.0	10.4	6.0	4.6	—	—	—	—
事業所税				1.6	1.6	1.6	1.6	1.7
都市計画税	—	2.6	4.3	5.5	5.3	6.6	6.2	5.9
その他	15.7	1.3	0.5	0.4	0.2	0.2	0.1	0.1
合計	100.0	100.0	100.0	100.0	100.0	100.0	100.0	100.0

出所：重森・植田編（2013）、総務省ホームページ・「地方税制度」より作成。

府県たばこ税は道府県が課税していますが、市町村たばこ税は市町村、国税の
たばこ税は国が課税しています。なお、自動車取得税は自動車の購入時に取得
価額に対して課されましたが、2019年10月の消費税率引き上げ時に廃止され、
後述のとおり、新たに環境性能割という購入時の税が導入されました。

2-3　国際比較からみた日本の地方税

　日本の地方税構造の特徴を把握するためには、国際比較を行うことがよいで
しょう。比較の基準にはさまざまなものがありえますが、ここでは国税と地方
税の税源配分や地方税収の配分などに焦点を当てます（表3-3）。

　まず各国のGDP（国内総生産）に占める租税負担や社会保障負担の割合です。
これは単一国家だから、あるいは連邦国家だから大きいと明確にいえません。
日本の租税負担（国・地方）の比重は高い方ではないようです。逆に、社会保
障負担はどちらかといえば高い方ではないでしょうか。また、租税負担のうち

表 3-2　道府県税収の構成（決算）

(単位：%)

年度	1950	1960	1970	1980	1990	2000	2010	2020
道府県民税	—	15.0	19.4	26.7	32.5	28.9	39.0	30.0
個人均等割	—	｝6.0	0.2	0.2	0.2	0.3	0.5	0.7
所得割	—		11.8	18.9	15.5	15.0	31.5	24.3
法人均等割	—	｝9.0	0.0	0.1	0.4	0.8	1.0	0.8
法人税割	—		7.4	7.4	6.0	4.4	4.4	2.2
利子割	—	—	—	—	10.4	8.3	1.1	0.2
配当割	—	—	—	—	—	—	0.4	0.8
株式等譲渡所得割	—	—	—	—	—	—	0.1	1.0
事業税	52.5	54.1	45.9	39.5	41.8	26.6	17.4	23.4
個人分	36.2	4.4	2.8	1.0	1.6	1.4	1.3	1.2
法人分	16.3	49.7	43.2	38.5	40.2	25.1	16.1	22.2
地方消費税	—	—	—	—	—	16.2	18.8	29.5
譲渡割	—	—	—	—	—	13.9	14.8	22.1
貨物割	—	—	—	—	—	2.3	4.0	7.5
不動産取得税	—	3.9	4.5	3.8	3.8	3.6	2.7	2.0
道府県たばこ税	—	7.1	4.2	3.1	2.3	1.8	1.8	0.7
ゴルフ場利用税	19.1	1.0	1.3	1.0	0.6	0.5	0.4	0.2
特別地方消費税	11.8	8.1	5.8	5.4	1.2	0.1	—	—
自動車取得税	—	—	3.6	3.7	3.9	3.0	1.4	—
軽油引取税	—	4.9	6.8	6.0	5.3	7.7	6.5	5.0
自動車税	2.6	4.2	8.1	10.6	8.2	11.3	11.5	8.8
その他	14.0	1.7	0.4	0.2	0.4	0.3	0.5	0.4
合計	100.0	100.0	100.0	100.0	100.0	100.0	100.0	100.0

出所：表 3-1 に同じ。

　地方分、つまり地方税をみてみると低い方ですが、連邦国家において州税も考慮すると、その点は鮮明になります。逆に、単一国家だけでみてみると、必ずしも低いとはいえないかもしれません。

　国税と地方税の**税源配分**については、国税収入の方が大きいのですが、単一国家と連邦国家をあわせてみると、それらの差はより大きいようにみえます。とはいえ、日本の場合、イギリスやフランスのように、国税に税源が集中している状況ではありません。日本の地方税は比較的「大きい」とみなしても間違いではないでしょう。ただし、注意を喚起したいのは、単一国家の場合、地方

表 3-3　税収の国際比較

	税源配分の割合（税収の対 GDP 比）	地方税収入の構成比	
			主な税目
日本	国税　60.1 地方税　39.9 （国・地方 31.4、地方 7.4、社会保障負担 12.9）	所得　50.9 消費　21.3 資産等　27.8	個人住民税、事業税 地方消費税、たばこ税 固定資産税、事業所税
イギリス	国税　93.6 地方税　6.4 （国・地方 32.7、地方 1.7、社会保障負担 6.5）	所得　0.0 消費　0.0 資産等　100.0	 カウンシル・タックス
フランス	国税　79.8 地方税　20.2 （国・地方 44.9、地方 6.1、社会保障負担 24.0）	所得　0.0 消費　35.4 資産等　64.6	 自動車登録税 既・未建築地不動産税、地域経済負担金、住居税
スウェーデン	国税　54.9 地方税　45.1 （国・地方 42.8、地方 15.2、社会保障負担 5.3）	所得　97.6 消費　0.0 資産等　2.4	個人所得税 財産課税
アメリカ	国税　53.3 州税　27.3 地方税　19.4 （国・地方 25.0、地方 8.9、社会保障負担 6.1）	所得　5.7 消費　22.5 資産等　71.8	 小売売上税 財産税
ドイツ	国税　47.6 州税　38.6 地方税　13.7 （国・地方 38.6、地方 12.5、社会保障負担 14.6）	所得　79.8 消費　8.6 資産等　11.7	所得税（共有方式） 営業税 附加価値税（共有方式） 不動産税
カナダ	国税　44.9 州税　43.7 地方税　11.4 （国・地方 33.8、地方 16.7、社会保障負担 3.0）	所得　0.0 消費　1.8 資産等　98.2	 財産税
オーストラリア	国税　80.8 州税　15.6 地方税　3.6 （国・地方 27.7、地方 5.3、社会保障負担 0.0）	所得　0.0 消費　0.0 資産等　100.0	 資産税（レイト）

注：1　日本については、国税に地方法人特別税が含まれ、地方税に地方法人特別譲与税が
　　2　フランスの州税は、OECD の統計上地方税に含まれている。
出所：OECD（2020）,"*Revenue Statistics 1965-2020*"、総務省ホームページ・「地方税制度」

（単位：％）

州税収入の構成比		国税収入の構成比	
	主な税目		主な税目
—		所得 53.1 消費 41.6 資産等 5.3	所得税、法人税 消費税、酒税、たばこ税 相続税
—		所得 46.2 消費 43.7 資産等 10.2	所得税、法人税 附加価値税 相続税
—		所得 48.1 消費 42.6 資産等 9.3	所得税、法人税 附加価値税 相続・贈与税
—		所得 2.6 消費 65.4 資産等 32.1	個人・法人所得課税 附加価値税 財産課税
所得 43.2 消費 53.3 資産等 3.5	個人・法人所得税 小売売上税、個別間接税	所得 91.2 消費 8.1 資産等 0.8	個人・法人所得税 酒税、たばこ税 遺産税・贈与税
所得 52.2 消費 40.1 資産等 7.6	所得税（共有方式） 法人税（共有方式） 附加価値税（共有方式） 不動産取得税、相続税	所得 45.6 消費 54.0 資産等 0.4	所得税（共有方式） 法人税（共有方式） 附加価値税（共有方式）
所得 50.5 消費 38.6 資産等 11.0	個人・法人所得税 小売売上税、共通売上税 財産税	所得 79.1 消費 20.9 資産等 0.0	個人・法人所得税 附加価値税（GST）
所得 0.0 消費 30.8 資産等 69.2	自動車税、ギャンブル税 賃金税	所得 73.2 消費 26.6 資産等 0.2	個人・法人所得税 財・サービス税（GST）

含まれない。

より作成。

税の比重は地方自治の尊重と必ずしも結びつかないケースがあります。別言すれば、地方自治体（地方政府）は税率の決定権限をもちますが、課税ベースについては権限がないのが一般的です。こうした点をどのように見極めるかです。

　地方税の特徴を鮮明にするために、国税に目を向けると、単一国家、連邦国家のいずれにおいても所得課税（とくに個人）が中心です。ただし、単一国家では日本はイギリス、フランスと同様に、消費課税の比重も基幹税と呼べるような水準です。日本に限っては世界の潮流に反して、消費税収入が所得税収入を上回る事態になっており、消費税率が高いのか、所得税率が低いのか、といった論点がありえます。他方、スウェーデンのように国税が消費・資産課税を中心とし、地方税がほぼすべてを所得課税で構成するケースがあります。連邦国家であれば、州税において消費課税の基幹税としての地位が鮮明となります。

　地方税収の構成比については、単一国家でみても資産課税は中心になりえるものの、全体として多様であることが読み取れます。比較対象を広げると、主に個人所得課税に依存するタイプ（北欧型）、資産課税に多くを依存するタイプ（イギリス、フランスなど）、所得・資産・消費課税の混合タイプ（日本、イタリア）に分かれるかもしれません（重森・植田編, 2013）。この点を踏まえて地方税体系を検討する場合、都道府県と市町村を分けて丁寧に議論する必要がありますが、前者は州と同様に考えられないことから消費課税、すなわち現行システムでいえば地方消費税の位置づけをどのように考えるかです。また、データだけでは見えにくい日本の地方税制の特有の構造について、国と地方の政府間財政関係から確認することです。すなわち本書でも取り上げられていますが、その特徴をあらわす集権的分散システムとなります。

3　地方税原則と主な地方税

3-1　地方税原則

　歳入総額における地方税収の比重は市町村間で非常に大きな差異（格差）があり、都道府県間でも地方税の底上げは図られているものの、今なお、大きな差異がみられます。換言すれば、地域の生産力（例えば県内総生産）や所得水準、人口規模に制約されて、財政力すなわち支出規模に対する地方税収に格差

が存在します。ところが地方自治の観点から、いずれの地方自治体もできる限り必要な収入を地方税で調達することが求められます。そうでないとモラル・ハザード（倫理の欠如）や非効率が拡大しかねないからです。この2つの要請を満たすために、例えば地方税の税源は財政力の格差を極力小さくする租税がふさわしいわけです。ここから国税とは別に、地方税にのみ特別に求められる原則、つまりいくつかの**地方税原則**が必要になります。

　ここでは最も重要な地方税原則として4つあげます（内山編，2018）。第1に、普遍性原則です。これは税源がどの地域にも普遍的に存在することが望ましいことを内容とします。この原則は、地方自治体の課税権が当該団体の域内に限定されていることから不可欠となります。逆にいうと、大都市に偏在するような税源は地方税として適していません。したがって移動性のない土地や建物などは地方税源として普遍性を持ちますが、法人所得や譲渡所得は大都市に偏在し、普遍性に乏しいといえます。

　第2に、安定性原則です。国の財政と比較すると、地方自治体の財政活動は毎年必要となる経常経費のウエイトが高いために、地方税には安定性、つまり国税と比べて税収の変動性の小さい税種が求められます。とくに基礎自治体である市町村では住民生活に密着した行政事務（とくに対人社会サービス）が多く、景気変動に左右される度合いが小さいといえます。なお、国税では安定性は必要でないという意味ではないですが、租税の一般原則として強調されることはありません。

　第3に、負担分任原則です。地方税はできるだけ多くの住民が負担する、すなわち負担を分任できる方が望ましいとされます。個人住民税の課税最低限（課税することになるか否かの基準であり、誰もが納税するわけではない）や、かなり低い所得層も負担する個人住民税の均等割の存在はこの原則を根拠にします。地方税を負担すると行政や財政に関心を持ちやすい、地域共同体における会費として一定の負担がふさわしいといった理由から、この原則に肯定的な評価があります。現行の負担水準では低すぎるので大幅な増額をすべきであるとか、他方で、一般原則を重視して必ずしも必要ではないとの否定的評価もあります。

　第4に、応益性原則です。地方自治体の行政サービスやインフラ整備のもた

らす便益と関連性があることを内容とします。例えば警察、消防、保健などのサービスや道路、下水道、小中学校などの公共施設によって居住と事業の環境が整備されると、その地域では不動産などの価格や事業業績が上昇するような条件が整うとみなすことができます。この点にふさわしい税金を選択することが重要になります（保有資産に対する固定資産税や事業規模に応じた事業税、とくに外形標準課税）。また、住民は生活道路、ごみ処理といった地域の共同作業と、教育、保育、福祉、保健、環境といった相互扶助を地方自治体に行ってもらい、代わりに税金（住民税）を納めるという発想をもてば、それは応益性を満たすことになるでしょう（沼尾ほか，2017）。

　ただし、以上のことから示唆されるように、地方自治体が生み出す便益、または受益の形態はひとまとめにできず、いくつかありそうです。この点に注意を払えば、地方税の税目に限らず、地方税以外の負担方法（受益者負担）も含めて丁寧に議論した方がよいのかもしれません。

　では、現行の地方税制は上記の原則にどれほどあっているのでしょうか。地方自治体の基幹税である固定資産税、個人住民税、法人住民税、法人事業税（とくに外形課税部分）は普遍性、応益性をはじめ地方税の四原則におおむね合致します。ただし、厳密にみれば、いくらか注意を要します。地方法人二税（道府県民税法人税割、法人事業税）のように安定性や普遍性で見劣りするような税目も含まれています。地方消費税は普遍性や安定性を備えるとはいえ、分権推進からみて、地方自治体に税率決定権がなく自主性、つまり課税自主権の発揮において適格とはいえないかもしれません。

　以上のことを踏まえて、都道府県、市町村にみられる地方税源に起因する税収の大きな格差を丁寧に分析してみましょう（総務省ホームページ・「地方財政白書」）。都道府県では人口1人当たり税収額を指数（全国平均を100とした場合）でみると、2019年度、20年度の順で、地方税（合計）では最大の東京都が166.6、159.7、最少の長崎県が70.3、72.2で2.4倍、2.2倍の開きがあります。地方消費税（清算後）では最大の東京都は120.6、108.5、最少の奈良県は84.5、87.1で1.7倍、1.3倍です。これに対して地方法人二税では、最大の東京都は259.7、245.0、最少の奈良県は43.3、45.0で6.0倍、5.4倍です。新型コロナ感染拡大前の2019年度をみれば、地方税や地方消費税の差異の程度はそれまでとは変わ

りませんが、地方法人二税は 2011 年度に 5.3 倍でしたので、大きく増大しています。これに対して、新型コロナ感染拡大期にあたる 2020 年度であれば、地方税や地方消費税は縮小していますが、地方法人二税は縮小しているものの、感染拡大前の水準になったにすぎません。このことから地方法人二税のあり方が論点となりうるなかで、実際には後述する地方法人特別譲与税が創設されています。こうした偏在是正の方法が問われている一方で、地方税の範囲内外での他の方法がありうるかもしれません。

3-2　主な地方税

　ここでは基幹税に位置づけられるいくつかの税目の制度を簡潔に整理しておきます（2022 年度時点）。

1）住民税

　まず住民税です。実は「住民税」という税目は厳密にはなく、地方所得税に位置づけられる市町村民税と道府県民税を合わせたものを総称して呼んでいます。住民は自分が住む市町村、都道府県に 2 種類の住民税を納めます。すなわち市町村内、都道府県内に住所を有する個人、事務所等を有する法人等が納税義務者となります。市町村民税、道府県民税のいずれにおいても、均等割（個人、法人）が課税標準となり定額課税です。市町村民税の場合、均等割は個人、法人で異なり、個人 3000 円（ただし、東日本大震災を教訓とする地方自治体の防災対策を強化するための増税として 2014〜23 年度プラス 500 円）、法人 5〜300 万円です（年額）。所得割（個人）という課税標準もあり、これは前年の所得に対して税率 6 ％（政令市に住所を有する場合 8 ％）です。個人住民税は所得が一定額以下であれば賦課されません。課税標準には法人税割（法人）もあり、法人税額に対して税率 6 ％と設定されています。

　道府県民税の場合、均等割の個人は 1000 円（ただし、上記の防災対策増税で 2014〜23 年度プラス 500 円）、法人は 2〜80 万円です。住民税には、同じ所得課税でも、国税の所得税や法人税にはない均等割という仕組みがあります。所得割（個人）も課税標準ですが、税率は 4 ％（政令市・2 ％）です。政令市の取扱いが異なる理由としては、2018 年度分の所得割から、県費負担教職員の給与負担事務の道府県から政令市への移譲に伴う税源移譲が実施されたことに伴

います。また、同じく法人税割（法人）もあり1％の税率です。なお、道府県民税には利子割（支払いを受けるべき利子等の額）、配当割（支払いを受ける一定の上場株式等にかかる配当等の額）、株式等譲渡所得割（源泉徴収口座内の株式等の譲渡による所得）も含まれ、それぞれの課税標準は異なります（納税義務者は個人）。

2）事業税

　事業者（企業）は、立地している都道府県に事業税を納めます。事業税は個人の行う事業に対して課する個人事業税と、法人の行う事業に対して課する法人事業税で構成されます。課税標準は、個人の場合には前年の所得、法人の場合には付加価値額、資本金等の額、所得または収入金額です。個人事業税の税率は3〜5％であるのに対して、法人事業税の場合、所得課税法人、後述する外形標準課税対象法人（赤字でも納税義務あり）、収入割を申告納付すべき法人（同）といったように、課税対象法人のタイプによって異なります。さらに、収入割対象法人としては電気供給業、ガス供給業、保険業などを行う法人があげられますが、税率となれば1％とそれ以外となる業種があります。

　税収の大半を占める法人事業税の性格については、多くの方が、法人がその事業活動を行うにあたって地方自治体の各種公共サービスの提供を受けることから、これに必要な経費を分担すべきであるという考え方に基づくと説明します。また、次のような説明もみられます。都道府県によるサービスの便益を法人の利害関係者、すなわち株主、債権者、従業者、消費者などが享受するともいえます。それらの人々は必ずしも事業所所在地に住んでいるとは限りません。とくに大都市の場合、法人（企業）が集積しているために、昼間は従業者、消費者などが大量に流入して公共サービスを享受します。そこで法人に課税することにより、利害関係者に間接的に負担を求めます（沼尾ほか，2017）。

　かつては実態として赤字法人であることから、納税しない法人の割合が半数以上を占めるなど、その性格に見合った納税がされていなかったのですが、今では法制度改正によりかなり変わりました。すなわち2004年から付加価値額や資本金等の額を課税標準とする外形標準課税が、資本金1億円を超える法人について一部導入され、その後拡大されています。外形標準課税対象法人の税率は付加価値割（付加価値額）1.2％、資本割（資本金等の額）0.5％、所得割

（所得）1.0 ％です。とはいえ、資本金 1 億円超のいわゆる大法人は全企業のうち 1 ％を下回り、資本金を減資すれば課税対象から外れてしまいます。他方、同 1 億円以下であれば、所得割となり、所得の規模に応じて税率は 3.5 ％、5.3 ％、7.0 ％です。なお、付加価値割の拡大が進んでいますが、このことは応益性の原則を一層重視する動向であるといえます。

3）地方消費税

　地方消費税の課税標準は消費税額であり、譲渡割と貨物割から構成されます。納税義務者は、①譲渡割＝課税資産の譲渡等（特定資産の譲渡等を除く）および特定課税仕入を行った事業者、②貨物割＝課税貨物を保税地域（外国貨物を輸入申告前に蔵置する場所）から引き取る者です。課税方式は、①譲渡割で当分の間、国（税務署）に消費税と併せて申告納付（本来は都道府県に申告納付）、②貨物割で国（税関）に消費税と併せて申告納付となっています。こうした記述では難解に思えるかもしれません。だとすれば、消費税の仕組みを理解することにより、イメージできるようにしましょう（用語解説を参照）。というのも、私たちは地方消費税を含む形で消費税を日々負担しているからです。

　地方消費税の税率は 2019 年 9 月までは 17/63（消費税率換算 1.7 ％）、国の消費税とあわせて 8 ％、19 年 10 月からは 22/78（2.2 ％）、10 ％（軽減税率 8 ％対象 22/78、1.76 ％）です。この税が異色であるのは、使途が決められていることです（2014 年 4 月〜）。すなわち①制度として確立された年金、医療および介護の社会保障給付、②少子化に対処するための施策やその他社会保障施策（社会福祉、社会保険および保健衛生に関する施策）に要する経費（税率引き上げ分のみ）です。地方消費税は 1997 年の創設時に消費税率換算 1.0 ％でしたが、消費税の税率引き上げに際して、税率は引き上げられています。その性格としては、購入地で地方自治体による治安、交通、環境などの公共サービスを受ける、という応益性の点から説明されますが、税率の引き上げにより、その性格は一層強まっていることになります。なお、消費税の一定割合は地方交付税の原資となっていますので、税率引き上げにより地方自治体の財源も増えることになります。

　制度面でのポイントとして清算方式があげられます。地方消費税は事業者（本社）の最寄りの税務署が所在する都道府県にいったん払い込まれます。し

かし、地方消費税収入は消費に対する課税である以上、消費活動が行われた都道府県に帰属すべきではないかということで、地方消費税額を最終消費地に帰属させるため、消費に関連した基準等によって都道府県間で清算が行われます。清算の指標は、①「小売年間販売額（商業統計）」と②「サービス業対個人事業収入額（経済センサス活動調査）」の合算額50％（1/2）、③「人口（国勢調査）」50％（1/2）です。

4) 固定資産税

　固定資産税は土地、家屋、償却資産を課税対象とし、それらの固定資産が所在する市町村が課税団体となります。ただし、大規模の償却資産については、その所在市町村はその価格のうち法定された一定の課税限度額までの部分について課税権を有し、この課税限度額を超える部分については、当該市町村を包括する道府県が課税権を有します。償却資産とは、構築物、機械・装置、船舶、車両、運搬具、工具・器具、備品などです。納税義務者は固定資産の所有者であり、固定資産課税台帳に所有者として登録された者をいいます。課税標準は固定資産の価格ですが、この価格は「適正な時価」と定義され、固定資産課税台帳に登録されたものとなります。土地および家屋の課税標準は基準年度の賦課期日における価格であり、原則として3年間据え置かれます。というのも、「適正な時価」を得るためには固定資産の評価が必要になり、土地および家屋は3年ごとに評価替えが行われることによります。標準税率は1.4％です。納税しなくてもよい免税点が設定されており、それは土地30万円、家屋20万円、償却資産150万円です。

　土地の評価額は公示地価の7割を目途として、均衡化が図られています。住宅用地についてはその税負担を特に軽減する必要から、課税標準をその価格の1/3の額とする特例措置が設けられています。さらに、住宅用地のうち小規模住宅用地については、課税標準をその価格の1/6の額とします。なお、住宅用地に限らず、商業地等、農地のいずれも課税標準は評価額より低くなりますが、これは長期にわたる負担調整措置にもとづいており、その制度の複雑さを批判する指摘があります。家屋は「再建築価格」（いま建築すればいくらかかるか）の形で評価されます。新築住宅は3年間（3階建以上の耐火構造住宅等は5年間）、床面積120m² までの税額を1/2に減額されます。これは特例措置ですが、

何度も延長されています。土地の売買実例価額に対して、償却資産は取得価額を基準として「適正な時価」が評定されますが、その際、適正な時価とは正常な取引条件のもとで成立する価格とされています。そして、耐用年数と減価率により減価償却が行われる形で価格が決定されます。すなわち取得価額を踏まえて、経過年数に応じて、定率法（旧定率法）により償却されます。なお、固定資産の評価のうち償却資産は毎年行われることになっています。

4　地方税源拡充の選択肢

4-1　地方税源拡充論と課税自主権

1）地方税源拡充・縮小小史

　日本は歳入面では「比較的大きな地方税収」（単一制国家間の比較）を特徴としますが、支出規模に比べると総体的に小さい税収であり、そして制限され、行使しにくい課税自主権となっています。例えば一部を除いて、税率、税目などは容易に変更できません。また、所得課税、消費課税など大半の税源において、国税の基幹税としての課税がみられます。地方自治体の課税自主権の要件としては、地域独自の租税の導入権利、課税標準の決定権限、税率の決定権などがあげられますが、この議論は後にすることとし、まず長期にわたって大きな課題とされている地方税源拡充について史的側面から展開していきます。

　地方税源拡充・縮小に関する主な制度改正は以下のとおり整理することができます。

1922年　原敬内閣が設置した臨時財政経済調査会が財産税創設と地租（1947年まで国税）・営業税（同）の地方委譲を答申します。都市と農村がそれぞれ深刻に抱えていた地域（財政）問題が背景にありました。

1940年　地租・営業税、家屋税（地方税）が地方自治体に配分される、国からの還付税となります。国からの配付税とあわせて地方分与税と呼ばれましたが、地方「税」ではありません。

1948年　国から都道府県に入場税が移譲され、また、営業税が改正され事業税が創設され、都道府県税の拡充が進み始めます。

1949・50年　シャウプ勧告（国税として所得税と法人税、道府県税として附

加価値税、市町村税として固定資産税と市町村民税を基幹税とする方針です）。これはアメリカのカール・シャウプを団長とする日本税制使節団による日本の租税改革に関する報告書です。

1950年 **シャウプ勧告**を反映した税制の成立（シャウプ税制）。明治以来の地租、家屋税に新たに償却資産課税を加えて固定資産税が創設されました。後に、シャウプ勧告で道府県税の中軸とされた附加価値税は実施されないまま廃止となりました。

1954年 住民税が道府県にも導入され、道府県税は道府県民税と事業税を、市町村は市町村民税と固定資産税を中軸とする地方税体系が確立します。道府県税ではこの時、他にも新税が創設され、その後も相次ぎました。

1989年 消費税の創設に際して、地方の個別間接税である電気税・ガス税、木材引取税などは吸収される形で廃止、整理され、他方で、国から地方への消費譲与税が新設されました（後に地方消費税の実施に伴い廃止されます）。

1997年 消費税の税率の３％から４％への引き上げに際して、税率１％分の地方消費税が導入されます。

2003年 資本金１億円超の法人を対象に、法人事業税の一部に外形標準課税が導入されます。

2004年 三位一体改革として、所得税の一部の個人住民税への移譲（税源移譲３兆円）、国庫補助負担金の縮減（4.7兆円）、地方交付税の縮減（5.1兆円）が大規模に行われます。

　ここでは上記のうち３つの出来事に関して少し詳細に整理しておきます。

　第１に1922年の両税移譲（２種類の税という意味）の答申です。それは未実現に終わりましたが、税源移譲が国民レベルで議論の俎上に上がるという画期的な出来事です。この背景としては、市町村の財源は財産処分や国税の一定割合を附加する「附加税」、独自の住民負担である「戸数割」などに依存せざるをえず、財政の窮乏化と住民負担の増大が深刻になっていました。第２にシャウプ勧告です。それは地方税の充実を新たなスキームで加速させた出来事であり、今日の分権改革に通ずる点も少なくありません。地方税に関しては、①税制の簡素化、②税収の十分性（市町村分を優先して確保）、③独立税主義（国税附加税の廃止、国と都道府県と市町村の税源分離、課税自主権の強化）に重点が置

かれました。第3に三位一体改革です。この重要なポイントは税源移譲、国庫支出金の縮減、地方交付税の見直しの3つが一体的に行われたことです。ただし、地方交付税の見直しが大幅縮減の形となり、地方の一般財源総額は税源移譲分を含めても実質的に大きく減少しました。

　こうして歴史的な側面から地方税源が拡充される時期がありましたが、国と地方の歳出の割合（配分）からみると、依然として見直しの余地があります。さらに、都道府県間、市町村間の税収規模の違いが非常に大きいことも特徴にあげられます。実現可能性を強く意識しながら、地方税源拡充の課題を検討する場合、全体＝税体系と個別＝各税目が対象となります。

2）地方税源拡充論の展開

　三位一体改革とくに税源移譲から何が示唆されるのでしょうか。第1に、3兆円の税源移譲は地方自治体の首長等から積極的に評価されました。税源移譲を目指したのは、地方税源の拡充が自治権の拡大につながると期待されたことによります。では、第2弾の税源移譲はありえるのでしょうか。それは再度所得税の税源移譲なのか、あるいは別の税目なのかといったことです。第2に、地方交付税の大幅縮減により、地方サイドにとっては三位一体改革の総体的な評価は大きく低下しました。一般財源のなかでも地方交付税や類似の財源はどのように捉えることができたのでしょうか。また、国庫支出金は一般財源化されたものがありましたが、負担率の引き下げにとどまり、地方サイドでは役割や責任が押し付けられたとされる評価もありました。

　第1の税源移譲の可能性については、制度面に絞っていえば、個人住民税の所得割では偏在性が強く出るので難しいのではないかという見方が多いです。都道府県でみれば、東京都をはじめいくつかの府県で税収が大きく伸び、格差が広がるということになります。地方税制の範囲内で、税源の偏在を是正する制度改正を並行して進める必要があるとしても、容易ではありません。とはいえ、全国知事会や全国市長会など地方六団体はこれまで個人住民税（所得割）が最も重要な地方税であり、その充実、確保を図っていくと国に要請しています（例えば2022年5月「骨太方針の策定等について」）。他方で、偏在性をある程度許容しても、一般財源とくに地方交付税で十全に財源保障してくれればよい、という多くの自治体（とくに農村的自治体）の本音があるかもしれません。

次のような見方もあります。「わが国は、国と地方の融合的な事務配分を採用しており、それだけ地方歳出が大きくなることで、地方税体系も影響を受けることになる」、「税源分離の考え方に沿って、国税と都道府県税、市町村税のそれぞれの基幹税を課税対象で区分することが望ましいとすれば、道府県税は消費課税が割り当てられるので、現状よりも消費課税の割合はさらに高い方が望ましいといえる」、「わが国のように、自治体に、義務教育や警察、消防、社会保障など、多くの公共サービスの提供を求める一方で、それに対して、できるだけ多くの地方税で税収を確保しようとすると、地方税の原則にもっとも当てはまる税目だけでは歳入は確保できず、大規模な財政調整制度も必要となる」（小西，2022）。

　現行システムの下では、地方消費税の税率引き上げ（都道府県税源の充実）はどうでしょうか。過去にそれは消費税率の引き上げに際して実現されました。現実的には、国の消費税率との関係に加えて、消費税を地方交付税の原資とする割合、国・地方間の社会保障分野における事務負担の配分などさまざまな点を考慮しなければなりません。また、市町村からみれば、地方消費税交付金で影響を受けることになります。歴史的にみれば、都道府県と市町村の税収規模は1950年度には37対63となり、市町村税が大幅に強化されました。しかし、すぐに都道府県税の比重が高まるよう制度改正が行われ、今や、両者はほぼ同じです。また、一般財源においては都道府県に関連するさまざまな地方譲与税や交付金が存在します。見方を変えれば、都道府県の役割や税財政（支出と税収の関係）が何度も問われてきたことになります。

　制度の基本に焦点を当てると、地方消費税は課税標準を消費税額としており、独立税のかたちをとりながらも、事実上の国税付加税といえるかもしれません。地方への譲与税と変わりないという評価もあります。実際、消費税導入時には消費譲与税（消費税収の20％）が新設されました。この限りでいえば、都道府県税は、独立税とは明確にいえない税目の税源拡充を目指すのか、市町村もそこからの交付金でよいのかということになります。都道府県からみて、消費税率引き上げで「棚からぼたもち」になるというよりも、課税自主権を重視すれば、税率決定権等がないことの方が問題ではないでしょうか。また、地方消費税率の引き上げは地方間財政格差の拡大につながりますが、そうであれば、偏

在是正として、地方財源総額を抑制するため、地方間で調整することが重視され、富裕団体である東京都等から吸い上げて再配分するという枠組みで対応することでよいのでしょうか。さらに、法人関連税は国税を含めて軽減されるばかりですが、この点を議論してはどうでしょうか。

3) 自主財源主義と一般財源主義

　第2の点に関わって、自主財源主義か一般財源主義かという論点があります。前者は地方財政の歳入において地方税の比重を高め、このことを分権推進（自治）にとって最も重視するのに対して、後者は地方税を含む一般財源ベースでみて、その規模の拡充を図ることです。この点を議論する場合、地方自治体の多様性に注意を払う必要があります。大雑把にいえば、本来、経済力、財政力が強い都市的自治体とそうでない農村的自治体は区別してアプローチされるべきではないでしょうか。農村的自治体が一般財源主義を重視するのであれば、理解できなくもないですが、それでも三位一体改革時に地方交付税は大幅に縮減されました。また、交付税の「特定財源化」といわれることがありますが、交付税制度における国の政策的誘導が地方にとっては良からぬ意味で捉えられます。では都市的自治体についてはどうでしょうか。

　都市的自治体は現行システムの下では、地方税の増収は地方交付税の減収でかなり相殺されるので、税源拡充あるいは税源移譲などの重要性を感じていないのでしょうか（逆に、地方税の減収は地方交付税の増収でかなり相殺されます）。そうであれば、地方税の構成比を高めるというよりは、国庫支出金の一般財源化、地方交付税による十全の財源保障（交付税を増やして欲しい）でよいとなりかねません。さらに、国庫支出金であっても、何でも一般財源化すればよいわけではないという主張も少なくありません。国・地方間、地方間でみた都道府県あるいは市町村の権限の拡充（国や都道府県からの移譲を含む）を際限なく進めることは必ずしも望ましいわけではないとしても、それに見合った財源は地方税を中心とするのが、分権推進の狙いではないでしょうか。

4) 課税自主権をめぐる論点

　地方自治体の課税自主権は、次の点では制度上ある程度担保されています。すなわち超過課税と**法定外税**などです。地方税法で定められた税目は法定税といわれますが、法定税には基本的に標準税率、すなわち課税する場合の通常よ

るべき税率が設定されています。それに対して税率の上乗せが認められており、これを超過課税と呼んでいます。超過課税では制限税率として税率の上限が定められている場合と、そうでない場合があります。なお、標準税率よりも低い税率を設定することも可能です。また、特定の税目は一定税率とされ、地方税法が定める税率以外は認められません。制限税率は多くの税目に設定されていましたが、1990年代後半以降、分権推進改革のために撤廃が進んでいます。固定資産税の制限税率は従来2.1％とされていましたが、課税自主権の拡大を図る観点から2004年に廃止されました。

　制限税率の設定（2022年度）としては、法人事業税が資本金1億円超の普通法人に対する所得割で標準税率の1.7倍、その他は1.2倍です。法人住民税の均等割では市町村分のみ設定されており1.2倍です。また、「法人税割の超過課税（都道府県2倍、市町村1.4倍）は頻繁に行われています。標準税率引き下げに伴って課税自主権が縮小されないように、制限税率も超過課税分の税率上限を維持するように変化します」（小西，2022）。超過課税の状況をみると、その規模は2020年度（決算）で、都道府県税2829億円、市町村税3116億円、計5945億円です。地方税収に占める割合は1.5％です。実施団体（2021年4月現在）については、都道府県では住民税法人税割が46団体（02年4月現在46団体）で最多です。同個人均等割での実施団体も37団体（同0団体）と多いのですが、森林環境等を保全するために財源を確保していることによります。市町村では住民税法人税割が1013団体（同1428団体）で最多であり、同法人均等割の390団体（同574団体）が続きます。固定資産税で実施している市町村も151団体（同276団体）と比較的多いですが、他の税目と同様に減少しています。超過課税実施の理由としては、地域・自治体の財政需要にもとづくことが多いようです。

　課税自主権を巡っては、そもそもそれが乏しいのではなく、地方自治体が生かし切れていないという主張がみられます。したがって、超過課税や新税創設を積極的に行うことがあげられます。さらに、全国一律で税率の引き上げに踏み切ればよいとなります。あるいは高所得層ほど所得に占める株式等の譲渡所得の割合が高い一方で、税負担が小さくなるという現象がみられますので、金融所得に対する増税策（分離課税分）も一考に値します。現実には、住民税で

は所得割の超過課税はほとんど実施されていませんが、大半の地方自治体は近隣自治体との比較から、住民の理解を得られないことを強く懸念しているかもしれません。また、多くの市町村が人口減少に転じたり、あるいは人口減少が継続したりするなか、固定資産税収は堅調に推移しており、超過課税の余地を再認識すべきかもしれません。このことも小さくない論点となるでしょう。とはいえ、こうした点でも地方自治体間での税源の偏在問題は避けられない可能性が高いです。

4-2　地方譲与税

　地方譲与税は自主財源ではなく一般財源です。それは次のように性格づけされることがあります。「形式は国税であるが、それを一定の譲与基準によって自治体に譲与するものであることから、独立税源という意味での地方税と、地方共有財源という意味での地方交付税の中間の性格を持っている。その譲与基準は、使途に即したものや、財源の偏在を是正するものなどである。基準財政収入額に全額が算入されることが多いことを指して、地方交付税の前渡し的な性格があるといわれることもある」（小西，2022）。地方譲与税はそれぞれ個別の法律にもとづいて設置されますが、これまで頻繁に創設、廃止されてきたわけではなく、2021 年度現在 7 種類で構成されます。その収入（決算）は 2019年度 2.2 兆円、20 年度 1.8 兆円で、歳入総額に占める割合は順に 4.3 ％、2.9 ％です。地方税の税源偏在はけっして近年に限った現象ではないなかで、地方譲与税を巡っては、地方税財政の主な改正において偏在是正を狙いとする創設が目立ちます。また、それは別の意味合いでも新設されています。

　ここでは地方法人特別税、特別法人事業税を取り上げます（表 3-4）。地方法人特別税（国税）とは、法人関連税収の増収を背景に、2008 年度、地域間の税源の偏在を是正するために、「消費税を含む税体系の抜本的改革が行われるまでの間の暫定措置」として、法人事業税の一部を分離して創設されたものです。これは、法人事業税の約半分に相当する約 2.6 兆円を分離して、法人事業税の収入割と所得割の標準税率を引き下げます。次いで、減税分を地方法人特別税という国税の形で吸収します。そして、その税収を地方法人特別譲与税として1/2 を人口に応じて、1/2 を従業者数を基準として都道府県に譲与するという

表 3-4　法人事業税の標準税率と地方法人

			2007 年度
法人事業税	収入課税法人	収入割	1.3 %
	所得課税法人	資本金 1 億円超　所得割	3.8〜7.2 %
		付加価値割	0.48 %
		資本割	0.2 %
		その他　所得割	5.0〜9.6 %
地方法人特別税・特別法人事業税	収入課税法人	収入割	—
	所得課税法人	外形標準課税対象	—
		その他	—

注：1　法人事業税・所得課税法人のうち、特別法人（協同組合、医療法人など）は省
　　2　法人事業税・収入課税法人については、2020 年度から電気供給業の一部で外形
　　3　地方法人特別税は地方法人特別譲与税、特別法人事業税は特別法人事業譲与税
　　4　地方法人特別税、特別法人事業税の算定式は「法人事業税の所得割の税額また
　　5　特別法人事業税については 2020 年度に収入課税法人の一部で税率が 40 ％にな
　　6　2020 年度末までの状況を記載している。
出所：総務省ホームページ・「地方税制度」などより作成。

措置です。なお、地域間の財政力格差の拡大、経済社会構造の変化等を踏まえ、大都市に税収が集中する構造的な課題に対処するため、2019 年度には地方法人特別税の廃止をへて、規模は縮小したものの、法人事業税の一部を分離して、特別法人事業税（国税）として課税し、人口を基準に特別法人事業譲与税として都道府県に譲与されることになりました（普通交付税不交付団体に対する譲与制限あり）。

　こうした財政措置に対して多くの批判がみられます。「これは、地方法人税と同様に、地方税を縮小して『歳入の自治』を狭める措置です。経済力の分布に対応しない税収配分が行われて、自主財源としての性格が失われたのです」（沼尾ほか，2017）。また、偏在是正の手段として、望ましいのは税源交換であるという主張もみられます。「偏在度の高い地方法人課税を国税化する代わりに、その同額を、偏在度の低い消費税から地方消費税に移せば、地方税制全体としての偏在度が下がる。もしくは、地方交付税財源の一部になっている消費税を地方消費税に振り替える代わりに、同額の地方法人課税を国税化して交付税財源とするのでも、税源交換の規模が小さいので効果は限定的だが、それでも偏

特別税（国税）・特別法人事業税（同）

2008 年度改正	2014 年度改正	2015 年度	2016 年度改正	2019 年度改正
0.7 %	0.9 %	0.9 %	0.9 %	1.0 %
1.5〜2.9 %	2.2〜4.3 %	1.6〜3.1 %	0.3〜0.7 %	0.4〜1.0 %
0.48 %	0.48 %	0.72 %	1.2 %	1.2 %
0.2 %	0.2 %	0.3 %	0.5 %	0.5 %
2.7〜5.3 %	3.4〜6.7 %	3.4〜6.7 %	3.4〜6.7 %	3.5〜7.0 %
81 %	43.2 %	43.2 %	43.2 %	30 %
148 %	67.4 %	93.5 %	414.2 %	260 %
81 %	43.2 %	43.2 %	43.2 %	37 %

略している。
標準課税が導入されている。
に振り替えられ、都道府県に交付される。
は収入割の税額×税率」である。
っている。

在是正効果は発現する」（小西，2022）。

　次に、地方法人税（国税）です（表3-5）。住民税法人税割の標準税率は、2013年度まで市町村民税が12.3％、道府県民税が5％でした。ところが「地方法人課税の偏在是正」と称して、2014年度以降、法人税割の標準税率が引き下げられています。これと同時に、国は課税標準を法人税額とする「地方法人税」を創設しており、法人税割の減収分を「国税」として吸収しています。地方法人税の税収はすべて地方交付税の原資に組み入れられます。この間の地方法人特別税等を巡る動向を別の角度から整理すると、2014年以降、消費税率8％段階における地方法人課税の偏在是正のための措置が導入され、地方法人特別税の規模は縮小され、法人事業税は復元されていきます。そして、2016年には消費税率10％段階における地方法人課税の偏在是正のための措置として、地方法人税を拡大し、交付税財源にすることにし、代わりに地方法人特別税の廃止の方向を打ち出し、実際には2019年に実現されています。この時に、再度、法人事業税の規模は縮小され、特別法人事業税および特別法人事業譲与税が恒久的な制度として創設されます。なお、法人税割は都道府県税と市町村税の両

表3-5　法人住民税法人税割と地方法人税（国税）の税率

	2013年度	2014年度改正	2019年度改正
法人市町村民税法人税割 標準税率［制限税率］	12.3 % ［14.7 %］	9.7 % ［12.1 %］	6.0 % ［8.4 %］
法人道府県民税法人税割 標準税率［制限税率］	5.0 % ［6.0 %］	3.2 % ［4.2 %］	1.0 % ［2.0 %］
地方法人税（国税）	—	4.4%	10.3%

注：1　地方法人税については税収の全額が地方交付税の財源となる。
　　2　2020年度末までの状況を記載している。
出所：総務省ホームページ・「地方税制度」より作成。

方に該当することから、その税率の引き下げおよび地方法人税への振り替えは、都道府県と市町村のそれぞれの（普通）交付税不交付団体の財源を圧縮することになります。

　地方法人税についても強い批判がみられます。「課税ベースとなる経済力の分布に対応しない税収配分が行われて『税源』と『税の行き先』に食い違いが生じているのは、自主財源としての地方税と財政調整制度とを混同したものといえます」（沼尾ほか，2017）。過去10年で地方税収が増加傾向を示すなか、2012年以降の「社会保障と税の一休改革」などの結果、地方税の割合が上昇すると、交付税不交付団体・交付団体間だけでなく、交付団体間での格差が広がることになり、この点を踏まえたうえで、税源偏在を是正するという方針が国レベルで強まったのではないでしょうか。

4-3　法定外普通税と法定外目的税

　住民税や固定資産税が法定税（法定普通税）に区分されるのに対して、法定外税とは、地方税法にない税目を条例にもとづいて課税する税です。法定外税の創設は、かつては国の許可制でしたが、分権推進改革として、総務大臣の同意を要する協議制に移行されています。少し詳細にいえば、2000年に「地方分権の推進を図るための関係法律の整備等に関する法律」による地方自治体の課税自主権の尊重の観点から、法定外税創設の要件が緩和され、法定外目的税の創設が可能となりました。総務大臣は、次の条件に該当する場合を除き、法定外税の新設に同意しなければならないとされています。

①国税または他の地方税と課税標準を同じくし、かつ、住民の負担が著しく過重となること。

②地方自治体間における物の流通に重大な障害を与えること。

③①および②の他、国の経済施策に照らして適当でないこと。

法定外税の規模は2020年度（決算）で普通税477億円（都道府県税452億円、市町村税26億円）、目的税120億円（78億円、42億円）、計597億円（530億円、68億円）です（四捨五入で処理）。法定外税収入は超過課税収入に比して圧倒的に少なく、都道府県、市町村のいずれにおいても税収の1％にも届いていません。都道府県税をみると、普通税では原子力発電所の核燃料に関するものが多く、目的税では産業廃棄物等への課税が中心です。市町村税をみると、普通税では創設されておらず、目的税では宿泊税が目立ち、環境の美化・保全や使用済核燃料に関するものが少なくないです。税収の拡充や税目の増加は容易ではないのですが、これは国税や地方税の法定税目ですでにカバーされている側面が大きいことによります。

以上のように整理すると、環境保全の視点を重視した法定外税がみられますが、法定税はどうでしょうか。地球レベルで環境問題が深刻になるなか、税制でも環境保全の視点が重視され、税制改正に次々と反映されています。とはいえ、日本の国税では基幹税と呼べるような環境関連税制はなく、「環境」の範囲を含めて重要な課題としてあげられます。このことはさておき、地方の環境関連税はこれまで全くなかったわけではなく、多くの府県で創設されている森林環境税や、改正前の自動車税や軽自動車税、廃止された自動車取得税などが該当します。そして、2019年10月から自動車税と軽自動車税の環境性能割（取得時）、種別割（保有時）がスタートし、本格化の様相を呈しています。環境関連税は環境に負荷を与えるものに課税して、財源を調達する一方で、消費を抑制する性格をもっています。また、それは政策課税の側面を持っています。府県税の森林環境税では環境資産と地域の仕事や生活との関わり、それに対する住民の関心、行動が期待されています（参加型税制）。車体課税、燃料課税は税源の偏在性が小さい点で地方税に適していると同時に、自動車であれば、それを保有し、利用している者は一定の経済力をもち、したがって担税力があるとみなせます。

地方自治体の課税自主権としては、超過課税（税率面）や法定外税（税目面）がありますが、目的税にせよ、それに類似したものにせよ、ある特定の財政需要と特定の税目をあたかも料金のように結びつけることは、租税の性格から受け入れられてきませんでした。しかし、近年、大きな岐路にあるでしょう。それらの他には法定任意税の賦課（地方税法に規定があっても課税するか否かを地方自治体がそれぞれ決定する目的税をさし、国民健康保険税や都市計画税が該当する）、不均一課税、さらに課税標準の特例措置等について、減額の程度（特例割合）の具体的な内容を条例によって決められる「地域決定型地方税制特例措置」（通称、わがまち特例）があります。

4-4　「ふるさと納税」

　2008年から「ふるさと納税」と称する特別な寄付金税額控除が導入されています。今や「ふるさと納税」は多くの住民に知られていますが、私たちが地方自治体に寄付を行うと、一定の上限の寄付額のうち2000円を超える部分の全額が、所得税と個人住民税から税額控除される仕組みです（上限は住民税所得割納税額の2割）。「ふるさと納税」は「税」ではなく「寄付金」であり、各々が思う「ふるさと」以外の地方自治体にも寄付することができます。こうした仕組みのために、寄付先と居住地の地方自治体で税も移転することになり（居住地自治体には減収に対する地方交付税措置がある）、また、高額な寄付金ともなれば、その大半が税額控除されることになります。

　2021年度の寄付総額は8300億円超となり、過去最高を更新し続けていますが、ふるさと納税制度の性格を巡って、学界では批判的な論調が多いです。「世界的に例のない特異な制度であり、5つの重大な問題点があり、その問題点は制度そのものを廃止しなければ解消されません」。「『寄付』と言えない制度であるのに、ふるさと納税を集める自治体からすれば寄付収入となるという、きわめて特異な性格に起因します」（平岡，2020）。

　第1に、住民税は居住自治体のサービスに対して税負担するという応益課税の原則に則ったものです。非居住地自治体への「納税」は税の原則に反しています。第2に、地方自治体の徴税権の侵害です。税は納税者の自由意思によって「納税自治体」を「選択」できるというのは、その徴税権を侵害し、住民間

の不公平をもたらします。税収を奪われる都市自治体は財源の減少によって公共サービスにも影響してきます。第3に、高額納税者への優遇税制（2000円の負担で高額な返礼品）による不公平です。高額納税者ほど限度額が高く、2000円の負担だけで「濡れ手に粟」の返礼品を獲得できるのです。第4に、過度な返礼品競争による歪み、自治体間格差拡大がみられます。現在では総務省により返礼品には制約がかけられていますが、住民税非課税世帯などをはじめ「見えない格差」があります。第5に、高額な返礼品や経費により寄付税制としての効率性が確保されないことです。総務省によれば2017年度の実績では寄付額の55.5％が返礼品や事務経費等に費やされていました（その後縮減）。国と地方の全体では、貴重な税収の5割以上が返礼品、送料、ポータルサイト委託費、広告費、事務委託費等に消えていたのです。

　本制度は税の原則に全く反し、さまざまな歪みや不公平をもたらすので、廃止するということであれば、所得控除による寄付税制に戻す（所得税の寄付金税額控除の範囲内での措置）ということが考えられます。2016年には「企業版ふるさと納税」も導入され、寄付を受けた自治体数、寄付受け入れ額のいずれも急増しています。本制度により地方自治体間の財政力格差を是正するのであれば、本来、地方交付税制度で対応すべきではないでしょうか。いずれにせよ、本制度は国民的に知られた名称であり、私たちは現状肯定に走りがちですが、制度に本質的欠陥があるではないかという疑問をもちつつ学習してみましょう。

● 演習問題
①市町村税や都道府県税の特徴として、どのような点があげられるでしょうか。
②地方税制度は、どのような原則にしたがって設計すべきでしょうか。
③地方税源の拡充の可能性は、どのような方法であれば高まるでしょうか。

● 参考文献
内山昭編（2018）『財政とは何か［改訂版］』税務経理協会。
OECD・"Revenue Statistics–Full Time Series" https://www.oecd.org/tax/tax-policy/revenue-statistics-full-time-series.htm。
重森暁・植田和弘編（2013）『Basic 地方財政論』有斐閣。
市町村税務研究会編（2022）『令和4年度市町村税研修用テキスト』地方財務協会。
総務省ホームページ・「地方財政白書」https://www.soumu.go.jp/menu_seisaku/

hakusyo/index.html。

総務省ホームページ・「地方税制度」https://www.soumu.go.jp/main_sosiki/jichi_zeisei/czaisei/czais.html。

地方税務研究会編（2022）『令和4年度都道府県税研修用テキスト』地方財務協会。

沼尾波子・池上岳彦・木村佳弘・高端正幸（2017）『地方財政を学ぶ』有斐閣。

平岡和久（2020）『人口減少と危機のなかの地方行財政——自治拡充型福祉国家を求めて』自治体研究社。

宮本憲一・遠藤宏一編（2006）『セミナー現代地方財政 I ——「地域共同社会」再生の政治経済学』勁草書房。

●おすすめの文献

小西砂千夫（2022）『地方財政学——機能・制度・歴史』有斐閣。

神野直彦・小西砂千夫（2020）『日本の地方財政［第2版］』有斐閣。

『図説　日本の税制』［各年度版］財経詳報社。

関野満夫（2005）『現代ドイツ地方税改革論』日本経済評論社。

持田信樹・堀場勇夫・望月正光（2010）『地方消費税の経済学』有斐閣。

（桒田但馬）

第 **4** 章

国と地方の財政関係

> **キーワード**
> 国庫支出金、地方交付税、地方債、地方財政調整制度、交付税措置、ナショナル・ミニマム、起債自由化

1 国と地方の財政関係をめぐる論点

　現代資本主義においては、国家財政にしめる地方財政の比重が高まりをみせつつあり、その役割もますます大きくなっています。とくに日本の場合には、国の統制が大きくはたらいており、その中心的な役割を果たしているのが、**国庫支出金、地方交付税**交付金、**地方債**等です。2000 年代においては、国庫支出金の廃止・整理合理化、地方交付税の見直し先行型のいわゆる三位一体の改革が実施され、地方財政に多大な影響が及ぼされました。すでにみたとおり、三位一体改革後、国税から地方税に 3 兆円の税源移譲が実施されたものの、その後は税源の中央集中が進行し、中央集権型の構造へとシフトしています。

　図 4-1 は歳入決算額構成比の推移を示したものです。コロナ対策が実施された 2020 年度を除くと、国庫支出金の比重は 15 ％前後、地方交付税の比重は 17 ％前後で推移しており、地方債の比重は減少傾向にあります。地方歳入のうち、地方税と地方交付税は一般財源、国庫支出金と地方債は特定財源です。また、地方税が自主財源であるのに対して、国庫支出金と地方交付税は依存財源と呼ばれています。特定財源よりも一般財源の比重が高い方が地方の自由裁量が大

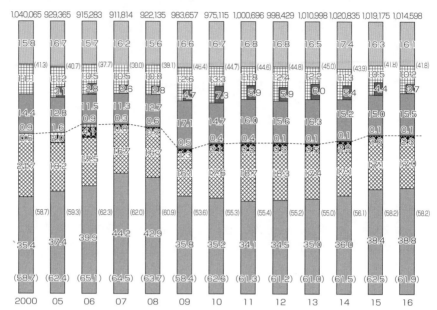

図 4-1　歳入決算額構成比の推移（2000-2020

原注：国庫支出金には、交通安全対策特別交付金及び国有提供施設等所在市町村助成交付金を含む。

出所：総務省（2022）『地方財政白書　令和 4 年版』より作成。

きいといえます。

　そこで本章では、中央集権型行財政システムの構造と特質を明らかにしつつ、地方交付税における財源保障システムの変容、国庫支出金の動向、地方債のメカニズムやその問題点を中心に、論点となるところを提示していくことにします。

② 地方財政調整制度論
──地方交付税の役割

2-1　地方財政調整制度の歴史

　日本の財源保障システムは地方交付税交付金制度に支えられています。現行の地方交付税法によれば、その目的は「地方自治体の自主性を損なわずにその財源の均衡化を図り交付基準の設定を通じて地方行政の計画的な運営を保障す

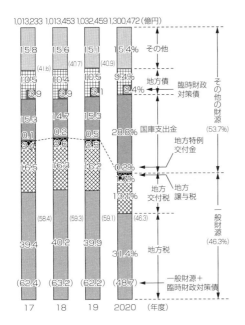

ることにより、地方自治の本旨の実現に資するとともに、地方自治体の独立性を強化すること」（第1条）とされており、財政調整と財源保障という二重の機能をもつ制度として説明されています。

つまり、財政調整機能としては、地方自治体間の財政力格差を解消するために、地方交付税の適正な配分を通じて地方自治体間相互の過不足を調整し、均衡化を図るというものです（水平的調整）。また、財源保障機能としては、2つの側面から説明されています。1つは、地方自治体間の財政力格差を解消するために、地方交付税の総額を国税の一定割合として法定されることにより、総額としての地方財源が保障されているというマクロ的側面であり、いま1つは、基準財政需要額、基準財政収入額という基準の設定を通じて、どの地方自治体にたいしても行政の計画的な運営が可能となるように必要な財源が保障されるというミクロ的側面があるとされています（垂直的調整）。**ナショナル・ミニマム**の実現のために財源不足団体に国が「一般財源」を交付するという狭義の財政調整制度であり、2020年度現在、地方歳入の約13％をしめています。

この制度の沿革を歴史的にみれば、1936年から39年の間に、恒久的財源をもたない臨時措置として臨時町村財政補給金制度がつくられ、ここに**地方財政調整制度**の萌芽をみることができます。それが本格的に成立するのは1940年の財政大改革にて創設された地方分与税制度においてです。それは、還付税と配付税に分けられ、還付税は、地租・家屋税・営業税を国税として徴収して、道府県に還付するというもので、配付税は、所得税・法人税の17.38％、入場

税・飲食税の50.0％（うち62％を道府県へ、38％を市町村へ配分）を、2分の1を課税力（前々年度の地租・家屋税・営業税収入）に反比例して、残りの2分の1を財政需要評価額に比例して配分するというものでした。戦後、配付税の法定割合は一度引き上げられましたが、**ドッジライン**の下で廃止されることになります。

　これにかわって、1949年のシャウプ勧告によって地方財政平衡交付金制度（1950-1953年）が成立しました。これはシャウプの地方自治理念を反映したもので、下からの積み上げ方式によってナショナル・ミニマムを保障しようとするものでした。このシステムの下では、毎年、基準財政需要と基準財政収入を算定して、その計算された財源不足額を国が全額補填することになっていました。ところが、当初から平衡交付金の算定額が大きくなり、地方制度調査会の『地方制度の改革に関する答申』に基づいて廃止されることになりました。その後、1954年に地方交付税交付金制度に改められ、国税の一定割合を限度として地方に交付するという、現行制度が成立したのです。ここでは、シャウプの地方自治理念は形骸化し、財源保障システムというよりはむしろ財政調整あるいは財源統制システムとしての性格が強化されることになります。

2-2　地方交付税の役割と仕組み

　地方交付税は、地方自治体の財源を保障し、地域間の財政力格差を是正する重要な役割をもっています。それは「間接課徴形態の地方税」としての性格を有し、憲法で規定されている国民の生存権や生活権を保障し、ナショナル・ミニマムを保障する上では不可欠な制度であるといえます。地方交付税には、普通地方交付税と特別地方交付税がありますが、普通交付税は94％、特別交付税は6％の割合となっています。普通交付税は、各自治体の**基準財政需要額**と**基準財政収入額**によって算定されますが、特別交付税は災害などの特別の財政需要が年度途中で発生した場合などに交付されるもので、一般に、地方交付税という場合には、普通交付税をさしています。交付税の財源は国税の一定割合（法人税、酒税、消費税の一定割合及び地方法人税の全額）とされており、地方自治体間の財源の不均衡を調整し、どの地域に住む国民にも一定の行政サービスを提供できるよう財源を保障するためのもので、地方の固有財源であるとさ

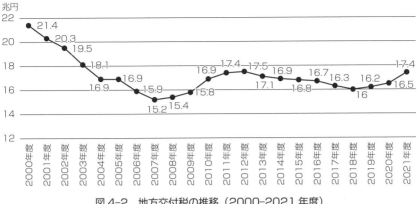

図4-2　地方交付税の推移（2000-2021年度）

注：震災復興特別交付税を除く。
出所：総務省自治財政局「地方財政関係資料」より作成。

れています（2022年現在、地方交付税は所得税、法人税の33.1％、酒税の50％、消費税の19.5％、地方法人税の全額）。

　各自治体の地方交付税の算定に用いられる基準財政需要額は、地方交付税法に定められた行政項目ごとの単位費用、測定単位、補正係数を用いて算定されます。項目ごとの合計額が基準財政需要額ということになります。基準財政需要額は、各自治体が「合理的かつ妥当な水準」の行政を維持するうえで必要とされる一般財源ベースの「あるべき需要」であるとされます。算定にあたっては、いわゆる「標準団体」（都道府県170万人、市町村10万人）を想定しています。各行政項目ごとに、基準財政需要額＝単位費用（標準団体について各行政項目ごとに精算）×測定単位の数値（人口、面積等）×補正係数という算式によって算定された金額の総計で示されています（個別算定経費）。算定項目の一部は包括算定経費（人口と面積を基本とした簡素な算定）になっています。補正係数は、標準団体について精算された単位費用を条件の異なる自治体の実情に近づけるための係数であり、種別補正・段階補正・密度補正・態様補正・寒冷補正、などがあります。

　また、基準財政収入額は、各自治体の基準税率によって得られる法定普通税と法定目的税の一部の収入の75％に、地方譲与税の法定見込額を加えたものです。「**留保財源**」が設けられているのは、地方自治体が独自の施策を展開で

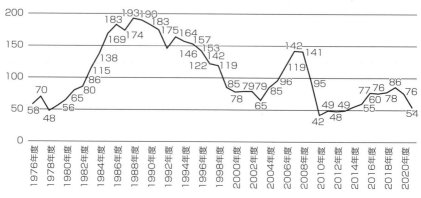

図4-3 不交付団体の推移（1976-2020年度）

出所：総務省自治財政局「地方財政関係資料」各年度版より作成。

きるようにすることに加えて、徴税努力を促すといったインセンティブを与えるためであるとされています。このように、地方交付税制度は、基準財政需要額と基準財政収入額の差額が、財源不足額として算出されるしくみとなっています。

　国から交付される交付税総額は、各種国税の一定割合と予め定められているため、総額が「財源不足額」と著しく異なる場合には、交付税率を引き上げるなどの措置が図られるべきですが、実際には地方債の増発と後年度の交付税措置などといった特例措置が常態化しています。

　基準財政収入額が基準財政需要額を上回る場合には、不交付団体となります。地方交付税にはミクロ的には財源保障機能、マクロ的には財政調整機能があるとされますが、地域間格差が拡大し、財政力格差もまた拡大する中で、地方交付税はますます重要になってきています。**図4-3は不交付団体（市町村）の推移**を示したものです。2000年代半ばに「新型交付税」による交付税算定基準の見直しが進められ、不交付団体が増加したものの、2020年度現在では、約1800市町村のうち不交付団体は54であり、大半が交付税を受けていることが窺えます。

　しかしながら、地方交付税は自治体固有の一般財源でありながら、財政需要の算定方法や配分方法がきわめて複雑であり、配分決定権を総務省が有しているために自治権がなく、必ずしもナショナル・ミニマムを反映しているとは限

りません。

　そこで、問題となるのは、財政誘導機能あるいは財政統制機能がビルトインされていることにあり、一般財源であるにもかかわらず、特定財源であるかのように運用されていること、すなわち「交付税の特定補助金化」です。それは地方財政計画とも深くかかわっています。

2-3　地方交付税の「特定補助金化」と成果主義

1)　地方財政計画と地方交付税特別会計

　総務省の説明によれば、地域間格差や景気の動向による税収の年度間格差にかかわらず、地方自治体がその重要な責任を果たすことができるよう地方財政計画（多種多様な地方自治体の財政の複合体である地方財政の規模や収支見通しを全体として捉えたもの）を通じて、地方の財源を保障し、地方交付税や地方債などにより各自治体に財源保障をしているとされています。

　政府の財政制度審議会で示された2016年度の資料によると、「経済・財政再生計画」初年度であるとされ、①国・地方プライマリーバランス改善のため、地方財政計画の歳出を着実に抑制し、歳出歳入のギャップを縮小していくこと、②地方の財政収支改善等の成果を迅速に把握・検証し、事後的に地方財政計画に結び付けること、③歳出「特別枠」や「まち・ひと・しごと創造事業費」等を加えた実質的な地方単独事業の水準について、適正な規模に縮小する必要があること、④歳出特別枠及び特別加算を速やかに廃止すべきこと、⑤給与関係経費、公営企業操出金の精査など、地方歳出・歳入の適正化・効率化に取り組む必要があることなどが挙げられています。つまり、職員給与などの人件費削減や地方単独で行う公共事業の縮小など、地方財政の歳出抑制を全面に掲げた方針が出されました。こうした政府方針は地方財政にも大きな影響を及ぼすことになります。

　2022年度の地方財政計画においては、地方交付税財源は、国税4税（所得税、法人税、酒税、消費税）の法定率分等（15.9兆円）と一般会計における加算措置等（約154億円）を合わせた額で示されています。「交付税及び譲与税配付金特別会計」（「交付税特別会計」）に目を向けると、地方法人税の法定率分1兆7127億円が加算され、借入金の償還に5000億円、借入金支払利子709億円が

支出されるなどといった構図になっています。

　国税4税の法定率分については、消費税の税率が2014年度から5％から8％に引き上げられるのに伴って、8％のうち1.7％分が地方消費税となっています。また2019年度からは、消費税10％の標準税率のうち2.2％（8％の軽減税率のうち1.76％）が地方消費税となり、交付税における消費税相当分が増額となっています。

　また、地域間の税源の偏在を是正し財政力格差の縮小を図る目的で、法人住民税法人税割の税率が引き下げられ、その引き下げ分に相当する「地方法人税」が、2014年度に創設されました。課税標準は法人税割です。その地方法人税の法定率分が、交付税特別会計に直接繰り入れられて、地方交付税の原資として加えられ、その一部は、交付税特別会計の借入金返済にも充てられています。また、交付税の「別枠加算」も廃止されました。そのため、消費税が増税され、地方交付税の財源が増額されたにも関わらず、交付税総額が連続でマイナスになるという事態が生じていたのです。

　このように、国税の一定割合は交付税財源として「交付税特別会計」に組み入れられ、地方自治体に配分される仕組みになっていますが、過去を振り返ってみると、1990年代から2000年代にかけて、交付税特別会計の借入金が急増してきました。それは、景気対策のため地方単独公共事業を推進するために地方債の一部を交付税で措置することや、市町村合併を進めるために合併特例債を交付税で措置するといった諸政策によるところが大きいといえます。一時期、借入金は50兆円を突破する規模にまで膨らみました。

　その後、償還の負担分に応じて、国と地方に分割して計上されています。2007年度から国負担分借入金残高の全額が一般会計に承継されているため、2007年度以降は地方負担分だけが残されており、2022年度地方財政計画における交付税特別会計借入金の償還額は、5000億円、特別会計借入金の支払利子は709億円となっています。つまり、過去の景気対策や合併推進のために膨らんだ交付税特別会計の借金のツケが、交付税減額の1つの要因となっているといえます。

2)「緊急防災・減災事業」の交付税措置と「地域の元気創造事業」の成果主義

　地方債の一部を交付税で措置する仕組みは、「緊急防災・減災事業」などでも

用いられています。2014年度から始まった「緊急防災・減災事業」は、地域の防災力を強化するための施設整備、災害に強いまちづくりのための事業及び災害に迅速に対応するための情報網の構築などの地方単独事業等が対象となっています。財政措置は地方債の充当率が100％であり、元利償還金についてはその70％を地方交付税の基準財政需要額に算入されるシステムです。事業年度は、当初、2014年度～2016年度までの原則2年間とされましたが、2025年度まで延長されています。こうした地方単独事業に対する**交付税措置**は、地域総合整備事業債や合併特例債でも実施されてきましたが、それが「交付税の特定補助金化」を招き、地方債を膨らませる要因となってきました。

　また、「地域の元気創造事業」は地域経済活性化に取り組むための財源として、地方財政計画の一般行政経費に計上されているものです。地域の元気創造事業に係る財政措置としては、普通交付税において、通常の算定に加えて、各地方自治体が地域経済活性化に取り組むための財政需要が算定されることとなります。その算定にあたっては、人口を基本とした上で、各自治体の地域経済活性化などの成果指標が反映されるシステムになっています。地域経済活性化の成果としては、都道府県分と市町村分では算定に用いる指標は異なりますが、産業関係では第1次産業産出額、製造品出荷額、延べ宿泊者数など、雇用関係では若年者就業率、従業者数、事業所数、その他では1人当たり県民所得、1人当たり地方税収などといった成果が対象となります。

　「地域の元気創造事業」では、行政努力の取り組みも算定の対象となっています。職員数削減率、ラスパイレス指数、人件費削減率、人件費を除く経常的経費削減率、地方債残高削減率が算定の対象となり、地方行革を促す誘因となってきました。言い換えれば、地方行革を行うことを前提に、地域活性化のための財政支援を行うといったシステムであったとみることもできます。

3）地方交付税トップランナー方式による成果主義

　近年の交付税見直し論において示されているのが、財源保障機能重視から成果主義重視の方向性への転換です。つまり、地方が工夫可能な歳出については、クラウド化の推進や民間委託の推進等の業務改革を行い、その進捗に合わせて地方交付税の算定基準を大きく変えていこうとするものです。そのため、2016年度から歳出効率化に向けた業務改革でモデルとなるようなものを地方交付税

の基準財政需要額の算定に反映するという「**トップランナー方式**」を導入することや、地方税の実効的な徴収対策を行う自治体の徴収率を、標準的な徴収率として反映することなどが提起されました。

特に「トップランナー方式」の導入に対しては、交付税の計算に用いられる単位費用に計上されているすべての23業務について導入することとされました。ただし、法令等により国が基準を定めている業務や産業振興・地域振興等の業務は、「トップランナー方式になじまないこと」を理由に対象から外されており、2016年度中に16業務について着手し、3年から5年かけて段階的に反映させること、2017年度以降はその他の業務についても導入を図るとされました。具体的にみると、2016年度からは、学校用務員事務、道路維持補修・清掃等、本庁舎清掃等、一般ごみ収集、学校給食（調理・運搬）については民間委託等、体育館管理等、公園管理については指定管理者制度導入や民間委託等、庶務業務は集約化、情報システムはクラウド化といった業務改革を行うことが、基準財政需要額の算定基礎とすることが明記されました。

交付税の基準財政需要額の算定項目は、都道府県では高等学校費、特別支援学校費、道路橋りょう費など、市町村では小学校費、中学校費、高等学校費、道路橋りょう費、清掃費、公園費などといった項目が対象となっています。市町村における一般ごみ収集や学校給食業務などは経費区分が給与費から委託料等に見直しされることとなっていますが、それは指定管理者制度や民間委託等への移行を前提に、職員の給与を地方交付税の計算において計上しないことを意味しています。

実際、2017年度は青少年教育施設の指定管理者制度導入と公立大学運営の独立行政法人化が、2018年度は窓口業務の**アウトソーシング**において実施されており、それ以降は、図書館、博物館、公民館、児童館のアウトソーシングを前提とした算定へと移行するといった計画になっていました。つまり、これらのサービスを民間委託や指定管理者への移行、独立行政法人化をさらに推し進める内容となっていたのです。すでに、これらの領域で指定管理者制度や独立行政法人化などを進めている自治体をモデルとし、まだ移行していない自治体に対しては、交付税による財政誘導によって、強力に推し進めようとするねらいがあるといえます。自治体職員において非正規雇用が拡大し、行政の**ワーキン**

グプアがさらに増える可能性もあります。

　また、基準財政収入額の算定に用いる徴収率の見直しでは、現行の全国の平均的な徴収率として算定する仕組みを見直して、上位3分の1の自治体が達成している徴収率（過去5年間平均）として、5年間で段階的に実施していくことが明記されました。これは、個人住民税（均等割、所得割）、固定資産税などの地方税が対象となります。全国的に格差と貧困が社会問題化し、滞納世帯が増えている現状をみれば、きめ細やかな地域における**セーフティネット**づくりなどといった対応が求められることとなりますが、徴収率の引き上げが数値目標化し、弱者切り捨てにつながる可能性が懸念されるものでした。

　いずれにしても、成果（アウトカム）の徹底した「見える化」と事業等の進捗・成果について評価する仕組みを設けていくことや、地方交付税におけるまち・ひと・しごと創生事業費への地域の活性化等の取組みを反映させていくことなどが打ち出されており、自治体の政策面に大きな影響を及ぼすこととなります。

３　国庫支出金論

3-1　国庫支出金の歴史・役割と仕組み

　日本における地方財政の集権的性格は、従来の機関委任事務と表裏一体の関係にあった国庫支出金制度にも典型的にあらわれています。

　国庫支出金は、歴史的には1918年の義務教育費国庫負担制度にはじまり、高橋是清財政期（1932～35年）のフィスカル・ポリシーとともに全面開花して、その原型がつくられたといわれています。第2次世界大戦後、1949年のシャウプ勧告により国庫支出金の大半を地方財政平衡交付金に組み入れることが提唱されましたが、その後も拡大の一途をたどり、現行の国庫支出金システムが形成されました。シャウプ勧告以来、国と地方の事務配分と行政責任の明確化がさけばれてきましたが、行政責任についての勧告は事実上骨抜きにされた形で、国と地方の双方の利害に基づく事務を国庫補助負担金の対象とするといった、きわめて曖昧な表現が用いられてきました。

　地方財政法によれば、**法定受託事務**、固有事務（**自治事務**）にかかわらず、

地方が主体となる費用は地方が全額負担することを基本とされてきました（地方財政法第9条）。国庫支出金は、国と地方の経費負担区分にもとづいて、国が地方に対して支出する国庫負担金、国庫補助金、国庫委託金の総称です。国庫負担金と国庫補助金をあわせて国庫補助負担金とよばれています。

　国庫負担金は、国庫支出金全体の約7割をしめており、この中には生活保護や義務教育費などナショナル・ミニマムを保障するうえでもとくに重要な経費が含まれています。義務教育費国庫負担金については三位一体改革が議論されていた時期に、原則廃止して、全額地方の一般財源化する提案が打ち出されましたが、国の負担割合を2分の1から3分の1にすることで決着されています。現行では以下の場合に限り、国がその費用の一部または全部を負担するとされています。

　①法令にもとづいて実施しなければならない国と地方相互の利害に関係ある事務のうち、その円滑な運営を期するため国がすすんで経費を負担するような経費（地方財政法10条、義務教育費、生活保護等に要する経費：一般行政関係）

　②国民経済に適合するような総合的に樹立された計画にしたがって実施しなければならない法律または法令で定める土木、その他の建設事業に要する経費（地方財政法10条の2、公共事業費：建設事業費関係）

　③災害に係わる事務で一般財源によってはまかないきれないものに要する経費（地方財政法10条の3、災害援助事業、土木災害普及事業費等：災害対策事業費関係）

　④もっぱら国の利害に関係のある事務を行うために要する経費（地方財政法10条の4、国会議員の選挙に要する経費等）
については、国庫委託金の対象となります。

　さらに、奨励的・財政援助的補助金については、補助金、交付金、補給金の3つに分けられ、補助金には都道府県警察費補助金、廃棄物処理施設整備費補助金など、交付金には交通安全対策特別交付金、電源立地促進対策交付金、特定防衛施設周辺整備調整交付金など、補給金には地方債元利償還金等補給金などがふくまれていますが、原発立地や基地政策などにも用いられており、政府の政策による恣意性の高いものも多く存在しています。いずれにしても、地方

の事務配分と行政責任の不明確さは、そのまま国庫補助負担金をめぐる問題点にもつながっています。

　ところで、日本における補助金の大半は、支出目的を細かく明示した特定補助金（categorical grants）であり、事業執行などについても補助金適正化法などの法律で細かく規制されています。2019年度決算では、国庫支出金は地方歳入全体の約15％をしめるにすぎませんが、80年代の補助金カットが行われるまでは20〜25％ほどの比重をしめていました。補助率は平均すれば50％程度になるため、補助金とほぼ同額の自治体による自己財源が支出されていることになります。これは裏負担とも呼ばれますが、裏負担分も含めると地方歳出の約3割〜4割が国による補助事業ということになります。しかも、その事業は、公共事業、教育、社会福祉など、地方自治体の根幹事業でもあり、国からすれば、わずかな補助金で国の政策目的を遂行できるため、効率のよい自治体統制の手段であったとみることもできます。

　さて、地方財政法では、国庫支出金は地方自治体がその事業を行うために、必要かつ十分な金額を基礎として算定されなければならないとされています。その算定は、「補助基本額（事業対象の数値×単価）」に「補助率」を乗じて行われます。各事業の補助率については、生活保護法、児童福祉法などといった個々の法律で規定されていますが、補助率のかさ上げなどについては所轄省庁の裁量にゆだねられています。

　国庫支出金をめぐる問題点の１つは、いわゆる「**超過負担**」とよばれるものです。国庫負担金の中でもとくに、教育、保育、ごみ処理などの生活関連施設の建設やその運営費に対して、国はあらかじめ単価、数量、対象を定めていますが、その基準がきわめて低いためにかなりの超過負担が生じているのです。ここでいう「超過負担」とは、国庫支出金対象事業に対して、地方自治体が実際に支出した額と国庫補助基本額との差額に相当する額をさしており、単価差、数量差、対象差の和として計算されます（超過負担＝単価差＋数量差＋対象差）。単価差は、国が定めた国庫補助負担金の単価が実際の事業実施単価より少ないために生ずるものであり、数量差は、国が定めた国庫補助負担金の算定の基礎となる数量が実際の事業実施数量よりも少ないために生ずるものであり、対象差は国庫補助負担金の対象とされるべき経費額に定めた補助負担金の対象外と

されているために生ずるものです。

　そもそも、国庫補助負担金の超過負担が顕在化したのは、1973年8月の大阪府摂津市による「保育所設置費国庫負担金請求訴訟」（いわゆる「摂津訴訟」とよばれる行政訴訟）です。これは、高度経済成長とともに女性の社会進出がすすみ、保育サービスが単に貧困な母子家庭を対象とした救貧行政ではなく、市民福祉（全面福祉）への転換を迫られていた時期に起こった行政訴訟として注目を集めました。当時、摂津市は新たな行政需要に対応して1969年から71年にかけて国の認可を受けて4か所の保育所を建設し、9273万円を支出しました。保育所建設費の補助率は2分の1であったことから、当時の国の基準では500万円の保育所しか必要でないという判断から、250万円しか支払われなかったため、実施額と補助基本額の差額を国に請求するというものでした。結局、1976年12月第1審原告敗訴、80年7月第2審でも原告敗訴となりましたが、1974年には地方6団体による「地方超過負担解消特別委員会」が設置され、旧自治省・旧大蔵省が実態調査を行うなど、その関心は全国的な広がりをみせました。国側は、あくまでも標準額を基準とすべきで、それを超える分は、継ぎ足して単独事業とすべきであると主張したのに対して、地方側は、実支出額と標準額とがあまりにもかけ離れすぎており、実態から乖離していると主張しました。いずれにしても、行政責任の明確化がなされないまま、国と地方の利害関係による負担区分という曖昧な基準によって、国庫負担金を拡大させてきたという地方財政制度のあり方が、超過負担発生の原因となっています。2022年現在においても、学校施設、児童福祉施設、介護施設等において、国庫補助単価と実工事費単価との乖離が大きくなっており、市民サービスカットに結びつく可能性が大きくなっています。

　第2の問題点は、1980年代半ばの地方行革以降、道路や福祉など国の負担率の高いいわゆる高率補助金にたいして国庫補助負担率の引き下げが実施され、地方財政にたいして大きな影響を及ぼしてきた点にあります。当初は、国の財政危機を克服するための当年度限りの暫定措置でしたが、そのほとんどは引き下げが行われたまま恒久化され現在に至っています。ただし、補助率の引き下げとはいっても、およそ5兆円に上るとみられるその削減影響額がそのまま自治体負担に直結したわけではありませんでした。地方交付税の特別加算や財源

対策債といった、日本独特の地方債措置で振替措置をするといった方法がとられました。このことは結局のところ、国と地方の行政責任と負担のあり方についての基本的な改革をしないまま、国の負担軽減と地方負担への転嫁を図り、かつ地方財政の健全な運営という点で、地方債累積残高、地方交付税の補助金化などのさまざまな問題を残すものとなりました。

　第3の問題点は、いわゆる「国庫補助負担金の一般財源化」と行政サービスの民間委託がすすめられていることです。一般財源化については、1979年12月29日に閣議決定された「昭和55年以降の行政改革（その2）の実施について」において方針が打ち出され、1989年12月20日の臨時行政改革推進審議会の「国と地方の関係等に関する答申」から1999年、地方分権推進一括法、2002年から本格化する三位一体の改革、さらに第2次地方分権改革へと、過去30年以上にわたって保健、福祉、教育の分野を中心に一般財源化がすすめられてきました。

　ここでいう「国庫補助負担金の一般財源化」とは、事務は存続させながら、その経費の負担を地方自治体の一般財源（地方税や地方交付税等）で賄うというもので、事実上の補助金カットにあたります。地方分権推進委員会でも、機関委任事務の廃止に伴う自治事務化とともに、国庫支出金の多くを廃止・整理合理化、「一般財源化」するという方針を打ち出していました。1999年度だけでも母子保健衛生費補助金など数多くの補助金が一般財源化されており、2004年度には公立保育所運営費交付金が廃止となり、一般財源化されました。機関委任事務の廃止によって一部が自治事務化されたとはいっても、国の関与が認められているうえに、自主財源も法定外目的税の創設や市町村民税上限撤廃などわずかな改革にとどまっており、課税自主権が大幅に保障されるようになったわけではありません。国庫補助負担金の廃止・整理合理化、「一般財源化」は集権システムから分権システムへの転換とみるよりも、むしろ国の財政再建策の一環とみるべきです。

　第4の問題点は、奨励的・財政援助的補助金の場合、それが政権党と結びついて地方議員の政治基盤を支えるための手段として利用され、国による原子力政策、防衛政策、産業政策などの重点施策が補助金に反映されるために、汚職や無駄を生じやすく、政策誘導につながるという点です。近年、国庫支出金の

増加率が低下し、地方自治体の歳入全体に占める割合が縮小傾向にありますが、国の政策の影響をうけて、電源立地促進対策等交付金や特定防衛施設周辺整備調整交付金などの増加率は高くなっています（詳細は、第17章、第19章参照）。

3-2　地方創生と交付金

1）まち・ひと・しごと地方創生推進交付金

　2014年以降には、**まち・ひと・しごと地方創生法**の策定を受けて、地方創生関連の交付金が創設されました。いわゆる地方創生政策が全面展開されていくことになります。それと同時に同年7月に閣議決定された「国土のグランドデザイン2050」と、それに続く2015年8月の「新たな国土形成計画」において、三大都市圏を結ぶ**スーパー・メガリージョン**構想が掲げられました。その特徴は、これまでの国土計画にあるような「均衡ある国土の発展」ではなく、経済のグローバル化への対応や経済成長を最優先させて、国際競争力を高めるために、集約型国土への再編を進めることにあるといえます。

　さらに、日本型コンパクトシティの形成によって、居住地域や公共サービス施設を集約化する方針も打ち出されました。「経済財政運営と改革の基本方針2016」において、コンパクト＋ネットワークの推進が謳われ、2020年までに全国150の地方自治体における「**立地適正化計画**」の策定を達成させるといった目標が掲げられ、各省庁横断的な財政支援体制により重点化を推し進めることとされました。

　こうした方針を受けて、2017年度からは、「**公共施設等適正管理推進事業債**」が創設され、2018年度にはその中に「立地適正化事業」が設けられました。2017年度から2022年度までの5年間で、国庫補助事業を補完し、または一体となって実施される地方単独事業が対象となっており、地方債充当率は90％、交付税算入率は30％です。ここでいう国庫補助事業とは、コンパクトシティの推進に特に資するよう、立地適正化計画に定められた都市機能誘導区域内または居住誘導区域内で実施することが前提となっており、これが補助率嵩上げ等の要件とされています。2018年度からは、さらに交付税算入率については財政力に応じて最大50％まで引き上げられることとされました。こうしたしくみは、これまでにも補助金と交付税を組み合わせた財政誘導装置として機能してきま

したが、現在では、日本型コンパクトシティ形成のための手段となっていることに注目すべきです。

この公共施設等適正管理推進事業債には、①集約化・複合化事業、②長寿命化事業、③転用事業、④立地適正化事業、⑤ユニバーサルデザイン事業（2018年度新設）、⑥脱炭素化事業（2022年度新設）、⑦除却事業が含まれており、国土再編等を推し進める財政装置として機能しているとみることができます。集約化・複合化事業は充当率90％、交付税措置率50％であり、公共施設等総合管理計画、個別施設計画に基づいて行われること、公共施設の集約化及び複合化事業であること、全体として延床面積が減少することといった要件をすべてみたすことが、地方財政措置の条件となっています。しかも、既存施設の廃止が5年以内であることなどとなっており、実施期間は2017年度から2021年度までの5年間とされましたが、さらに5年間延長されています。②の長寿命化事業は義務教育施設などの公共施設や河川管理施設などの社会基盤施設が対象で、充当率90％、交付税措置率30％、⑥脱炭素化事業が2022年度から新設されています。充当率90％（交付税対象分75％）、交付税措置率は財政力に応じて30％〜50％などとなっています。

また、2021年現在のコンパクトシティ形成支援事業は、計画策定や郊外部から移転促進地域への移転に伴う住民の合意形成の支援、誘導施設等の移転促進支援、誘導施設等の跡地の除却処分・緑地等整備の支援、医療施設、社会福祉施設等（延床面積 1,000m^2）、商業施設、居住機能の移転促進に向けた調査支援、防災対策を位置付けた立地適正化計画に基づく居住誘導区域外の災害ハザードエリアから、居住誘導区域内への居住機能の移転促進に向けた調査の支援などがその対象となっています。こうした財政措置の仕組みによって、コンパクトシティ化や公共施設統廃合が推進されています。

2）新型コロナ地方創生臨時交付金とデジタル社会への対応

2020年には新型コロナ感染症によるパンデミックが起こりました。いわゆるコロナ禍における政府予算についてみてみますと、2020年に策定された経済総合対策における事業規模は73.6兆円であり、財政支出は国・地方あわせて40兆円規模となっています。その内訳は、①新型コロナ感染症対策として約6兆円、②防災・減災、国土強靭化の推進として約5.9兆円、③ポストコロナへ向

けた経済構造の転換・好循環実現として約51.7兆円といったものであり、自治体行政の標準化・共通化、**マイナンバーカード**の普及・利活用、ポスト5Gを見据えた研究開発などのデジタル改革、2050年のカーボンニュートラルへ向けた技術開発の2兆円基金創設などのグリーン社会の実現、Go To キャンペーンの延長など（財政投融資資金活用）などを内容とするものでした。経済構造の転換に重点を置く政策であるとみることもできます。

　2020年6月には、32次地方制度調査会答申「2040年頃から逆算し顕在化する諸課題に対応するために必要な地方行政体制のあり方等に関する答申」、すなわち、高齢者人口がピークを迎える2040年頃から逆算するというシナリオが提起されました。これは「自治体戦略2040構想」の延長線上にあるシナリオであり、その中には自治体行政の標準化・共通化やデジタル改革などの項目も掲げられていました。それは同時に第2期まち・ひと・しごと創生総合戦略への道筋も示された時期でもあります。同年7月には「経済財政運営と改革の基本方針2020」（2020年7月17日）が閣議決定され、12月には「新経済・財政再生計画 改革工程表2020」が示され、それが2021年度予算方針に加えられていくことになります。さらに2021年には、**デジタル関連6法案**（「デジタル庁設置法」「デジタル社会形成基本法」「デジタル社会形成整備法」「公金受取口座登録法」「預貯金口座管理法」「自治体システム標準化法」）が可決されました。さらにデジタル田園都市国家構想交付金も創設されました。

　新型コロナ地方創生臨時交付金の配分額は、2020年度第1次補正予算1兆円、2次補正予算2兆円、3次補正予算1兆5000億円、2021年度補正予算6兆7969億円、予備費約4兆円を合わせると総額は約15兆円にのぼります。地方交付税にほぼ匹敵するほどの額です。

　すでに、2015年度から内閣府に地方創生本部が置かれ、トップダウン型の「まち・ひと・しごと地方創生」政策が進められており、地域デジタル社会への対応や成果主義へと一層強化されたとみてよいでしょう。

4 地方債論

4-1 地方債の分類と課題

　法制度上の定義によると、地方債とは、地方自治体が財政上必要とする資金を債権発行または証書借入の方法によって外部から調達することによって負担する債務で、その履行が1会計年度を超えて行われるものをいいます。つまり、地方債は自治体が建設事業などの財源にあたるため、1年以上借り入れる負債です。地方自治法の第230条では、地方団体は議会の予算審議を経て自主的に地方債を発行（起債）できる建前になっています。しかし現実には、**起債自主権**も長らく国の許可や厳重な規制の下におかれてきました。

　まず、地方財政法5条には、地方債財源とすることのできる事業の範囲が定められています。これは、一般に建設地方債あるいは5条債と呼ばれ、これらに適用される事業は適債事業と呼ばれています。この地方財政法第5条の「均衡財政の原則」、「健全財政主義」の規定によると、「地方公共団体の歳出は、地方債以外の歳入をもって、その財源としなければならない」（5条1項）とされており、形式的には健全財政主義がうたわれています。しかし、その但し書きには、「左に掲げる場合においては、地方債をもってその財源とすることができる」とされており、以下の事項が列挙されています。

（ⅰ）公営企業に要する経費の財源とする場合（公営企業債）

（ⅱ）出資金および貸付金の財源とする場合（一般事業債、特別転貸債等）

（ⅲ）地方債の借換えのために要する経費の財源とする場合（借換債）

（ⅳ）災害応急事業費、災害復旧事業費および災害援助事業費の財源とする場合（災害復旧事業債等）

（ⅴ）戦災復旧事業費および学校その他の文教施設、保育所その他の厚生施設、消防施設、道路、河川、港湾その他の土木施設等または公用施設の建設事業費ならびに公共用もしくは公用に供する土地または代替地としてあらかじめ取得する土地の購入費の財源とする場合（一般公共事業債、義務教育施設整備事業債等）

また、上記以外の事業についても、政府が政策的に起債を認める場合には、

例外的に特例法で認める場合があります（**特例債**）。特例債には、地方財政対策のための地方債と、過疎対策や辺地対策、あるいは災害対策といった特定目的の事業の財源として発行されるものとがあります。

　さらに財政状態によっても、**起債団体**の制限があります。1つは一定規模以上の赤字を生じた団体（標準財政規模に対する実質収支の赤字が、都道府県5％以上、市町村20％以上）などであり（財政再生基準）、もう1つは普通税の税率が標準税率未満の団体は、地方債によって公共施設及び公共施設の建設等の財源とすることができないというものです。

　しかし、上述のような条件に適合しても、自治体は自由に起債ができないしくみが残っています。すなわち、建前として自由な起債を認めている地方自治法第250条で「当分の間」起債を国の許可とすることが定められ、この許可制度が2005年度まで続いてきたのです。この許可制度の下では、実際の国の起債許可は、毎年政府の定める「**地方債計画**」と取り扱い上の諸通達といった、法令に基づかない行政措置によって運営されています。このなかで、地方債計画は毎年度予算編成期に合わせて作成され、許可される地方債の事業別予定額が定められるとともに、その裏付けとなる資金枠（政府資金や民間資金等）が明らかにされているのです。つまり、**財政投融資資金計画**（このなかで地方債の政府資金引受け額が決まる）との関連で決定されるのです。こうした方法によって、国は自治体の起債を事細かに統制し、国の毎年度の重点施策を自治体に浸透させてきました。

　さて、地方債をめぐる問題の1つは、こうした許可制度によって、自治体の起債が量的にも質的にも国の地方債計画に組み込まれ、自治体の自主性が著しく損なわれてきたことです。このことはラスパイレス指数にも象徴される人件費抑制問題にみられるように、国の方針にしたがわない場合には、起債制限による政策が加えられ、国が地方財政全体の運営そのものに介入することが可能になっていました。最近では、ラスパイレス指数は年々低下傾向をたどり、平均値は1をも下回っています。2005年度から地方債の許可制は原則廃止となりましたが、「**同意のある地方債**」については事前協議制へと移行しました。

　第2の問題は、国庫支出金や交付税と同様、地方債が補助事業の裏負担として、補助金と一体となって国の優先する事業に誘導されていることです。事業

別に起債充当率が定められていますが、国の都合や優先する政策に合わせて充当率が引き上げられ、起債が許可される事業に優先順位がつけられることになります。しかも、形式的に**起債充当率**が決まっていても、政府の定める単価が低く、対象が限定されている場合には、補助金の超過負担と同じような問題が発生するのです。

　第3の問題は、適債事業以外の特例法による特例債が増発されてきたことです。これらはいずれも地方税の減収を補填するという目的で発行されてきました。1953年から54年にかけて戦後はじめての地方財政危機がおりましたが、それに対応して、2つの法律、つまり1953年の**町村合併促進法**と1955年の地方財政再建促進特別措置法が制定されました。とくに後者の財政再建法のもとでは、財政再建団体の指定をうけると、国が定めた財政再建計画に沿って大幅な合理化を余儀なくされることになり、歳入不足を補填するかまたは財政再建計画による退職者の退職手当財源を賄うために財政再建債や退職手当債が発行されることになりました。1964〜65年度には、市町村民税の課税方式変更にともなう減収の一部を補填するための時限措置として、市町村民税臨時減税補填債が発行され、1966年度には、地方公営企業の財政危機にさいして財政再建団体の指定にもとづいて、公営企業財政再建債が発行されました。戦後2度目のいわゆる1975年財政危機のさいには、「昭和50年度における地方交付税及び地方債の特例に関する法律」（特例法）による特例地方債としての**減収補填債**、さらに補助金カットなどの地方行革がすすめられた1985年度には、臨時財政特例債、調整債がそれぞれ発行されています。

　とくに、1975年における当年度限りの特例法という形での減収補填債の発行は、地方交付税交付金制度のもつ財源保障システム弱体化の転機となっています。当年度限りの特例法という名目であったにもかかわらず、その後も恒久化されることになったからです。現行法制の下では、**赤字地方債**の発行は原則禁止されているため、地方債の発行はあくまでも**建設地方債**ということに限定されます。つまり、これまで一般財源として地方交付税で補填されていた財源が、減収補填債という建設地方債の増発により賄われることになったのです。これはいわば地方交付税の地方債への振替であり、1990年代後半にはじまる地方財政危機の際にも大量の減収補填債発行がなされています。

また、1985年度の国庫補助負担金カットにともなうその補填措置も、特例法による地方債（臨時財政特例債と調整債）と地方交付税のセットによって行われました。国庫負担金の負担率が大幅に引き下げられた福祉などの経常経費、国民健康保険制度の補助率引き下げ、義務教育などの一般財源化による地方負担増分は、地方交付税の交付団体の場合は、交付税特例加算と地方たばこ消費税増税によって、不交付団体の場合は調整債の発行によって補填され、一方、道路などの投資的経費については、交付団体の場合は臨時財政特例債、不交付団体の場合は調整債の発行で補填されました。その際、臨時財政特例債の元利償還費の全部または一部を地方交付税交付金の算定のさいに、基準財政需要額に算入するという措置が講じられたのです。さらに、2001年度からは通常収支の財源不足額のうち、財源対策債等を除いた額を国と地方で折半し、地方負担分を**臨時財政対策債**により補填されるしくみが導入され、後年度に交付税措置されることとされています。このように、国庫支出金、地方交付税交付金、地方債の結びつきはますます複雑化し、地方自治を保障するための地方の自主財源や一般財源に制約を加えていくことになっています。

　第4の問題点は、起債制限の対象とならない第三セクターなどの企業債が大量に発行されたために、1960年代から70年代にかけての国家的大規模プロジェクトの破綻や、1980年代以降の民活型都市開発事業やリゾート開発事業のゆきづまりにみられるように、その矛盾が露呈したことです。それは、1969年の新全国総合開発計画以来すすめられてきた北海道や青森県の開発事業に典型的にあらわれています。「苫小牧東部大規模工業基地」では、北海道東北開発公庫、北海道、苫小牧市、北海道拓殖銀行などが共同出資する第三セクターにより、1971年からその開発が進められてきましたが、重厚長大型第2次産業中心のコンビナート建設が計画されたものの、産業構造の転換とともに計画は行きづまりをみせました。北海道拓殖銀行の破綻を機に矛盾が露呈しましたが、2700億円の公共投資が続けられたにもかかわらず、工業用地の分譲率がわずかに15％にとどまり、約1800億円（1999年当初）の累積債務を抱えたまま事実上破綻しました。「むつ小川原大規模工業基地」でも分譲率は4割程度で2400億円の累積債務を抱えたまま事実上破綻し、核燃料サイクル施設や国際核融合実験炉を中心とした新たな核基地建設計画がすすめられました。

また、大都市圏の臨海部開発事業や1987年の総合保養地域整備法（リゾート法）の適用を受けてゴルフ場、スキー場、リゾートホテルなどの開発をすすめてきた地域の多くでは、1990年代に入って事業規模が拡大され、大量の企業債が発行された結果、採算が合わず累積債務が急増しました。1987年のリゾート法では42の地域が指定されましたが、それらの事業計画の多くがその見直しが求められることとなったのです。

　2008年に**自治体財政健全化法**が施行され、①実質赤字比率（普通会計の実質赤字の標準財政規模に対する比率）、②連結実質赤字比率（全会計の実質赤字等の標準財政規模に対する比率）、③実質公債費比率（地方債元利償還金・準地方債元利償還金の標準財政規模に対する比率で、ごみ処理事業などの一部事務組合や広域連合の事業会計まで対象が拡大）、④将来負担比率（公営企業、出資法人等を含めた普通会計の実質的負債の標準財政規模に対する比率で、土地開発公社や観光関係などの第三セクターの債務保証や損失補償額まで対象

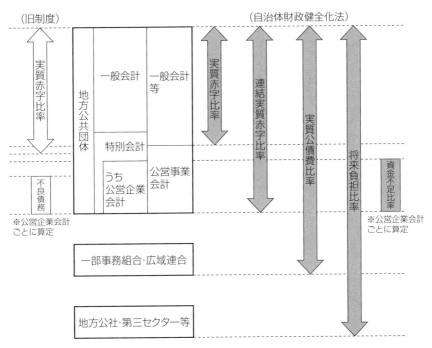

図4-4　健全化判断比率の対象

出所：総務省（2022）「地方公共団体の財政の健全化」より作成。

となる）の４指標が自治体財政を統制する手段として用いられています（図4-4）。

　多くの自治体では、国民健康保険事業会計の赤字拡大、公営病院事業会計の赤字拡大、土地開発公社や観光関連などの**第三セクター**の債務保証や損失補償額といった問題を抱え、国民健康保険料の引き上げ、公営病院の統廃合などが急ピッチで進められました。国民健康保険、介護保険、公営病院など市民生活に不可欠なサービスについては、**ナショナル・ミニマム**を保障するという観点からの論理も構築すべきであるといえましょう。

4-2　地方債・地方交付税借入金と「地方交付税の特定補助金化」

　戦後、とくに高度経済成長期に、国庫支出金を基軸に中央集権的に運営されてきた国と地方間の財政関係は、1970年代半ばからの国家財政危機とその後の財政ストレスの継続的高まりのもとで大きく変容しました。1980年代の第二臨時行政調査会による「行政改革」の名目ですすめられた「増税なき財政再建」路線下では、国庫支出金が大幅に削減されました。

　その一方では、1980年代には国際貿易摩擦を背景とした「内需拡大」の外圧、地域間格差の拡大と究極の過疎化、少子高齢社会への移行といった諸要因による経費膨張インパクトが強まり、「増税なき財政再建」路線の行き詰まりと軌道修正は避けがたいものとなりました。そのため、政府は**民営化**と**規制緩和**を軸とした「民間活力の活用」をうたって大規模プロジェクト事業や都市再開発事業での「第三セクター方式」を推進する一方、「集権的分散システム」とよばれる国・地方の財政関係をフルに活用した施策を実施しました。それが地方債と地方交付税をセットにしての補助金化であり、それが1990年代から2000年代における地方債急増の引き金となっていったのです。

　1984年に創設された「まちづくり特別対策事業」や補助金削減に対する財源措置は、やがて、地域づくり推進事業や地域福祉・高齢者福祉事業などを地方単独事業として推進させるシステムとして、恒常化されることになりました。1990年代には、バブル崩壊後の平成不況克服策ともあいまって、総合経済対策推進の主役を地方財政に担わせるために、地方債許可制度と地方交付税措置をセットにした地方単独事業の拡大へと誘導されることになりました。こうして、

国主導による、地方総動員体制ともよばれる景気対策が展開されることとなったのです。

　ここで問題となるのが、総務省（旧自治省）の下で、地方単独事業の膨張とそれをすすめるためにとられた地方債と地方交付税を組み合わせた一連の政策が実施され、それが従来の各省庁による縦割りの補助金政策とは異なっていることです。そのために、総務省（旧自治省）が各種の事業の起債充当率と、交付税の公債費の元利償還率を巧みに操作することにより、政策誘導がなされるところに最大の問題がありました。近年では、内閣府主導の政策も目立つようになりました。その結果、一般財源であるはずの交付税が、ひも付きの補助金と同じように国の奨励する事業を優遇するシステムとなっていったのです。

　このように、国の補助事業のみならず地方単独公共事業もまた積極的に推進されることとなったわけですが、その中心は、地方債をテコにした公共事業でありました。国策に協力すれば、元利償還金の一定部分を地方交付税の基準財政需要額算定において優遇する措置がとられたのです。こうした流れからみて、地方単独事業に伴う地方債の累増は、地方のモラル・ハザードというよりはむしろ、国による財政誘導によるところが大きいとみてよいでしょう。

　一般に地方単独事業は一般事業と特別事業に分けられますが、前者が地方単独の厚生、教育、住宅などの生活関連施設や災害復旧事業が中心となっているのに対して、後者は国の長期計画、合併特例事業などが中心となっていました。前者の事業に比べると後者の事業に対する元利償還費の充当率が高く、国の政策を後押しするための手段として用いられている点に注目しなければなりません。1990 年代から 2002 年までの地域総合整備事業は、道路・公園、総合運動場、総合福祉センター、会館・ホール等を対象としており、総事業のうち 75 ％を**地域総合整備事業債**とよばれる地方債の発行により、残りの 25 ％を一般財源により賄うことができ、しかも、元利償還費のうち財政力に応じて 30 ％から 55 ％が、後年度の地方交付税に上乗せされることになっていました。1999 年から 2005 年までの**合併特例債**は、起債充当率 95 ％、元利償還率 70 ％と際だって高く設定されており、それが「平成の大合併」の財政的誘因として機能することとなりました。こうして、国と地方の財政関係と地方財政の構造は大きく変容したのです。

さて、こうしたことの結果として、1990 年代から 2000 年代初頭にかけて、地方自治体の地方債と企業債などの借入金を合わせた長期累積債務が急増しました。地方交付税特別会計借入金残高（地方負担分）が急増した点に注目すべきです。ここでいう地方の債務累積残高とは、地方債残高に、地方が地方交付税の不足を埋め合わせするために旧財務省資金運用部から借り入れた金額、つまり地方交付税特別会計残高を加えた額です。1990 年代後半から 2000 年代にかけて旧財務省資金運用部資金からの借入金が急増しました。2001 年に資金運用部からの借り入れを停止し、2007 年度からは、国負担分が国の一般会計に振替整理されているため、総額が抑制されているようにみえます。しかしながら、2000 年代から 20 年以上にわたって地方負担分の残高は 30 兆円を超える状況が続いています。その一方で、2000 年代後半以降、通常の地方債の発行は抑制されており、地方債累積残高も 2014 年度をピークに低下傾向にあります。

このようにみると、現代の地方財政は、国の地方債政策のあり方などにともなって、次第に地方財政の不健全化・危機の進行に拍車がかけられ、2008 年以降の地方財政健全化の過程では、地方債の発行が抑制され、教育や福祉を中心とした施設の統廃合や民営化、人件費の削減などが実施されるといった経過をたどることになりました。地方債をめぐる問題は、中央集権型行財政システムつまり国と地方の財政関係に起因するところが大きいといわねばなりません。

4-3　地方債の起債原則自由化をめぐって

地方債については、従来は、国の主務大臣または都道府県知事の許可制が取られてきましたが、2006 年度から原則廃止になっています。しかし、事前協議制が残されており、事前協議制の対象となるのが、地方交付税措置を適用される「同意のある地方債」です。一方、「同意のない地方債」は自主起債の対象となり、市場公募債などが発行されています。こうした自主起債のためのシステムづくりとして、情報開示の必要性が高まる一方で、投資家に対する説明責任が問われるようになってきています。ムーディズ社などのアメリカの格付け機関の格付けは、州・地方債市場にも定着しています。

ここで問題となるのが、財政力の乏しい自治体などでの起債を保障するシステムをどう構築するのかです。アメリカでは、州政府が地方債を共同発行し、

地方債銀行を設立するなどといった対応が、州内の市町村の規模が小さいために市場で独自に発行することが困難な場合に実施されています。日本では、財政投融資改革と郵政3事業民営化以降、市場重視の傾向が強まってきています。地方公営企業等金融機構（2008年8月設立）が、都道府県、市町村の出資により設立され、上下水道、交通、病院等の地方公営企業を中心に、長期かつ低利の資金の貸付けを開始し、さらに翌年には地方公共団体金融機構改組され（2009年6月）、貸付対象を広く一般会計に拡大しました。現在、多くの自治体で市場公募債（2021年現在59自治体）や住民参加型ミニ公募債が発行されていますが、今後は、投資家ではなく、市民に対する説明責任を重視し、市場規律ではなく市民が制御できるシステムづくりが求められているといえましょう。

5 分権型システムへの転換と課題

　以上のように、日本における地方財政の構造は、さまざまな自治体の歳入面での国依存システムを通して、国の政策を誘導・統制するメカニズムが作用してきました。地方分権一括法から三位一体の改革、第2次地方分権改革といった一連の改革においては、部分的に種々の改革が進行しました。

　その1つは、国と地方間における事務配分についてです。地方分権一括法施行以来、機関委任事務が廃止され、それを自治事務、法定受託事務、国の直接執行事務に再編成されました。しかし、その改革も不十分なままにとどまっています。多くの事務が「自治事務化」されたといっても、「事前協議について国との合意（又は同意）が必要とされるもの」や「緊急時において国が個別に指示できるもの」に分類される形で国の関与が認められており、前者には「国の税制、財政上の特別措置が講じられる計画を策定する場合」、「国が定める総量的な具体的基準をもとに計画を策定する場合」などが、また後者には「国民の生命、健康、安全に直接関係する事務の処理に関する場合」、「広域的な被害のまん延防止の観点からの事務の処理に関する場合」とされました。また、駐留軍用地特別措置法に基づく土地等の使用・収容や社会保険関係事務などは国の直接執行事務として整理されました。国の関与を残したまま、形式的には自治事務とし、国の行政スリム化を図るという方針が貫かれており、分権型システ

ムへの転換とみるよりもむしろ新中央集権化へのワンステップとみるべきです。

　第2は、自治事務化や国の直接執行事務化にともなって、国庫補助負担金の多くが廃止、整理・合理化、一般財源化されたことです。国庫支出金削減の対象となる事務の多くは、福祉、教育、保健・医療、国民健康保険等の分野に集中しました。三位一体の改革では義務教育国庫負担率の引き下げや公立保育所運営費交付金の廃止・一般財源化など、国庫支出金の廃止・縮減と地方交付税の大幅な削減が先行しました。財政責任の所在が曖昧なまま、補助金改革がすすめられている点にこそ、シャウプ勧告以来指摘され続けてきた国と地方の財政関係をめぐる最大の問題点があるといえましょう。

　第3は、基礎的自治体である市町村合併や公共施設の統廃合などの国策が推進されてきた点です。1995年の市町村の合併に関する法律（合併特例法）の改正により、住民発議制度が創設され、形式的には住民参加の形態がとられたものの、実際には行政主導型の合併推進という意味合いが強いといえます。それは合併計画を奨励するために種々の財政支援策が講じられたためです。2010年代半ば以降は、交付税による財政誘導装置を用いながら、教育施設や福祉施設を含む公共施設の統廃合、コンパクトシティ化、**自治体DX化**が進められています。ここにおいても、地方債と地方交付税の組み合わせにより、国策を奨励するという方式が採用されているのです。

　いま求められているのは、中央集権型システムから地方分権型システムへの転換と、市民による財政制御システムの確立です。成熟した分権型福祉社会実現のために必要な行政サービスを確保し、それを保障するための自主財源の充実を図りつつ、本来の財源保障システム、地方財政調整制度のあり方を模索し、全体的な税負担の公平性をいかに実現していくのかが問われています。また、地方債許可制の緩和がうたわれ、2005年度から施行されたものの事前協議制が残されました。しかも、地方財源の国税化が進められた結果、2022年現在では、再び「三位一体改革」前の水準にまで国と地方間の税源配分が戻る結果になりました。

　国・地方間の財政関係を、分権型システムに転換するためには、一般財源保障システムの現代的改革が不可欠になります。とくに、国庫支出金を軸に、地方交付税、地方債を組み合わせて、国策を奨励するという図式を改める必要が

あります。また、地方交付税の制度改革や算定にあたっては、財源保障に重点をおいた客観的かつ公正な配分が実現されるべきです。国と地方という垂直的な財政調整制度に加えて、都市と農村の連携による水平的な財政調整によって補完していくといったシステムの構築が求められているといえましょう。

●演習問題

①ナショナル・ミニマムの保障と地方交付税や国庫支出金の役割について、考えてみましょう。

②地方交付税の特定財源化、国庫支出金の一般財源化、地方債の交付税措置が、自治体財政運営にどのような影響を及ぼすのかについて、考えてみましょう。

●参考文献

植田和弘・諸富徹編（2016）『テキストブック現代財政学』有斐閣。

川瀬憲子（2011）『「分権改革」と地方財政——住民自治と福祉社会の展望』自治体研究社。

川瀬憲子（2012）『アメリカの補助金と州・地方財政——ジョンソン政権からオバマ政権へ』勁草書房。

川瀬憲子（2022）『集権型システムと自治体財政——「分権改革」から「地方創生」へ』自治体研究社。

川瀬光義（2013）『基地維持政策と財政』日本経済評論社。

小西砂千夫（2022）『地方財政学——機能・制度・歴史』有斐閣。

重森暁・植田和弘編（2013）『Basic 地方財政論』有斐閣。

神野直彦・小西砂千夫（2014）『日本の地方財政』有斐閣。

武田公子（2011）『地域戦略と自治体行財政』世界思想社。

沼尾波子・池上岳彦・木村佳弘・高端正幸（2017）『地方財政を学ぶ』有斐閣。

平岡和久・自治体問題研究所編（2014）『新しい時代の地方自治像と財政』自治体研究社。

宮本憲一（1977）『財政改革』岩波書店。

宮本憲一編（1990）『補助金の政治経済学』朝日新聞社。

宮本憲一・遠藤宏一編著（2006）『セミナー現代地方財政 I ——「地域共同社会」再生の政治経済学』勁草書房。

宮本憲一（2016）『日本の地方自治　その歴史と未来 [増補版]』自治体研究社。

森裕之・諸富徹・川勝健志（2020）『現代社会資本論』有斐閣。

森裕之（2020）『市民と議員のための自治体財政——これでわかる基本と勘どころ』自治体研究社。

●おすすめの文献

小西砂千夫（2022）『地方財政学——機能・制度・歴史』有斐閣。

森裕之（2020）『市民と議員のための自治体財政——これでわかる基本と勘どころ』
　自治体研究社。

（川瀬憲子）

第 **5** 章

予算制度と住民参加

キーワード
財政民主主義、予算原則、NPM と NPG、参加型予算、住民による財政分析

---

1 財政民主主義と予算制度

1-1 予算制度の意義

地方自治体の財政運営は予算に基づいて行われます。予算とは、1 会計年度中の収入と支出の計画のことを意味します。予算は 2 つの顔を持っています（初村, 2019）。1 つは予算書という書類の顔で、1 年間の歳入と歳出を記した文書の形をとっています。もう 1 つは本質的な顔で、自治体が実施する公共サービスの内容と規模を住民に約束し、その財源として公権力である自治体が住民から強制的に税金を徴収する根拠を示しているものです。

財政運営が予算に基づいて行われる必要があるのは、今日の日本の財政運営の基本が立憲的財政制度と**財政民主主義**の理念にのっとっているためです。日本国憲法の第 7 章「財政」において、財政運営のあり方が規定されており、さらに財政法、租税法など多くの法規によって財政制度が形作られています。これらの諸制度の総体を立憲的財政制度といい、この制度のなかに、17 世紀の市民革命期に確立された財政民主主義の理念が示されています。

財政民主主義の理念とは、主権者としての国民の財政権を表し、国民が納税者として「政府の財布」を統制することとされています。財政民主主義の理念

に基づけば、政府の収入とその使途は国民の統制を受け、行政執行の責任を国民に対して負わなければならない、というアカウンタビリティ（説明責任）の要請も生じてきます。

財政民主主義の理念に基づく立憲的財政制度においては、2つの原理が重要になります。1つは、課税は国民を代表する議会において決定されなければならないことです。「代表なくして課税なし」という有名なスローガンがありますが、国民の財政権の保障の観点から重要な原理です。もう1つは、国民を代表する議会による国家の収入支出に対する定期的統制です。予算制度はこの原理を具体化するもので、国家の収入支出に対する事前統制を行使し、さらに事後統制のための決算制度によって補足されているというものになっています。

1-2　予算原則

予算の運用については、地方自治法に規定があるような、**予算原則**にのっとって行われることが求められます。ここでは、6項目に分けて、予算原則をみていきます。6項目の内容は、総計予算主義の原則、単一予算主義の原則、会計年度独立の原則、予算限定の原則、予算事前議決の原則、予算公開の原則です。

第1に、総計予算主義の原則からみます。地方自治法第210条において、「一会計年度における一切の収入と支出は、すべてこれを歳入歳出予算に編入しなければならない」と定められており、これが総計予算主義の原則と呼ばれています。自治体の全活動・全事業を住民に明らかにするために必要な原則です。この原則の例外も存在しており、一時借入金などがそれにあたります。

第2に、単一予算主義の原則です。自治体がつくる予算は1会計年度に1つで、1回限りでなくてはならないという原則です。予算が複数に分かれていると、不適切な財政操作がされる可能性が高くなりますし、自治体財政全体を見通すことが難しく、住民にとって分かりづらくなるためです。しかし、実際には多くの特別会計や、年数回の補正予算の存在により、形骸化が進んでいます。

第3に、会計年度独立の原則です。地方自治法第208条の規定で、毎年4月1日から翌年3月31日までを1会計年度とし、各会計年度の歳出は、その年度の歳入で賄うということが決められています。この原則も例外があり、継続費

（地方自治法第212条）、繰越明許費（地方自治法第213条）のように、年度を超える支出のルールが決められています。

第4に、予算限定の原則です。予算額以上の支出や予算にない支出を禁止する原則で、質的、量的な側面から、できるだけ厳密な形で予算をつくることが求められます。

第5に、予算事前議決の原則です。地方自治法第211条において、自治体の首長は、毎会計年度予算をつくり、年度開始前に議会の議決を経なければならないことが定められています。議会での審議期間を保障するため、都道府県および指定都市は年度開始の30日前までに、その他の市町村は20日前までに予算を議会に提出することになっています。なお、例外として首長による専決処分と呼ばれるものがありますが（地方自治法第179条、第180条）、後日議会への報告、承認が求められます。

最後の6つ目の原則は、予算公開の原則です。地方自治法第219条において、自治体の首長は、議決された予算の要領を住民に公表しなければならないことになっています。そして、歳入歳出予算の執行状況、財産、地方債および一時借入金の現在高その他財政状況を年2回以上住民に公表することも首長に義務付けられています（地方自治法第243条の3）。

予算原則を6つの点からみてきましたが、財政民主主義の理念の具体化として、それぞれ重要な原則です。しかし、現実の財政運営は必ずしも原則通りに運用されているわけではなく、例外も多くあることは注意が必要です。

1-3 予算制度の歴史と特質

日本の中央政府の予算制度は、明治維新に際して太政官のもとに集中された財政権力の執行を規律するための行政府の内部的な会計処理準則として、1889年における大日本帝国憲法（以下、明治憲法）制定より前に作られることになりました（宮本・遠藤，2006）。そして、地方自治体の予算制度は、1888年に市制町村制、1890年に府県制郡制が制定されて、近代的地方自治制度とともに成立しました。

明治憲法下の地方自治体の予算制度は、住民の財政権を保障するものではなく、首長の行政執行権限の支配下にある会計事務処理に関する制度という性格

のものでした。明治憲法下の地方自治制度がきわめて制限されたものであったことを反映しています。当時の地方自治制度は、農村の共同体的秩序を土台として地主を中心とする地方名望家に自治権を与え、中央政府の出先機関としての基本的性格を持つ府県と郡がその行政区域内をすみずみまで監督するというものでした。

市制町村制、府県制郡制の導入に伴って、**機関委任事務制度**が導入されたことも、当時の国による地方支配というあり方を象徴するものです（岡田ほか，2014）。機関委任事務制度とは、自治体の首長が監督庁の命令に従って国の委任事務を遂行するというもので、自治体が国の下部機関として位置づけられてしまう仕組みです。そもそも、明治憲法には地方自治や地方制度に関する規定はなく、国民主権に基づく民主的な地方自治制度の成立は、第2次大戦後の日本国憲法の成立を待つ必要がありました。

第2次大戦後、日本国憲法のもとで、中央政府の財政制度は、財政民主主義を貫くものに変わりました。憲法第83条に、「国の財政を処理する権限は、国会の議決に基いて、これを行使しなければならない」という規定がおかれ、予算事前議決の原則が明記されました。そして、憲法第8章に地方自治の項が新設され、地方自治体の運営は、「地方自治の本旨に基いて」（第92条）行われることになり、首長、議員の選出は住民による直接選挙制となりました。

第2次大戦後の地方自治体の予算制度は、日本国憲法と地方自治法に基づいて、二元代表制といわれる、住民が直接選挙で選出した首長と議員との抑制と均衡の下で運営されることになりました。さらにこれを補充する住民による直接的な財政監視の制度として、住民監査請求および住民訴訟制度がもうけられた点も重要な変更になります。

地方自治体の予算制度とその運用の有り様は、地方財政民主主義のバロメーターとしてみることができます（重森・植田，2013）。戦後改革によって地方財政民主主義の確立は終わったわけではなく、例えば、戦前につくられた機関委任事務制度は、第2次大戦後の戦後改革でも維持され、国による地方のコントロールに活用されてしまっているという問題は残っていました。機関委任事務制度は1999年の地方自治法改正においてようやく廃止されましたが、地方分権改革の進展のなかで、国と地方の関係はなおさまざまな課題が指摘されてい

ます。その他にも、予算制度改革の試みは、各自治体レベルでさまざまに取り組みがなされ進展してきていますが、現在でも、試行錯誤が続いています。

2　地方自治体の予算制度

2-1　予算の種類

　地方自治体の予算は、形式によっていくつかの分類ができます。ここでは、4つの分類から確認してみます。

　第1に、一般会計と特別会計という分類です。一般会計は、自治体の基本的な財政運営を行う会計で、単一予算主義の原則からすれば、自治体の予算は一般会計予算だけですむことになります。しかし、例外として、特別会計の存在があります。特別会計を設けることができるのは、地方自治法第209条において、①特定の事業を行う場合、②特定の歳入を特定の歳出に充て一般の歳入歳出と区分する必要がある場合、とされています。

　①の特定事業の例が、地方財政法第6条に規定のある公営企業会計です。自治体が特別会計を設置しなくてはならないことが定められており、水道、工業用水道、交通、電気、ガス、簡易水道、港湾整備、病院、市場、と畜場、観光施設、宅地造成、公共下水道の13事業が地方財政法施行令第46条に列挙されています。その他、国民健康保険事業（国保法第10条）、介護保険事業（介護保険法第3条）といったものも、特別会計をつくって会計処理をすることが定められています。②の例としては、各種貸付金特別会計などがあたります。特別会計は単一予算主義の例外なので、必要なものにとどめるべきですが、実態としては、各自治体の事情に応じて特殊な特別会計が設定されています。

　第2に、普通会計予算と公営事業会計予算という分類です。総務省「地方財政白書」による説明では、普通会計とは、地方公共団体における公営事業会計以外の会計で、一般会計のほか、特別会計のうち公営事業会計に係るもの以外のものの純計額となります。一方、公営事業会計は、地方公共団体の経営する公営企業、国民健康保険事業、後期高齢者医療事業、介護保険事業、収益事業、農業共済事業、交通災害共済事業及び公立大学附属病院事業に係る会計の総称としています。

普通会計と公営事業会計は、個々の地方公共団体ごとに一般会計と特別会計の範囲が異なっているため、財政状況の統一的な掌握および比較が困難であることから、地方財政状況調査上便宜的に用いられる会計区分とされています。すなわち、国の基準で普通会計と公営事業会計に整理しなおすことで、同じ条件で自治体間の財政が比較できるようになるという統計上の会計区分になります。

　第3に、当初予算と補正予算という分類です。総計予算主義の原則や、予算事前議決の原則からすれば、予算は1つでよいはずです。しかし、年度途中に変更の必要が生じる場合があり、その際には、予算を編成しなおします。年度が始まる前の予算を当初予算とよび、年度途中に編成するものを補正予算とよびます。補正予算は、本来臨時的な対応のものですが、実際には年に複数回、補正予算が組まれることが通常になっています。

　第4に、通常予算と、暫定予算、骨格予算という分類です。暫定予算とは、通常予算が年度開始前までになんらかの理由によって成立しない場合などに、1会計年度中の一定期間について最小限度必要とされる経費の支出を可能にする予算のことをいいます。また、骨格予算とよばれるものもあり、首長選挙や議員選挙のために、政策的な判断が難しいときに、人件費など必要最小限度の経費を計上した予算のことをいいます。暫定予算、骨格予算で年度当初に成立した場合には、年度内に改めて補正予算を編成し、「肉付け」を行うといった対応が必要になります。

2-2　予算の内容と区分

　自治体財政の予算は予算書の形で計画され、一般会計と特別会計に分けられて作成されます。予算書の形式は地方自治法第215条に規定があり、議会で議決される予算書の内容は7つあります。議決が必要なのは、歳入歳出予算、継続費、繰越明許費、債務負担行為、地方債、一時借入金、歳出予算の各項の経費の金額の流用、となっています。

　また、自治体の首長は、予算を議会に提出するときは、予算に関する説明書をあわせて提出しなければならないことになっています（地方自治法第211条）。予算に関する説明書に求められている内容は、歳入歳出予算事項別明細書および給与費明細書、継続費に関する調書、債務負担行為で翌年度以降にわたるも

のに関する調書、地方債に関する調書、その他必要な調書となっています（地方自治法施行令第144条）。規定による定めがあるので、自治体の予算書は、多くの自治体で同じような形式をもってつくられています。

　予算の中心は、歳入歳出予算になります。歳入歳出予算はそれぞれ「款」「項」に分類して書かれており、款は大分類、項はその下の中分類という位置づけになります。そして、予算書と同時に提出される歳入歳出予算事項別明細書には、項の下に小分類である「目」があり、さらに各「目」が「節」に分類されて説明されます。議会で議決されるのは「款」「項」の2つで、「目」「節」は執行科目とよばれ、議会の議決の対象となりません。

　実際の予算書の形式をみてみたのが表5-1です。ホームページで公開をされ

表5-1　一般会計予算書の例（2022年度埼玉県志木市一般会計予算）

歳　出　　　　　　　　　　　　　　　　　　　　　　　　　（単位：千円）

款	項	金　額
1　議　会　費		202,635
	1　議　会　費	202,635
2　総　務　費		5,480,326
	1　総　務　管　理　費	4,162,972
	2　徴　税　費	356,129
	3　戸籍住民基本台帳費	208,967
	4　選　挙　費	84,030
	5　統　計　調　査　費	10,830
	6　監　査　委　員　費	28,842
	7　市　振　興　費	271,713
	8　生　活　環　境　費	356,843
3　民　生　費		12,954,141
	1　社　会　福　祉　費	4,805,780
	2　児　童　福　祉　費	5,645,088
	3　生　活　保　護　費	1,570,863
	4　保　険　年　金　費	928,824
	5　災　害　救　助　費	3,586
4　衛　生　費		1,908,335

出所：志木市ホームページ。https://www.city.shiki.lg.jp/index.cfm/51,113133,c,html/113133/20220315-132706.pdf

ている、埼玉県志木市の一般会計予算について、歳出の部分の一部を示しています。予算書に載っている情報は「款」と「項」、そして金額になっています。

表5-2　歳出予算事項別明細書の例（2022年度

3　歳　出
款）　1　議会費
　項）　1　議会費

目	本　年　度 （前年度） （比　較）	本　年　度　の　財　源　内　訳				節		
		特　定　財　源			一般財源	区　　　分	金額
		国県支出金	地方債	その他			
1　議会費	202,635 （　　207,623） （　　△ 4,988）			1,224	201,4111 46,076	1　報　　　酬	61,464
						2　給　　　料	21,228
						3　職員手当等	44,183
						4　共　済　費	27,059
						7　報　償　費	150
						8　旅　　　費	2,898
						9　交　際　費	700
					116,799	10　需　用　費	4,999
						11　役　務　費	4,577
						12　委　託　料	13,329
						13　使用料及び 　　賃　借　料	15,596
						14　工事請負費	94
						17　備品購入費	284
						18　負担金補助 　　及び交付金	6,074
				繰　113	10,550		

出所：志木市ホームページ。https://www.city.shiki.lg.jp/index.cfm/51,113133,c,html/113133/20220

一般会計予算だけみても詳細が分からないので、同時に提出されている志木市の予算説明書のうち、歳出予算事項別明細書の例をみてみたのが**表5-2**です。

　冒頭の議会費の一部を示したものですが、「款」議会費、「項」議会費の中身として、「目」議会費があり、「節」報酬、給料、職員手当等、と列挙されています。右端には具体的な支出の内容説明が付記されており、支出の詳細が確認できるようになっています。

　自治体の財政情報の公開については、ホームページなど、インターネットを通じて公開されることも増えてきており、住民にとって入手のハードルは比較的下がってきて

志木市一般会計予算説明書）

（単位：千円）

	説　　　　明	
1	職員人件費（人事課）	46,076
2	給料	21,228
	一般職給料	
	議会事務局5人	
3	職員手当等	17,446
	扶養手当	(　　414)
	管理職手当	(　2,124)
	地域手当	(　3,565)
	住居手当	(　　330)
	時間外勤務手当	(　　471)
	通勤手当	(　　325)
	期末手当	(　5,177)
	勤勉手当	(　5,040)
4	共済費	7,402
	共済組合負担金	
2	議員の報酬等に要する経費（議会事務局）	116,799
1	報酬	61,464
	議員報酬	
3	職員手当等	26,737
	期末手当（議員）	
4	共済費	19,657
	議員共済会負担金	
7	報償費	150
	講師謝金	
8	旅費	2,202
	費用弁償	
9	交際費	700
	交際費	
18	負担金補助及び交付金	5,889
	負担金	(　　849)
	全国議長会	(　　439)
	関東議長会	(　　132)
	県議長会	(　　138)
	第5区議長会	(　　　30)
	朝霞地区議長会	(　　110)
	交付金	(　5,040)
	政務活動費	
3	議会広報及び会議録作成に要する経費（議会事務局）	10,663

いる状況です。一方で、一般会計の予算書は、自治体の財政規模が大きくなるにつれて大部になり、住民が読み解くことも大変になります。広く住民に財政情報を公開することはもちろんのこと、財政情報を分かりやすく公開する工夫を続けることも求められるところです。

議決が必要な、予算書の残りの6つの要素を簡単に確認していきます。

まず、継続費は、完成までに2年度以上かかる事業などについて、経費総額と各年度の年割額を予算として確定するもので、会計年度独立の原則の例外です。次に、繰越明許費は、年度内に支出が終わらない見込みになったときに、翌年度以降に繰り越して使えるように決めておくものになります。3つ目に、債務負担行為は、後年度に財政負担が必ず発生することになる場合に、翌年度以降に首長が行うことができる債務負担、すなわち予算の先取りの限度額について、期間を限って決めておくものです。さらに、地方債と一時借入金ですが、どちらも地方自治体の借金になります。借金の方法の違いとして、地方債は返済が年度をまたがる債務であり、一時借入金は、一時的な資金繰りのための借り入れで、年度内に償還する債務のことです。最後に、歳出予算の各項の経費の金額の流用ですが、予算議決で決めておけば「項」については同じ「款」内で流用することが認められているため、あらかじめ予算書に掲載することが求められているものです。

議決が必要な6つの要素をこれ以上詳細にみる余裕がないのですが、予算原則の例外規定にあたるものが多く、財政運営のチェックをするという観点からは、重要な要素です。財政用語の解説について、具体的事例をもとにホームページなどで行ってくれている自治体も多いので、確認してみてください。

2-3　予算過程

自治体の予算過程は、複数年にまたがって行われます。予算は編成過程から始まり、「編成→議決→執行→決算」という形で進行します。決算から再び編成過程へと循環するため、一連の予算過程は、**予算循環**と呼ばれています。

図5-1は、予算循環の全体像を示した表です。ある年度の予算の編成過程は、前年9月から10月ころに、予算編成方針が示されるところから始まります。翌年3月までには議会に予算案が提出され、予算の議決過程に移ります。議会の

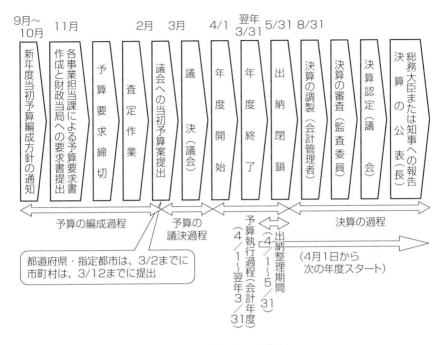

図5-1　予算循環の全体像

出所：初村（2019）、p.28.

議決を経て、4月1日から1年間は、予算の執行過程です。予算の執行が終われば、2か月の出納整理期間を経て、決算の過程に入ります。監査委員による決算の監査を経て、議会で決算が認定されれば、予算過程は終了です。全体として、1会計年度の予算過程は、足かけ3年程度の期間がかかるものになります。

　予算過程の内容を順に確認してみます。予算の編成過程についてみると、地方自治体の予算は首長しか編成することができないことになっています。議会は、予算案について審議し、議決する権限を持っているという関係です。

　最近、予算編成過程を公開する自治体が増えていますが、1つの例として、**表5-3**から、ふたたび埼玉県志木市の例でみてみます。市長から予算編成方針が示され、多段階の査定と復活要求・調整が行われ、最終的に市長査定を経て、予算案が決定される、という流れになっています。多少の差異はあれ、多くの自治体では同様の形で予算編成が行われています。

表5-3 志木市・2022年度当初予算編成スケジュール

内容	日程
予算編成方針を全庁に通知	10月5日
予算編成方針説明会（※庁内動画配信）	10月6日から10月22日
予算見積書作成期間	10月6日から10月28日
予算ヒアリング・財政課長査定	11月上旬から12月下旬
財政課長査定結果通知	12月下旬
復活要求・軽易調整	12月下旬
総務部長査定	12月下旬
市長査定	1月上旬
市議会へ予算案を提出	2月

出所：志木市ホームページ。https://www.city.shiki.lg.jp/index.cfm/51,109410, 179,1270,html

　予算案が議会に提出されると、議会で審議が始まります。予算の議決は、原案議決、修正議決、否決の3種類があります。原案で議決されれば問題ありませんが、予算案が修正議決、または否決された場合、首長側の対応が必要になります。議会の修正議決に対しては、首長の再議権があり、議会の議決に異議があれば、再議に付したうえで、出席議員の3分の2の同意を得る必要があります（地方自治法第176条）。否決された場合には、首長が予算案を再度提出し、議会の議決を求める必要がでてきます。予算議決が執行期間に間に合わなければ、暫定予算や骨格予算で対応するなどの必要があります。

　予算が成立すると、執行過程になります。執行過程において、予算を修正する必要が出てきた場合には、首長が議会に補正予算案を提出し、議決を求めることになります。そして、年度終了後の2か月間は出納整理期間が定められています。自治体の財政は現金主義会計のため、現金が動いた時点で記帳するので、年度を超えたやりとりを整理する必要があり、出納整理期間が設定されています。

　出納整理期間が終われば、最後の決算過程に入ります。会計管理者が出納整理期間終了後3か月以内に決算を作成し、首長に提出します。首長は、決算案を監査委員の審査に付し、監査委員の意見を付けて議会に提出します。議会が決算を承認し、議決が行われれば、首長が決算を住民に公開することで、決算が終了します。決算案が議会で否決されても、決算の有効性が失われることは

ありませんが、首長の道義的責任が問われることにはなります。また、執行における問題点の改善策が必要な場合には、首長は改善の措置を議会に報告することが必要になります（地方自治法第233条の7）。

　決算は、予算と異なり、予算を執行した結果の事後的な計数的整理の側面が強いため、あまり重要視されているとはいえません。本来であれば、決算で確認された課題を次の予算において反映することが望ましいですが、年度進行上、決算が認定されるときには、次年度の予算はすでに執行過程の半ばを過ぎている状態であり、反映は早くても2年後にならざるを得ません。しかし、財政民主主義の観点から、予算が重要であることは当然のことながら、事後統制としての決算の役割にも、近年は注目されるようになってきています。決算の役割の重視という点については、次節で改めて検討します。

③　地方自治を充実させるための予算制度の課題

3-1　日本の自治体予算編成の特徴

　自治体の予算編成を行う権限と責任の所在は、国におけるそれとは大きく異なる点があります。地方議会には予算提案権がないこと、そして、予算編成の権限と責任は自治体の首長に専属していることです。さらに、その首長の権限が国による厳しい制約のもとに置かれているということがあります。

　自治体は、国の予算との協調が地方財政法において求められています。同法第2条では、自治体は、国の政策に反すること、または国の財政、他の自治体財政に問題を起こすような施策を行ってはならないことが示されています。そして、同法第3条において、自治体は、経費の算定と予算への計上について、法令の定めるところに従う義務があることを明記しています。

　自治体の自主財源が小さく、国の各省庁の補助金や地方交付税の配分など、依存財源に頼るところ大きいので、地方自治体の予算編成過程には中央省庁からの縦割りの支配力が働きやすくなります。そこで、日本の地方予算制度は従来、本来の自治体が果たすべき地域社会のニーズを充足するための政策的機能よりも、国の提示する開発計画を地域で下請け的に実施するための行政管理的機能が重視されてきたといわれています（重森・植田，2013）。この結果、財源

や資金の管理は厳密ではあるが、議会や住民によるコントロール機能が十分働かず、現実の変化や住民のニーズにこたえることができず、自治体独自の計画機能も弱かったということです。

特に、地方交付税法第7条にもとづく「**地方財政計画**」の存在は、自治体の財源保障の根拠となると同時に、地方交付税額の算定を通じて時々の国の政策誘導が行われ、自治体の予算編成権を制約することにもなっています。地方財政計画および地方交付税制度が自治体の財源保障機能を発揮し、自治体の予算編成の制約になるような側面は改めることが求められます。

3-2　成果志向の予算制度改革のゆくえ

1980年代半ば以降、予算制度改革に世界的な影響を及ぼしてきたのが**ニュー・パブリック・マネージメント**（NPM）です（重森・植田，2013）。従来の予算制度が計画した予算を執行することの繰り返しで、決算は形式的で次年度の予算編成との連動性がなかったのに対して、**NPM**は、執行した予算のパフォーマンス評価を行い、その結果を次の計画に生かすところに特徴があるとされています。

NPMの定義やとらえ方は国や論者によって違いがあるものの、総じて、民間企業の経営理念を行政の現場に導入し、顧客主義に基づいて行政部門の経済性や効率性を確保するところに特徴があるとされています（岡田・自治体問題研究所，2005）。NPMが具体化される制度的領域は、行政評価制度と公務の外部化・民間化制度に集約的に現れることになりました。

NPMは世界的に流行し、行政改革の手法として採用されてきたものの、その成果はあまり上がっていないことが指摘されるようになってきています（木谷，2018）。その1つの問題が、「評価活動のあり方」にあるということです。例えば、NPMの先進国とみられていたイギリスにおいて、住民満足度のような基準を採用したものの、公共サービスには価格が存在しないため、企業の商品の消費者満足度を測るようにはいきません。ただ、注意しなければならないのは、NPMが近年人々の関心を引かなくなってきている一方で、NPMの中核をなす「評価」ということ自体の関心は失われていないということです。木谷（2018）によれば、「評価手法の改善」や「政策プロセスに評価手続きを組み込

む」ことなどは、NPM 以前から試みられてきており、NPM の考え方に基づく評価のあり方への関心が失われてきているのではないかということです。

　1990 年代後半以降は、NPM・「マネジメント」ではなく、「ガバナンス」が用いられるようになってきました（兼村ほか，2016）。**ニュー・パブリック・ガバナンス論**（NPG）は、公共部門の軸足があまりにも市場主義に偏り、効率基準が公共の民主制を排除してしまっている現実に対して、民主的で合議的、包括的な統治形態を志向する意味合いで議論されている概念であるということです。**NPG** では、NPM では明示的に示されていなかった市民が公共圏に参加する主体として位置づけられ、公共サービスの本来の公共福祉の向上のために、市民が民主的に決定するあり方を検討することが重要な課題になります。

　市民参加のもとに公共サービスのあり方を議論する方法を考えるには、民主主義の形式としての間接民主主義との関係を考える必要がでてきます。市民参加は直接民主主義の 1 つの形態ですが、自治体の公共サービスと財政運営は、基本的には市民の代表としての議会で議論され、決定される間接民主主義のしくみをとっているからです。市民参加による直接民主主義の決定と、議会を中心とした間接民主主義の決定が異なるのであれば、どのように調整するのが民主主義的な自治体運営にとって望ましいかという問題が生じるためです。

　議会の側からみた場合、江藤・新川（2021）は、自治体議会改革のバージョンアップのために、「議会からの政策サイクル」を構築し、連続した議会運営をすることによって、議会が首長の追認機関にとどまることなく、住民福祉の向上を目指すことができるようになると論じています。「議会からの政策サイクル」には、起点としての住民との意見交換会が不可欠で、それを踏まえた決算・予算審議が重要であるとしています。従来の議会は年 4 回の定例会が基本で、定例会ごとに活動が途切れてしまうと、議会は執行部の追認機関になりがちです。住民の意向をとりこんだ自治体運営に貢献するには、連続性をもった「議会からの政策サイクル」が必要で、決算審査を予算審査にリンクする方法の構築が求められるということです。先駆的な事例として、長野県飯田市議会、福島県会津若松市議会、岐阜県可児市議会の実践があげられるということです。各議会の実践については、江藤・新川（2021）を参照してください。

　住民の側からみた市民**参加型予算**編成について、項を改めてみていくことに

します。

3-3 参加型予算

　住民が自治体の予算編成過程により直接的に参加できる予算制度を総称して、参加型予算とよびます。地方分権化が世界的に進むなかで、世界各地でさまざまな試みが行われています。参加型予算は、ブラジルのポルト・アレグレ市で1989年に始まった試みで、国際機関に注目され、紹介されて世界に広まっています。直接民主主義の手法を使った民主主義の活性化という点で、注目されるべきものです。参加型予算で有名な事例としては、アメリカ・ニューヨーク市のコミュニティ・ボードの取組みや、ハンガリーのパーセント法などがあります。

　日本では、市民が予算の編成から審議までのプロセスに直接参加して予算そのものの決定にかかわるような取組み事例は報告されていないのが現状です（兼村ほか，2016）。しかし、参加型予算を広く編成・審議・議決・執行・決算までの予算プロセスを含めてみれば、3つほどのタイプがあるということです。1つ目は、予算編成過程の公開です。市民参加ではありませんが、市民の予算に対する関心の高まりが期待できるというものです。2つ目のタイプは、市民がつくる予算で、行政が編成する予算とは別に、市民の代表によって市民予算を作成するものです。埼玉県志木市で2005年と2006年に実施された経験があります。3つ目は、予算の一部の使途を市民が決めるものです。例えば、地区へ割り当てられる交付金を地域住民が決めるという三重県県名張市の「ゆめづくり地域予算制度」が知られています。

　兼村ほか（2016）では、参加型予算の動きは日本においても着実に広まりつつあるとしたうえで、本格的な市民参加予算が導入されていない理由について、政治による主導性のなさを指摘しています。導入が進んでいる国では政治主導で導入が進んでおり、日本でも首長がその気になれば導入は可能です。しかし導入が進んでいないのは、議会の理解が全体的に進んでおらず、議会の予算審議権を侵されるという懸念が強いからではないかという指摘をしています。自治体財政において本格的な参加型予算の手法が導入されていくのかどうかは、今後の展開を待つ必要があります。

一方で、重要なことは、間接民主主義と直接民主主義の関係性、すなわち、議会改革を進める一方で、住民の主体的な動きを育て、自治体運営に協働して取組むという場づくりでしょう。例えば、長野県阿智村は住民主体の村づくりを進めていることで知られています（岡庭ほか，2018）。その要となるのが自治会で、8地区の自治会はそれぞれ自主的に地区計画を策定しており、それらの地区計画は村の総合計画の中に位置づけられています。予算編成過程においては各地区の自治会ごとに行政懇談会を開催し、要望を聞くとともに個人・団体からの要望・提案を受け付けています。

　参加型予算の議論で問われるのは、参加の形というよりは、住民参加を実質化するような実践から学び、それぞれの自治体にあった実践の方法を探ることにあるでしょう。住民参加のあり方については、討議に参加するためにも、住民自身が自治や財政についての学びを深めていくことも重要な点になります。限られた範囲ではありますが、住民の学びのあり方について、自治体財政白書づくりの運動をとりあげ、次項でみていくことにします。

3-4　自治体財政に対する理解を深めるために

　住民が自治体の財政情報に触れる機会の1つとして、自治体の広報があります。広報には毎年、予算や決算のあらましや、解説が載っています。しかし、そこから、自治体財政の実態や課題を見出すことは容易ではありません。住民の知識と、広報に載せられる情報量が不足していることが一般的であるためです。

　自治体が住民にわかりやすく財政情報を広く解説する先駆的な取組みとして、北海道ニセコ町の『もっと知りたいことしの仕事』という、1995年から毎年発行されている予算説明資料が知られています。ニセコ町のホームページの情報によると、この予算説明書の特徴は、その年の目玉事業や主要な施策だけでなく、すべての事業や町の財政状況について掲載しているという点にあります。町にとって都合の良いことだけでなく、少しでも具体的な事業の内容を町民に知らせることを目的に、発行が始まったということです。

　自治体の努力に期待するだけではなく、市民が自治体の**財政分析**を自ら行い、手作りの財政白書をつくることで、市民が首長の財政運営や議会での議論を監

令和 2 年度 決算状況

人口			区分	住民基本台帳人口	うち日本人
令和 2 年国調	326,545 人		平 3. 1. 1	325,218 人	323,443 人
平成27年国調	337,190 人		令 2. 1. 1	327,575 人	325,748 人
増減率	-3.2 %		増減率	-0.7 %	-0.7 %
面積	309.00 km²				
人口密度	1,057 人				

歳 入 の 状 況　（単位：千円・%）

区　分	決 算 額	構成比	経常一般財源等	構 成 比
地 方 税	44,607,703	24.2	44,607,703	58.5
地 方 譲 与 税	852,532	0.5	852,532	1.1
利 子 割 交 付 金	91,462	0.0	91,462	0.1
配 当 割 交 付 金	151,867	0.1	151,867	0.2
株式等譲渡所得割交付金	187,529	0.1	187,529	0.2
分離課税所得割交付金	–	–	–	–
地 方 消 費 税 交 付 金	7,575,155	4.1	7,575,155	9.9
ゴ ル フ 場 利 用 税 交 付 金	10,019	0.0	10,019	0.0
特 別 地 方 消 費 税 交 付 金	–	–	–	–
自 動 車 取 得 税 交 付 金	–	–	–	–
軽 油 引 取 税 交 付 金	–	–	–	–
自動車税環境性能割交付金	44,236	0.0	44,236	0.1
法 人 事 業 税 交 付 金	359,410	0.2	359,410	0.5
地 方 特 例 交 付 金	251,342	0.1	251,342	0.3
内　個人住民税減収補塡特例交付金	210,998	0.1	210,998	0.3
自動車税減収補塡特例交付金	19,197	0.0	19,197	0.0
訳　軽自動車税減収補塡特例交付金	21,147	0.0	21,147	0.0
地 方 交 付 税	23,771,391	12.9	21,866,469	28.7
内　普 通 交 付 税	21,866,469	11.9	21,866,469	28.7
特 別 交 付 税	1,904,922	1.0	–	–
訳　震災復興特別交付税	–	–	–	–
（ 一 般 財 源 計 ）	77,902,646	42.3	75,997,724	99.7
交 通 安 全 対 策 交 付 金	52,074	0.1	52,074	0.1
分 担 金 ・ 負 担 金	821,208	0.4	–	–
使 用 料	1,788,903	1.0	16,614	0.0
手 数 料	724,187	0.4	–	–
国 庫 支 出 金	72,253,746	39.3	–	–
国 有 提 供 交 付 金	–	–	–	–
（ 特 別 区 財 調 交 付 金 ）	–	–	–	–
都 道 府 県 支 出 金	11,224,562	6.1	–	–
財 産 収 入	223,195	0.1	50,763	0.1
寄 附 金	411,109	0.2	–	–
繰 入 金	339,359	0.2	–	–
繰 越 金	1,117,952	0.6	–	–
諸 収 入	2,367,403	1.3	82,546	0.1
地 方 債	14,745,233	8.0	–	–
うち減収補塡債（特例分）	391,573	0.2	–	–
う ち 猶 予 特 例 債	–	–	–	–
う ち 臨 時 財 政 対 策 債	4,562,260	2.5	–	–
歳 入 合 計	183,971,577	100.0	76,199,721	100.0

市 町 村 税 の 状 況

区　分	収 入 済 額
普 通 税	43,463,590
内　法 定 普 通 税	43,463,590
市 町 村 民 税	20,438,590
個 人 均 等 割	565,916
所 得 割	16,627,432
法 人 均 等 割	1,068,318
訳　　法 人 税 割	2,176,924
固 定 資 産 税	19,741,449
うち純固定資産税	19,580,089
軽 自 動 車 税	1,057,300
市 町 村 た ば こ 税	2,222,411
鉱 産 税	3,840
特 別 土 地 保 有 税	–
法 定 外 普 通 税	–
目 的 税	1,144,113
内　法 定 目 的 税	1,144,113
入 湯 税	11,064
事 業 所 税	1,133,049
都 市 計 画 税	–
訳　水 利 地 益 税 等	–
法 定 外 目 的 税	–
旧 法 に よ る 税	–
合 計	44,607,703

性 質 別 歳 出 の 状 況　（単位：千円・%）

区　分	決 算 額	構 成 比	充当一般財源等	経常経費充当一般財源等	経常収支比率
人 件 費	23,895,579	13.1	20,835,012	20,326,536	25.0
うち職員給	16,214,959	8.9	14,009,485	–	–
扶 助 費	50,883,817	27.9	14,616,355	14,356,206	17.7
公 債 費	16,199,242	8.9	15,488,547	15,484,170	19.1
内　元利償還金｛元 金	15,088,863	8.3	14,493,513	14,489,136	17.9
｛利 子	1,110,266	0.6	994,921	994,921	1.2
訳　一 時 借 入 金 利 子	113	0.0	113	113	0.0
（ 義 務 的 経 費 計 ）	90,978,638	49.9	50,939,914	50,166,912	61.8
物 件 費	13,711,871	7.5	10,034,792	9,107,794	11.2
維 持 補 修 費	1,191,305	0.7	917,388	916,725	1.1
補 助 費 等	44,915,428	24.6	11,076,485	7,052,428	8.7
うち一部事務組合負担金	25,262	0.0	21,530	20,819	0.0
繰 出 金	14,355,170	7.9	11,732,387	10,905,924	13.4
積 立 金	221,890	0.1	118,148	–	–
投 資 ・ 出 資 金 ・ 貸 付 金	578,390	0.3	42,482	34,020	0.0
前 年 度 繰 上 充 用 金	–	–	–	–	–
投 資 的 経 費	16,283,953	8.9	1,733,345		
う ち 人 件 費	289,725	0.2	11,272		
内　普 通 建 設 事 業 費	15,987,591	8.8	1,730,538		
う ち 補 助	7,734,737	4.2	781,073		
訳　う ち 単 独	7,527,863	4.1	945,559		
災 害 復 旧 事 業 費	296,362	0.2	2,807		
失 業 対 策 事 業 費	–	–	–		
歳 出 合 計	182,236,645	100.0	86,594,941	88,122,506 千円	

目 的 別

区　分
議 会 費
総 務 費
民 生 費
労 働 費
農 林 水 産 業 費
商 工 費
土 木 費
消 防 費
教 育 費
災 害 復 旧 費
公 債 費
諸 支 出 金
前 年 度 繰 上 充 用 金
歳 出 合 計

経常経費充当一般財源等計	78,183,803 千円
経 常 収 支 比 率	
96.3 %（102.6 %）	
（減収補塡債（特例分）・酒予特例債 及び臨時財政対策債除く）	
歳 入 一 般 財 源 等	88,122,506 千円

繰 公 営	下 水 道
営 事 病 院	
業 等 市	上 水 道
へ 市	国民健康保険
出 の そ の 他	

（注）　1．普通建設事業費の補助事業費には受託事業費のうちの補助事業費を含み、単独事業費には同級他団体施行事業負担金及び受託事業費のうちの単独事業費を含む。
　　　　2．東京都特別区における基準財政収入額及び基準財政需要額は、特別区財政調整交付金の算出に要した値であり、財政力指数は、前記の基準財政需要額及び基準財政収入額を用いて算出。
　　　　3．産業構造の比率は分母を就業人口総数とし、分類不能の産業を除いて算出。
　　　　4．人口については、調査対象年度の1月1日現在の住民基本台帳に登録されている人口に基づいている。
　　　　5．面積については、調査対象年度の10月1日現在の市区町村、都道府県、全国の状況をとりまとめた「全国都道府県市区町村別面積調」（国土地理院）による。
　　　　6．個人情報保護の観点から、対象となる職員数が1人又は2人の場合、「給料月額（百円）」及び「一人当たり平均給料月額（百円）」は「アスタリスク（*）」とし

図 5-2　決算カードの例

出所：総務省ホームページ。https://www.soumu.go.jp/main_content/000804075.pdf

産業構造

区分	平成27年国調	平成22年国調
第 1 次	4,176 / 3.1	4,540 / 3.3
第 2 次	21,559 / 16.0	22,211 / 16.0
第 3 次	108,937 / 80.9	112,110 / 80.7

単位：千円・%

都道府県名	39 高知県	団体名	2014 高知市
市町村類型	中核市	地方交付税種地	1-6

構成比	超過課税分	指定団体等の指定状況	
		旧新産	×
97.4	2,033,084	旧工特	×
97.4	2,033,084	低開発	○
45.8	674,959	旧産炭	○
1.3		山振	○
37.3		過疎	×
2.4	178,118	首都	×
4.9	496,841	近畿	×
44.3	1,304,953	中部	×
43.9	1,304,953	財政健全化等	×
2.4	53,172	指数表選定	○
5.0		財源超過	×
0.0			
2.6			
2.6		一部事務組合加入の状況	
0.0		議員公務災害	×
2.5		非常勤公務災害	×
		退職手当	×
		事務機共同	○
		税務事務	×
		老人福祉	×
100.0	2,033,084	伝染病	○

区 分	令和2年度(千円)	令和元年度(千円)
歳入総額	183,971,577	159,101,814
歳出総額	182,236,645	157,773,862
歳入歳出差引	1,734,932	1,327,952
翌年度に繰越すべき財源	1,189,786	922,338
実質収支	545,146	405,614
単年度収支	139,532	-68,818
積立金	254	2,343
繰上償還金	4,377	175
積立金取崩し額		300,000
実質単年度収支	144,163	-366,300

区 分	職員数(人)	給料月額(百円)	一人当たり平均給料月額(百円)
一般職員	2,379	7,386,716	3,105
うち消防職員	378	1,171,422	3,099
うち技能労務職員	214	620,600	2,900
教育公務員	93	352,506	3,790
臨時職員	6	15,372	2,562
合計等	2,478	7,754,673	3,129
ラスパイレス指数			99.1

特別職等	定数	適用開始年月日	一人当たり平均給料(報酬)月額(百円)
市町村長	1	26.04.01	9,675
副市区町村長	2	26.04.01	8,444
教育長	1	26.04.01	6,831
議会議長	1	16.04.01	6,780
議会副議長	1	16.04.01	6,150
議会議員	32	16.04.01	5,850

歳出の状況（単位：千円・%）

決算額(A)	構成比	(A)のうち普通建設事業費	(A)の先生一般財源等
612,995	0.3	-	612,510
41,777,009	22.9	391,378	7,291,382
72,954,163	40.0	1,721,099	31,456,519
9,915,754	5.4	996,397	6,695,048
195,234	0.1	13,282	79,329
2,449,905	1.3	975,061	1,193,821
4,362,951	2.4	766,744	3,499,343
14,926,055	8.2	7,188,371	7,855,735
4,982,412	2.7	1,190,472	3,627,572
13,563,873	7.4	2,744,787	8,791,638
296,362	0.2	-	2,807
16,199,932	8.9	-	15,489,237
182,236,645	100.0	15,987,591	86,594,941

区 分	令和2年度(千円)	令和元年度(千円)
基準財政収入額	41,278,950	39,433,592
基準財政需要額	63,185,636	62,597,397
標準財政収入額等	52,531,422	50,635,212
標準財政規模	78,960,151	78,603,438
財政力指数	0.64	0.64
実質収支比率(%)	0.7	0.5
公債費負担比率(%)	17.6	19.8
実質赤字比率(%)		
連結実質赤字比率(%)		
実質公債費比率(%)	13.6	14.2
将来負担比率(%)	172.2	180.2
財調 積立金現在高	3,046,368	2,836,114
減債基金現在高	1,691,203	1,615,434
特定目的基金現在高	5,532,068	5,698,060
地方債現在高	210,377,339	210,720,969
債務負担行為額 保証・補償 その他	9,508,666	7,969,730
実質的なもの		

国民健康保険事業状況

	区 分	
20,389,389	実質収支	379,039
4,129,591	実質差引収支	-125,662
1,763,288	加入世帯数(世帯)	43,250
386,269	被保険者数(人)	63,745
271,110	保険税(料)収入額	92
3,130,633	国庫支出金	1
10,708,498	保険給付費	389

	令和2年度		令和元年度	
収益事業基金現在高	15,924		8,530	
土地開発基金現在高	2,707,980		2,707,258	
徴収現年・計 収率率・計(%)	現年	計	現年	計
合計	99.0	97.3	99.5	97.7
市町村民税	99.3	98.2	99.5	98.2
純固定資産税	98.5	96.1	99.4	96.9

む。
準財政収入額により算出。

2

ている。（その他、数値のない欄については、すべてハイフン(-)としている。）

（高知県高知市）

視、提案していく力にしようという運動が全国的に続けられています（大和田ほか，2021）。財政白書づくりの運動を長年にわたり進めてきた大和田一紘は、**「決算カード」**を用いて、財政用語に関する基礎的な知識を学びつつ、自治体財政の特徴をつかむという方法を推奨しています。

「決算カード」は、総務省のホームページにある、「地方財政状況調査関係資料」のページから見つけることができます。「決算カード」は、都道府県・市町村ごとの普通会計歳入・歳出決算額、各種財政指標等の状況について、毎年度、団体ごとに1枚のカードに取りまとめたものです。**図5-2**は、2020年度の高知市の決算カードを例として示しています。

「決算カード」は、自治体の財政状況を知るには非常に便利な資料で、1枚のカードから多くのことが分かります。例えば、自治体財政健全化法の下で導入された指標が、カード右下のほうにある「健全化判断比率」としてまとめられており、自治体財政の状況について、簡単に判断ができるようになっています。2020年度の高知市は、実質赤字比率、連結実質赤字比率ともに数値なしで、実質公債費比率13.6％、将来負担比率172.2％となっています。どの数値も、健全化基準を下回っていることが分かります。そのほか、実際の分析の方法については、大和田ほか（2021）をはじめとして、多くの解説書がでていますので、参考にしてみてください。

自治体の財政情報の公開は近年大きく進んでおり、他自治体との比較分析をしてくれている**「財政状況資料集」**や、「決算カード」の元データである「地方財政状況調査」そのものについても、総務省のホームページを通じて入手できるようになっています。

財政は、自治体の活動の鏡です。住民が財政に対する理解を深めることで、自治体の施策や議会での議論に関心を高め、住民参加が一層の進展をみせることが期待されます。

●演習問題
①予算制度の意義について、財政民主主義の観点から説明してみよう。
②参加型予算の意義と課題について、議論してみよう。
③気になる自治体の「決算カード」をみて、財政状況について確認してみよう。

●参考文献

江藤俊昭・新川達郎編著（2021）『自治体議員が知っておくべき政策財務の基礎知識』第一法規。

大和田一紘・石山雄貴・菊池稔（2021）『五訂版 習うより慣れろの市町村財政分析』自治体研究社。

岡田章宏・自治体問題研究所（2005）『NPM の検証——日本とヨーロッパ』自治体研究社

岡田正則・榊原秀訓・大田直史・豊島明子（2014）『地方自治のしくみと法』自治体研究社

岡庭一雄・細山俊男・辻浩編（2018）『自治が育つ学と協働 南信州阿智村』自治体研究社。

兼村高文・洪萬杓・ロザリオ・ララッタ（2016）『市民参加の新展開——世界で広がる市民参加予算の取組み』イマジン出版。

木谷晋市（2018）「NPM 再考——評価手法に注目して」『情報研究』第 48 号。

重森曉・植田和弘編（2013）『Basic 地方財政論』有斐閣。

初村尤而（2019）『新版 そもそもがわかる自治体の財政』自治体研究社。

宮本憲一・遠藤宏一編著（2006）『セミナー現代地方財政 I ——「地域共同社会」再生の政治経済学』勁草書房。

●おすすめの文献

金川佳弘（2008）『地域医療をまもる自治体病院経営分析』自治体研究社。

定野司（2022）『図解よくわかる自治体予算のしくみ［改訂版］』学陽書房。

武田公子（2018）『データベースで読み解く自治体財政』自治体研究社。

（霜田博史）

第2部
個別テーマ・分析編

第 **6** 章

貧困対策・生活困窮者支援

> **キーワード**
> 貧困、社会的排除、生活保護制度、生活困窮者支援制度、最低賃金制度

1 現代的課題としての貧困

　2030 年を達成目標とした国連の SDGs（Sustainable Development Goals）は 17 の目標を掲げていますが、第 1 の目標に「**貧困**」を置いています。そして近年日本でも、貧困の解消が社会的課題として議論されるようになっています。

　「貧困」とは、一般には「経済的に困窮していること」「お金がない状態」「個人もしくは家族が社会生活を営むために必要な資源（モノ・サービス）を欠く状態」などを表すものです（金子ほか，2022）。そして、貧困は、大きく分けて、「**絶対的貧困**」と「**相対的貧困**」の 2 つの軸でとらえられます。

　「絶対的貧困」は、時代、国や地域、生活様式などを超えて、貧困を絶対的・普遍的なものとする考え方です。国連の掲げる SDGs の指標では、1 日 1.25 ドル未満で生活する人々が極度の貧困として定義されています。

　一方で、日本や、豊かさを享受しているとされている先進国で注目されているのは、「相対的貧困」です。相対的貧困は、ある時代、国や地域における標準的な生活様式として相対的に比較し、許容できない状態を貧困としてとらえる考え方になります。貧困状態を、ただ「生存できているかどうか」ということだけではなく、「人間らしい生活が保障されているかどうか」という観点でみ

ている指標ということになります。

　相対的貧困の観点から、ある国の貧困の度合いを数値化したものが、「相対的貧困率」と呼ばれています。相対的貧困率は、一定基準（貧困線）を下回る等価可処分所得しか得ていない者の割合で算定されます。日本では、国民生活基礎調査をもとに公表されている数値がありますが、2018年度の数値（新基準）でみると、貧困線は124万円、貧困率は15.7％です。6世帯に1世帯が、貧困線以下の所得で生活しているということになります。

② 生活保護制度の意義と課題

2-1　生活保護制度の概要と現状

1）生活保護制度の概要

　貧困対策は、公的には社会保障制度を通じて行われます。社会保障制度は、救貧制度と防貧制度の2つの制度を中心に構成されており、前者を公的扶助制度、後者を社会保険制度と呼んでいます（金子ほか，2022）。公的扶助と社会保険に、社会福祉と保健医療・公衆衛生の2つの制度を加えたものが、現在の日本の社会保障制度の全体像となっています。

　防貧制度である社会保険制度を通じて貧困状態を防ぐことができればよいのですが、図らずも貧困状態に陥ってしまったときのために、「最後のセーフティネット」として、日本では公的扶助としての**生活保護制度**があります。生活保護制度は日本国憲法第25条に規定されている**生存権**の保障という理念を具体化するものです。日本国憲法第25条は「すべて国民は健康で文化的な最低限度の生活を営む権利を有する」と規定しており、生活保護法第1条では、その具体化のため、生活が困窮している国民に対し、国が最低限度の生活を保障するとともに、その自立を助長することを目的として掲げています。

　生活保護制度は、利用希望者が行政の生活保護担当窓口で申請を行い、資産調査や扶養義務者による扶養の可否の調査などを経て、利用が許可されます。そして、厚生労働大臣が定める基準で計算される最低生活費と利用希望者の収入を比較して、収入が最低生活費に満たない場合に、最低生活費から収入を差し引いた差額が保護費として支給される、というものです。最低生活費は所管

する行政のある地域の級地によって基準額が異なっており、世帯の状況による加算や、家賃・地代などが加味されて決まってきます。

2) 生活保護受給者の状況

日本全体の生活保護受給者数は、2021年11月の速報値で約204万人、世帯数では約164万世帯ということになっています（図6-1）。1995年の約80万人、約60万世帯から、以後増加傾向が続き、過去5年間で減少傾向に転ずるも、過去最高水準の受給者数で現在に至ります。

保護世帯の世帯類型をみると、2021年11月の厚生労働省の調査で、高齢者世帯55％、母子世帯4％、障害者・傷病者世帯25％、その他の世帯15％となっています。利用世帯の過半数が高齢者世帯であり、障害者・傷病者世帯も含めると、8割以上が就労に困難が感じられる世帯となっています。一方で、その他の世帯が、世界金融危機のあった2009年以降に急増してきており、勤労世帯の困窮の増加が懸念されています。

3) 生活保護制度の運用

生活保護の利用申請の受付や実際の支援は、市町村の福祉事務所や、都道府県の出先機関など、地方自治体が行っています。また、扶助以外の現物給付として、救護施設、更生施設、医療保護施設、授産施設、宿所提供施設といった、生活保護法に規定されている保護施設の運営も担うことになっています。

一方で、生活保護制度を運用する財源については、生活保護法第75条の規定に基づき、国が費用の4分の3を負担することが決められています。残りの4分の1は、地方交付税の基準財政需要額の算定を通じて財源が保障されることになっています。形式としては、生活保護制度に関して、地方自治体の負担がかからないようになっています。

2-2 生活保護制度の課題

生活保護制度に関して問題となっていることについて、捕捉率の低さ、制度の運用の課題、生活保護基準の3つの観点からみていきます。

1) 捕捉率の低さ

捕捉率とは、生活保護基準以下の所得の世帯のうち現に生活保護を受けている世帯の割合を指すものです。図6-2は、吉永（2019）による、2016年の国民

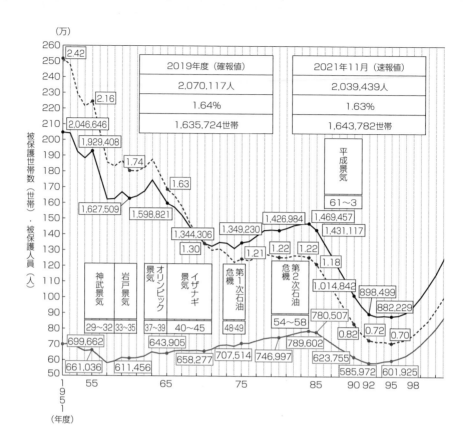

図 6-1　被保護人員、保護率、被保護世帯数の年次推移

原資料：被保護者調査「月次調査」（厚生労働省）＊2011 年度以前の数値は福祉行政報告例。
出所：厚生労働省「令和 3 年度社会・援護局関係主管課長会議資料」資料 2、p.92. https://www.whl

生活基礎調査による推計です。低所得世帯 703 万世帯のうち、生活保護世帯は
159 万世帯にとどまり、収入のみで比較した捕捉率としては 22.6％となります。
厚生労働省が公表した 2007 年の調査では 15.3％であったので、多少改善がみ
られるものの、多くの低所得世帯が生活保護受給に至っていません。なお、収
入以外の資産について考慮に入れた場合でも、捕捉率は 43.3％にとどまり、十
分な数字とは言えません。

　捕捉率の低さの要因として、行政窓口における**水際作戦**の存在があります。
生活に困窮している人に生活保護の申請をさせず、窓口で追い返すという問題

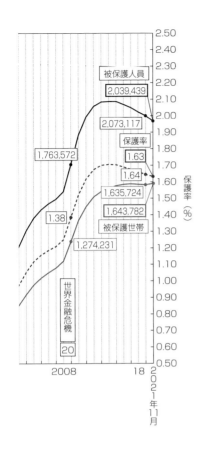

が「水際作戦」という名称で知られています。生活保護制度は利用者が申請しないと利用できないものであるため、窓口でさまざまな理由をつけて申請させないということが起きているということです。

生活保護制度は不正受給が注目されがちですが、2022年8月10日に開催された第18回社会保障審議会生活困窮者自立支援及び生活保護部会の配布資料によると、2020年度の不正受給件数は3万2392件、金額にして129億6089万5000円、1件当たりの金額は40万円となっています。2020年度の保護世帯全体は163万5724世帯なので、割合にして2％弱、金額にして保護総額3兆5882億円の0.4％弱にとどまります。生活保護制度は、不正受給を取り締まるというよりは、必要な人に必要なだけ届く制度の充実が求められているのが現状です。

2) 制度の運用に関する課題

稲葉（2013）は、「水際作戦」が起きる背景として、国と地方自治体の生活保護費負担の問題と、福祉事務所の人的体制の不足を指摘しています。

生活保護費の国庫負担割合は現在4分の3であり、残りの4分の1の自治体負担は地方交付税によって国からの財源保障がなされるということになっていますが、地方税収の多い大都市や生活保護率の高い地域では十分な保障がされないという問題が起きてしまいます（星野，2009）。自治体負担のあり方は、生活保護費を圧縮する方向への圧力を強めることに繋がります。

また、生活保護の利用者が増えるとケースワーカーの負担が増えることも、水際作戦の背景にあると言われています。ケースワーカーの配置は、社会福祉

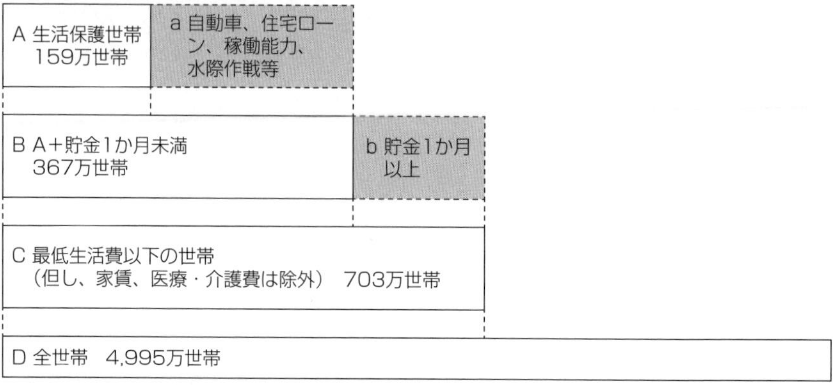

```
┌─────────────────┬──────────────────┐
│ A 生活保護世帯   │ a 自動車、住宅ロー │
│   159万世帯      │   ン、稼働能力、   │
│                 │   水際作戦等      │
├─────────────────┴──────────┬───────┤
│ B A+貯金1か月未満           │ b 貯金1か月 │
│   367万世帯                │   以上    │
├────────────────────────────┴───────┤
│ C 最低生活費以下の世帯              │
│   (但し、家賃、医療・介護費は除外) 703万世帯 │
├─────────────────────────────────────┤
│ D 全世帯 4,995万世帯               │
└─────────────────────────────────────┘
```

C/D＝14.1% 低所得世帯率〔生活保護基準以下の世帯率〕
A/D＝ 3.2% 保護率（世帯）
A/C＝22.6% 捕捉率（収入比較）
A/B＝43.3% 捕捉率（収入＋資産の一部〔貯金のみ〕考慮）

図6-2　捕捉率の推計

出所：吉永（2019）、p.14

法において市部80世帯に1人、郡部65世帯に1人を「標準」として定められています。厚生労働省「第5回生活保護制度に関する国と地方の実務者協議」（2022年2月15日）の配布資料によると、2016年10月現在で、ケースワーカー1人当たり担当世帯数は90.1世帯であり、標準を多く超えている状況です。2009年には91.8世帯であったので、多少緩和はされていますが、ケースワーカーの増員以上に保護世帯が増加している状況であり、支援の体制を整えるためにも、人的な体制の整備が依然として必要な状況が続いています。

　生活保護制度は日本の社会保障制度において重要な役割を担っているのですが、一方で、期待されている役割を十分に果たしているのかどうか、疑問視されることが多くあります。その1つの象徴として話題になった事件の1つに、「『生活保護なめんな』ジャンパー事件」というものがあります。2017年、新聞報道をきっかけとして、神奈川県小田原市の生活保護担当部署の職員が「保護なめんな」「不正を罰する」など、保護利用者を威圧するような言葉がプリントされたジャンパーを着て、保護利用世帯を訪問していたという事件が表面化しました。小田原市の職員が着用していたジャンパーの記載内容は、およそ生活保護利用者に対する配慮を欠くものであり、福祉的専門性の欠如と生活保護利用者に対する差別意識という点で、全国の福祉事務所にもみられる構造的問

題が露骨に現れたケースとなっています。なお、小田原市はジャンパー事件の発覚後、検討委員会を立ち上げ、迅速に是正の対応を図っている点は評価されているところです。小田原市の検討委員会による事件の検証と対応については、生活保護問題対策全国会議編（2017）に詳しく紹介されています。

3) 生活保護基準引き下げ裁判が投げかけていること

　生活保護の給付水準が、憲法25条の生存権に照らして十分なものであるかどうかについては、長い裁判闘争の歴史があります。例えば、有名なものとして、1957年に提起されたいわゆる「**朝日訴訟**」があります。そして最近では、国が行った生活保護基準の切り下げをめぐって、「いのちのとりで裁判」が全国29都道府県で1000人を超える人の参加で取り組まれています。

　国は2013年8月から3回に分けて、生活扶助基準（生活保護基準のうち生活費部分）を平均6.5％、最大10％（年間削減額670億円）引き下げました。このことが、憲法第25条、生活保護法第8条などに違反しているのではないかということを問う裁判が、「いのちのとりで裁判」として取り組まれています。裁判の争点は、いのちのとりで裁判全国アクション・ホームページに詳しく紹介されていますが、生活扶助基準の計算の根拠になる物価の計算の方法に問題があり、まさに「基準引き下げありき」のものでした。いのちのとりで裁判は、2022年10月現在で、大阪地裁、熊本地裁、東京地裁、横浜地裁の4つの地裁判決において、保護費の減額処分の取消しを命じる勝訴判決が出ています。

　いのちのとりで裁判全国アクションは、生活保護基準は"命の砦"であることを強調しています。生活保護制度は、**最低賃金**、就学援助、国民健康保険料の減免基準、公営住宅の減免基準等、生活保護を利用していない多くの国民に関わるさまざまな制度の基準と連動しているためです。生活保護基準が切り下げられることは、国民全体の生活水準が切り下げられることになってしまうため、貧困対策の充実が課題となっている現在、非常に重要な問題になっています。

3 生活困窮者支援の展開

3-1 貧困問題の複雑さと新しい困窮者支援の必要性

　近年、「貧困とは何か」という問題そのものの理解が進むにつれて、必要とされる支援の内容についても発展がみられるようになっています。貧困は、経済的に困窮していることが本質的な問題ではありますが、所得だけでなく、生活の質や社会参加といった観点まで含めて、貧困を理解する必要があるということです。

　1980年代以降、「**社会的排除**」というとらえ方が広く用いられるようになってきています（金子ほか，2022）。貧困状態とは、最低限度の生活が送れないという経済的な困窮のみならず、地域やコミュニティから排除されていること、教育や就労の機会を得られないことなども含めて考えるべきであるというものです。「社会的排除」の状態を解消するには、排除に対する社会的な「包摂（インクルージョン）」や「参加」を保障することが重要だということになります。

　貧困率が全体として高まっていくなかで、生活保護受給者の増加だけではなく、生活保護の利用が必要になるリスクの高い人が増加していくことになりましたが、従来の生活困窮者支援のあり方では不十分であるという課題が指摘されるようになりました（厚生労働省社会・援護局地域福祉課生活困窮者自立支援室，2015）。就労支援や居住の確保、貸付・家計相談、子ども・若者への学習支援など、全国的にさまざまな取組みがありましたが、一部の自治体のみの実施にとどまること、各分野をバラバラに実施していること、早期に支援につなぐ仕組みが欠如していること、といった課題があげられます。

　そこで、2015年4月より、現在生活保護を受給していないが、生活保護に至る可能性のある者で、自立が見込まれる者を対象に、**生活困窮者自立支援制度**が始まりました。同制度は、社会保険制度などによる「第一のセーフティネット」と、生活保護制度による「第三のセーフティネット」との間の、それまで十分でなかった「第二のセーフティネット」を抜本的に強化するものとして創設されました。制度の「狭間」に置かれてきた生活困窮者に対して、「本人中心」の相談支援を行うことを制度の中核に据え、多様な就労支援や家計改善、

居住支援等を包括的に行うことを目指したものです。

3-2　生活困窮者支援制度の概要

　生活困窮者自立支援法に基づく生活困窮者自立支援の仕組みは、必須事業と任意事業からなり、福祉事務所設置自治体が実施します。必須事業は、自立相談支援事業と住居確保給付金の支給です。自立相談支援事業は、就労その他の自立に関する相談支援、事業利用のためのプラン作成等を行い、自治体直営のほか、社会福祉協議会や社会福祉法人、NPO等への委託も可能となっています。住居確保給付金は、離職により住宅を失った生活困窮者等に対し家賃相当の給付金を支給するというものです。

　任意事業は、4つの事業が設定されています。就労に必要な訓練を日常生活自立、社会生活自立段階から有期で実施する「就労準備支援事業」、住居のない生活困窮者に対して一定期間宿泊場所や衣食の提供等を行う「一時生活支援事業」、家計に関する相談、家計管理に関する指導、貸付のあっせん等を行う「家計相談支援事業」、生活困窮家庭の子どもへの「学習支援事業」、です。任意事業については、自治体の判断で実施の可否を決めることができます。

　生活困窮者自立支援事業の費用負担は、自立相談支援事業、住居確保給付金は国庫負担3/4、就労準備支援事業、一時生活支援事業は国庫補助2/3、家計相談支援事業、学習支援事業は国庫補助1/2、となっています。必須事業は国庫負担金、任意事業は国庫補助金として国から地方自治体へ国の負担分が移転されることになります。

　制度の概要を全体的に示したのが、図6-3です。自立相談支援事業において生活困窮者の状況を把握したうえで、本人の状況に応じた支援を行う、というイメージです。まずは生活困窮者の状況を受け止めたうえで、必要に応じた支援を組み合わせて行うものです。

　厚生労働省の2021年度の生活困窮者自立支援制度支援状況調査の結果から、制度の実績についてみると、新規相談の受付件数は55万3942件、自立支援プランの作成件数が14万6308件、就労支援対象者数が7万9127人であったとのことです。また、自立支援プランを作成した就労支援対象者のうち、就労・増収に至った割合は34％ということです。

3-3 伴走型支援と多機関連携の必要性

　生活困窮者の自立支援において重要なことは、まず「つながる」ことであると、北九州市のNPO法人「抱撲」で困窮者支援を行っている奥田知志は指摘しています（駒村，2020）。日本の福祉や相談事業は「申請主義」が原則で、困ったら自ら言ってきなさいというものだが、何も言ってこない人こそが困窮者であるといいます。孤立のゆえに、自分が困窮しているということがあまりよく分かっていないのが多くの困窮者だということです。そこで、来てもらうのを待つのではなく、こちらから「つながる」ための「アウトリーチ」が重要になるということです。

　そのうえで、奥田は、制度に人を合わせるのではなくて、その人に合わせた「伴走型」の支援をやる

包括的な相談支援

◆自立相談支援事業
（全国906福祉事務所設置自治体で1,371機関（令和3年4月時点）　**国費3/4**

〈対個人〉
・生活と就労に関する支援員を配置し、ワンストップ型の相談窓口により、情報やサービスの拠点として機能
・一人ひとりの状況に応じ自立に向けた支援計画（プラン）を作成

〈対地域〉
・地域ネットワークの強化・社会資源の開発など地域づくりも担う

◆福祉事務所未設置町村による相談の実施
・希望する町村において、一時的な相談等を実施　**国費3/4**

◇アウトリーチ等の充実
　ひきこもりなどの社会参加に向けてより丁寧な支援を必要とする方に対するアウトリーチなど、自立相談支援機関における機能強化　**国費10/10**

◆都道府県による市町村支援事業　**国費1/2**
・市等の職員に対する研修、事業実施体制の支援、市域を越えたネットワークづくり等を実施

◇都道府県による企業開拓　**国費10/10**
・就労体験や訓練を受け入れる企業等の開拓・マッチング

※法に規定する支援（◆）を中心に記載しているが、これ以外に様々な支援（◇）があることに留意

出所：厚生労働省「生活困窮者自立支援のあり方等施行状況について」p.3.

ことが必要であるといいます。実際の支援を行った事例から、制度からの発想が現場では通用せず、縦割り福祉では限界があるということです。制度に合わせるとすれば、子どもに対しては学習支援、若者には就労支援、高齢者には介護福祉、障害者には障害福祉、生活保護受給者には現金給付といった形になりますが、実際の困難を抱えた家族には、それらの課題が一軒の家の中に丸ごと入っていることもあるということです。とはいえ支援の専門性は必要であるため、役所の窓口を統合させるのは物理的に難しいため、民間の支援団体が総合的なプランを立ててしまい、そのあとでどこと「つなぎ戻す」か、という仕組

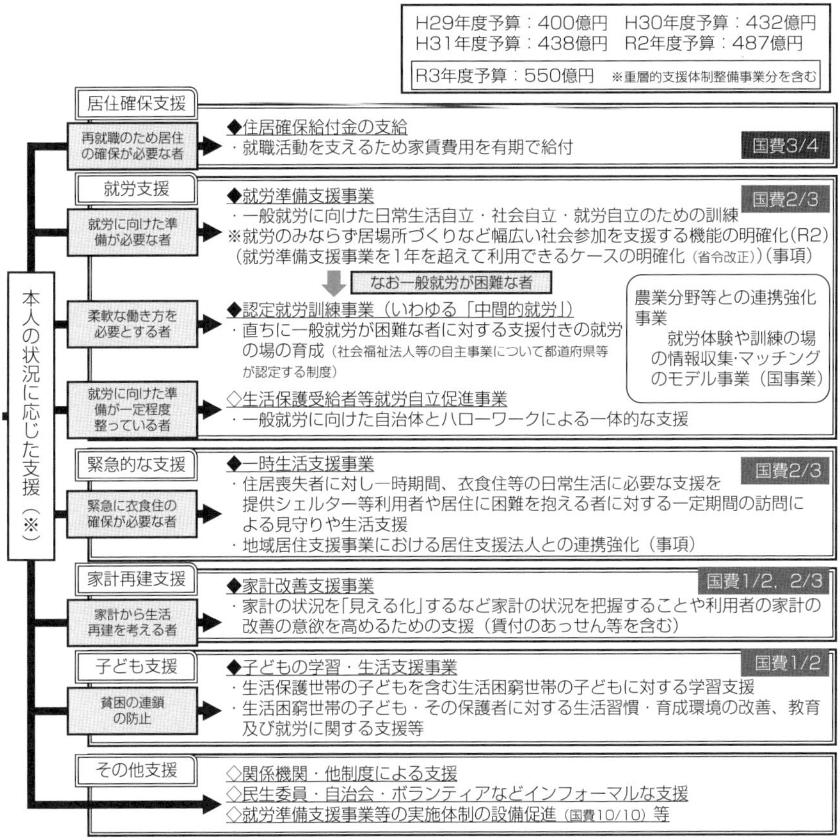

H29年度予算：400億円　H30年度予算：432億円
H31年度予算：438億円　R2年度予算：487億円
R3年度予算：550億円　※重層的支援体制整備事業分を含む

居住確保支援

再就職のため居住の確保が必要な者

◆住居確保給付金の支給
・就職活動を支えるため家賃費用を有期で給付　　国費3/4

就労支援

就労に向けた準備が必要な者

◆就労準備支援事業　　国費2/3
・一般就労に向けた日常生活自立・社会自立・就労自立のための訓練
※就労のみならず居場所づくりなど幅広い社会参加を支援する機能の明確化(R2)
（就労準備支援事業を1年を超えて利用できるケースの明確化（省令改正)）(事項)

なお一般就労が困難な者

柔軟な働き方を必要とする者

◆認定就労訓練事業（いわゆる「中間的就労」）
・直ちに一般就労が困難な者に対する支援付きの就労の場の育成（社会福祉法人等の自主事業について都道府県等が認定する制度）

農業分野等との連携強化事業
就労体験や訓練の場の情報収集・マッチングのモデル事業（国事業）

就労に向けた準備が一定程度整っている者

◇生活保護受給者等就労自立促進事業
・一般就労に向けた自治体とハローワークによる一体的な支援

緊急的な支援

緊急に衣食住の確保が必要な者

◆一時生活支援事業　　国費2/3
・住居喪失者に対し一時期間、衣食住等の日常生活に必要な支援を提供シェルター等利用者や居住に困難を抱える者に対する一定期間の訪問による見守りや生活支援
・地域居住支援事業における居住支援法人との連携強化（事項）

家計再建支援

家計から生活再建を考える者

◆家計改善支援事業　　国費1/2、2/3
・家計の状況を「見える化」するなど家計の状況を把握することや利用者の家計の改善の意欲を高めるための支援（貸付のあっせん等を含む）

子ども支援

貧困の連鎖の防止

◆子どもの学習・生活支援事業　　国費1/2
・生活保護世帯の子どもを含む生活困窮世帯の子どもに対する学習支援
・生活困窮世帯の子ども・その保護者に対する生活習慣・育成環境の改善、教育及び就労に関する支援等

その他支援

◇関係機関・他制度による支援
◇民生委員・自治会・ボランティアなどインフォーマルな支援
◇就労準備支援事業等の実施体制の設備促進（国費10/10）等

（本人の状況に応じた支援（※））

図6-3　生活困窮者自立支援制度の概要

に関する論点整理のための検討会（第1回）」2021年10月25日、「資料4 生活困窮者自立支援制度の

みを考えることが重要で、それがトータル支援であり、伴走型支援であるということです。

　困窮者とつながり、それぞれに合わせた伴走型支援を行うためには、行政だけでなく、民間も含めた多様な機関や団体の連携が必要不可欠になります。困窮者の自立支援について、先進的な取り組みをしている滋賀県野洲市の事例をもとに、多機関連携の仕組みづくりの必要性をみてみます（駒村，2020）。

　野洲市は、2016年に「野洲市くらし支えあい条例」を制定しました。同条例は、消費者行政と生活困窮者支援の2つを包括的に取り入れた条例で、高齢者の消費者被害の背景に実は認知症や社会的孤立があったり、多重債務の背景に

表 6-1　野洲市の支援実例

課題	つないだ機関	活用したサービス
食料なし	市民生活相談課	食料支援
住まい	市民生活相談課	住居確保給付金（家賃額給付）
税金滞納	税務課	確定申告（適正課税）
国民健康保険税	保険年金課	短期健康保険証を発行
	税務課	確定申告により 2 割軽減
国民年金	保険年金課	低収入による減免
給食費　学費	学校教育課	就学援助制度（給食費・学用品等の給付）
生活費	社会福祉協議会	総合支援資金貸付（月 20 万円）
借金	司法書士	債務整理（任意整理）
家計	市民生活相談課	家計相談（家計の見直し）
妻のうつ	健康推進課	自立支援医療（1 割負担）
収入低下 （仕事）	やすワーク （市民生活相談課）	就職ナビゲーターによる就労相談支援

出所：駒村（2020），p.411.

貧困や失業があったりするというところから作られました。相談の背景にまで
目を向け、生活全部を丸ごと支援していくという姿勢で、困窮者の定義を困っ
ている人全員としており、特に同条例第 23 条で、「市は、その組織及び権能の
全てを挙げて、生活困窮者等の発見に努めるものとする」として、市役所全体
で取り組むという姿勢を明確にしています。野洲市の取り組みの詳細について
は、例えば駒村（2020）に詳しいので、参照してください。

　ここでは、野洲市の自立支援において、どのくらいの機関や団体が関与して
いるのかをみます。表 6-1 は、実際に市民生活相談課で自立相談支援を受けた
ケースの実例として紹介されているものです。相談を受けた担当課である市民
生活相談課が直接かかわるのは食料、住まい、家計の 3 つに過ぎず、他の課題
については、市役所の他の課や、社会福祉協議会・司法書士などの行政以外の
かかわりもみられます。困窮者自立支援を充実したものにしていくためには、
多くの機関のかかわりと、ネットワークづくりが重要になってくるということ
です。

4 誰にとっても暮らしやすいまちをつくる

　困窮者支援は、行政だけでなく、民間の取り組みも注目されています。近年広がりをみせている**子ども食堂**や、**フードバンク**などの取り組みがあげられます。生活に困窮している人は社会的に孤立していることも多く、地域でのつながりを作っていくことは、行政だけでなく、地域住民の取り組みも重要になってきます。

　そして、生活困窮者の支援は、個人の支援だけではなく、社会を問うことも重要な点です。社会というバケツの穴が空いているときに、途中で受け止めて一生懸命バケツに戻しても、ゆがんだ社会を助けていることになってしまう可能性があります（駒村，2020）。生活困窮者の広がりの背景には、社会全体での雇用の不安定化があります。働く人々の賃金水準を生活が保障されるものにしていくことが、貧困対策の根本におかれる必要があるでしょう。

　雇用の不安定化を解消していくために注目すべきは、最低賃金の水準を引き上げていく必要があるということです。例えば、労働組合の全国組織である全労連の最低生計費調査によると、最低賃金が最も低い高知県（853円）と最も高い東京都（1072円）の最低生計費を比べてみると、どちらも最低生計費は月額約25万円（25歳男性の想定）で、ほとんど差がないことが明らかにされました（2022年6月現在）。東京は家賃が高いものの、高知は交通費が高くなっており、結果としてあまり差がないということです。

　月額25万円の生計費を月150時間労働で稼ぐためには、時給にして1665円程度が必要になります。さしあたり25歳男性のケースで考えても、地域によって最低生計費にあまり差がないのに最低賃金水準が大きく異なる現状は問題ですし、現行の最低賃金水準はまだ引き上げる余地があるということです。そして、最低賃金の水準を全体として引き上げていくことは、不安定な雇用で働いている人々の所得を増加させ、貧困対策にも寄与することになります。

●演習問題
①自分の住むまちの困窮者支援について、どのような取り組みがあるか調べてみよう。

②現行の最低賃金の水準は適切かどうか、議論してみよう。

●参考文献

稲葉剛（2013）『生活保護から考える』岩波新書。

金子充・田中秀和・中村健・立花直樹編著（2022）『貧困に対する支援』ミネルヴァ
　書房。

厚生労働省社会・援護局地域福祉課生活困窮者自立支援室（2015）「生活困窮者自立
　支援制度について」2015 年 7 月 https://www.mhlw.go.jp/file/06-Seisakujouhou-
　12000000-Shakaiengokyoku-Shakai/2707seikatukonnkyuushajiritsusiennseidonitu
　ite.pdf。

駒村康平編著（2020）『社会のしんがり』新泉社。

生活保護問題対策全国会議編（2017）『「生活保護なめんな」ジャンパー事件から考え
　る』あけび書房。

全労連「『最低賃金』と『生計費』が 5 分でわかる！」http://www.zenroren.gr.jp/jp/
　saichinchecker/lp.php。

星野菜穂子（2009）「生活保護費を対象とした地方交付税の財源保障」『自治総研』第
　35 巻第 5 号。

吉永純（2019）「『半福祉・半就労』と生活保障、生活保護」『社会政策』第 11 巻第 1
　号。

いのちのとりで裁判全国アクション・ホームページ https://inochinotoride.org/index.
　php。

●おすすめの文献

佐々木隆治・志賀信夫編著（2019）『ベーシックインカムを問いなおす——その現実
　と可能性』法律文化社。

宮本太郎編（2022）『自助社会を終わらせる——新たな社会的包摂のための提言』岩
　波書店。

湯浅誠（2008）『反貧困——「すべり台社会」からの脱出』岩波新書。

（霜田博史）

第 **7** 章

子育て支援

キーワード
少子化、合計特殊出生率、M 字型カーブ、機会費用、保育所制度、子ども・子育て支援新制度、互酬性、地域共生拠点

---

1 少子化の社会状況と対応の基本的視点

　高齢化の進行の裏面には、**少子化**の進行があります。少子化を計る代表的指標として、**合計特殊出生率**があります。これは、15 歳から 49 歳までの女性の年齢別出生率を合計したものであり、1 人の女性が生涯において平均的に出産する子どもの数を意味します。

　日本の合計特殊出生率は、戦後 70 年以上の推移を見ると、1947 年：戦後最高記録→ 1950 年：初めての 3 台→ 1952 年：初めての 2 台→ 1961 年：初めての 1 台→ 1.58（1966 年：丙午年）→ 1973 年：人口置換水準を上回っていた最後の年→ 1989 年：丙午年を初めて下回った年（1.57 ショック）→ 1993 年：初めての 1.4 台→ 1997 年：初めての 1.3 台→ 2003 年：初めての 1.2 台→ 2005 年：戦後最低記録 1.26 という象徴的な時期を経て、2015 年（1.45）まで上昇傾向が見られた後、2021 年（1.30）にかけて反転、続落しています（厚生労働省「令和 3（2021）年人口動態統計（確定数）の概況」）。

　人口置換水準（人口を維持するための水準）としては、合計特殊出生率は概ね 2.07 の水準が必要とされていますが、そのような状況は 1973 年までで、そ

の後は長期的には低落傾向が見られます。その結果、出生中位推計によれば、日本人の人口は、1億2709万人（2015年）から、9924万人（2053年）と1億人を割り、さらに8808万人（2065年）まで減少する見通しとなっています（国立社会保障・人口問題研究所「日本の将来推計人口（平成29［2017］年推計）」）。

　少子化を表す別の指標である出生数と**出生率**（人口千人当たりの出生数）でみると、2016年以降、出生数は100万人を割り、出生率は8‰（パーミル）を割り、2021年段階でも、出生数（81万1622人）、出生率（6.6‰）ともに戦後最低を記録しています（前掲「令和3年人口動態統計（確定数）の概況」）。また、いわゆる子ども人口である年少人口（0〜14歳）および年少人口比率でみると、近年でも減少傾向が続き、2021年段階でも、年少人口（1478万人）、年少人口比率（11.8％）ともに戦後最低を記録しています（総務省統計局「人口推計（2021年10月1日現在）の要約」）。

　このような少子化の背景として、いくつかの側面が考えられます。1つは、いわゆる晩婚化が進んでいることです。平均初婚年齢は、男性26.1歳・女性22.9歳（1947年）から男性31.0歳・女性29.5歳（2021年）へと長期的には上昇傾向がみられ、この間、男性が4.9歳、女性が6.6歳の上昇であり、特に女性の上昇程度が大きく、男性との差が3.2歳から1.5歳へ縮小する傾向にあります（厚生労働省「令和3（2021）年人口動態統計月報年計（概数）の概況」）。女性の場合、25〜29歳の未婚率は、30.6％（1985年）から62.4％（2020年）へと推移し、この間、2倍以上上昇しており、30〜34歳女性の未婚率では、10.4％（1985年）から35.2％（2020年）へと推移し、この間、3倍以上上昇しています（総務省「国勢調査」各年）。

　初婚年齢の上昇は初産年齢の上昇につながります。第1子出生時の母の平均年齢は、26.7歳（1985年）から30.7歳（2020年）に上昇しており、それだけ、その後の出生児数が制約されることになります（厚生労働省「人口動態統計」各年）。

　初婚年齢の上昇につながる要因の1つとしては、女性の就業が進んできたことがあげられます。雇用者（勤め人）全体に占める女性比率は、35.9％（1985年）から45.5％（2021年）へと上昇し続けています（厚生労働省雇用環境・均等局『令和3（2021）年版 働く女性の実情』）。女性の**労働力率**でみた場合（女性の

年齢別にみて、仕事に就いている人とその意思をもって就職活動している人の合計が人口に占める割合）、20～24歳では、66.2％（1975年）→ 76.0％（2021年）へと、この50年近くで10ポイント程度上昇していますが、25～29歳では、42.6％（1975年）から86.9％（2021年）へと、同期間で40ポイント以上上昇しています。30～34歳でも、43.9％（1975年）から79.4％（2021年）へと、同期間で35ポイント以上上昇しています。とりわけ20代後半の上昇が著しく、2002年以降、20代前半と逆転しています（前掲『働く女性の実情』各年版）。

縦軸に労働力率をとり、横軸に年齢をとってグラフを描いた場合、日本の女性の労働力率は、伝統的には、**M字型カーブ**を描き、学生時代を経て就職後、20代後半で最初のピークを迎え、結婚・出産・育児期間を通じて下降し、30代後半にボトムに達した後、子育てが一段落する40代後半の2度目のピークに向けて再就職などが進み、その後、最終的なリタイアに向けて労働市場から次第に撤退していくという傾向がみられてきました。しかし、上述のように、とくに20代後半、30代前半の就労意欲が年々高まっているうえ、30代後半のボトム水準も2004年以降、上昇し続けており、M字型カーブが、それだけ下降斜面と谷が押し上げられる形で変形し、富士山型に近づきつつあります。

女性の労働意欲が高まる一方で、仕事と育児の両立が容易でない場合、両者はトレード・オフ（両立困難）の関係になり、女性の高学歴化や社会参画の進展に伴う**機会費用**の高まりとともに、結婚・育児を先に延ばして仕事を選択するという行動がみられます。未婚女性の労働力率（2021年）は、25～29歳92.6％、30～34歳90.6％と高水準にありますが、同年の有配偶女性の労働力率は、25～29歳76.6％、30～34歳71.5％となっています。年々、未婚と有配偶の労働力率格差は縮小してきてはいるものの、なお20ポイント弱の差がみられます（前掲『令和3（2021）年版 働く女性の実情』）。このことは、結婚に伴い自発的に離職している場合もあるにせよ、仕事と育児の両立が容易ではない実態を映し出すものといえます。

出生動向基本調査によれば、1987年調査では夫婦の平均理想子ども数2.67に対して平均予定子ども数は2.23（差は0.44）、1997年調査では理想子ども数2.53に対して予定子ども数2.16（差は0.37）、2010年調査では理想2.42に対して予定2.07（差は0.35）、2021年調査では理想2.25に対して予定2.01（差は0.24）

となっています（国立社会保障・人口問題研究所「第16回出生動向基本調査結果の概要」）。理想と現実のギャップは縮小しているものの、とくに理想子ども数が低減してきている結果ともいえます。理想出生児数と予定出生児数に差があるのは、理想に比べて現実の予定数を抑制していることの現れです。理想の子ども数をもたない理由としては、2021年調査の場合、多い順に、「子育てや教育にお金がかかりすぎるから」（52.6％）、「高年齢で生むのはいやだから」（43.7％）、「欲しいけれどもできないから」（25.5％）、「これ以上、育児の心理的、肉体的負担に耐えられないから」（22.9％）、「健康上の理由から」（18.0％）、「自分の仕事に差し支えるから」（14.9％）等となっています（前掲「第16回出生動向基本調査結果の概要」）。年齢や個人的理由で出産が難しい事情を別にすれば、子育ての経済的、心理的、肉体的負担や仕事との両立の難しさが、理想の出産を抑制する要因になっていることがうかがえます。

　社会的厚生を高めるためには、個々人の価値判断に対して中立的な政策を維持しなければなりませんが、理想とする出生児数を現実には制限せざるを得ない社会環境があるとすれば、個々人の価値判断をゆがめる意味で非中立的な効果をもたらしていることになります。したがって、少子化に対する政策介入の余地は、理想とする子どもの数が低減してきている事情や、理想とする子どもの数を実現可能なものにする条件づくりにあると言えます。

2　保育所制度をめぐる行財政と課題

　保育所制度は、1947年の児童福祉法の制定によって制度化されました。そのような初期の頃は、まだ保育所の数が少なく、需要も少なかったです。しかし、1950年代後半からの高度経済成長期を経て、産業構造の中軸が第二次産業へ移行し、さらに1970年代の低成長時代を経て、第三次産業へ移行するとともに、農山漁村から都市への人口移動も進むなかで、女性の工場や会社への勤務が増えると、保育所の量的需要が拡大していきました。

　しかし、1989年の1.57ショックを経て、1990年代に入り、少子化が社会問題視され、子育ての家庭責任から社会化へと政策認識が転換し、具体策も打ち出されていくなかで、ニーズに応えられる保育所の必要性が説かれるようにな

りました。そのようななかで、保育所の単なる量的拡大だけでなく、機能的拡充の方に政策的力点が移っていきました。

1997年には、50年ぶりに**児童福祉法**の大幅改正が行われ、保育所の選択利用ということが制度化されました。保育所入所の決定権限が行政にあることを意味する「**措置**」という表現が削除され、保護者の申請を前提として、市町村が保育に欠ける児童に対して「保育しなければならない」という表現に改められました。同時に、保護者の選択に資するため、保育所に関する情報提供が市町村に義務づけられました。ただし、保護者の選択環境を整えつつも、保護者と保育所の直接的な契約を一般的に認めたものではなく、**保育実施責任**（入所決定権限）が市町村にあることには変わりありません。

公的に認可される保育所の運営主体は、従来、市町村や社会福祉法人などの公益性の強い団体に限定されてきましたが、元々、供給主体を特に制限しない**第二種社会福祉事業**でもあったことから、2000年から民間企業の参入が認められました。認可された場合、建設費のうち、国50％、都道府県25％、設置者25％の負担割合で、市町村が設置主体である場合（公立）を除き、4分の3が公費負担され、運営費（国が定める保育単価×児童数）については、保育料（保護者の所得に応じた応能負担）を除く給付費に関して、国50％、都道府県25％、市町村25％の負担割合で、基本的に公費負担が行われる仕組み（ただし、建設費の実勢価額が負担基準額よりも高い場合や、運営費に関し、基準以上の職員配置が必要な場合、設置・運営主体の**超過負担**が発生する）になっていました。

しかし、2004年度から公立保育所の運営費に関しては、**一般財源化**（国・都道府県の負担金の廃止）されたことに伴い、市町村が自主財源で運営費負担を行うことを基本とし、それでも不足する場合には、国からの地方交付税交付金によって補填される仕組みに変わりました。また、2005年度から、建設費に関する定率国庫負担金も定額補助金化（ハード交付金）され（定率時より減額）、都道府県の負担義務も廃止されました。

保育料の徴収基準に関しては、国の徴収基準としては、現在のところ、所得（前年分の所得税納税額）に応じた8階層区分を基本にしています。しかし、実際の徴収は、市町村の徴収基準に基づき、国基準とは別に、階層区分を増やす

ことによって軽減措置を行っている自治体が多く、その場合の軽減分は市町村の超過負担となります。

保育所の認可要件としては、2011年4月に成立した児童福祉法改正により、児童福祉施設の最低基準は地方条例化され、「児童福祉施設の設備及び運営に関する基準」（省令）をふまえて都道府県などが条例で設備・運営基準を定めます。国が定める基準のうち、人員配置基準、居室面積基準（一部の指定地域を除く）、人権に直結する運営基準は「従うべき基準」とされ、それ以外は「参酌すべき基準」とされました。人員配置の基準は、児童：保育士が、乳児（0歳児）の場合は3：1、1〜2歳児の場合は6：1、3歳児の場合は20：1、4〜5歳児の場合は30：1という低い**職員配置基準**が50年以上の間、変更されていません（独自に補充する場合、民間では法人の、公立では市町村の超過負担となります）。

今日の少子化状況の下で、保育士不足や、定員割れに伴う保育所の経営不安・統廃合不安が社会問題化していますが、国の職員配基準置の改善によって、子ども一人ひとりの成長・発達とじっくり向き合えるゆとりのある保育環境を形成していくことが、保育所の経営不安や保育士一人ひとりの負担を軽減し、保育士不足を解消していくことにもなります。同時に、2022年からのケア労働者の**処遇改善交付金**施策（1人当たり月9000円程度の賃金改善）によっても、一般産業労働者と比べて月8〜9万円も低い保育士の賃金水準を改善するには程遠い状況をふまえ、家庭労働の延長のように捉えられ、その専門性が正当に評価されない低い賃金水準に留まっているケア労働者の社会的評価を抜本的に改善することが求められます。

入所要件は「保育に欠ける」ことですが、保護者が昼間の労働、妊娠・出産、傷病・障害、介護、災害復旧などのため、保育ができない状態にあるという国の基準（児童福祉法施行令）に従い、市町村が条例で「保育に欠ける」事由を定めます（後述の**子ども・子育て支援新制度**においては、「保育の必要性」の事由として、保護者の昼間労働以外の就労、求職活動、就学のほか、虐待やDVのおそれがあること等が追加されています）。さらに、親の就労の必要性という側面だけではなく、専業主婦家庭も含めて、子ども自身の集団の中での**発達保障**の必要性という本質的な観点に立った入所要件の明示的な見直しが求めら

れます。

　社会保障・税一体改革関連法（2012年8月成立）の一部として、「**子ども・子育て支援法**」等の関連3法が成立し、それに基づく子ども・子育て支援新制度が消費税の増税に合わせて2015年度から施行されました。

　新制度の給付体系は、大別すると、「子ども・子育て支援給付」と「地域子ども・子育て支援事業」から構成されますが、介護保険制度の「介護給付・予防給付」と「地域支援事業」、障害者自立支援法（2013年度から障害者総合支援法に改正・施行）制度の「自立支援給付」と「地域生活支援事業」と同様の二本立て構造であり、各「給付」は認定制度を前提とし、行政実施責任から直接契約制への転換を進め、各「支援事業」の実施主体は市町村であるという点でも共通した構造をもちます。

　「子ども・子育て支援給付」は、国にとっては義務的経費である国庫負担金の対象ですが、認定制度（「**教育・保育給付認定**」）を前提とし、行政責任から直接契約制への転換を図る方向が強められます。「教育・保育給付認定」は、満3歳以上の保育を必要としない小学校就学前の子ども（1号認定）、満3歳以上の保育を必要とする小学校就学前の子ども（2号認定）、満3歳未満の保育を必要とする子ども（3号認定）に区別されます。さらに、2号・3号認定については、その保育の必要量について、短時間（1日8時間まで）か標準時間（1日11時間まで）かによって認定が区別されます（1号認定は教育標準時間として4時間程度の利用）。要するに、保育の必要性と必要度（量）の認定を受けることがサービス利用の要件となります。

　「子ども・子育て支援給付」は、さらに、①「**施設型給付**」と②「**地域型保育給付**」の現物給付から成り立ち、施設型給付は、「特定教育・保育施設」である認定こども園、幼稚園、保育所を通じた共通の給付となります。地域型保育給付は、「特定地域型保育事業者」による利用定員20名未満を中心とする小規模保育（児童6人以上19人以下）、家庭的保育（児童5人以下）、事業所内保育、居宅訪問型保育に関する給付です。

　「子ども・子育て支援給付」の財源は、「施設型給付」の場合、民間施設においては、国が給付費の50％（国庫負担金）、都道府県が25％（都道府県負担金）、市町村が25％（政令指定都市・中核市は国50％、市50％）、公立施設に

おいては市町村が 100 ％支弁します。

　「地域子ども・子育て支援事業」は、国にとっては裁量的経費である国庫補助金の対象です。この事業は、①「利用者支援事業」（教育・保育施設や地域の子育て支援事業等の情報提供および必要に応じ相談・助言、連絡調整）、②「地域子育て支援拠点事業」（乳幼児・保護者の交流場所の設置、子育て相談・情報提供・助言等）、③「妊婦健康診査」（健康状態の把握、検査計測、保健指導等）、④「乳児家庭全戸訪問事業」（生後 4 か月までの乳児のいる全家庭を訪問し、子育て支援に関する情報提供や養育環境等の把握を行う）など、13 事業から構成されます。

　「地域子ども・子育て支援事業」の財源は、国と都道府県は市町村に対して予算の範囲内で交付金を交付することができる包括補助金（国庫補助金、都道府県補助金）になっていますが、原則として事業費用は国と都道府県と市町村が 3 分の 1 ずつ分担します。

　なお、2022 年 6 月に「子ども家庭庁設置法」および「こども基本法」が成立し、2023 年 4 月から施行されることになりました。しかし、「子ども家庭庁設置法」については、国の子ども政策をチェックする第三者機能（子どもコミッショナー）が欠落させられ、厚生労働省に代わって、内閣府の外局に位置づけられる子ども家庭庁が保育所行政を管轄することによって、規制緩和や施設の統廃合等が推進される懸念があり、子ども関連予算の財源も曖昧であることも問題視されています。

　同時に成立した「こども基本法」も、「子どもの養育は家庭が基本」とされ、子どもの権利主体としての明示的位置づけや子どもの権利条約のモニタリング機能はなく、権利保障に対する国の責任や財政責任は曖昧になっている反面、デジタル化により、子どもに関する個人情報の企業による利活用（子どものデータ連携の推進規定）が懸念されます。

3　子どもの主体性を尊重した地域づくり事例
──愛媛県宇和島市三間地区

　愛媛県三間町は、南予地方にあった町ですが、2005 年に宇和島市、三間町、

写真 7-1　地域交流拠点「もみの木」（2019 年 11 月 26 日、筆者撮影）

吉田町、津島町の 1 市 3 町の合併で宇和島市となり、自治体としては消滅しました。現在は、宇和島市吉田町、西予市宇和町、西予市野村町などに囲まれ隣接する地区です。

　そこで地域づくりや地域福祉活動を進めている「もみの木運営協議会」（地区社協、民生委員、放課後子ども教室や幼稚園の関係者、女性中心の健康づくり活動団体「フラワーネットコスモス」等から構成）の皆様からお話を聞かせていただいたところ（視察訪問日 2019 年 11 月 26 日）、地域づくりとは人がつながり続けること、とのことでした。この地区は、2018 年夏の西日本豪雨水害に直面した時にも、他の地区（隣の吉田地区）のことを気遣い、自分たちで協力し合いました。

　水害に直面した際、地区**社会福祉協議会**（社協）の集まりにおいて、自分の所よりも、もっとたいへんな地区があるので、行政（宇和島市）や社協（宇和島市社協）には、そちらを優先してもらい、自分たちでがんばろうという話になったそうです。「なぜ、自分らがそこまで？」という意見もありましたが、「そんなことを言っている場合ではない、隣の地区の方が緊急性が高いのだから」と説得するなど、住民たちで話し合い、自分たちは後回しにしてもらうことにした、とのことです。

　まとまった物資は行政に届け、三間町では、3 名分の物資を 8 名で分け合いました。水害時には、水が出なくなりましたが、給水を受け取りに来ることが

できない高齢者には民生委員が持っていきました。ポリタンクもない状況で、各自ができることを協力し合いました。

　1か月間断水が続き、支援物資はさまざまな所（三間地区社協、診療所、NPOなどの団体や個人有志）から得ながらも、その後1か月間、住民が自分たちで協力し合いました。放課後子ども教室が開けなくなる可能性があり、水害2日後に、「なんとかならないか」と相談を受けた協議会側は、この**地域共生拠点**「もみの木」であれば、道も遮断されていましたが、なんとか水は確保できるので、「なんとかします」と二つ返事しました。吉田町から避難してきた子どももいますが、結局、教室は1日も休まず開くことができました。子ども家庭には水もない家庭もあったので、普段の1.5倍、40人以上の子どもが集まってきました。

　しかし、その結果、子どもが地域住民との接点をもつようになりました。水害後の平日も週1日、夏休みもここを利用するようになりました。子どもにもできることがあり、高齢者の荷物を運んであげたり、水運びや草引きを担ったり、高齢者との交流をもったり、その交流の企画運営に関わったり、受け身の存在から地域に発信する主体へ変わっていきました。協議会側からみて、子どもも住民の一員として地域課題に向き合っているとのことです。そこには、高齢世代から受けた大切な心の贈り物に子どもが報いようとする「世代間の**互酬性**」（R. パットナム，1993，2000）が見られ、それが地域の持続可能性を拓いているといえます。

　水害の前年の12月にもみの木のイルミネーションをおこなった際、この地域交流拠点「もみの木」で放課後子ども教室が開けないかと地区社協会長は考えていたそうです。60歳以上の女性中心にウオーキングなどに取り組んでいる「フラワーネットコスモス」も、何かここでできることはないかと考え、子どもと一緒にトイレのスイッチを設置したりしながら、他に手伝えることを思案していた矢先に、水害が起こりました。「フラワーネット」は、子ども食堂の主力でもありました。したがって、皆が子どもを喜んで受け入れようとし、嫌だという人はいませんでした。子どもを引き受ける際に、エアコンが設置されていないことへの心配はありました。タンク（支援物資）が備え付けられたので、高齢者が真水に換える作業をおこないました。

「もみの木」は、生活支援体制整備事業が 2015 年度から始まったことを契機として、地域共生拠点がほしいという声が出始め、2017 年に幼稚園跡に設置されました。地区社協が「もみの木」の運営の担い手となり、支えあう仕組みができていたので、助け合う地域づくりをめざし、子どもから高齢者までここに集まり、利用してもらいたい、必要だと思ってもらいたいという拠点にしたかった、とのことです。

　一般介護予防事業にも取り組まれ、介護保険の認定制度上、非該当から要支援 1・2 の人までを対象に、90 分のプログラムを実施し、行き先を増やすことなどにも配慮することにより、認定率が下がっています。園庭にもみの木があるので、この名称になったそうです。2018 年度の利用者は、把握分だけで 5828 名となっています。子ども食堂を地域食堂にして開いた「もみの木食堂」には、家族連れで参加する人もいます。

　三間地区社協の強みは、資金面では、補助金活用以外に、寄附金も重要な財源となっていることです。寄附金は、2018 年度 120 万円ですが、冠婚葬祭などの個人的な支出を止めて、地区社協に寄付する呼びかけがおこなわれました。そこには、自分たちもいずれは支援を受ける立場になる、という想いがあるとのことです。

　資金面だけではなく、地域のためになる活動をしなければ、という住民の想いは強く、1 つの集まりへの出席率は 100 ％近いです。三間は小さい集落であり、団結力があるそうです。「この人にやってもらいたい」という人ばかりで、バトンタッチすることが課題となっているそうです。自分の子どもがお世話になった恩返しのつもりで、ここで仕事を始めた職員もいます。三間地区は、移住用住居（公有地の分譲で安く買える）が整備されたこともあり、移住者も増えています。昔は、「よそ者」という意識もありましたが、今はなくなっているそうです。

　街中やお寺の中でも、高齢者、障害者、児童の線は引かれず、そのような「ごちゃまぜ」の拠点が「もみの木」になっています。「こんなことしたい」というつぶやきが、すぐに実現していきます。たとえば、発達障害の子が通うようになってからは、大学教員を講師に呼んで、みんなで発達障害について勉強し、対話しながら課題を出し合い、解決を図っています。

水害を乗り越えた力をバネにしながら、困り事に対応する地域力が育まれてきています。例えば、犬の放し飼いをしていた人が入院した後、地域住民が協力して犬小屋を作り、飼い始め、譲渡するところまで協力しました。あるいは、ひきこもり、依存症、認知症、精神障害のある人たちのニーズが埋もれていましたが、その家族を丸ごと見守っています。そのことを誰も嫌がらないそうです。

　以上のように、三間地区は、豪雨水害という逆境に直面しながらも、最も不利な状況にある他の地域・住民の方を優先させて、自分たちで住民主体の支えあいを進めるとともに、地域内共生拠点を生かしつつ、子どもから高齢者、障害者それぞれのニーズに合わせた支援活動に精力的に取り組んできた結果、様々な地域生活課題に対応する住民力を培う一方、子どもの側からも主体的な変化が生まれるようになっています。

●演習問題
①少子化の原因と対策について、話し合ってみましょう。
②保育所制度の果たす役割と課題について、調べてみましょう。
③自分の住む地域の地域共生拠点について、見学に行き、活動内容を尋ねてみましょう。

●参考文献

柏木惠子（2001）『子どもという価値——少子化時代の女性の心理』中央公論新社。

中山徹・杉山隆一ほか編著（2013）『直前対策！ 子ども・子育て支援新制度［PART2］——本格実施までに、何をすべきか、考えるべきか』自治体研究社。

大宮勇雄（2006）『保育の質を高める——21世紀の保育観・保育条件・専門性』ひとなる書房。

Putnam, R. D.（1993）*Making Democracy Work: Civic Traditions in Modern Italy*, Princeton, N. J.: Princeton University Press. 河田潤一訳（2001）『哲学する民主主義——伝統と改革の市民的構造』NTT出版。

Putnam, R. D.（2000）*Bowling Alone: the Collapse and Revival of American Community*, New York: Simon & Schuster. 柴内康文訳（2006）『孤独なボウリング——米国コミュニティの崩壊と再生』柏書房。

田中きよむ（2021）『少子・高齢社会の社会保障・地域福祉論』中央法規出版

田中きよむ 編著、玉里恵美子・霜田博史・山村靖彦・水谷利亮著（2018）『小さな拠

点を軸とする共生型地域づくり――地方消滅論を超えて』晃洋書房。

山崎史郎（2017）『人口減少と社会保障――孤立と縮小を乗り越える』中央公論新社。

（田中きよむ）

第 **8** 章

高齢者の生活支援

キーワード
高齢化、年金保険制度、マクロ経済スライド方式、後期高齢者医療制度、国民健康保険制度、介護保険制度、介護人材不足、負担貧困

1 高齢化の社会状況と対応の基本的視点

　人口の**高齢化**と少子化は、いわばメダルの表と裏のような関係にあり、平均寿命の伸長に伴って高齢者人口が増加するのと並行して、年少人口が減少するという反比例の関係のもとで、人口の高齢化が進みます。逆にいえば、高齢者人口が増加しても、それと同程度に年少人口が増加するならば、人口に占める高齢者人口の比重は高まらず、高齢化は進みません。高齢者人口の増加と年少人口の減少の同時進行が、人口の高齢化を促進します。

　高齢化の一側面である高齢者人口の増加の要因として、平均寿命の伸長があげられます。戦後60年間で、男女とも平均寿命は大きく伸長しており（女性：1947年53.96歳から2021年87.57歳へ、男性：1947年50.06歳から2021年81.47歳へ）、女性は世界1位、男性は世界3位に位置しています。とりわけ、女性の平均寿命の伸長が著しく、男性との格差も、1947年の3.90歳から2021年の6.10歳に拡大しています（厚生労働省「令和3（2021）年簡易生命表」）。

　平均寿命の伸長が高齢者人口の増大をもたらし、それに年少人口の減少が伴う場合、全人口に占める65歳以上人口の割合である高齢化率が高まります。平

均寿命の伸長に伴って、65歳以上を高齢者とする捉え方の見直しを求める気運が生まれつつあり、70歳や75歳で区切る方がよいとする世論や学会の提言（日本老年学会・日本老年医学会）がみられる一方、「人生100年時代」や「エイジレス社会」という表現もされるようになっていますが、現在のところ公式の統計上は65歳で区切られています。国連の定義上は、欧米先進諸国の状況をふまえ、高齢化率が7％台に達した社会は「高齢化社会（aging society）」、14％台に達した社会は「高齢社会（aged society）」、21％を超えた社会は「超高齢社会（ultra-aged society）」と表現されます。

日本は、1970年に7％台、1994年に14％台に達した後も、高齢化率が上昇し続けており、2007年に21％台に到達した後、2021年段階で28.9％となっています（『令和4 [2022] 年版高齢社会白書』）。さらに、2036年には33.3％、2065年には38.4％に上昇すると推計されています（国立社会保障・人口問題研究所「日本の将来推計人口（平成29 [2017] 年推計）」による出生中位推計）。

都道府県別では、2020年段階で、秋田県（37.5％）、高知県（35.5％）、山口県（34.6％）の順に高齢化率が高い県となっており、30道県で高齢化率30％以上という状況にあります。そのような県では、さらに市町村別にみると、高齢化が一層進展している地域が浮かび上がります。例えば高知県では、2021年1月現在で、34市町村のうち、50％台4自治体、40％台19治体、30％台10自治体、20％台1自治体となっており、最も高齢化率が低い自治体である高知市（29.9％）でも、全国平均より高い水準にあります（高知県総務部統計分析課「令和3（2021）年度版 県勢の主要指標」）。一方、長寿県であっても、逆に高齢化率は低い方に位置する典型的な県として沖縄県があげられます。100歳以上人口比率および女性の平均寿命は長年、全国トップレベルにありながら、合計特殊出生率が相対的に高いため（2020年段階で1.83であり全国1位）、高齢化率はむしろ低いです（2020年段階で22.6％であり全国47位）。このことは、前述のように、寿命が伸長しても、少子化がそれほど進まなければ人口の高齢化が鈍化することを意味しています。

高齢者人口の増加に伴って、要介護高齢者人口も増加します。65歳以上人口に相当する介護保険第1号被保険者数は、2242万2135人（2000年度）から3554万7629人（2019）年度へと1.59倍増加しているのに対し、同時期で、第

1号被保険者の要介護（支援）認定者数は、247万982人（認定率11.0％）から655万8324人（認定率18.4％）へと2.65倍増加しており、要介護（支援）高齢者の増加ペースが高齢者の増加ペースより相当凍いことがうかがえます（厚生労働省「介護保険事業状況報告（年報）」各年度）。

　以上のような状況は、社会的な介護支援を必然化することになりますが、介護システムだけではなく、高齢化の進展に伴って、年金や医療システムも、必要なニーズを満たす公的責任に基づく公共性が問われるとともに、高齢世代と現役世代との公平性（世代間公平性）や持続可能性が問われることになります。

2　年金保険制度をめぐる行財政と課題

　今日、**年金保険制度**に対する国民の関心が高まっています。それは、不安や不満を含め、とくに老後の生活に対する強い関心の現れといえるでしょうが、平均寿命の伸長とともに、多くの人にとって老後の生活が大きな比重を占めるようになり、高齢化に伴って、その財政規模が経済に与える影響が大きくなっていることも背景にあると考えられます。

　金融広報中央委員会「家計の金融行動に関する世論調査」（2021年）によれば（世帯主が20歳以上の2人以上世帯調査）、老後の生活について「心配である」と回答している世帯は77.0％（「非常に心配である」41.8％と「多少心配である」35.2％の計）に上り、同世帯の「老後の生活を心配する理由」としては、「十分な金融資産がないから」が66.7％と最も多く挙げられ、「年金や保険が十分でないから」が54.8％と続いています。

　一方、年金の財政規模や国民の負担の程度を表現する場合、国民所得を基準にして説明することができます。付加価値（賃金と利潤）の総和を国民所得といいますが、国民所得に対する税金＋社会保険料の割合を国民負担率といいます。これは、2020年度実績で47.9％ですが、一方、社会保障給付費が国民所得に占める割合は、同年度で35.2％となっています（『図説　日本の財政　令和4[2022]年度版』、国立社会保障・人口問題研究所「令和2（2020）年度　社会保障費用統計」）。すなわち、国民所得の5割程度が社会保険料や税金という形で徴収され、そのうちの7割程度が社会保障給付費に使われている現状にあります。

社会保障給付費の実額は、2020年度で132.2兆円（1人当たり104万8200円）であり、その内訳は、年金保険給付費42.1％、医療保険給付費32.3％、「福祉その他」給付費25.6％（そのうち介護保険給付費が社会保障給付費全体の8.6％を占める）となっています（前掲「社会保障費用統計」）。

　老齢基礎年金の場合は、加入（納付）期間に比例して給付水準が決まりますが、加入可能期間（20〜59歳の40年間）すべてに加入（納付）した場合の満額年金は、2022年度で月6万4816円となっています。しかし、2020年度で比較すると、満額年金月額6万5141円に対して、同年度の全国平均受給月額は5万6358円であり、住民の保険料負担能力が相対的に低い高知県の場合、5万5038円（全国44位）となっています（厚生労働省年金局「令和2（2020）年度 厚生年金保険・国民年金事業の概況」）。比較のうえで、高知市（2級地-1）における65〜69歳独居世帯の生活保護（生活扶助のみ、冬季加算を除く）を算出すると、月7万730円（2020年度）であり、満額でも憲法が保障する最低限度の生活水準に到達せず、平均受給額と比較すれば、さらに乖離します。基礎年金の給付財源は、第1号被保険者（自営業・農業者や20歳以上の学生）および第2号被保険者（サラリーマンや公務員の被雇用者）の保険料50％＋公費（消費税）50％で賄われています。

　老齢厚生年金は、年金の報酬比例部分といわれるものであり、現役時代の給与水準に年金の給付水準が比例します。モデル年金（夫が平均的収入で40年間就業し、妻がその期間すべて第3号被保険者である世帯）の場合、2022年度において月21万9593円（夫婦2人分の老齢基礎年金月額12万9632円＋夫の報酬比例部分8万9961円）となっています。なお、2020年度でみると、モデル年金月額は15万5583円（単身）ですが、平均受給月額（公務員等を除く、基礎年金を含む）は14万6145円であり（単身）、高知県の平均受給月額は12万7009円（単身）となっており（前掲「令和2（2020）年度 厚生年金保険・国民年金事業の概況」）、雇用所得が相対的に低い地域ほど格差が広がります。また、アンケート調査による2人以上世帯の老後の最低予想生活費は月29万円であり（金融広報中央委員会「家計の金融行動に関する世論調査（2人以上世帯調査）」2020年）、生活実態・実感とは乖離がみられます。なお、厚生年金の給付財源は、基本的に、第2号被保険者保険料で賄われています。

少子化は負担人口の縮小を意味し、高齢化は受給人口の増大を意味します。その両者の比率を表現したものが「**年金扶養比率**」（被保険者数／受給権者数）ですが、基礎年金の場合、4.00（1996年度）→ 3.05（2003年度）→ 1.93（2017年度）という状況にあり、厚生年金の場合、4.01（1998年度）→ 3.00（2003年度）→ 2.32（2017年度）という状況にあり、両年金ともに、2前後の状況にあることがうかがえます（厚生労働省年金局「公的年金各制度の年金扶養比率の推移」）。世代間再分配という側面でみれば、現役4人で高齢者1人を支えていた時代から2人で1人を支える時代に移行しつつあることを意味し、現役世代の負担はそれだけ大きくなります。しかし、現役世代に負担が集中することは、他方で世代間の公平性の問題を発生させることになります。そこで、主な制度改革は、負担者側の保険料の引上げから固定化への転換、受給者側の支給繰り延べや給付抑制に焦点が当てられてきました。

　2004年度改革においては、「保険料固定方式」の導入（2017年度以降、18.3％に固定）に加えて、「**マクロ経済スライド方式**」の導入（2018年度変更）により給付抑制が図られることになりました。これは、少子高齢化の影響分を差し引いて物価・賃金スライドさせるものであり、「公的年金被保険者総数の減少率（少子化要因）＋平均的な年金受給期間の伸び率（高齢化要因）」を勘案した一定率をスライド調整率としたうえで、新規受給者に対しては、賃金再評価の際に、賃金（可処分所得）伸び率からスライド調整率を差し引き、既裁定者に対しては、物価上昇率からスライド調整率を差し引いて改定するものです。ただし、それは、①物価・賃金上昇率＞スライド調整率の場合であり、②物価・賃金上昇率＜スライド調整率の場合は改定率0％で据え置き（その超過分は次年度以降の①の場合に持ち越す）、③物価・賃金が下落した場合は、その下落率に合わせたマイナス改定を実施してスライド調整率は用いない、というルールになっています。

　2019（令和2）年の財政検証結果においては（厚生労働省「国民年金及び厚生年金に係る財政の現況及び見通し―令和元（2019）年財政検証結果―」）、経済成長や雇用が進む場合（Ⅰ）でも、給付抑制は27年間続き、所得代替率は61.7％（2019年度）から51.9％（2046年度）へ低下するだけでなく、2115年度以降に積立金枯渇の可能性も出てきます。経済成長率△0.5％の場合（Ⅵ）では、所

得代替率は 2043 年度には 50.0 ％（国の政策目標水準）となり、2052 年度には国民年金積立金がなくなり完全賦課方式に移行して所得代替率は 38〜36 ％になります。逆に、現在の給付水準を維持するためには、成長率が横ばいの場合、現在（2019 年度）20 歳の人は 68 歳 9 か月まで働いて保険料を納める必要があります。少子高齢化でも給付が自動調整されるマクロ経済スライドにおいては、経済成長が進まなければ所得代替率が 50 ％を割っていくので、50 ％を維持するためには、スライド停止や保険料率引上げ、増税等が必要になります。

　年金の公共性を考えた場合、年金の最低保障部分を確定し、国民全体に基礎年金を普遍的に保障することが必要になります（年金水準の十分性を保障する公共責任）。強制加入でありながら、支払えない、という人が多くなっており、国民年金の納付率は 7 割強へと近年漸増傾向を示してきましたが（現年度納付率は 2021 年度 73.9 ％）、滞納率が 3 割程度みられます（厚生労働省年金局「国民年金の加入・保険料納付状況」）。強制加入にもかかわらず、免除を除いた滞納率が 3 割程度もあり、年金の空洞化現象が続いており、老後等の最低生活保障機能が果たせなくなっています。

③　医療保険制度をめぐる行財政と課題

　医療保険は、職域によって制度が区別されます。民間企業労働者が加入する医療保険には、組合管掌健康保険（組合健保）と全国健康保険協会管掌健康保険（協会けんぽ）があります。組合健保は、従業員規模で見た大企業等（700人以上）に従事する労働者が加入する保険です。協会けんぽは、健康保険組合を結成しない事業所を対象とし、組合管掌健康保険の場合よりも従業員規模が小さい事業所の従業員が中心に加入する保険です。公務員および私立学校教職員が加入する医療保険は共済制度であり、共済組合および日本私立学校振興・共済事業団が保険者となります。船員が加入する船員保険の保険者は、全国健康保険協会（船員保険部）となります。これらの被雇用者が加入する保険を一括して、被用者保険と呼びます。

　被用者保険に対して、地域で働く人や退職した人らが加入する保険が国民健康保険（国保）および**後期高齢者医療制度**であり、そのような性格から地域保

険と呼ぶこともあります。被用者保険被保険者とその扶養家族および生活保護世帯を除くすべての住民が強制加入となり、自営業・農業者や退職者などが加入し、保険者は市町村が担ってきました。しかし、2018年4月から、国民健康保険の都道府県単位化が図られ、保険者は市町村と都道府県が共同で担うことになりました。さらに、75歳以上になれば、国保から脱退し、後期高齢者医療制度に加入する義務があります。75歳以上の人に対しては、老人保健法に基づく老人保健制度が適用されていましたが、2006年の健康保険法等の改正により、「高齢者の医療の確保に関する法律」に基づく後期高齢者医療制度が2008年度から施行されています（65歳以上75歳未満で一定の障害があると認定を受けた人は任意加入）。各都道府県単位で全市町村により構成される後期高齢者医療広域連合が保険者となります。

　保険給付費の負担割合は、職域に関係なく、未就学児童は2割負担、小学生以上70歳未満は3割負担、70歳以上は1～3割負担に統一され、医療費に対する負担・給付比率は3種類に区別されることになりました。なお、70代前半の一般所得者の1割負担から2割負担への引き上げは、2014年度に行われましたが（現役並み所得者は3割負担）、さらに、75歳以上の一般所得者の1割負担の2割負担への引き上げが、2017～19年度の財務省による医療保険制度改革案などで示されてきましたが、2022年10月より、一定以上の所得者（単身世帯で年収200万円以上、夫婦などの複数世帯で320万円以上）の2割負担への引上げが実施されました（単身世帯で年収383万円以上、夫婦などの複数世帯で520万円以上の一般所得世帯は3割負担）。しかし、とくに低所得者の負担割合を2倍化することは、受診抑制による重篤化をもたらすことが懸念されます。

　医療費抑制政策において、とくに政策的焦点を当てられてきたのが、高齢者医療費です。2020年の年齢階級別に見た国民医療費は、75歳以上で16兆7784億円であり、国民医療費に占める割合は39.0％となっています（厚生労働省「令和2（2020）年度 国民医療費の概況」）。

　後期高齢者医療制度は、75歳以上になると、それまでの医療保険から脱退して加入し直します。年齢によって区別され、独立した形で、都道府県単位で財政運営を行う新しい種類の保険であり、各保険に加入したまま適用される以前の老人保健制度とは異なり、都道府県単位で保険者意識と財政責任をもたせる

政策意図がうかがえます。都道府県ごとにすべての市町村が加入する「後期高齢者医療広域連合」が保険者となり、保険料賦課（決定）、財政運営を行い、市町村が保険料を徴収します。

　給付の財源構成は、本人保険料約10％、75歳未満からの「支援金」約40％、公費50％（国：都道府県：市町村＝4：1：1）となります。

　なお、75歳以上の保険料分担比率は2年ごとに見直されます。その際、75歳未満の若年人口の減少率の2分の1が加算されることになっており、少子高齢化の進行を後期高齢者の保険料負担増で賄う仕組みになっています。例えば、75歳未満の若年人口が2年間で1％減少したとすれば、次期の後期高齢者の保険料負担比率は、＋0.5％（1％×1／2）となります。

　実際の後期高齢者の保険料負担比率は、2008～09年度の10％から、その2年間の後期高齢者医療制度広域連合の剰余金全額の充当と都道府県に設置されている財政安定化基金の取り崩しにより上昇幅が抑えられ、2010～11年度は10.26％となり（13.8％になる予定であったが抑えられた）、2012～13年度は10.51％、2014～15年度10.73％、2016～17年度10.99％、2018～19年度11.18％、2020～21年度11.41％、2022～23年度11.72％となっており、被保険者1人当たり平均保険料月額は、5283円（2008～09年度）から6472円（2022～23年度）へ増加しています。

　毎年、全国に20万人程度の滞納者がいるなかで、滞納被保険者数は、2021年19万4929人、短期被保険者証交付者数は、同年2万558人であり（厚生労働省「令和2（2020）年度後期高齢者医療制度（後期高齢者医療広域連合）の財政状況について」）、2万人程度の後期高齢者が短期被保険者証に切り替えられていますが、被保険者1人当たりの年間平均所得（基礎控除後の所得）は2018年度71.4万円という状況であり（同平成30年度版）、今後も高齢化が進むなかで保険料の負担率・額が上がり続けるとすれば、それに耐え難い後期高齢者が今後も生まれ続けることが予想されます。

　さらに、先述の通り、2022年度から、75歳以上の一般所得者の1割負担から2割負担への引き上げも実施されました。高齢者は保険料負担増や一部負担増に応じようとすることで、生活が苦しくなるという「**負担貧困**」に直面しています。貧困・生活問題を解決・緩和するための社会保障が、その改革を通じて、

生活困難を増幅させるというパラドクスに陥っています。

　対策としては、**国民健康保険制度**の性格変化に着目した制度的位置づけの見直しという方向が考えられます。国保には、被用者保険の適用対象外の農林水産業従事者や自営業者を対象とすることにより、国民皆保険体制が確立したという歴史的経緯があります。しかし、国民健康保険加入世帯の職業別世帯構成割合では、農林水産業や自営業の割合は減少し続け、無職の割合が半数近くを占めるに至っており、職域的な側面から皆保険を完備させる機能よりも、退職者や低所得者等の負担能力が低い人へのセーフティネット機能を強く持つものへと、構造的変化を遂げています。社会の高齢化とともに、国民健康保険被保険者に占める高齢者の割合は高まってきましたが、所得階層別分布では低所得層への偏りがみられ、むしろ年々、その傾向が強まってきました。2017年度においては、所得なし世帯は24.2％であり、このうち41.5％が無職世帯である一方、保険料（税）調定額の所得に対する負担率は年々高まり、10.5％になっています（『図表で見る医療保障〔令和元（2019）年度版〕』）。

　その国民健康保険の財政的不安定性を医療保険制度全体で支援する（各保険の加入者人数に応じて割り勘負担的に拠出する）形で成立したのが老人保健制度であり、後期高齢者医療制度も同様の構造をもっています。したがって、国民健康保険財政の高齢化負担分を医療保険全体でカバーするという、これらの方法とは別に、高齢者や低所得者が多くを占めてきた現状を直視し、国民健康保険を医療生存権保障の基盤としてとらえ直し、税投入の重点強化を図る方向が考えられます（国民健康保険のセーフティネット化）。

4　介護保険制度をめぐる行財政と課題

　介護保険制度が施行される前の老人福祉法時代の措置制度においては、措置費のうち、介護を受ける人が負担する利用者負担以外の給付費は、国50％、都道府県25％、市町村25％の割合で公費負担されていました。介護保険制度においては、介護サービス費のうち（2000年度約3.6兆円でしたが、2021年度11兆291億円は過去最高となっています）、利用者負担以外の保険給付費（居宅サービス）に関して、保険料50％以外に、国25％、都道府県12.5％、市町村

12.5 ％で、計 50 ％の公費負担が行われています。ただし、2005 年法改正に伴い、施設サービスに関しては、公費負担のうち、国 20 ％、都道府県 17.5 ％、市町村 12.5 ％へと財源構成が変更されました。なお、それぞれの国庫負担率 25 ％、20 ％のうち、5 ％は調整交付金基準財源として、後期高齢者比率や低所得者比率が全国平均より高い市町村には 5 ％より多く、後期高齢者比率や低所得者比率が全国平均より低い市町村には 5 ％より少なく交付することにより、財政調整が行われています。

　ドイツでは、1995 年から介護保険制度が施行され、日本での導入に際しても参考にされましたが、ドイツでは、ほぼ 100 ％保険料で給付費が賄われています。日本の場合、年金、医療、介護のいずれの社会保険においても、保険料と税がミックスされて給付費が構成されています。

　利用者負担は、措置制度においては、所得に応じた応能負担でしたが、介護保険制度においては、発足後長年にわたり、所得に関係なく介護サービス費の 1 割を負担することを原則としてきました。しかし、2015 年度から 2 割負担（本人の合計所得金額が 160 万円以上、かつ同一世帯の 65 歳以上の年金収入等合計額が単身で 280 万円以上・2 人以上で 346 万円以上）が設けられ、さらに 2018 年度から 3 割負担（本人の合計所得金額が 220 万円以上、かつ同一世帯の 65 歳以上の年金収入等合計額が単身 340 万円以上・2 人以上 463 万円以上）も設けられるようになりました。

　ただし、その定率負担額が一定額を超えた場合、その超過分が申請により払い戻される制度があります。これを「高額介護（予防）サービス費」といい、負担上限月額は、住民税課税世帯（課税所得 380 万円未満）で 4 万 4400 円、住民税非課税世帯で 2 万 4600 円、住民税非課税世帯で年金収入等合計額 80 万以下の個人・生活保護被保護者で 1 万 5000 円）となります。

　例えば、3 割負担世帯において居宅サービスを単独で受ける場合、支給限度額は要介護 5 でも月 36 万 2170 円（2019 年 10 月～）となっていますから、利用者負担は最高 10 万 8651 円となり、高額介護（予防）サービス費との関係で負担上限月額が 4 万 4400 円だとすれば、その差額 6 万 4251 円が償還されることになります。逆に、同一人物が要支援 1・2 の場合、支給限度額まで利用したとしても、単独では利用料が負担上限額に到達しませんが、その場合、実際に

高額介護サービス費の対象となるのは、世帯合算（同一世帯の夫婦かきょうだいが介護保険サービスを利用している場合、利用者負担の合計額が対象となる）の場合などに限られます。

　保険料は、全体としては、保険給付費用の 50 ％を負担するものですが、50 ％のうちの第 1 号被保険者と第 2 号被保険者の分担比率は、両者の人口比率に応じて、3 年単位で変更されてきています。

　第 1 号被保険者の場合、市町村によって基準保険料（各市町村の 65 歳以上人口によって割り出される平均的な保険料）の水準が異なります。すなわち、「各市町村の保険給付費の 23 ％（第Ⅷ期［2021〜23 年度］の場合）÷各市町村の65 歳以上人口」によって基準保険料が決まります。各市町村によって 40 歳以上人口に占める 65 歳以上人口の割合は異なりますが、保険給付費の 23 ％（第Ⅷ期の場合）を全国一律に適用することによって、地域間の財政調整が行われます。第 1 号被保険者の場合、各市町村の基準保険料は 3 年間は原則として変更されず（市町村合併等の特別な場合を除く）、3 年ごとに見直されます。実際には、各市町村の高齢者が一律に基準保険料を負担するのではなく、所得に応じて 9 段階の区別が行われます（2015 年度〜国標準）。ただし、市町村が条例により、段階数や倍率を変更することが可能です。

　第 1 号被保険者の基準保険料月額の全国平均は、第Ⅰ期 2000〜02 年度 2911円、第Ⅱ期 2003〜05 年度 3293 円、第Ⅲ期 2006〜08 年度 4090 円、第Ⅳ期 2009〜11 年度 4160 円、第Ⅴ期 2012〜14 年度 4972 円、第Ⅵ期 2015〜17 年度 5514円、第Ⅶ期 2018〜20 年度 5869 円、第Ⅷ期 2021〜23 年度 6014 円ですが、厚生労働省推計では、2025 年度には、全国平均月額 8165 円となる見込みです（ベビーブーム世代が 75 歳以上となる「2025 年問題」の影響）。

　このように介護保険料が年々高まるなかで、単独（事業）減免を実施する保険者は、2001 年 4 月 1 日現在 134 保険者（4.7 ％）から 2020 年 4 月 1 日現在 496保険者（31.6 ％）へと増加し、保険料滞納による差押え処分決定人数は、2014年度 7900 人から 2020 年度 2 万 1578 人へ増加しています（厚生労働省老健局介護保険計画課「介護保険事務調査の集計結果について」各年）。40 歳以上人口における高齢化の進展を 65 歳以上の保険料負担率・額引上げでシェアする仕組みに綻びが見え始めています。

しかし、財政制度等審議会建議（2022 年 5 月 21 日）等をふまえ、社会保障審議会介護保険部会において（2022 年 9 月 26 日）、厚生労働省が挙げた課題として、2024 年度改革に向け、利用料の 2 割負担（年金収入等 280 万円以上）・3 割負担（340 万円以上）の所得基準見直しによる対象者の拡大、要介護 1・2 の保険給付外し（総合事業への移行）、ケアプラン作成費用の有料化、老健施設やショートステイの相部屋（多床室）の有料化、福祉用具（杖、手すり、スロープ等）の貸与から販売への転換、補足給付（低所得者の食費、居住費の減額）におけるマイナンバー活用による収入・資産把握の厳格化などが示されていますが、そのような保険給付の縮小、本人負担拡大の方向は、介護をめぐる高齢者の生活困難を一層、増幅させることが懸念されます。社会保障審議会の委員からも強い反発を受けて見直す動きも出ていますが、利用料の応能負担化（10割給付）や介護保険料の所得に応じた定率負担化（さらにはドイツのように年金保険者との折半負担化）等により、経済的にも安心して利用できる制度改革こそが求められます。

　今後に向けての介護人材確保も大きな課題です。介護事業所全体の 60.8 ％が従業員の不足感をもっており、労働者の労働条件の悩みが「人手が足りない」（52.0 ％）、「仕事内容の割に賃金が低い」（38.6 ％）の順に多くなっていますが、全産業平均所定内賃金月額 30 万 7700 円と比べて介護労働者の平均所定内賃金月額は 24 万 878 円であり、6 万円以上の格差がみられます（介護労働安定センター『介護労働実態調査』令和 2（2020）年度版）。

　2022 年からのケア労働者の処遇改善交付金施策（1 人当たり月 9000 円程度の賃金改善）によってもカバーしきれない格差がみられます。

　一方、全国の介護福祉士養成施設の定員充足率は、54.6 ％（2022 年度）という状況（日本介護福祉士養成施設協会「介護福祉士養成施設の入学定員充足度状況等に関する調査結果について」）になっています。そして、「2025 年問題」と称せられる 2025 年度には約 32 万人、「2040 年問題」と称せられる 2040 年度には約69 万人の介護人材が不足すると推計されています（厚生労働省社会・援護局福祉基盤課「第 8 期介護保険事業計画に基づく介護職員の必要数について」2021 年 7 月 9日）。家庭労働の延長ではなく、その専門性が正当に評価され得るケア社会のあり方が問われています。

年金のマクロ経済スライド方式、医療の後期高齢者医療制度、介護保険制度のいずれも、少子高齢化の進行に伴い、給付の抑制や高齢者の負担が高まる構造が制度的に内部化されており、今後も続く高齢化の進展とともに、高齢者の困窮化が進む、いわば「負担貧困」が拡大する恐れもあります。

　生活問題・生活困窮を解決するはずの社会保障が、その制度改革を通じて、高齢者の貧困化を増幅させるというパラドクスに陥っています。あらためて、社会保障の公共性と持続可能性を両立させる改革が問われます。

●演習問題

①年金保険制度に対する若い世代の意識について、話し合ってみましょう。

②後期高齢者医療制度や国民健康保険制度の現状について、自分が住んでいる都道府県や市町村について調べてみましょう。

③自分が住んでいる市町村の介護保険制度、介護保険施設や事業所の現状や課題について、調べてみましょう。

●参考文献

平岡和久・森裕之編著（2008）『財政健全化法は自治体を再建するか──事例でみる影響と課題』自治体研究社。

伊藤周平・日下部雅樹（2016）『新版 改定介護保険法と自治体の役割──新総合事業と地域包括ケアシステムへの課題』自治体研究社。

伊藤周平（2020）『消費税改革と社会保障改革』筑摩書房。

伊藤周平（2022）『コロナ禍からみる日本の社会保障──危機対応と政策課題』自治体研究社。

宮本太郎（2008）『福祉政治──日本の生活保障とデモクラシー』有斐閣。

二木立（2019）『医療経済・政策学の視点と研究方法』勁草書房。

二木立（2022）『2020年代初頭の医療・社会保障──コロナ禍・全世代型社会保障・高額新薬』勁草書房。

小塩隆士（2015）『18歳からの社会保障読本──不安のなかの幸せをさがして』ミネルヴァ書房。

田中きよむ（2021）『少子・高齢社会の社会保障・地域福祉論』中央法規出版。

（田中きよむ）

第 **9** 章

地域医療

キーワード
公立病院、医師、病床、国民健康保険、新型コロナウイルス感染症、公衆衛生

---

1 地域医療と公立病院

1-1 地域医療とは

　本章のねらいは、地域医療にかかる自治体行財政を巡る論点を整理したうえで、**新型コロナウイルス感染症**（以下、**新型コロナ**）の感染拡大に対する自治体の対応の成果を、**公衆衛生**にまで広げて明らかにし、新型コロナ感染拡大のような非常時を含めて地域医療の行財政課題を検討します。

　医療とはシンプルにいえば、病気と呼ばれるような個人の心身の変調に対して、回復させたり、悪化を抑えたりするための行為をさします。多くの方々は、**医師**という国家資格をもつ者が医療機関において医療（診察や治療）を行うことをイメージするでしょう。地域医療とは、本章では「対患者」という範囲にとどまらず、「地域住民が抱えるさまざまな健康上の不安や悩みをしっかりと受け止め、適切に対応するとともに、広く住民の生活にも心を配り、安心して暮らすことができるよう、見守り、支える医療活動」、「地域住民のための生活支援活動」であると定義しておきます（自治医科大学，2009）。ここから地域医療の主人公は地域住民であるといえます。したがって、地域住民は少なくとも医療供給者と信頼関係を醸成しながら地域の医療を構築していくことになりま

す。以上のことは、今では広く知られていますが、読み手によっては違和感を覚えるかもしれません。そうであれば地域医療をオープンな用語として理解してもらうべく丁寧に議論を進めていきます。

　地域医療の実情や問題を鮮明にするためには、医療機関の供給側（医師や看護師等）と地域住民（患者）の需要側の視点だけでは不十分であり、国、都道府県（以下、府県）、市町村といった媒体者も加え、各々の関係が重視されなければなりません。医療における役割の分担と連携、医療と保健、福祉との連携・統合など、さらに暮らしや仕事との関わりも重要になり、これを踏まえた地域のビジョンにまで目を向ける必要があります。なお、地域医療の基本内容としては初期、一次、狭域と呼ばれる範囲の医療が主に想定されており、さらに高度、二次、広域と呼ばれる医療とのグレーゾーンも射程に入っています。

〈参考〉医療における役割

　国：医療保険制度の運用、医療計画の基準づくり、診療報酬や施設基準等の決定、医療費適正化の推進、医師等免許制度の運用、保険医療機関の指定・指導など。

　府県：県単位での医療の基本計画や医療費適正化計画の策定、感染症対策、各市町村の病院開設・増床認可など。

　市町村：健康増進にかかる地域密着の啓発事業、身近な医療の体制確保、在宅医療の推進、医療費助成、後期高齢者医療制度の事務事業（広域連合）など。

　次に、なぜ地方財政の分野が地域医療を取り扱うのかを説明しておきます。端的にいえば、いのちに直接に関わる地域医療において地方自治体には民間企業では担いにくい役割、すなわち医療供給があり、そこには公金（租税や社会保険料など）が充当されており、納税者である地域住民が敏感でなければならないことによります。

　公共セクターは医療あるいは地域医療において「舵取り」役を担っており、その柱に**公立病院**（自治体病院）の開設・運営があげられます。その役割としては、政府の文書等にもあるように、①民間の立地が困難な過疎と呼ばれるような地域における一次・初期医療、②不採算・特殊部門（小児、救急、周産期、

災害、精神など）に関わる医療、③高度・先進医療（がんセンター、循環器病センターなど）、④研修の実施や医師派遣の拠点があげられます。また、公共セクターには保健や福祉・介護などを担う部署があり、住民のライフサイクルにも寄り添う点で重要な位置づけになります。しかし、近年、以上の役割を担えず、財政的にも支えられなくなっている実状があります。そして、国や自治体の政策対応を巡って賛否が分かれています。地域住民が関心をもって実状を知り、アクションを起こさなければならない局面が全国的にみられます。

1-2　公立病院の概況

　日本における病院、一般診療所、歯科診療所の数は2021年1月末現在、順に8236、10万3071、6万8024です（厚生労働省「医療施設動態調査」）。このうち病院の80％超は民間機関であり、残りは国公立機関（国や自治体の開設による）や公的機関（済生会、厚生連など）となり、一般診療所にいたっては96％が民間です。

　公立病院の概況は『地方財政白書』や『地方公営企業年鑑』（いずれも総務省）などにおいて把握することができます。これらによれば、2020年度で地方自治体の病院事業（地方公営企業法適用の自治体経営分と、地方独立行政法人経営分）の数は683（自治体経営分のみ03年度754、11年度646）です。この事業が有する公立病院の数は856（1003、863）です。病院数は2000年代に統廃合や診療所化、民間譲渡などにより大幅に減少し、10年代に微減しています。経営主体別にみると、自治体経営分の762病院では府県立が147（35府県）、政令市立が24（14政令市）、市立が339（290市）、町村立が151（148町村）、一部事務組合等立が101（75組合）です。このなかで町村立は2003年度317、11年度181でしたので、市町村合併の影響もあって大きく減少しています。なお、地方独立行政法人経営分は2010年代に増大しましたが、20年度で94病院であり、府県設立42（18府県）、政令市設立20（9政令市）、市設立26（23市）で90％超を占めます。

　病床数は2020年度で20.4万床（自治体経営分のみ03年度23.8万床、11年度20.1万床）であり、00年代の大幅縮減を経て、10年代に横ばいとなっています。病床利用率（＝年間延入院患者数／年間延許可病床数×100）は67％（82

％、74％）で減少傾向にあります。なお、精神科病院以外の病院816のうち病床数300床以上の病院は34％を占め、過去10か年度で微増しています。他方、年間延患者数は2020年度1.3億人で、19年度連続で減少しています（03年度2.0億人、11年度1.4億人）。この背景には医療需要の減少や介護需要の増大、後述するように、国の公立病院改革方針に基づく経営の効率化などが考えられます。なお、職員数や医師数は2010年代を通して微増しています。

　府県立や政令市立の病院では50％以上が病床数300床以上の大規模病院であり、町村立とは大きく異なります。町村立病院の特徴としては、①多くが各町村において入院機能を持つ唯一の病院であること、②大半が100床未満の病床数で、小規模病院であること、③大半が救急告示病院であり、救急機能を担っていることがあげられます。診療科は内科、外科を中心に構成されており、また無床診療所と違い、基本的に時間外・夜間の診療も実施されています。町村立病院は全国的な動向と同様に、医師の絶対的不足と過重労働に直面し、病床数および患者数が大幅に減少しています。なお、精神科病院以外の病院816のうち、病床数が150床未満であり、直近の病院までの移動距離が15km以上となる位置に所在する等の条件下にある「不採算地区病院」は38％を占めます。それは離島や僻地等における医療の確保のために重要な役割を果たしています。

　病院事業の会計や公立病院の経営については次の点を理解する必要があります。病院事業は決算規模で2020年度6.0兆円に及び、公営企業会計の事業のなかで最大です。それは過去10か年度では微増しています。経営状況となれば、経常収支と資本収支の会計区分がみられますが、損益収支つまり黒字か赤字かがチェックされなければなりません。この点を純損益、経常損益でみれば、2020年度で黒字の事業数は63％（全683比）、61％（同）であり、過去10か年度ではいずれも40％台前半で推移していたので、大きな伸びを示しています。この理由としては新型コロナ感染対策にかかる国からの大規模な財政支援があげられます。なお、医業収益は患者数の影響を受けますが、患者数の減少は入院であれば平均在院日数の短縮化、日帰り手術の増大、介護保険施設や在宅介護サービスの普及、外来であれば薬剤の長期投与、患者負担の引き上げ、介護保険施設の利用等が考えられます。収益増の点では患者数に歯止めをかけられないと患者1人当たりの収益を増やすことに目が向けられることになります。

② 公立病院の経営改革をめぐる論点整理

　日本の地域医療は都市部、農村部のいずれにおいても、様相を大きく異にするものの健全ではなく、むしろ危機的な状況にあります。その重要な判断要素として、医師数があげられますが、「都道府県（従業地）別にみた医療施設に従事する人口10万対医師数」をみると、いわば「東低西高」です。東日本では大都市を抱える県であっても、広範な農山漁村を抱える県であっても、その規模は平均以下です（厚労省「医師統計の概況」）。また、県庁所在地に医師が集中したり、診療科で偏在があったりします。さらに、看護師の不足も深刻になっています。こうしたなか農村とくに過疎地域における医療供給（体制）には長期にわたる構造的な問題があり、医師不足を典型に「医療過疎」と呼ばれることがあります。農村では民間医療機関が脆弱であるために、公立医療機関の役割が大きくならざるをえませんが、とくに2000年代後半以降、公立は経営・財政問題を理由に非常に厳しい局面に置かれています。

　総務省は公立病院の経営悪化を背景に、2007年6月公布の「地方公共団体の財政の健全化に関する法律」に基づき、同年12月に地方自治体に「公立病院改革ガイドライン」を通知し、「公立病院改革プラン」の策定を迫りました。このガイドラインは経営の効率化、再編・ネットワーク化、経営形態の見直しという3つの改革手段を実施の期限設定も含めて提示しましたが、経営指標に関する数値目標の設定、二次医療圏における再編・ネットワーク化の推進、地方独立行政法人化・指定管理者制度導入・民間譲渡等の経営形態の見直しからなります。2011年には対象団体のすべてがプランを策定し、取り組み始めました。農村地域における公立病院の舵取りに注目が集まりましたが、同時にその政策・財政課題が強く問われることになりました。

　公立病院の経営の概況は既述のとおりですが、「公立病院改革プラン」の実施が大きなインパクトを与え、例えば2009年度から13年度までに経営形態の見直しを実施した病院は227に及び、経常収支の黒字の事業数は約3割から約5割となり、結果としてはかなり改善されました。なお、数か年度では経営を劇的に改善することは容易でないにもかかわらず、総務省からは「原則として、

全ての公立病院に対して、……経常収支の黒字化を達成するよう要請していたことからすると、半数近くの病院が……黒字化を達成できなかったことは、改革の成果が十分に上がったとは言い難い状況にある」と早々に指摘される始末です（『地方公営企業年鑑 2011 年度版』）。

2014 年 6 月公布の「医療介護総合確保推進法」に地域医療構想が盛り込まれました。それは府県が二次医療圏単位で策定するもので、後期高齢者が大きく増える 2025 年に向け病床の機能分化・連携を図るために、医療機能ごとに 25 年の医療需要と病床の必要量を推計し定めることとしています。二次医療圏とは、社会的条件に基づく一体の区域として、入院医療を提供することが相当である単位（三次医療圏で提供すべき医療を除く）です。病床とは高度急性期、急性期、回復期、慢性期の病床をさし、在宅医療との関係にも踏み込みます。多くの県が病床数の大幅縮減・再編を計画しましたが、とくに急性期病床を減らす狙いがあり、地域・自治体は難しい政策判断を迫られることになりました。

総務省は 2015 年 3 月に「新公立病院改革ガイドライン」を示し、それに基づく「新公立病院改革プラン」の策定を要請しました。新ガイドラインでは、旧ガイドラインで示された 3 つの視点に加えて、地域医療構想を踏まえた役割の明確化が求められました。法制度上の後押しを背景に、府県には病床の調整等における主導的役割（責任主体）が担保され、再編・ネットワーク化への積極的な参画や病院の新設・建替へのチェック機能の強化等も求められました。

新ガイドラインと軌を一にして 2015 年度から地方財政措置が講じられ、通常の整備における病院事業債の元利償還金に対する地方交付税措置率 25 ％に対して、再編・ネットワーク化に伴う整備の場合は 40 ％となり、重点化が図られています。また、既存の公立病院新設・建替における病院事業債に対する交付税措置について、総務省は地域医療構想との整合性にかかる府県の意見にもとづき適合的なものでなければならないという条件を付けました。このことは府県の実質的な権限が強化されたことを意味します。

厚労省の所管の下で、地域医療構想の達成に向けた病床の機能分化・連携や在宅医療推進などのために、2014 年度から国 2/3、府県 1/3 の負担により府県に地域医療介護総合確保基金が創設されました。さらに、2020 年度から同基金による新たなダウンサイジング支援が行われています。すなわち、単独病院の

病床削減とともに、統廃合に伴い病床数を削減した病院に対して、施設・設備整備費や、不要となった建物・医療機器の処分などに基金の活用が可能となります。以上のように、総務省と厚労省はともに地域医療構想を推進しており、各種の財政誘導を強めています。

　結果だけをみれば2010年代に経営状況は改善されましたが、国の政策の影響や自治体・病院の改革効果がどの程度あったのかを見極める必要があります。というのも、例えば全国画一の適用となる診療報酬の引き上げが続いた一方で、消費税率の引き上げの影響もあるといったように、プラス、マイナスの間接要因があげられるからです。経営改革効果といえば、病院サイドは全く努力してこなかったように聞こえますが、そうではありません。給与費の高さが批判されることがありますが、医師の給与は労働時間や業務範囲等に鑑みると、民間に比して総じて低く、自己犠牲の側面が強いです。他方、リストラと呼ばれるようなネガティブな内容を伴う急進的な改革により、医療スタッフが疲弊し休職、退職したり、地域住民の通院や入院（費用負担を含む）、さらに面会などに著しい支障を来たしたりしているかもしれません。医療の質が落ちれば、改革の意味がありません。こうした実態にまで踏み込んで、経営形態の見直しなどの効果を丁寧に検証する必要があります。

③　国民健康保険特別会計の構造的特徴

　地方財政における地域医療にかかる会計には**国民健康保険**特別会計、後期高齢者医療特別会計、さらに国保診療所ないし国保歯科診療所を開設していれば国民健康保険診療施設特別会計があげられます（以下、略称とします）。それらと一般会計の関係をみれば、診療所を運営するある町では民生費において国保特会や国保診療施設特会、後期高齢者医療特会への操出金、後期高齢者医療療養給付費負担金や同事務費負担金、衛生費において国保病院事業会計負担金、同補助金、同出資金がみられます。診療所の特会、病院の企業会計のいずれにおいても法制度に基づいて一般会計から一定規模の繰入金があり、繰入金それ自体は批判の対象になりえません。また、そこには地方交付税で措置されている部分があり、不採算地区病院への特別交付税措置の増額もみられます。

ここでは国保特会について詳述します。国保は日本の社会保障の根幹である「国民皆保険」を支える公的医療保険の1つであり、地域医療の議論では欠かせません。国保事業として設置される、国保（直診）を冠する病院も数多くあるくらいです。国保制度は市町村によって運営されてきましたが、2018年度から府県が財政運営の責任主体とされ、市町村とともに保険者となっています。これにより府県が保険料の標準化（均衡化）の点で主導的役割を果たします。市町村は保険給付、保険料の賦課・徴収等を引き続き担っていますが、医療給付等に必要な資金は府県から保険給付費等交付金の交付を受ける一方で、徴収した保険料（税）は基本的に府県に国保事業費納付金として納付します（『地方財政白書令和4年版』）。

　国保事業の決算状況は**表9-1**のとおりです。第8章で国保加入者・世帯の構造（2020年度被保険者数2619万人）の特徴は整理されていますが、無職や被用者が圧倒的な比重を占め、脆弱であることは明瞭です。このことから国保保険料の収納率の低下や滞納世帯数の増加が招来されます。したがって、市町村の事業勘定が国保税（料）以外の財源に依存せざるをえないのは容易に想像できます。こうしたなか財政基盤強化策が講じられ、2020年度では都道府県のすべて、市町村の73％が黒字であり（実質収支から財源補填的な他会計繰入金等を控除し、繰出金を加えた再差引収支ベース）、過去15か年度でみて改善されています。とはいえ、国保財政が悪化し、保険料の引き上げが収納率のさらなる低下を招くという悪循環に陥ることは懸念されます。

4　新型コロナウイルス感染症対策の財政

4-1　新型コロナ対策を巡る論点整理

　新型コロナは2020年に入って世界中で猛威を振るい、日本でも甚大な影響を国民の命・健康ならびに経済・社会に与えています。これを具体的に説明すれば、死者数は千、万の単位で増え続けており、国内の経済・社会がなかば機能しない時期もありました。私たちの暮らしや仕事などにとってマイナスの影響が強いことは明瞭です。これに対して個人や企業、地域や自治体は諸対策を講じていますが、国が感染防止対策や経済対策などで主導的役割を果たすこと

表 9-1　国民健康保険事業の決算状況

(単位：億円、%)

都道府県

		2018 年度		2019 年度		2020 年度	
		金額	構成比	金額	構成比	金額	構成比
歳入	国保事業費納付金	36,522	31.9	36,683	31.8	35,362	30.8
	国庫支出金	33,271	29.0	33,311	28.9	33,561	29.2
	前期高齢者交付金	36,403	31.8	34,988	30.4	36,251	31.6
	その他	8,430	7.3	10,226	8.9	9,661	8.4
	合計	114,626	100.0	115,208	100.0	114,835	100.0
歳出	保険給付費等交付金	90,224	80.2	89,579	79.1	86,525	78.8
	後期高齢者支援金等	15,954	14.2	15,886	14.0	15,589	14.2
	介護納付金	5,757	5.1	5,611	5.0	5,689	5.2
	その他	529	0.5	2,116	1.9	2,037	1.8
	合計	112,464	100.0	113,192	100.0	109,840	100.0

市町村（事業勘定）

		2018 年度		2019 年度		2020 年度	
		金額	構成比	金額	構成比	金額	構成比
歳入	保険税（料）	26,742	19.9	25,993	19.8	25,444	20.1
	都道府県支出金	90,232	67.0	89,579	68.4	86,516	68.3
	他会計繰入金	11,850	8.8	11,637	8.9	11,166	8.8
	その他	5,753	4.3	3,788	2.9	3,587	2.8
	合計	134,577	100.0	130,997	100.0	126,713	100.0
歳出	保険給付費	87,966	66.6	87,352	67.8	83,968	67.7
	国保事業費納付金	36,460	27.6	36,669	28.4	35,349	28.5
	その他	7,698	5.8	4,878	3.8	4,622	3.8
	合計	132,124	100.0	128,899	100.0	123,939	100.0

注：他会計繰入金には保険基盤安定制度にかかるものや財源補填的なものが含まれる。
出所：総務省『地方財政白書（令和4年版）』などより作成。

が欠かせません。同時に、この場合、国は多額の財源を確保し、支出すること
になります。その規模は 10 兆、100 兆円の規模で増大しています。この点を補
足すれば、本書で整理されている国と地方の財政関係から示唆されるように、
国からの補助金等を通して、地方が実施主体となることが少なくありません。

　地方自治体が国からいかなる財政措置を受けて、何に支出したのかを分析す
る前に、新型コロナ対策を巡る論点に迫ってみます。国民の行動変容の代表例
である「密閉」、「密集」、「密接」のいわゆる三密の回避は世界的にも高い評価
を受けましたが、ここでは何が不十分だったのかに重点を置き、次のとおり整

理しておきます。①感染症対策そのもの（パンデミックの経験が久しくなかった、政府の司令塔としての体制が備わっていなかった）。②海外からの入国にかかるボーダーコントロール。③クラスター（集団感染）の防止・対策。④感染防止等にかかる ICT（Information and Communication Technology）の利用（情報収集・共有を含む）。⑤医療提供・**公衆衛生**（療養システムや物資・設備確保を含む）。⑥ PCR 等の諸検査（推進体制）やワクチン・治療薬の開発。⑦後遺症・困窮者支援策（企業の減収補填等に関する議論を含む）。

　公立病院は国内の感染症病床の多くを抱えており、病床数の多い大規模病院を中心に感染者を受け入れていますが、新型コロナ感染拡大下では一部の医療機関の医療崩壊がみられました。病院・医師等の自己犠牲は極限に達し、病床調整に何時間も要し、感染者の受け入れ拒否も相次ぎました。また、院内集団感染があり、感染者の転送、患者の新規受け入れ中止があったこともあげれば十分な根拠でしょう。保健所でも一部で機能不全に陥った状況があり、救急車も足りませんでした。保健所の役割は積極的疫学調査（感染者への聞き取り、濃厚接触を把握して検査や健康監視を行う）や、自宅などで療養する軽症者らの健康状態把握など多岐にわたり、公衆衛生の主導的立場にもありますが、過去 30 年で業務の統廃合や再編もあり、保健所とともに人員は減少していました（府県レベル）。このような惨状を経験してようやく病院や医師・看護師等の存在意義や近年の保健所・保健師、（感染症）病床の大幅縮減の影響を確認したというのであれば、あまりに国民・住民のモラルが低いといわざるをえません。

　新型コロナの終息がみえないなか、新型コロナとの共生（ウィズコロナ）は生物学的な視点とともに社会的な視点、つまり長期的に講じていく対策を問うことになります。この点を医療提供体制から議論すれば、ワクチンや治療薬の登場により、死亡や重症のリスクが大きく低下したなかで、特定の中小規模の病院ではなく、できるだけ多くの病院が諸対策を担えばよいのではないでしょうか。病院が近隣にあるほど、患者とその家族にとっては安心でしょう。また、人間の豊かさを規定する社会的交流も過度に制限されないよう、ハードとソフトのインフラを着実に見直していく、例えばひとや建物も、病床の配置なども密集、混雑していることが経済的にベストとするのではなく、公共交通や屋内空間なども含めて大きく見直せばよいでしょう。

4-2 県の新型コロナ対策財政の実態

　国から地方自治体への新型コロナ対策にかかる財政措置としては、感染防止対策（医療機関等への支援やワクチンの接種体制の整備、接種の実施など）にかかるほとんどの事業が全額国費対応となりました。他方、経済対策および類似の対策となれば、自治体が地域の実情に応じてきめ細やかに必要な事業を実施できるよう臨時の交付金が主となり、新型コロナ対応地方創生臨時交付金の創設（国庫補助事業の地方負担分や検査促進枠分などを含む）や、新型コロナの影響による地方税の減収に対する措置などがあげられます。また、保健所の恒常的な人員体制強化を図るために、感染症対応業務に従事する保健師を2021年度から2年間かけて約900名増やし、これまでの1.5倍の約2700名に増員するために必要な地方交付税措置が講じられています（『地方財政白書令和3年版』）。地方財政における新型コロナ対策関連歳出は2020年度で約26兆円（うち特別定額給付金12.8兆円）に及んだようですが、ここでは典型的な構造を示すD県を事例にして実態を詳しく把握することにしましょう。

　新型コロナ対策財政について、D県の歳出と歳入を整理しておきます（**表9-2**）。2020年度の歳入をみると、その他が非常に大きな比重を占めますが、これは主に諸収入であり、新型コロナ対応資金貸付金元金収入です。そして、国庫支出金は主に新型コロナ緊急包括支援交付金であり、医療機関等への支援向けとなります（市町村では国庫支出金の比重が圧倒的に高い）。緊急包括支援交付金は緊急に必要となる感染拡大防止や医療提供体制の整備等について、地域の実情に応じて、柔軟かつ機動的に実施することができるよう、府県の取組みを包括的に支援することを目的とします（交付金交付要綱）。これに対して歳出をみると、貸付金の比重が圧倒的に高いです。これは新型コロナ対応資金貸付金であり、中小企業が新型コロナの影響を受け、経営の安定に支障を来している（売上高の減少等）場合に対象となります。こうした制度融資は府県の典型的な役割をあらわしており、市町村とは大きく異なる構造です。

　すべての歳出（200超の事業）を感染防止対策と経済対策等に区分すれば、後者は金額ベースで80％ですが、このことは既述のとおり府県の役割に大きく規定されます。感染防止対策のなかで金額の大きな事業は新型コロナ対応慰労金給付事業費（医療従事者等向け）42.6億円、新型コロナ入院施設等確保事

表 9-2　D県の新型コロナ対策関連経費（決算額）

（金額：億円）

| | | 2020 年度 1,227.5 | 2021 年度 1,063.8 | |
			（地方単独事業分） 819.0	（国庫補助事業分） 244.7
歳出	人件費	7.0	2.0	0.6
	物件費	32.6	27.9	62.1
	扶助費	4.1	0.0	4.8
	補助費等	300.7	218.4	174.0
	普通建設事業費	23.4	35.3	3.3
	積立金	27.9	1.0	0.0
	貸付金	831.6	534.3	0.0
	その他	0.2	0.2	0.0
歳入	国庫支出金	384.1	173.2	235.6
	一般財源	2.1	4.6	5.6
	その他	841.4	641.2	3.5
	うち貸付金元金収入	831.6	534.3	0.0

出所：D県提供資料より作成。

業費（感染症患者入院施設への補助）39.9 億円、感染症等健康危機管理体制強化事業費（重点医療機関への補助）34.9 億円です。これに対して、経済対策等は貸付金を除くと新型コロナ対応地方創生臨時基金積立金 24.9 億円、地域企業経営継続支援事業費補助 23.0 億円です。

　2021 年度については地方単独事業と国庫補助事業に区分しています。地方単独事業の財源からみると、その他が非常に大きな比重を占めますが、その 9 割近くが既述の貸付金元金収入です。そして、国庫支出金は地方創生臨時交付金です（うち 31 ％が事業者支援分）。これに対して歳出をみると、貸付金の比重が圧倒的に高く、これは既述の貸付金と同じです。また、補助費等の比重も高いですが、ここには実績確定に伴う返還金（緊急包括支援交付金 2020 年度分 63.9 億円）が含まれます。次に国庫補助事業の財源をみると、ほぼすべてが国庫支出金です。そのうち地方創生臨時交付金はわずか 5 ％であり、7 割近くは緊急包括支援交付金です。これに対して歳出をみると、補助費等が圧倒的に高い比重を占めます。その 8 割近くが緊急包括支援交付金です。

4-3　非常時が組み込まれた平常時の医療供給体制の構築

　公立病院は、新型コロナ対策において各府県の計画に位置づけられた即応病床数のうち 1/3（2022 年 1 月現在）を担い、人口呼吸器等を使用した入院患者のうち 50 ％超（21 年 1 月現在）を受け入れており、中核的な役割を果たしています（厚労省ホームページ）。他方、諸対策を巡って医療機関の役割の分担と連携が何度も問われる状況がみられ、患者受け入れ（準備）のための病棟閉鎖・削減が避けられず、通常医療の供給体制にも重大な課題が残っています。財政面では地方創生臨時交付金や緊急包括支援交付金の柔軟運用や対象拡大、増額を全国知事会などは要望し続けており、改善の余地がありそうです。同時に、両交付金をはじめ事業の効果検証・公表も欠かせないでしょう。感染者の急増期を繰り返すなかで、国は医療体制の拡充というよりも、医療崩壊の回避を目的としたのであれば、医療関係者は疑問を持つでしょうし、私たちにも見極める見識が必要になります。

　このようななか 2022 年 3 月に総務省は「持続可能な地域医療提供体制を確保するための公立病院経営強化ガイドライン」を策定し、地方自治体に「公立病院経営強化プラン」を策定するよう要請しています。そこでは再編・ネットワーク化に代えて、病院間の役割分担と医師派遣等による連携強化に主眼をおく「機能分化・連携強化」の推進が掲げられています。総務省の意図や動向をみれば、さまざまな改革手法が提示されますが、黒字の事業数の大幅増加に執着していることはかなり明瞭です。同時に、今回も総務省による財政措置の強化を伴っていますが、普通交付税や特別交付税の特定財源化が主になっています。この手法が交付税制度の本来の性格から許容されるのでしょうか。財政面とあわせて改革手法にも議論の余地はありそうです。

　新型コロナ対策のような非常時を意識して、平常時から機動的に対応できるように機能分化・連携強化に取り組むという政策の基本方向はありえますが、これまでの社会保障財政の持続性あるいは府県の地域医療における権限・関与などを巡る議論から、国の公的医療費抑制政策や府県と市町村の行財政関係は非常に重要な論点となります。また、歴史が教えるとおり、新たな感染症（パンデミック、エピデミック）が起こりえます。私たちは公衆衛生を日常的に意識すべきですし、保健所・保健師を再評価することも必要です。市町村レベル

ではさまざまな主体の協働により、医師や看護師、保健師の招聘や労働環境、二次医療圏や経営状況の捉え方、病床確保や屋内空間のあり方、保健・介護・福祉等との関わり（地域包括ケアシステム）、住民（個人や企業など）参加・協力の可能性など、地域医療の充実、強化が丁寧に議論されるべきでしょう。

●演習問題

公立病院の経営状況を深く学ぶために、開設主体別や病床規模別などから収支状況をチェックしてみましょう。

●参考文献

伊関友伸（2021）『新型コロナから再生する自治体病院——成功事例から学ぶ経営改善ノウハウ』ぎょうせい。

棊田但馬（2013）「少子高齢社会と地方財政」重森曉・植田和弘編『Basic 地方財政論』有斐閣。

棊田但馬（2014）「農村における地域医療・福祉の概況と政策課題」『農業および園芸』第89巻第6号、養賢堂。

棊田但馬（2020）「新型コロナウイルス感染症の経済・財政問題——命・健康を守るための対策とは」『研究と報告』No.139、自治労連・地方自治問題研究機構。

厚生労働省ホームページ・「医療」 https://www.mhlw.go.jp/stf/seisakunitsuite/bunya/kenkou_iryou/iryou/index.html。

自治医科大学監修（2009）『地域医療テキスト』医学書院。

総務省（各年版）『地方財政白書』。

総務省（各年版）『地方公営企業年鑑』。

平岡和久・尾関俊紀編著（2021）『新型コロナウイルス感染症と自治体の攻防』〈コロナと自治体1〉、自治体研究社。

●おすすめの文献

伊関友伸（2019）『人口減少・地域消滅時代の自治体病院経営改革』ぎょうせい。

平岡和久・森裕之（2020）『新型コロナ対策と自治体財政——緊急アンケートから考える』自治体研究社。

三原岳（2020）『地域医療は再生するか——コロナ禍における提供体制改革』医薬経済社。

（棊田但馬）

第 **10** 章

教育と地方財政

> **キーワード**
> 義務教育費国庫負担制度、教員の多忙化、義務教育の無償化、学校統廃合、
> 社会教育

1 地方財政における教育費の状況

1-1 地方自治体の教育費支出の特徴

　地方自治体の教育費支出を、支出の目的別にみたものが**表10-1**です。純計額でみると、もっとも多く支出しているのが小学校費（28.5％）になっています。

表 10-1　教育費の目的別内訳（2020 年度）

（単位：百万円・％）

区分	都道府県		市町村		純計額	
教育総務費	2,153,549	21.1	1,346,462	16.7	3,406,648	18.8
小学校費	2,753,548	27.0	2,404,640	29.9	5,148,887	28.5
中学校費	1,596,705	15.7	1,247,380	15.5	2,839,447	15.7
高等学校費	2,081,069	20.4	146,540	1.8	2,217,187	12.3
特別支援学校費	884,910	8.7	78,568	1.0	963,184	5.3
幼稚園費	11,512	0.1	271,247	3.4	274,120	1.5
社会教育費	191,682	1.9	1,117,045	13.9	1,298,588	7.2
保健体育費	299,643	2.9	1,351,316	16.8	1,643,754	9.1
大学費	222,697	2.2	82,859	1.0	304,278	1.7
合計	10,195,316	100.0	8,046,057	100.0	18,096,094	100.0

出所：総務省『地方財政白書（令和 4 年版）』。

以下、教育総務費、中学校費、高等学校費となっています。地方自治体は、主に義務教育から高等学校までの教育施設の運営に責任をもっていることが分かります。また、公立大学の運営など、特別会計による処理がなされるものもありますが、ここでは煩雑さを避けるため、自治体の一般会計における教育費の内容を中心にみていくことにします。

　目的別の支出を都道府県と市町村に分けてみると、それぞれの役割を反映し、支出の重点が異なってきます。小学校費が最も多いのは都道府県と市町村で共通していますが、都道府県では、高等学校費と特別支援学校費が多くなっています。一方、市町村は、幼稚園費、**社会教育費**、保健体育費が多くなっています。市町村は、学校に通う子どもだけではなく、地域住民のかかわりの多い社会教育施設（図書館や公民館など）やスポーツ施設の運営などにも関わりが強くなっています。

　次に、教育費支出を、支出の性質に応じてみたものが**表10-2**です。純計額でみると、人件費がもっとも多く、5割以上が充てられています。学校教育は教職員がいないことには始まらないので、人件費が多くなること自体は当然ではあります。その他主要な支出としては、物件費、普通建設事業費、扶助費・補助費等が多くなっています。

　学校運営において、人件費以外に物件費や普通建設事業費が多くなるのはイメージしやすいかもしれませんが、教育費の項目で支出される扶助費とはどの

表 10-2　教育費の性質別内訳（2020 年度）

（単位：百万円・%）

区分	都道府県		市町村		純計額	
人件費	7,575,038	74.3	2,653,669	33.0	10,228,707	56.5
物件費	434,915	4.3	2,474,754	30.8	2,909,669	16.1
維持補修費	23,530	0.2	106,772	1.3	130,302	0.7
扶助費、補助費等	1,596,810	15.7	827,909	10.3	2,298,786	12.7
普通建設事業費	451,592	4.4	1,894,872	23.6	2,328,135	12.9
補助事業費	95,447	0.9	812,041	10.1	902,986	5.0
単独事業費	356,145	3.5	1,082,770	13.5	1,425,149	7.9
県営事業負担金	—	—	61	0.0	—	—
その他	113,431	1.1	88,081	1.0	200,495	1.1
合計	10,195,316	100.0	8,046,057	100.0	18,096,094	100.0

出所：表 10-1 に同じ。

ようなものでしょうか。扶助費の代表的なものに、**就学援助**制度があります。就学援助は、学校教育法第19条「経済的理由によって、就学困難と認められる学齢児童又は学齢生徒の保護者に対しては、市町村は、必要な援助を与えなければならない」という規定をもとに市町村が実施しています。子どもが教育を受ける権利を保障するために、重要な制度の1つとなっています。

　性質別の支出項目を都道府県と市町村に分けてみると、役割に応じた特徴がでてきます。都道府県でもっとも多いのが人件費で、支出の74.3％を占めています。都道府県は都道府県立学校教職員の人件費のほか、政令指定都市を除く市町村立義務教育諸学校教職員の人件費も負担しているためです。一方、市町村は、人件費も多いですが、物件費、普通建設事業費の割合が大きくなっています。学校施設の整備等は市町村の役割であるという点が、支出の特徴として現れてきます。

1-2　教育費に充てる財源の特徴

　教育費に充てられている財源の内訳をみたものが、表10-3です。もっとも多く使われている財源は一般財源等で、都道府県・市町村ともに多く、純計額で71.0％に上ります。教育費の支出は人件費が多くを占めているので、自治体の自由に利用できる一般財源が多く充てられることになります。

　都道府県と市町村の相違としては、都道府県は国庫支出金が比較的多く、市町村は地方債やその他特定財源が多くなっています。市町村は施設整備を担う

表10-3　教育費に充てられている財源内訳（2020年度）

（単位：百万円・％）

	都道府県		市町村		純計額	
国庫支出金	1,987,835	19.5	1,092,749	13.6	3,080,584	17.0
都道府県支出金	—	—	210,653	2.6	—	—
使用料・手数料	234,896	2.3	48,678	0.6	283,575	1.6
分担金・負担金・寄附金	7,931	0.1	50,558	0.6	49,712	0.3
地方債	288,536	2.8	961,269	11.9	1,244,680	6.9
その他特定財源	171,878	1.7	440,566	5.6	594,887	3.2
一般財源等	7,504,240	73.6	5,241,584	65.1	12,842,656	71.0
合計	10,195,316	100.0	8,046,057	100.0	18,096,094	100.0

出所：表10-1に同じ。

必要から、地方債や特定財源に依拠する必要性がでてきます。都道府県は、公立学校の教職員の給与負担をしているため、**義務教育費国庫負担制度**に基づき、国からの国庫支出金の割合が少し高くなります。市町村立の学校教職員は、身分は各市町村の教育公務員ですが、給与は都道府県によって負担されるというしくみになっています。

　義務教育費国庫負担制度は、文部科学省の説明によれば、教育の機会均等と教育水準の維持向上を図るため、義務教育費国庫負担法に基づき、都道府県・指定都市が負担する公立義務教育諸学校（小・中学校、義務教育学校、中等教育学校の前期課程及び特別支援学校の小・中学部）の教職員の給与費について、3分の1を国が負担するものです。国庫負担金の算定方法は、給与単価×国庫負担定数×1/3、となっています。

　義務教育費国庫負担制度は、公立の義務教育諸学校の教育条件を支える重要な制度です。しかし、2000年代以降に進められている新自由主義教育改革の流れの中で、同制度も改革が行われることになりました。改革の結果は、教師の労働条件を悪化させる1つの要因となっており、教育現場でさまざまな課題が指摘されています。次節では、近年大きな課題とされている「**教員の多忙化**」という観点から、具体的に検討します。

2　教員の多忙化と教育改革

2-1　教育現場はブラック職場？

　2021年3月、文部科学省がツイッターで「#教師のバトンプロジェクト」を始めると、ネット上は瞬く間に「炎上」する、という事態になりました。目的に反して、文部科学省に対する批判の声であふれかえったためです。文部科学省のねらいとしては、2021年2月にとりまとめられた「『令和の日本型学校教育』を担う教師の人材確保・質向上プラン」の一環として、教職の魅力を上げ、教師を目指す人を増やすために、発信力の高い者による広報や教職の魅力向上の機運を高めるためのサイトの設置等により、広報の充実を図る、というものでした。

　「#教師のバトン」が炎上した理由として、内田ほか（2021）は2つの点を挙

げています。第1に、現状として教師は過酷な勤務状態に置かれていること、第2に、そうした現状を知らないかのように、「#教師のバトン」がとても前向きな雰囲気を漂わせていたから、ということです。そして、2016年度に文部科学省が行った「教員勤務実態調査」をもとに、小中学校の教職員は、1日あたり11時間を超える長時間労働のなかにあって、休憩時間はほとんどとられていないという過酷な労働環境が紹介されています。

　教員の労働環境の改善は、教師の人材確保のため、必要不可欠な状況になっています。そもそも「#教師のバトン」も教師の人材確保のための取組みとして始まったわけですが、「**ブラック職場**」とも揶揄される労働環境の改善をともなわなければ成果の上がらない取組みということです。教師の人材確保の困難さは、採用試験の倍率の減少にも現れているといわれており、文部科学省の調査によると、2000年に記録した小学校の過去最高の採用倍率12.5倍に対して、最新の2021年度実施の採用試験の倍率は2.5倍と過去最低を記録しています。

　教職員の労働環境の厳しさは広く知られるようになってきていますが、以前からそうであったわけではありません。藤森（2021）によると、全国的な教員の勤務実態調査は、1966年、2006年、2016年の3回しか行われていませんが、1966年と2016年のデータを比較すると、現在の教員の残業時間は小学校で15倍、中学校で12倍になるそうです。小学校でみると、1週間当たりの残業時間は、1966年には1時間20分であったものが、2016年には24時間30分になっています。2006年は2016年より少しましではあるが、ほぼ同じということです。

2-2　2000年代以降の新自由主義教育改革

　石井（2020）は、教職員の「**働き方改革**」が、2006年の「教員勤務実態調査」において深刻な事態が明らかになって以降、10年以上も取り組まれているにもかかわらず、なぜ多忙化は解消されなかったのか、なぜ多忙化がさらに促進されたのかについて明らかにする必要があると指摘しています。そして、「教員勤務実態調査」が行われた2006年から2016年の10年間は、緊縮財政政策のもと新自由主義教育改革が席巻し、学校現場に急速に競争的な環境が持ち込まれ、学校で行われるあらゆる教育活動が根本から変質を迫られた転換期ととらえる

べきことを提起しています。

　公共部門の新自由主義改革とは、企業の経営手法モデルを公共分野に適用し、「選択と競争と評価」を通じて国家財政支出を抑制する一連の行政施策ととらえることができます。石井（2020）によれば、学校教育分野での新自由主義的な改革の一応の完成をみたのが 2006 年から 2007 年の時期であるということです。同時期には、教育基本法改正で「教育目標」が法定化され、これを頂点とする目標管理ツールとしての「PDCA サイクル」と「学校マネジメント」の導入が積極的に推進され、目標達成状況を把握する「全国学力・学習状況調査」が実施されています。そして、2007 年の学校教育法改正で学校評価が法定化され、教員評価が本格実施となることによって、教育に関係するもの全員が評価し、評価される関係によって繋がれ、「連続的教育評価システム」が確立したということです。

　学校も教育委員会も、評価のための「計画書」や「評価書」の作成という事務作業が膨大化する。新自由主義教育改革のもとで形成された競争的教育環境こそが、「働き方改革（ブレーキ）」を無効なものとし、教職員の勤務時間を大幅に増大させ続けている最大の要因（多忙化促進アクセル）であったということを、軽視すべきではないと石井（2020）はまとめています。

2-3　教育の質を上げるための教員の「働き方改革」とは

　新自由主義教育改革のもと、教職員は「働きすぎ」を促進する一連の教育政策にさらされ続けてきている一方で、教職員定数は改善されることなく、むしろ法改正で非正規雇用教職員の大幅な増加もみられています。

　教職員の労働環境をめぐっては、教職員給与を支える義務教育費国庫負担制度に関しても、2000 年代以降に行われた制度改編が影響を与えています。大きくみれば、①2001 年義務標準法の改正、②2004 年総額裁量制の導入、③教員給与費決定ルールの変更、④2006 年国庫負担率が 1/2 から 1/3 へ、という 4 点が重要です（山﨑，2017）。

　①の義務標準法は、国から地方自治体への義務教育費国庫負担金の基準となる教職員定数の標準を定める法律です。そして、2001 年同法の改正と、②の義務教育費国庫負担金の最高限度額の算出方法の総額裁量制の導入と合わせて、

正規教員から非正規・再任用教職員の増大の要因となったといわれています［詳細は（山﨑, 2017）を参照してください］。

そして、④義務教育費国庫負担の国庫負担率が1/2から1/3に引き下げられ、引き下げられた分は都道府県の一般財源から支出されることになりました。一般財源化された部分は、地方交付税の積算根拠に組み入れられることで、地方自治体の負担は変わらないはずでした。しかし、地方交付税は国庫負担金と違い、使途が限定されていないため、当時行われていた三位一体改革において地方交付税が大幅に減額されることで、地方財政への負担は大きくなってしまいました。財政力が弱い自治体は、教職員の雇用環境の改善や、非正規雇用の正規雇用化に困難を抱えてしまう構造になっています。

子どもの学習権を保障する教育制度のあり方を考えるためには、「教師は、労働者であるとともに、教育の専門家である」という教師論が重要です（藤森, 2021）。公立学校の教員は、特別な教育公務員として、自身の労働条件を改善するための労働者としての諸権利が制限されています［特に、**「給特法」**という教員給与と残業規制に関する重要な法律のあり方が最近話題になっています（内田ほか, 2021）］。その一方で、多忙化のため、授業準備や子どもと向き合う時間がとれず、教育の専門家として苦しむことになります。教員の多忙化の解決には、新自由主義教育改革のもとで進められた施策を逆回転させ、人と予算を増額していく方策を検討していくことが求められています。

❸　義務教育における私費負担の大きさ

日本国憲法第26条第2項には、「義務教育は、これを無償とする」という規定があります。この条項から、日本では義務教育は公費負担により、無償で行うことになっています。しかし、義務教育においてさまざまな私費負担の存在があり、**義務教育の無償化**は重要な課題です。

栁澤・福嶋（2019）では、公立の小学校、中学校で卒業までに保護者が負担する学校費用の試算を行っています。例えば小学校6年間でみると、算数セットなどの新入学児童学用品セットの負担から始まり、教材費、給食費、旅行代、PTA会費などで合計50万8600円、年平均で約8万4700円かかるということ

です。教育の権利の保障という観点からは、私費負担になっている部分を「無償」に接近させていくことが必要です。学校教育法第5条では、学校の設置者はその学校の経費を負担する、という規定があり、公立学校の設置者である自治体は経費を負担する義務があります。「設置者負担主義」といわれますが、この原則に従えば、義務教育の完全無償化は到達しなければならないゴールということになります。

　無償化の必要性が特に指摘される分野として、学校給食費の私費負担があります。近年、「子どもの貧困」の解消の観点からも、学校給食がもつ意義が指摘されるようになってきています。文部科学省が行った、2017年度の「学校給食費の無償化等の実施状況」についての調査によると、1740自治体のうち、すべての小学校・中学校において完全給食を実施する自治体は1608自治体（92.4％）に上っていますが、小・中学校ともに学校給食費の無償化を実施する自治体は76自治体（4.4％）にとどまっています。76自治体の内訳として、71自治体が町村であり、また、人口1万人未満の自治体が56自治体を占めるため、対象児童数は4万1254人で、全国の小学校の在籍者数の0.6％、対象生徒数は2万1943人で、全国の中学校の在籍者数の0.7％でしかないということです。学校給食費無償化は、今後多くの自治体で議論されるべきテーマでしょう。

4　学校統廃合と少人数教育

4-1　学校統廃合をめぐる課題

　2000年前後から小中高の公立学校の廃校数が増えています。その背景には、財政的理由から**学校統廃合**が国の重点政策とされているという事情があります（山本，2019）。例えば、2015年には経済財政諮問会議が「経済財政一体改革推進委員会」を設置し、「文教政策」の筆頭に「学校規模適正化と学校の業務効率化」を挙げ、2018年度までが「改革集中期間」で、数値目標として「学校の小規模化の対策に着手している自治体の割合」を2020年度までに100％にすることが掲げられています。

　特に、2014年にスタートした「地方創生」政策のもと、総務省が2014〜2016年の間に全自治体に計画を「要請」した**公共施設等総合管理計画**が、統廃合を

強力に推し進める要因となっています（山本・平岡, 2022）。将来的な改修・建替のための多額のコストを避けるために、あらかじめ施設総量を減らすことを自治体に自主的に計画させるものですが、特に、公共施設の4〜6割を占める学校施設がターゲットになります。

　公共施設再編には強力な財政誘導のしくみがあります。例えば、これまで自治体が全額支出してきた施設解体費に地方債が活用できること、計画策定費に特別交付税が利用できることなどがあります。また、2017年に創設され、5年間の期限付きで始まった「公共施設等適正管理推進事業債」は、施設の「複合化」、「多機能化」、規模「最適化」を行う際に活用し、起債充当率90％、元利償還金の30〜50％が地方交付税措置される（除却事業を除く）というもので、2026年度まで期限が延長されました。同事業債は公共施設の統廃合を進めたい自治体にとっては条件の良いしくみになっており、各地で施設統廃合の後押しをするものになっています。

　学校統廃合の背景に、財政支出削減をはかる意図があるとされつつも、実際どのくらいの削減効果があるのでしょうか。小規模山村自治体をもとに分析を行った小泉（2022）によると、統合校の新設と学校数の削減数の多さは、町村レベルにおいてはあまり大きな影響を与えなかったと推測できるとしています。統廃合により小学校の経常費等の減少が期待されたものの、経常費等の大半を占める物件費が増加したことと、これを調達する一般財源、主に地方交付税に大きな変化がみられなかったためであるということです。例えば、統廃合により遠方の通学が必要になればスクールバスが必要になるといった、地方交付税の算定で増額になる要素も発生するためです。学校統廃合は、地方財政制度全体からみれば、期待されるほどの財政支出削減効果はないようです。

4-2　小規模校・少人数教育は教育効果がないのか

　小規模校の統廃合は、教育学的「俗説」によっても正当化されるということが全国的にみられます。その代表例といえるのが、「切磋琢磨」論です。「切磋琢磨」論は、「一定規模の人数の下、競争的な環境にないと、人は鍛えられない」とする俗説で、教育学的な効果の裏付けはないとされています（山本, 2019）。他にも、「社会性が育たない」「クラス替えができないので人間関係が固

定化する」「小学校で英語ができなくなる」といった実証的根拠のない説明がなされることがあり、保護者が不安をあおられることで、共同して学校を守ることが困難になってしまいます。

　しかし、小規模校、複式学級の指導に現代的な教育的意義があることや、学力低下に対する反証については、多くの実例があります［山本（2019）、特に第9章「小規模教育、複式学級の教育的意義」］。教育の実践方法が異なるだけで、小規模校や複式学級そのものに問題があるわけではありません。

　むしろ、2020年からの新型コロナウイルス感染拡大は、日本の学校・学級が「密」であることを浮かび上がらせ、少人数教育の実施についての世論を喚起することとなりました。そして、2021年3月の義務標準法改正により、約40年ぶりに学級編成の標準が引き下げられ、40人学級が小学校全学年で段階的に35人学級制へと移行することになりました。

　少人数教育を進めていくことは、生徒一人ひとりのニーズに合わせた教育を行っていくためにも必要なことです。近年、「合理的配慮」を必要とする特別なニーズのある子どもたちが増えていることもよく指摘されるところですが、丁寧な対応をするためには、少人数学級は基本的整備条件の1つとなるでしょう（山﨑ほか，2021）。今後、さらなる少人数学級制の推進が期待されます。

4-3　地域コミュニティと学校

　学校、特に小学校は、日常生活圏の中心としての意味があります［山本・平岡（2022）、特に第3章「まちづくりにおける学校と小学校区の意味」］。日常生活圏とは、日々の買い物で利用する商店やかかりつけ医院などがある、一通りの生活が完結する圏域をいいます。交通手段の発達など時代によって圏域の範囲は広がりをみせますが、都市計画上の基礎的な日常生活圏は小学校区になります。小学校区は小学生の身体的能力からして必然的に徒歩圏であり、そこには日常生活に必要な商店街もあります。

　小学校は地域の諸行事の拠点にもなりますが、統廃合が進めば、それが失われていきます。廃校になったとしても、地域の拠点となるし、そうあるべきですが、必ずしも地域住民のために跡地利用がなされるとは限りません。

　高齢化が進む地域では、徒歩圏で日常生活圏が構成されることが、地域の維

持可能性の1つの条件といってよいでしょう。そのためには、次の世代の定住をうながす条件、特に保育園や幼稚園、小学校といった子育てにかかわる施設の存在が重要になります。学校があるということは、子どもの教育の保障にとどまらず、地域の拠点としての意味も考える必要があります。

5 社会教育充実の重要性

2021年度の『文部科学白書』では、「人生100年時代」、「**超スマート社会**（Society 5.0）」に向けて社会が大きな転換点を迎えるなかで、生涯学習の重要性が一層高まっていると指摘されています（第2部第3章）。「生涯学習」とは、一般には人々が生涯に行うあらゆる学習、すなわち、学校教育、家庭教育、社会教育、文化活動、スポーツ活動、レクリエーション活動、ボランティア活動、企業内教育、趣味などさまざまな場や機会において行う学習の意味でとらえられています。

生涯学習の推進にあたって、地方自治体は重要な役割を果たします。表10-4は、施設等別に地方自治体の社会教育費の内訳についてみたものです。学校教育以外の部分で、生涯学習に関する部分は主に社会教育費として支出されます

表 10-4　施設等別に見た社会教育費（2020 年度、債務償還費を除く）

（単位：億円、%）

	実額	構成比
公民館費	1,948	14.0
図書館費	2,780	20.0
博物館費	1,358	9.8
体育施設費	2,991	21.6
青少年教育施設費	386	2.8
女性教育施設費	9	0.1
文化会館費	1,074	7.7
その他の社会教育施設費	884	6.4
教育委員会が行った社会教育活動費	1,447	10.4
文化財保護費	993	7.2
社会教育費合計	1,387	100.0

注：元データから、千万円の単位を四捨五入して整理している。
出所：文部科学省「令和3年度地方教育費調査」。

が、社会教育関連施設、環境整備の主体として、地方自治体は多くの役割を担っています。支出の多いものでみると、体育施設費、図書館費、公民館費、博物館費といったところが挙げられます。

　社会教育費として支出されているものは、地域住民が主体的な学びを行うために必要なものです。住民が主体的な地域づくりを進めていくためには、地域の課題についての学びが重要になってきますが、それを支えるのが地方自治体の社会教育関連施設や施策の充実です。例えば、牧野（2019）は、長野県飯田市の公民館調査を通じて、公民館が飯田市の自治を住民生活のレベルで確かなものとする組織・施設であり、活動であり、生活そのものとして機能していることを指摘しています。公民館が住民を相互に結びつける媒介役を公民館が担うことで、結果的に住民の生活満足度を高めていることがみて取れるということです。

　一方で、財政的理由から、社会教育分野は、施設の統廃合や、職員の非正規化、業務の民営化・民間化が進みやすいところでもあります。生涯学習の充実、支援という観点から、住民が多様な学びを得るための機会を、地方自治体として社会教育を政策の中で位置づけ、保障するということが求められます。また、社会教育関連施設は、地域の住民が集い交流するという機能もおのずと持っており、生涯学習という観点だけではなく、地域の拠点としての重要性もあることから、地方自治体による積極的な環境整備が必要です。

●演習問題
①学校給食費の無償化は進められるべきなのかどうか、議論してみよう。
②学校統廃合を進めることの是非について、議論してみよう。

●参考文献

石井拓児（2020）「新自由主義教育改革下の教育政策と学校教職員の多忙化問題」雪丸武彦・石井拓児編著『教職員の多忙化と教育行政——問題の構造と働き方改革に向けた展望』福村出版。

内田良・斉藤ひでみ・嶋﨑量・福嶋尚子（2021）『＃教師のバトンとはなんだったのか——教師の発信と学校の未来』岩波ブックレット。

小泉和重（2022）「小学校統廃合の財政問題と廃校舎の利活用——小規模山村自治体を対象に」『アドミニストレーション』第 29 巻第 1 号。

藤森毅（2021）『教師増員論——学校超多忙化の源をさかのぼる』新日本出版社。

牧野篤（2019）『公民館をどう実践してゆくのか——小さな社会をたくさんつくる・2』東京大学出版会。

栁澤靖明・福嶋尚子（2019）『隠れ教育費——公立小中学校でかかるお金を徹底検証』太郎次郎社エディタス。

山﨑洋介・ゆとりある教育を求め全国の教育条件を調べる会（2017）『いま学校に必要なのは人と予算——少人数学級を考える』新日本出版社。

山﨑洋介・山沢智樹・教育科学研究会編（2021）『もっと！少人数学級——豊かな学びを実現するためのアイデア』旬報社。

山本由美（2019）『小中一貫・学校統廃合を止める——市民が学校を守った』新日本出版社。

山本由美・平岡和久編著（2022）『学校統廃合を超えて——持続可能な学校と地域づくり』自治体研究社。

●おすすめの文献

髙橋哲（2022）『聖職と労働のあいだ——「教員の働き方改革」への法理論』岩波書店。

長澤成次（2016）『公民館はだれのもの——住民の学びを通して自治を築く公共空間』自治体研究社。

藤原辰史（2018）『給食の歴史』岩波新書。

（霜田博史）

第 11 章

まちづくりと地方財政

キーワード

都市計画、まちづくり、中心市街地活性化、まちづくり3法、コンパクトシティ構想、立地適正化計画、アセットマネジメント、公共施設等適正管理事業債

---

1 都市政策、まちづくりの展開

1-1 都市計画とまちづくり

　本章では、**まちづくり**や**都市計画**と地方財政の関係に焦点を当てながら、具体的な事例をもとに現状と課題についてみていくことにします。

　資本主義の発展とともに、都市人口が爆発的に増加しました。第1次世界大戦後の重化学工業化と都市化によって、都市計画、民生対策、公営事業などの地方支出が膨張し、地方支出は大正期に約4倍になりますが、都市財政は約5倍とその膨張傾向が続きました。当時、都市部では、第1次都市化が進行し、国家による強力な産業育成策によって四大工業地帯が形成され、ドーナツ化、都心部への**中枢管理機能**集積と郊外への市民の流出が続きました。そのため住宅難や公害も深刻化しました。上下水道などの生活環境整備の遅れもひどく、都市政策の必要性が高まっていたのです。

　第2次世界大戦後には、大都市化と急激な産業構造の変化、全国総合開発計画や新全国開発計画による地域開発政策の展開の中で、都市の過密化と農村の過疎化が進んでいくことになります。1970年代は地方の時代ともいわれ、地方

圏の人口も増えましたが、現在までの動きをみると、三大都市圏と地方圏の地方中枢都市や中核都市周辺に集中する現象がみられます。東京一極集中もさらに進行しています。

　都市化、大都市化の進展の中で、都市政策は地方財政の大きな役割として位置づけられるようになります。その中でも都市計画は戦前から進められてきました。大正期の1919年に**都市計画法**が制定され、同時に、市街地建築物法（現在の建築基準法にあたる）も公布されました。都市計画法で規定された区画整理事業は、関東大震災後の復興事業にも活用されることになります。都市計画法は、都市計画の目的として、「都市計画の内容及びその決定手続き、都市計画制限、都市計画事業、その他都市計画に関し必要な事項を定めることにより、都市の健全な発展と秩序ある整備を図り、もって国土の均衡ある発展と公共の福祉の増進に寄与することを目的とする」（第1条）としています。都市計画は地方財政の中でも大きな比重を占めるようになります。

　高度経済成長期の1968年には、新都市計画法が定められ、1969年には都市再開発法、1970年には建築基準法が制定され、**用途地域**などの改正が行われることになります。公害問題が深刻化し、その対応が求められるようになると、1970年は公害国会ともよばれるように、14もの公害関係の法制化が進みました。1971年には環境庁が発足し、1974年には国土利用計画法制定、都市計画法などが改正されるとともに、開発許可が拡充され、同時に国土庁が発足します。1975年には**都市再開発法**が改正され、再開発促進区域制度が創設されますが、翌年には**建築基準法**が改正されて日影規制や日照権が盛り込まれるなど、一定の開発規制を行う動きもありました。**まちづくり**という言葉が使われるのは1952年のことですが、70年代には**アメニティ**の保存や都市緑地保全法が制定されるなど、歴史的建造物を保全しながらまちづくりを行うという取組みが試みられるようになりました。

　一方、1980年代になると、**規制緩和**を中心とした民活型都市開発や再開発が進められることになります。1985年にはプラザ合意による円高が進みますが、1986年に民間事業者の能力活用による特定施設の促進に関する臨時措置法（以下、民活法という）、1987年に建築基準法改正（第1種住居専用地域の高さ制限の緩和）、第四次全国総合開発政策、リゾート法制定、首都改造計画、国土利

用計画法改正（監視区域制度）、1988年都市計画法改正による再開発地区計画の制度化などが行われます。このころから、首都圏などの大都市で急激な地価高騰が起こります。1989年にようやく**土地基本法**が制定されますが、「大都市地域における宅地開発及び鉄道整備の一本化推進に関する特別措置法」や道路法改正によって道路の上空に建築が可能となるなど、さらに規制緩和と民活型都市開発が進行することになります。1990年には都市計画法改正によって、ボーナス型地区計画制度、住宅地高度利用型地区計画などが導入され、大都市法改正、生産緑地法改正などが次々に行われました。1992年には都市計画法改正によって、市街化区域の改正により、8種から12種への用途地域の詳細化、**市町村マスタープラン**の創設、ボーナス型地区計画制度の拡充が行われ、大都市圏のみならず、地方圏でも都市開発や都市再開発が進められました。

地方都市では、1980年代後半とくに民活法以降に、**市街地再開発**が活発化しました。このころ、首都圏の商業地に端を発する地価急騰期さらにはバブル経済期へと突入しましたが、旧国鉄民営化と旧国鉄貨物駅跡地への民間への売却と民活型と呼ばれる開発がその火付け役となったのです。

1-2　中心市街地活性化とまちづくり3法改正

1990年代には、公共投資基本計画と地域総合整備事業の展開の中で、全国的にハコモノ建設ラッシュが起こりました。地域総合整備事業は、道路・公園、総合運動場、総合福祉センター、会館・ホール等を対象としており、総事業のうち75％を地域総合整備事業債とよばれる地方債の発行により、残りの25％を一般財源により賄うことができ、しかも、元利償還費のうち財政力に応じて30％から55％が、後年度の地方交付税に上乗せされることになっていました。こうした財政誘導によって、全国的に国際会議場や総合運動公園などの開発が積極的に推し進められていくことになります。また、都市部の郊外ではクルマ社会を前提とした大規模店舗などが次々に立地し、中心市街地の空洞化が問題視されるようになりました。

2000年には**まちづくり3法**が改正され、**中心市街地の活性化**が図られることになります。「大規模小売店舗における小売店舗の事業活動の調整に関する法律」（大店法）を規制緩和の一環として改正し、「大規模小売店舗立地法」（大

店立地法)、「中心市街地活性化法」、「改正都市計画法」の枠組みの中で、まちづくりの観点から大規模店舗の立地規制などを可能とする内容です。2010年代にはさらに人口減少への対応として「地方創生」政策とコンパクトシティ化がすすめられることになります。

② 地方創生法・国土計画と地方財政

2-1 まち・ひと・しごと地方創生法

　人口減少時代への対応として、2014年に「まち・ひと・しごと創生法」が可決され、内閣府に「まち・ひと・しごと創生本部」が作られました。①若い世代の就労、結婚、子育ての希望の実現、②「東京一極集中」の歯止め、③地域特性に即した地域課題の解決を基本方針として打ち出されました。具体的には、中山間地域では小さな拠点、連携中枢都市圏及び近隣市町村定住圏、地域連携やネットワークの形成、大都市圏では地域包括ケアの推進などが提案されており、住民・産官学との連携や自主的な取組みが強調されています。

　そうした目標の実現のために2015年度中に各自治体に対して人口ビジョンと地方版総合戦略の策定が事実上義務づけられました。メニューから選択する方式であり、公共施設老朽化への対応として、公共施設等総合管理計画（**アセットマネジメント**）の策定なども義務づけられています。2015年度は、補正予算で地方創生先行型交付金あるいは地方創生加速化交付金が、2016年度からは地方創生推進交付金が導入されました。各自治体はKPI（重要業績評価指標）を設定しなければならず、結果については政府がPDCA（Plan Do Check Action）サイクルによって効果を検証していくといったシステムです。自治体間では業績を上げるために競争を余儀なくされ、結果が出せなければ、交付金を削減するという形で進められています。「まち・ひと・しごと創生基本方針2017」においては意欲と熱意のある自治体に対して情報支援、人材支援、財政支援という地方財政版3本の矢で強力に推進し、地方創生の新展開を図るとされました。つまり、国主導で上からの地域間競争を促す戦略であり、自治体の集約や再編が促されています。

　「地方版総合戦略」期間中の5年間は、こうした1兆円程度の予算が維持され

ることとされました。地方創生事業の本格的な実施を進めるための財源として、2016年度から地方創生推進交付金として1000億円が計上されました。2017年度も同じ額の交付金が計上されていますが、段階的に「行政改革分」の算定から「地方経済活性化分」へシフトさせること、「取組みの必要度」に応じた算定から「取組みの結果」に応じた算定へシフトさせるといった内容になっています。地方創生交付金事業は、地方からの提案に対して内閣府が審査して配分されるもので、地方も費用の半分を負担するため、1000億円の交付金の場合、事業費ベースでは2000億円規模になっています。具体的には、都市部の高齢者を地方に移住させる受け皿づくりや地域の特産品の販路開拓、一定の地域に人や企業を集めるための公共交通網の整備などに充てられるという内容です。

　例えば、静岡県熱海市は人口約3万6000人の温泉観光都市です。市では第四次総合計画（2011〜2020年度）を策定していましたが、前期計画を終えた段階で、後期計画に「第Ⅰ期まち・ひと・しごと創生総合戦略」（2015〜2019年度）を組み合わせる工夫を行っています。人口ビジョンでは、合計特殊出生率を現行の1.22から1.50にまで上昇させ、2060年には2万人を維持するという計画を立てました。こうした人口ビジョンと総合戦略に対して、地方創生交付金が支出されています。

　また、伊豆半島の最南端に位置する南伊豆町では、第1次地方創生総合戦略において、CCRC（Continuing Care Retirement Community）推進事業を位置づけており、アクティブシニアを対象とした移住計画を進めています。地方創生交付金事業には、共立湊病院跡地等の公有地に、東京都杉並区と連携しながら高齢者の移住を受け入れる施設整備などにあてられることとなっています。南伊豆町では従来から移住政策を進めており、人口自体は自然減となっているものの、若年層も含めてすべての年齢層において社会増を達成しています。つまり、一定の定住促進政策を独自に進めてきたのです。移住者の多くは農業従事者であり、移住後は定住する傾向にあります。

2-2　国土計画とコンパクトシティ構想

　2014年7月に閣議決定された「国土のグランドデザイン2050」と、それに続く2015年8月の「新たな国土形成計画」において、三大都市圏を結ぶ**スーパ**

一・メガリージョン構想が掲げられました。「グランドデザイン2050」では、①本格的な人口減少社会に初めて正面から取り組む国土計画、②地域の個性を重視し、地方創生を実現する国土計画、③イノベーションを起こし、経済成長を支える国土計画を三本柱とし、その開発方式として、「対流促進型国土」の形成を掲げました。具体的には、ヒト・モノ・カネ・情報を三大都市圏に集中させ、それをリニア中央新幹線でつなぐことによって、国土利用の効率化を図ることとされ、すでにJR東海が実施主体であるリニア新幹線に対して3兆円の財政投融資が行われました。その特徴は、これまでの国土計画にあるような「均衡ある国土の発展」ではなく、経済のグローバル化への対応や経済成長を最優先させて、国際競争力を高めるために、中央集権型・集約型国土への再編を進めることにあるといえます。

　さらに、日本型コンパクトシティの形成によって、居住地域や公共サービス施設を集約化する方針も打ち出されました。「経済財政運営と改革の基本方針2016」において、コンパクト＋ネットワークの推進が謳われ、2020年までに全国150の地方自治体における「立地適正化計画」の策定を達成させるといった目標が掲げられ、各省庁横断的な財政支援体制により重点化を推し進めることとされました。

　こうした方針を受けて、2017年度からは、「公共施設等適正管理推進事業債」が創設され、2018年度にはその中に「立地適正化事業」が設けられました。2017年度から2022年度までの5年間で、国庫補助事業を補完し、または一体となって実施される地方単独事業が対象となっており、地方債充当率は90％、交付税算入率は30％となっています。ここでいう国庫補助事業とは、コンパクトシティの推進に特に資するよう、立地適正化計画に定められた都市機能誘導区域内または居住誘導区域内で実施することが前提となっており、これが補助率嵩上げ等の要件とされています。2018年度からは、さらに交付税算入率については財政力に応じて最大50％まで引き上げられることとされました。都市再生整備計画事業（社会資本整備総合交付金）もコンパクトなまちづくりの推進が要件となっています。

　こうしたしくみは、第4章で述べた通り、これまでにも補助金と交付税を組み合わせた財政誘導装置として機能してきましたが、現在では、日本型コンパ

クトシティ形成のための手段となっていることに注目すべきです。しかも、公共施設等総合管理計画と個別施設計画の策定が促進されましたが、その目的として市町村合併後の施設全体の「適正化」を推し進めることなどが掲げられています。次節では、平成の大合併期の2003年に政令指定都市指向型合併を実施した静岡市を事例に取り上げ、現状と課題を明らかにしていきましょう。

3　典型事例からみたまちづくりの課題
——静岡県内自治体の事例

　静岡市は人口約70万人弱の政令指定都市です。「平成の大合併」期の2003年に旧静岡市と旧清水市が合併し、2006年に蒲原町、2008年に由比町を編入して現在に至っています。近年の人口動態をみると、国や県よりも早い1990年頃から人口減少が始まっており、社会減、自然減ともに進行していることが窺えます。特に清水区の人口減少は顕著で、主な転出先は東京圏となっています。

　市は2015年4月に「第3次総合計画」（2015〜2022年）を策定しましたが、それを組み合わせた形で「まち・ひと・しごと創生総合戦略」を策定しています。市の人口ビジョンによると、2060年の推計では約47万人になるとされ、少なくとも2025年には人口を70万人に維持するために、6つの基本目標「まちの存在感を高め、交流人口を増やす」「ひとを育て、まちを活性化する」「しごとを産み出し、雇用を増やす」「移住者を呼び込み、定住を促進する」「女性・若者の活躍を支え、子育ての希望をかなえる」「時代にあったまちをつくり、圏域の連携を深める」を掲げました。

　こうした第Ⅰ期地方創生総合戦略に基づいて、地方創生交付金が交付されました。2014年度補正予算では、地域活性化地域住民生活等緊急支援交付金（国全体では1400億円）として、南アルプスユネスコパークを活かした交流人口拡大事業（8870万円）、2015年度には前年度の上乗せとして、静岡型CCRC構想推進事業（2000万円）、2015年度補正からは海洋クラスター創造事業（4400万円）、2016年度からは地方創生推進交付金（国全体では1000億円）、海洋文化拠点整備事業（1275万円）や七間町賑わい創出拠点整備計画（3195万円）などの事業に対して地方創生交付金が充当されています。

これらは、既存の事業に上乗せする形で申請しているものが多く、金額的にも少額であり、細分化されているなど、使い勝手という点では問題の多い補助事業です。しかも問題なのは、わずかな期間でKPI（重要評価指標）に基づいて成果をあげなければならず、総合的な地域づくりを行う財源としては有効性に問題があるともいえます。

　また、公共施設の統廃合などの見直しもすすめられています。静岡市におけるアセットマネジメントアクションプラン（第1次：2017〜2022年度）では、総資産量の適正化や施設の長寿命化に取り組んでいくとされており、公共施設の統廃合計画が示されています。当初の計画では、2017年度から2018年度に1万5000m²、2019年度〜2023年度までに約3万m²の公共施設面積を縮減する方針でしたが、2022年度の改訂版では、2017年度及び2018年度で約1万7900m²、2019年度から2022年度で約1万3400m²、合計で約3万1300m²の床面積が縮減されることを見込んだ計画になっています。

　具体的には、高齢者福祉施設、障害者福祉施設、保健・医療施設、学校教育施設、市営住宅、児童施設、防災・消防施設など、その領域は、福祉、教育、文化など多岐にわたっています。アクション期間においては、こうした公共施設の廃止をはじめ、統廃合や民営化が計画されており、少子高齢社会における需要増を考えると、市民生活に及ぼす影響は計り知れません。内容をみると、障害者自立支援・生活介護等施設は民営化による縮減、保健福祉センターは減築、小学校は建て替え・統合、中学校は統合、給食センターは立て替えによる縮減、青少年育成施設は廃止・減築、市営住宅は廃止、こども園は民営化、児童クラブは建て替えによる縮減などとなっています。

　また、第3次静岡市総合計画では、都市計画マスタープランにおいて集約連携型都市構造が掲げられ、立地適正化計画においてコンパクトなまちづくりを進めていくとされています。6つの拠点に都市機能を集約させる計画を打ち立てました。この中で最も議論を喚起しているのが、清水駅周辺地区の開発計画です。市の立地適正化計画では、清水港周辺にある海洋関連産業や教育機関を活かして「国際海洋文化都市」をつくるとされています。このなかには、「海洋・地球総合ミュージアム」（約240億円）の建設計画も含まれており、清水駅周辺の誘導区域には、区役所、総合病院、子育て支援センター、地域福祉推進

センター、大学、専修学校、博物館、大規模ホール、図書館などを集約させる計画になっています。全国的にみて、「立地適正化計画」にて、まちの集約を掲げる自治体の約9割にものぼります（2018年現在）。清水地区では津波浸水リスクの高い地区にも居住を誘導しており、ハザードマップでは1メートル以上の浸水で床上となり、3メートル以上で2階まで浸水することとなります。そこで問題となるのが、津波浸水区域へのコンパクトシティ化です。

　立地適正化計画は、建前では自治体の自主性に任されていますが、集約化を進めれば交付税措置を受けられるため、多くの自治体が立地適正化計画を策定する傾向にあります。国土交通省が示す立地適正化計画では、都市機能誘導区域の中に、医療・福祉・子育て・商業等が含まれています。それらの施設は、郊外のコミュニティにおいても必要な機能です。

　2020年6月の**都市再生特別措置法**の一部改正によって、「災害レッドゾーンである災害危険区域（出水等）に、自己の業務の用に供する施設として病院等の開発は原則含まれない」と規定されました。ハザードマップ作成などは多くの自治体で行われているのですが、立地適正化計画と防災計画は切り離して制度設計され、運用されている実態があります。これまで、清水駅周辺地区への都市機能集約過程についてみてきましたが、移転問題が浮上した時期は、地方創生政策、立地適正化計画、アセットマネジメント政策による集約型国土再編が進められた時期とほぼ重なっていることがわかります。

４　維持可能な住民参加型まちづくりに向けて

　日本では少子高齢社会への転換と財政危機を背景に、地方創生交付金による成果主義、「国土のグランドデザイン2050」と立地適正化計画による日本版コンパクトシティ政策、拠点地域への都市機能の集約といった政策が進められていますが、それは市民生活における災害リスクをさらに高め、周辺地域の衰退を招く可能性があります。

　イギリスの市民アメニティ法（Civil Amenity Act, 1967）においては、市民のアメニティ権を保障するために、「しかるべき場所にしかるべきものをつくる」（"The right thing in the right place"）とされています。まちづくりにおいてアメ

ニティ権の保障、すなわち、快適な居住環境を享受する権利を保障することは重要な要素となります。したがって、生活者の視点に立ったまちづくりの方向性がのぞまれます。

　第1に、まちづくりにおいては、住民参加の制度化が不可欠です。1977年に制度化されたニューヨーク市のコミュニティボードは市内に59の委員会と50人の委員から構成されており、自治体予算や大規模プロジェクトについても盛んに討議されています。1990年代のマンハッタングランドセントラル駅の再開発をめぐっては、住民の意見を尊重する形で建替えではなく修復が行われました。同時期のサンフランシスコのミッションベイ開発でも、市の当初案に対して、1000回にも及ぶ行政と住民による徹底的な討論が行われ、最終的には住民投票によって住民提案が採用されました。当初計画では商業ビル中心の開発でしたが、住民提案により商業機能だけでなくアフォーダブルな住宅（中低所得向けの住宅）や生活基盤の整備にも配慮したまちづくりが実施され、世界的にも成功例のひとつとされています。日本でも**自治基本条例**が策定され、パブリックコメントも盛んに実施されています。

　第2に、成長管理と景観保全についてです。成長管理はスマートグロース運動ともいわれ、緩やかな成長の方が、さらなる雇用機会の創出につながっていくというものです。農地、雑木林、湿地を保全し、水辺環境を再生させ、既存市街地では土地利用規制を中心部へのマイカー規制を行いながら、LRT（Light Rail Transit）などの公共交通機関や歩道の整備を行うといった内容です。また、ドイツのフライブルクなどでは、**再生可能エネルギー**を重視し環境に配慮した住民参加によるまちづくりが実践されています。欧米の諸都市では、都市の景観を重視したまちづくりが行われていますが、例えばデンマークのコペンハーゲンでは市庁舎の尖塔を超えてはならないという規制があります。京都市などでも**景観条例**によって歴史的な街並みが保全されていますが、景観条例制定の動きは広がりをみせています。

　第3に、住民参加による維持可能な社会に向けた取組みについてです。長野県飯田市では住民組織であるまちづくり委員会や住民主体の公民館活動を通じて、地区ごとにまちづくりについて話し合うといった住民参加が根付いており、若い職員も住民とともに参画するシステムが定着しています。それは草の根民

主主義の１つの形態ともいえます。また、隠岐諸島に位置する島根県海士町では、Ｕターン、Ｉターンによる若い世代の移住が進んでいます。教育、福祉、住宅、創業者支援などの取組みを積極的に行った成果でもあります。一時期は過疎化が進み、島根県立島前高校が廃校の危機に陥りました。自治体による高校魅力化政策や島留学制度などの取組みにより、志願者数が増加し、高校が復活しました。子育て世帯への支援、公営住宅の整備、創業者支援などを町独自の創意工夫を駆使して実施したこと、つまり、人づくり、教育、福祉、雇用などに重点を置いた政策を実施したことが、地域再生につながったのです。それはまさに**内発的発展**によるまちづくりの実践事例といえましょう。

●演習問題
①先進的な取り組みを行っているまちづくりの実践事例について、調べてみましょう。
②コンパクトシティ化のメリットとデメリットについて、考えてみましょう。

●参考文献

五十嵐敬喜（2022）『土地は誰のものか――人口減少時代の所有と利用』岩波新書。
岡田知弘（2020）『地域づくりの経済学入門――地域内再投資力論［増補改訂版］』自治体研究社。
川瀬憲子（2022）『集権型システムと自治体財政――「分権改革」から「地方創生」へ』自治体研究社。
後藤和子（2005）『文化と都市の公共政策――創造的産業と新しい都市政策の構想』有斐閣。
佐々木雅幸（2012）『創造都市への挑戦――産業と文化の息づく街へ』岩波書店。
宮本憲一（1999）『都市政策の思想と現実』有斐閣。
宮本憲一（2006）『維持可能な社会に向かって』岩波書店。
宮本憲一（2007）『環境経済学［新版］』岩波書店。
森裕之・諸富徹・川勝健志編（2020）『現代社会資本論』有斐閣。

●おすすめの文献

五十嵐敬喜（2022）『土地は誰のものか――人口減少時代の所有と利用』岩波新書。
岡田知弘・川瀬光義・鈴木誠・富樫幸一（2016）『国際化時代の地域経済学［第4版］』有斐閣。

（川瀬憲子）

第 **12** 章

廃棄物処理と地方財政
大量リサイクル・大量廃棄社会の克服へ

> **キーワード**
> 循環型社会、廃棄物発生抑制、3R、一般廃棄物、市町村処理責任、産業廃棄物、
> 不法投棄事件、拡大生産者責任（EPR）

1 廃棄物問題とその対策

　私たちにとって身近な行政サービスの代表が、生活ごみの収集ではないでしょうか。引っ越しした先の地方自治体で新生活を始めるとき、窓口で一番はじめにごみの分別についてのガイドブックを渡された経験が、誰にでもあると思います。また、地方自治体によってごみの分別が異なっていることにも、お気づきでしょう。このように地方自治体の重要な役割として、私たちが毎日出している「生活ごみ」の収集運搬、処理があります。地方自治体のごみ処理の関連経費は全国で年間 2 兆 1290 億円（2020 年度）、1 人当たりでは 1 万 6800 円にものぼります。

　ごみは英語で、garbage といいます。もともとは動物の内臓や台所からの生ごみを指す言葉であり、処理には困らない「とるに足らないもの」というのがごみの本来の意味です。しかし、いま私たちが目にしているごみは、焼却やプラスチックの処理によって生じる化学物質汚染、膨大な処理費用、大規模な不法投棄など、大きな社会問題を生み出しています。これらは「廃棄物問題」と呼ばれます。廃棄物は、英語で waste です。動詞では、「無駄にする・浪費す

る」という意味があります。つまり、本来はとるに足らない「ごみ」が、「無駄と浪費」をともなったことで「廃棄物」となり、大きな社会問題をもたらしたのです。こうした無駄と浪費を伴う社会構造をどう克服していくのかということが、廃棄物問題の解決を展望していくうえで重要な視点となります。

図12-1は2019年度の日本全体での物質の流れを示したものです。廃棄物にかかわる物質の流れを示すのは、図の右下の部分にあたります。5.46億トンの廃棄物が毎年のように排出されており、そのうち2.35億トンが循環利用、つまり原材料として再度活用されていることがわかります。廃棄物排出量のうち循環利用に回される割合は2000年には36％でしたが、2019年では43％にまで上昇しています。廃棄物の再資源化／再生利用（Recycle）や再利用（Reuse）による対策が進んだことがわかります。また、廃棄物の埋立量（最終処分量）は、2000年度の5600万トンから、2019年度には1300万トンと、8割近くも減少しています。

こうしてみると、廃棄物問題は着実に解決へ向かっているよう思えます。しかし、日本の物質の流れ全体を俯瞰すると、海外から6.75億トンの資源を輸入

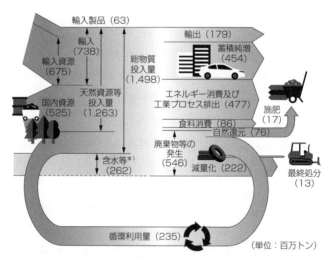

図12-1　日本における物質の流れ（2019年度）

原注：含水等：廃棄物等の含水等（汚泥、家畜ふん尿、し尿、廃酸、廃アルカリ）及び経済活動を伴う土砂等の随伴投入（鉱業、建設業、上水道業の汚泥及び鉱業の鉱さい）。

出所：環境省『環境・循環型社会・生物多様性白書（2022年版）』。

し（図の左上）、これらがさらに製品や建物などに姿を変え、1年の間に4.54億トンぶんも国内に蓄積し続けています（図の右上）。これら製品や建物は、将来的に必ず廃棄物になるのです。以上のように、日本全体で持続可能な物質の流れになっているのかを考えると、依然として大きな課題が残されているといえます。

2000年に施行された循環型社会形成推進基本法では、「天然資源の消費の抑制」と「環境負荷の低減」を実現した**循環型社会**を目指す、と規定されています。したがって、廃棄物を排出する局面（**図12-1右下**）にだけ注目するのではなく、「天然資源の消費・投入」（12.63億トン）やCO_2などの「エネルギー消費および工業プロセス排出」（4.77億トン）を抑えながら、製品生産や建物の建設ができるか、いわゆる資源生産性の向上が目指されなければなりません。つまり、出てきた廃棄物を適正に処理をして環境負荷を低減させることだけではなく、天然資源のインプットをいかに低減させ、そもそも廃棄物が発生しない生産を追求すること（廃棄物発生抑制＝Reduce）、また生産の際のエネルギーの浪費をいかに回避できるかが、廃棄物問題解決のための大きな焦点となるのです。

廃棄物問題への対策として掲げられている**3R**は、すでに述べたように**廃棄物発生抑制**（Reduce）、再利用（Reuse）、再資源化／再生利用（Recycle）の3つですが、この順番が何より重要です。再資源化／再生利用（Recycle）のためにはエネルギーが大量に必要とされますので、まずは廃棄物が出ない（Reduce）ような生産のあり方を最優先で追求しなければならず、次に再利用（Reuse）、最後に再資源化／再生利用（Recycle）という順番になります。

② 廃棄物処理における地方自治体の役割と地方財政負担

私たちが毎日のように出す生活ごみを、法律上、**一般廃棄物**と呼びます。2020年の排出量は全国で4167万トン、東京ドーム約112杯分になりますが、ここ10年は減少傾向にあります。その収集運搬・処理は市町村が担うと定められており、これを**市町村処理責任**といいます。ただし、財政力が弱かったり用地確保が難しいなど、単独の市町村では処理できない場合もあり、広域で複数の

地方自治体が一部事務組合を編成して、廃棄物処理を行うこともよくあります。

　こうした一般廃棄物のほか、産業活動に伴って生じる**産業廃棄物**も法律で規定されています。全国での排出量は、3億9215万トンと一般廃棄物の9倍以上にものぼります（2020年度）。産業廃棄物の処理は排出事業者責任といって、排出した企業が自ら行うのが原則ですが、多くの場合、専門の処理業者が担っており、こうした業者に許認可を与え、処理が適切になされているかを監視・監督するのが都道府県および政令市の役割となっています。

　以上のように廃棄物処理について、地方自治体と地方財政は大きな役割を担っているといってよいでしょう。

2-1　一般廃棄物処理と地方財政負担 [松江市と出雲市の場合]

　ここでは島根県松江市と出雲市の一般廃棄物処理の実態をもとに、その財政負担を比較してみましょう。松江市は2010年前後に焼却処理施設を整備しました。出雲市は168億円をかけて新たな焼却処理施設を整備し、2022年4月から運転を開始しており、年間の施設運営費は5億円程度と見込んでいます。

　こうした処理施設の建設費用（投資的経費）は年度ごとに大きく変動しますので、ここでは両市の一般廃棄物にかかる経常的経費について比較します。これらは処理費と呼ばれ、「収集運搬費」、分別・焼却やリサイクルのための施設運営費などの「中間処理費」、「最終処分費」の3つからなります。松江市では年間21億円以上、出雲市でも17億円が費やされています（表12-2）。

　1人当たり処理費を両市で比較すると、松江市のほうが出雲市よりも1人当たりの処理費が1000円ほど割高になっており、なかでも収集運搬費の差が大きいことがわかります（表12-2）。この収集運搬費の差の要因はいろいろと想定されますが、リサイクルのための資源ごみ回収が主なものではないかと推察されます。両市とも資源ごみの回収を行っていますが、大きな違いはプラスチック製容器包装（図12-2の左上。以下、容器プラ）の回収を行っているかどうかです。松江市は2020年度に1228トンの容器プラを回収していますが、出雲市はこの回収は行っていません。松江市によると資源ごみ回収事業費は3.8億円と、焼却ごみなどの回収費用とほぼ同額を支出しています。資源ごみ回収事業費には、缶やペットボトルなどの回収経費もふくまれますので、容器プラだ

表 12-1　松江市と出雲市の一般廃棄物の排出量（2020 年度）

	人口（人）	一般廃棄物 排出量（t）	一人あたり排出量 （g/人日）
松江市	200,965	75,955	1,035
出雲市	174,686	58,884	924

出所：環境省『一般廃棄物処理事業実態調査（2020 年度版）』より作成。

表 12-2　一般廃棄物処理費の比較（2020 年度）

	処理費 （百万円）	一人あたり処理費（収集運搬費＋中間処理費＋最終処分費）			
		合計（円）	収集運搬費	中間処理費	最終処分費
松江市	2,170	10,796	3,775	6,757	264
出雲市	1,712	9,754	2,973	6,440	341

出所：表 12-1 に同じ。同資料より筆者算出。

図 12-2　容器包装の識別表示

出所：日本容器包装リサイクル協会ホームページ。

けが両市の収集運搬費用の差を生みだしていると一概には言えませんが、リサイクルやリユースのための回収・分別を熱心にしようとすればするほど、収集運搬費が自治体財政に重くのしかかってくることがうかがえます。

2-2　産業廃棄物の不法投棄と地方財政負担

　近年では少なくなりましたが、2000年前後には住民の生活環境を脅かす産業廃棄物の大規模な**不法投棄事件**が全国各地で相次ぎました。この背景には、1980年代から1990年代初めにかけて、首都圏や関西圏から地方圏へと大量の産業廃棄物が流出したことがあります。バブル経済による地価の高騰のため、都市圏では処分場を確保できず、土地が安く手に入る地方圏に最終処分場や処理施設が次々に作られたのです。こうして都会から地方へと産業廃棄物が押し寄せ、大きな社会問題になりました。産業廃棄物の処理を請け負ったのは資力が弱い中小企業がほとんどでしたので、膨大な廃棄物を放置したまま倒産し、処理されずに放置されることもありました。こうして大規模な不法投棄事件が全国各地で、とくに地方圏で数多く起こったのです。

　1999年に発覚した青森・岩手県境不法投棄事件では、青森県と岩手県をまたぐ27haの土地に約100万トンの産業廃棄物が残されました。これらのなかには有機溶剤が入ったドラム缶も含まれ、そのまま埋められていたため、深刻な地下水・土壌汚染をもたらしました。しかも、不法投棄された産業廃棄物の9割は首都圏から運び込まれたものだったのです。

　環境をもとに戻すための産業廃棄物の除去・撤去、原状回復事業をしようにも、不法投棄を行った業者は資力もなく、すぐに倒産しました。結局、こうした事業費は、最終的には県が負担することになってしまうのです。青森県側で477億円、岩手県側で255億円、あわせて700億円以上もの税金が投入されることとなりました。2023年の時点で地下水汚染の浄化などの作業が続けられており、青森県側では地下水の汚染物質が基準値を超過したままとなっています。原状回復事業が開始されてから20年以上へてもいまだ終わらず、県の財政負担は膨大なものとなっているのです。都会から持ち込まれた廃棄物が不法投棄された上に、地元自治体の負担で長時間かけて片付けなくてはならないという理不尽な状況に、さすがの国も動き、これら費用の一部を国が負担するため、産廃特措法を制定しました（2003年）。しかし地方自治体への負担はいまだ重くのしかかっています。

　すでに述べたように、法律上、産業廃棄物の処理は排出した事業者が責任を負うこととなっています。しかしながら、処理業者に産業廃棄物を引き渡して

処理を委託した時点で、排出業者は処理責任を果たしたとみなされてしまうため、青森県と岩手県が不法投棄された産業廃棄物の排出業者を突き止めたとしても、原状回復のための事業費用をこれら企業（なかには有名な大手企業も数多くあったといいます）から回収することは、ほとんどできませんでした。除去・撤去された廃棄物約100万トン、原状回復のための事業総額700億円以上のうち、排出業者によって撤去された量は6600トン、事業費として納付された額は8.5億円と、全体からすれば微々たるものであり、しかもほとんどが「自主的な協力」によるものでした。

　つまり、不法投棄された産業廃棄物の排出事業者責任を法的に厳しく追及し、その責任と負担を問うことができないのです。不法投棄現場を抱えた地方自治体が負担を強いられるという現行の制度は、大きな欠陥があるといわざるを得ません。

3　廃棄物問題への政策対応とその問題点

　以上のような具体的な事例を踏まえ、これまでの廃棄物問題への政策対応とその問題点を考えてみましょう。

　第1の問題は一般廃棄物について、焼却処理を中心とした施設建設を拡大してきたことです。日本では衛生の観点から焼却処理が一般的でした。しかし、プラスチックなどを燃やすことによって、有害物質が生成されることがわかってきました。1990年代半ばから全国の焼却施設の周辺で猛毒のダイオキシンが検出され、大きな社会問題となりました。本来であれば、分別の徹底やプラスチック廃棄物がそもそも生じないような生産のあり方を追求するなど、発生抑制に取り組む必要があったのですが、結局は広域に大量の廃棄物を集めて高温状態で焼却処理するための「ガス化溶融炉」の導入など、技術的な対応がとられました。廃棄物を減らすという本来あるべき方向ではなく、焼却処理能力を拡大するかたちで解決が図られたのです。このことは当然、自治体の財政負担として跳ね返ってきました。廃棄物処理施設建設のための地方債現在高は1991年の1.5兆円から、1999年には4.3兆円にまで膨れ上がったのです。こうして建設された焼却処理施設は2020年代に入って更新時期に差し掛かっているため、

今後、廃棄物処理にかかわる投資的経費は確実に増大していくと予想されます。

　第2は、リサイクルに関連した自治体の財政負担が大きいことです。容器包装リサイクル法は1995年、家庭から出る廃棄物の約6割（容積比）を占めるともいわれる容器包装廃棄物のリサイクルを目的として制定されました。この法律には、消費者は分別、地方自治体は収集運搬と中間処理施設での選別費用の負担、回収した廃棄物の再商品化のための費用は容器を製造・使用する企業が負担する、という役割分担が定められています。ところが、北海道室蘭市では2022年4月から一部のプラスチック容器について行っていた分別回収をやめ、焼却処分に回すことになりました。これにより収集運搬費や選別作業にかけていた経費、2660万円の節減が見込まれるためです（朝日新聞2022年3月2日付、北海道版）。このように、収集運搬・選別費用による大きな財政負担に耐えられず、リサイクルを断念するケースもあるのです。

　容器包装リサイクル法が定める役割分担は、果たして適切なのでしょうか。環境省によれば、資源ごみの収集運搬や分別・管理にかかる地方自治体の負担は、全国で年間に約2500億円、それにたいして容器を製造・使用する企業が再商品化・資源化のために負担するのは400億円ていどに止まります。また、資源ごみの収集運搬や分別・管理にかかる経費2500億円のうちで、もっともコストがかかっているのが容器プラで、805億円でした（2010年度実績）。容器プラの分別・回収を行っている松江市と、行っていない出雲市の比較でみたように、リサイクルしようとすればするほど、多大な収集運搬費を地方自治体が負担しなければならないのです。

　第3に、産業廃棄物の不法投棄をめぐる費用負担の実態です。不法投棄された産業廃棄物の除去・撤去、さらには環境の回復のための事業は長期にわたって実施する必要があり、膨大な費用がかかります。法律で排出事業者責任が定められているにもかかわらず、その費用の大部分は地方自治体が負担していました。

　以上のように、一般廃棄物、産業廃棄物に共通して言えることは、廃棄物の「あとしまつ」のための費用を、地方自治体にかぶせる構造があるということです。こうした社会構造のもとでは、企業は製品が廃棄物になった後のことを考慮せずに、大量生産を続けることが可能になります。つまり、過剰な包装や

容器、分別しづらい設計、有害で処理が厄介な素材の使用などを生産段階で見直し、無駄や浪費を省いて廃棄物をできるだけ減らそうとする、Reduce に向けた意識は働かなくなってしまいます。そのため、大量生産・大量消費、大量リサイクルと大量廃棄が続いてきたのです。

実際に容器包装リサイクル法が制定されて以降、ペットボトルの生産量は大幅に増加し、多大なエネルギーを消費しながら大量リサイクルが続けられています。リサイクルに関連する費用の大部分を占める収集運搬や選別が、地方自治体によって担われているため、ペットボトルを製造・使用する企業は大量生産と大量リサイクルを安易に継続することができたのです。

4　廃棄物発生抑制政策への転換と地方自治体の役割

これまでみてきたように、リサイクルや廃棄に関連する費用を地方自治体が負担する、廃棄物「処理」政策は、結果として大量リサイクル・大量廃棄を助長してきました。今後は、廃棄物「発生抑制」政策へと転換することが求められています。

こうした政策転換に向けて、地方自治体もさまざまな模索を続けてきました。例えば一般廃棄物を減らすためにごみ袋の値段を高く設定するなどといった、「ごみ有料化」の取組みがあります。山谷修作によれば、2018 年 10 月時点で1108 市区町村、63.6 ％の地方自治体が有料化に踏み切っています。しかし、こうした有料化だけでは廃棄物の減量効果は長続きせず、もとの排出水準に戻るリバウンド現象も生じることがあるといわれています。

さらに地方自治体が課税自主権を活用して制度化した、**産業廃棄物課税**が全国に広がりました。2020 年 3 月時点で 27 道府県が導入し、1 トンあたり 1000円で最終処分場への搬入時に課税する方式が多くとられています。この税収は、産業廃棄物の減量やリサイクルの技術開発の支援などに充てられています。

これらは、いずれも廃棄物の発生した段階での対応策であり、Reduce を重視するならば、もっと上流の、生産段階をターゲットにした根本的な対策が必要となります。こうした政策理念は**拡大生産者責任**（Expanded Producer Responsibility、以下、EPR）と呼ばれ、世界中で制度化されつつあります。

EPRとは、地方自治体が廃棄物の処理を引き受けてきたこれまで構図を変え、廃棄物のあとしまつの費用負担と責任を、生産者にも負わせるというものです。この理念に基づいた制度設計を行い、廃棄段階の費用負担と責任を生産者にも負わせるならば、こうした費用負担を避けるために生産者は、消費後でも分別しやすい製品設計や、処理しやすい原材料を使った商品生産などに熱心に取り組むようになり、無駄や浪費が縮減され、廃棄物の発生抑制が実現されるのです。EPRという理念を今以上に日本の政策に取り入れることで、廃棄物の発生抑制へのインセンティブをさらに強めていくことが求められています。

　最後に、地方自治体は今後、廃棄物政策の中でどのような役割を担うべきか考えてみましょう。市町村処理責任が規定されてはいますが、一般廃棄物の収集運搬や焼却処理施設の管理運営は、自治体職員が担うのではなく、民間業者やプラントメーカーに委託されている場合がほとんどです。収集運搬を安上がりに行うことが求められたり、高度な焼却処理施設が増えたにもかかわらず、専門性を持った自治体の技術職員を育ててこなかったことなどがその背景にあります。

　EPRにそって制度が設計され、廃棄段階の費用負担と責任を生産者に負わせたとしても、廃棄物処理における地方自治体の役割は重視されるべきでしょう。例えば、廃棄物発生抑制を本気で追求して実現した場合、焼却処理施設における廃棄物受け入れ量や収集運搬量は減少することが予想されますが、こうした事態は民間の業者にとっては仕事が減ってしまうことを意味します。このことから、民間委託に任せっぱなしにしていては、廃棄物発生抑制の努力が鈍ってしまう可能性もあるのではないでしょうか。また、地方自治体が焼却処理施設に関する専門的な知識を持つ技術職員の育成をしなければ、ますます高度化していく処理技術や適正な建設単価を、果たして正当に評価できるでしょうか。したがって、以前のように自治体職員が一般廃棄物にかかわる業務を一定程度担うのが望ましいと考えられます。

　つまり、廃棄物を適正に処理することで環境汚染を未然に防止したり、収集運搬作業を行いながら一般廃棄物の中身や排出の傾向を分析し、住民と対話しながら発生抑制や分別の徹底を図るなど、地域から循環型社会を形成していくうえで、技術職員や収集運搬作業を担う自治体職員が果たすべき役割は大きく、

こうした現業部門の自治体職員の育成が求められているのです。

　なお、廃棄物処理やリサイクルは日本国内では完結せず、廃棄物の一部は資源として輸出され、海外へと越境移動することもまま起こります。私たちが排出した廃棄物が海外へと移動した後で、不適切な処理や環境汚染を引き起こしていないか、関心を持ち続けることも大切な視点です。

● 演習問題
① 身近な地方自治体の廃棄物処理にかかわって、有料化による手数料といった「収入」と、清掃費を中心とした「支出」の実態を調べてみよう。
② 身近な地方自治体による 3R の取組みを調べ、全国の先進的な事例も参照しながら、今後の改善点について考察し、提案してみよう。

● 参考文献
青森・岩手県境不法投棄事案アーカイブ（青森県ホームページ）https://www.pref.
　aomori.lg.jp/soshiki/kankyo/hozen/kenkyo-archive-toppage.html。
植田和弘（1992）『廃棄物とリサイクルの経済学——大量廃棄社会は変えられるか』
　有斐閣。
河北新報報道部（1990）『東北ゴミ戦争——漂流する都市の廃棄物』岩波書店。
環境省「容器包装リサイクル制度の施行状況の評価・検討に関する報告書」（2016 年
　5 月）。
県境不法投棄（岩手県ホームページ）https://www.pref.iwate.jp/kurashikankyou/
　kankyou/fuhoutouki/index.html。
八木信一・関耕平（2019）『地域から考える環境と経済——アクティブな環境経済学
　入門』有斐閣。
山谷修作「ごみ有料化情報」http://www2.toyo.ac.jp/~yamaya/survey.html。

● おすすめの文献
小島道一（2018）『リサイクルと世界経済——貿易と環境保護は両立できるか』中公
　新書。
藤井誠一郎（2018）『ごみ収集という仕事——清掃車に乗って考えた地方自治』コモ
　ンズ。
八木信一（2004）『廃棄物の行財政システム』有斐閣。

（関　耕平）

第 13 章

地方公営企業の会計
上下水道会計を中心に

> **キーワード**
> 地方公営企業法、収益的収支、資本的収支、議会制民主主義、民営化、水道事業の「上下分離」

1 地方公営企業の会計

　ほとんどの地方自治体は、住民に対するサービスを、基本的に利用者からの負担（利用料金）でまかなう形で提供する部門を持っています。

　地方公営企業法（以下、「法」という）は、このような「地方公共団体の経営する企業の組織、財務及びこれに従事する職員の身分取扱いその他企業の経営の根本基準」を定める法律です。簡易水道事業を除く水道、工業用水、軌道、自動車運航、鉄道、電気、ガスの7事業は完全適用が義務であり、病院事業は財務規定のみが適用されます。この他に、港湾整備、卸売市場、下水道事業（公共下水道事業、集落排水事業も含む）などの事業を行っている自治体があり、任意で、法の規定を適用しています。なお、簡易水道事業と下水道事業については、2023年度以降は、小規模な自治体でも、運用上完全適用されるようになりました。このように、法が適用される地方自治体の経営する企業のことを地方公営企業といいます。

　法が適用されると大きく3つの変化があります。第1に、発生主義（複式簿記）で記帳されることです。第2に、**収益的収支**と**資本的収支**という2つに分

けて予算や決算が処理されることです。第3に、事業ごとに管理者を定め（都道府県や大きな市では担当部局長が管理者となることもありますが、首長と同じケースもあります）、この管理者が業務の執行についての権限をもつことです。

　第2の変化である、収益的収支と資本的収支についてみていきましょう。収益的収支とは、地方公営企業の実施するサービスに係る収支を計上したもので、収入としては料金収入や他会計繰入金（サービスに係るもの）等が、支出としては人件費や物件費などの営業費用が計上されます。減価償却費や支払利息、施設の修繕等の維持管理費も収益的収支の支出となります。一方、資本的収支は、事業を実施するための施設に関する収支を計上するもので、収入としては企業債や補助金（建設費に係るもの）等が、支出としては、建設改良費、企業債償還金（元金部分）等が計上されます。中長期的に簡略化してみれば、企業債という収入は後年度の元本の償還として支出されプラスマイナスゼロになり、

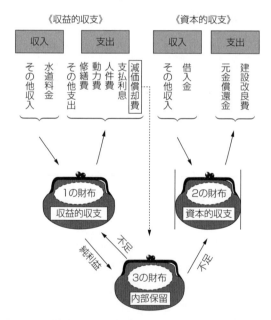

図13-1　地方公営企業会計のしくみ（図は水道事業会計）
出所：桐生市ホームページ。https://www.city.kiryu.lg.jp/kurashi/suido/suido/jigyo/1000946.html

建設費分が残ります。

　なお、議会には、「資本的収支の赤字は内部留保等で補填する」等と報告されますし貸借対照表も報告されますが、資本金や内部留保部分を扱う「3の財布」が予算・決算としては見えづらくなるものの、収益的収支、資本的収支の2つに分けることで、現金の動きは追うことができます。

　民間企業、とりわけ工場等を有する製造業の場合、用地取得や工場建設にかかる経費は大きく、これを一会計年度で処理すると、その年に大きな支出超過になってしまいます。これをそのまま「欠損」として処理するのは実情とあわないことから、これを均すためもあって、複式簿記の仕組みが考案されました。現金の支出はなくても、**減価償却費**というかたちで、資産購入費（建設費相当分）を複数年度にわたって均す科目を作っています。

　地方公営企業の多くも大きな設備が必要です。一方で、行政の一部門である地方公営企業の予算・決算も、議会によってコントロールされる必要があります。そこで、サービス部門を扱う収益的収支と、中長期的にみれば初期の建設費だけが残る資本的収支に分けることで、収益的収支を中心に現金の動きを検討することが可能になるわけです。**議会制民主主義**の哲学が、法と地方公益企業には流れていると考えることができます。

　そこで、地方公営企業は「企業」なのか、議会制民主主義の観点から考えてみることにしましょう。

　「企業」というと、普通は、株式会社などの営利追求の企業のことを指します。営利追求とは、経済行為でえた利益を株主等に分配することです。毎期ごとに、得た利益のうちいくらを株主に分配するかを決め（剰余金処分）、より利益をもたらす経営陣を選出するのが株主総会です。

　第20章でみるようにNPO法人が「非営利」であるのは、製造や販売、サービスなどの経済行為は行うものの、得た利益を分配しないからです。社団法人や社会福祉法人も同様に剰余金を分配する仕組みはありません。地方公営企業も、後述するように2011年の法改正により利益剰余金の分配が可能になる前は、利益を基本的に分配しない仕組みでした。

　地方公営企業は、法第21条で、「料金は、公正妥当なものでなければならず、かつ、能率的な経営の下における適正な原価を基礎（以下、略）」とするとされ

ています。適正な原価を上回る価格で売ってはいけないのです。これでは、大きな利益をあげることはできません。

　また、「独立採算主義」だといわれています。しかし、法第17条の２では、「地方公営企業の経費で政令で定めるものは、地方公共団体の一般会計又は他の特別会計において」負担する、とされています。具体的には、下水道事業における雨水処理に係る経費、水道事業における消火栓で使う水、病院事業における救急部門等は、一般会計からの補塡がなされています。また、水系などの地理的影響等のため高い水道料金を設定せざるをえない地域には、「高料金対策」として一般会計から補塡することが認められています。

　このように、地方公営企業は名前こそ企業ですが、利潤追求が求められる企業ではなく、あくまで自治体の一部門として、住民の福祉の向上のために、議会と住民のコントロールのもとにおかれなければならないものです。

　ところが、2011年に法が改正され、2012年４月から施行されています。この改正により、従来はできなかった利益剰余金を分配したり資本金を減資したりするなど、株式会社と同じようなことができるようになりました。

　法改正の目的は地方分権だとされています。例えば、「地方公営企業は、毎事業年度利益を生じた場合において（略）その残額の20分の１を下らない金額を減債基金又は利益積立金として積み立てなければならない」（第32条）という規定が、法律による地方自治体への義務づけだとされました。

　同時に、改正前の法の特徴である「借入資本金制度」という概念もなくされてしまいました。企業債や一般会計からの「出資金」に相当する部分を「借入資本金」といい、自治体内部の取引なのだから自己資本としてきました。これを、民間企業では株主が出資する資本金は負債と同様の位置づけだからと、負債として整理することになったのです。

　利益剰余金の処分についていえば、ダムの運営と発電を行っている長野県企業局では、利益剰余金を一般会計に配当し、「自然エネルギー地域基金」、「こども未来支援基金」などに拠出しています。住民の福祉の向上という名目はいきていると思われますが、地方公営企業として利潤を得る＝その利潤を外部の出資者に分配することが目的となる危惧があります。

2 地方公営企業の経営の概況

地方公営企業の経営の概況についてみてみましょう。よく「親方日の丸」といわれますが、赤字なのでしょうか。それとも黒字なのでしょうか。

まず、収益的収支、資本的収支の両者を比較すると、13兆円規模の収益的収支のほうが7兆円規模の資本的収支より大きくみえます。しかし、減価償却費や支払利息が合わせて約4兆円あり、それを考慮すると、地方公営企業は、サービスを行う部門より、施設整備費や企業債の償還に係る部分が大きいのです。そういう操作をしなくても、交通や下水道においては、収益的収支と資本的収支はほぼ同額になっています。

収益的収支の純損益は6375億円の黒字です。交通事業は赤字になっていますが、水道事業も下水道事業も営業収益の1割程度の経常利益をあげています。全事業を通じて、料金収入と他会計繰入金の合計は、営業費用から減価償却費と支払利子という設備関係経費を減じたものとほぼ同じであり、いわばランニングコストが赤字というわけではなさそうです。

表13-1　法適用企業の収益的収支決算（2020年度）

（単位：億円）

		全事業	水道	交通	病院	下水道
経常収益		135,770	31,472	5,040	54,399	39,347
営業収益		103,114	27,211	4,215	44,360	22,347
	料金収入	88,140	25,841	3,826	39,605	14,447
	他会計負担金	10,584	828	364	5,032	5,429
	国庫補助金	4,819	198	33	4,531	51
経常費用		129,409	28,524	5,811	53,149	37,189
営業費用		121,303	27,193	5,453	50,370	33,776
	職員給与費	32,809	3,042	1,910	25,829	1,421
	減価償却費	39,406	10,931	1,674	3,964	21,681
	支払利息	5,259	1,166	297	521	3,143
経常損益		6,361	2,949	− 771	1,251	2,158
純損益		6,375	2,837	− 764	1,366	2,157
累積欠損金		40,619	743	14,535	19,062	1,654

注：水道事業には、簡易水道事業を含む。
出所：「令和2年度地方公営企業等決算の概要」から作成。

いわゆる**規模の経済**が働かないので人口規模の小さい所は、減価償却費や支払利息といった建設費の負担が大きく、赤字傾向だろうとは思われます。しかし、全体でみたときには、サービスにかかる部分では、「親方日の丸」といわれるような赤字体質ではないのです。

　次に、資本的収支をみてみましょう。事業全体としては、700億円の赤字（財源不足）となっています。この赤字は、資本金や内部留保等で補塡しています。

　資本的支出は、建設改良費と企業債償還（元本部分）がほぼ同額です。企業債償還は過去の投資を返している部分です。

　一方、財源については、全体7兆円の5割強を外部資金、5割弱を内部資金で調達しています。水道事業だけが内部資金の割合は6割強になるのに対し、交通事業や病院事業、下水道事業内部資金が4割、外部資金がほぼ6割になっています。水道会計の内部資金の高さが目立ちます。

　そもそも内部資金とは、これまでの剰余金の積み重ねです（236頁の「3の財布」）。民間企業であれば、利益を設備投資ほかの将来の備えに充てることは推奨されるでしょう。しかし、地方財政に限らず財政一般には、「各会計年度における歳出は、その年度の歳入をもって充てなければならない」という「会計

表 13-2　法適用企業の資本的収支決算（2020年度）

（単位：億円）

		全事業	水道	交通	病院	下水道
資本的支出		72,474	19,058	4,361	8,623	35,030
	建設改良費	37,261	12,790	1,741	4,187	16,499
	企業債償還金	33,175	5,723	2,542	3,866	18,304
	その他	2,038	545	79	569	227
資本的支出財源		71,509	19,035	3,818	8,428	34,836
	内部資金	33,649	12,491	1,380	2,620	13,302
	外部資金	37,860	6,544	2,438	5,808	21,534
	うち企業債	20,571	4,040	1,659	2,930	11,141
	他会計出資金	3,233	652	308	487	1,703
	他会計補助金	2,644	218	157	78	2,176
	国庫補助金	6,561	603	297	454	5,400
財源不足額		691	6	543	181	− 41

注：水道事業には、簡易水道事業を含む。
出所：表 13-1 に同じ。

年度独立の原則」という概念があります。将来に予想される設備投資のために内部資金を過度に貯めることは、現在の受益者がそのメリットを享受しないかもしれないのに負担していると言うことができ、「会計年度独立の原則」という議会制民主主義から逸脱していると考えられます。

③ 水道事業会計の特徴と今日的課題

水道事業の今日的課題は3点あります。第1は、水道施設の「老朽化」であり、第2は広域化、第3は**民営化**・市場化の動きです。

まず、水道施設の「老朽化」についてみていきましょう。

図13-2では、水道施設ごとの建設費が集計されています。配水施設が水道建設費の大部を占めています。1970年代は、上水道の浄水施設、用水供給事業が増えています。高度経済成長と都市部への人口集中によって都市部の水需要が高まり、ダムを含む新たな水源開発が行われたのでしょう。そして、20世紀の

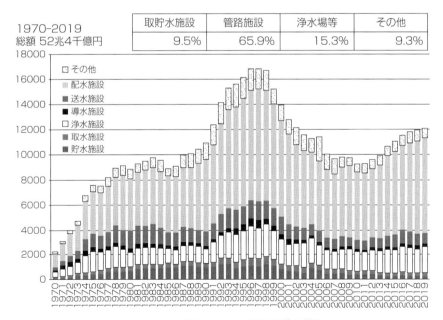

1970-2019 総額 52兆4千億円	取貯水施設	管路施設	浄水場等	その他
	9.5%	65.9%	15.3%	9.3%

図 13-2 水道施設ごとの建設事業費の推移

出所：水道協会資料。https://www.jdpa.gr.jp/seminar/images/20220125kanagawa_1.pdf

終盤にピークを迎えます。耐震対策として鉛管や石綿管の交換とともに、集落レベルでの人口減少を原因に簡易水道事業の減少が始まっており、上水道への統合が進められました。

　一般に 40 年が水道施設の耐用年数だとされています。1970 年代の施設拡大の時代の施設は「老朽化」しているものの、その一部は 2000 年頃に改修されており、自治体ごとに、管路の老朽化の様相が異なることが予想されます。人口動向も踏まえた中長期の計画によるコントロールが必要です。

　次に、水道インフラの広域化についてみていきましょう。

　水道法は、明治時代の水道条例以来の伝統をうけつぎ、**市町村公営主義**を原則としています。

　厚生労働省は、2004 年 6 月の「水道ビジョン」を改正し、2013 年 3 月に「新水道ビジョン」をまとめています。

　「水道ビジョン」では、「地域の自然的社会的条件に応じて、施設の維持管理を相互委託や共同委託することによる管理面の広域化、原水水質の共同監視、相互応援体制の整備や資材の共同備蓄等防災面からの広域化等、多様な形態の広域化を進める」こととされており、施設効率や経営効率を求めるのが広域化でした。香川県、奈良県では、県レベルの統一組織をつくり、職員確保が目指されています。

　ところが「新水道ビジョン」においては、「水源の安定性の確保、緊急時の水源確保に対応するため、広域連絡管の整備が進み、水道事業者間の流域単位での水融通や流域間での水融通も可能となり、渇水や事故時にも安定して水道水を供給することが可能となる」ことが理想とされています。水源などの地理的な状況に応じて水道管システムを広域化することはおおいにありうることですが、「広域連絡管」や「水融通」が広域化なのです。

　第 3 に、水道事業そのものの民営化・上下分離の動きがあります。

　2018 年に改正され、2019 年 10 月 1 日施行された水道法において、「**上下分離方式**」が盛り込まれました。上下分離し「上」の運営を担う事業体を「コンソーシアム」と言います。

　利用料金の徴収を含む施設の運営権（「上」）を民間事業者に設定する方式です。収益的収支のコストの多くを占める減価償却費の負担は民間事業者の負担

になるのでしょうが、施設（「下」）の所有権はあくまで地方自治体なのです。

　宮城県では、2022年4月から「上下分離方式」が始まりました。運営会社は、世界的な水道大手企業の日本子会社や、リース会社、水道建設事業の大手企業が出資しています。契約は20年間で、対価は10億円とされています。対象は、宮城県が運営してきた、2つの広域水道用水供給事業、3つの工業用水道事業です（従来県が運営してきた4つの流域下水道事業も同社が受託しています）。料金は県が関与するとされていますが、契約水量の変動、動力費の変動などのときに協議が行われ、その程度まで県が関与できるかは未知数となっています。また、「下」の設備の更新に、じっさいに施設の運用を担っているコンソーシアム側がどこまで関与してくるのかも未知数です。

　コンソーシアム側を、議会制民主主義のコントロールの下に置くことができるのかが問われています。

4　下水道事業会計の特徴と今日的課題

　下水道事業についても、上下分離（コンソーシアム）方式の動きがあります。浜松市の下水道事業においても2018年から導入されています。とはいえ、以下では、下水道事業の「赤字」問題について考えることとします。

　下水道事業は、細かく分類すると、市町村が管理する公共下水道のほかに、流域下水道（都道府県が管理し、複数の自治体の下水道を受けて排水処理するもの）があり、また、市町村が管理する農村集落排水事業、漁業集落排水事業、林業集落排水事業という下水道事業があります。

　表13-1、表13-2でみたように、そもそも下水道事業会計は収益的収支と資本的収支がほぼ同額であるという構造的な問題があります。

　以下では、和歌山市の公共下水道事業特別会計をみてみましょう。

　和歌山市は人口30万人余り、製鉄会社の企業城下町です。製鉄所の最盛期には、郊外に宅地開発が行われ、下水道整備がすすめられた結果、「平成9年度から赤字に転落し、平成16年度末の累積赤字額は約97億円に上りました」（2006年策定の下水道事業財政健全化計画）。この時期の和歌山市の下水道事業会計は法適用ではなかったため、「前年度繰上充用」という翌年度の料金収入を前

借するかたちで赤字を埋めてきました。健全化計画がたてられ、水洗化率の向上と使用料の見直し（値上げ）、情報の開示に取り組むものとされ、新規建設に歯止めをかけたこともあいまって、2008年には、単年度赤字は解消されました。その後、和歌山市の下水道事業は、2018年度に法適用となりました。

収益的収支の特徴をみてみましょう。

まず、収益（収入）の4分の1を「長期前受金戻入」が占めています。「長期前受金戻入」というのは施設建設にあたっての国・県からの補助金を、減価償却費と同様に均して毎年度の収入に計上する科目です。また、費用（支出）の7割余を減価償却費と支払利息が占めています。一方、下水道使用料は収入全体の4分の1程度しか占めておらず、雨水処理負担金を合わせても約半分です。費用（支出）の委託料、人件費、動力費はあわせても4分の1程度です。水を浄化するという下水道事業本体はそう大きくないのです。6億円の純利益をあげてはいるものの、監査委員は、「施設や設備の投資が主な要因であるので、施設や設備の稼働率を上げる」必要があると指摘しています。

さらに、資本的収支をみると、支出は、建設改良費と企業債の償還金が主であり、収入は、当年度の企業債と主に国からの補助金・負担金です。右上の不

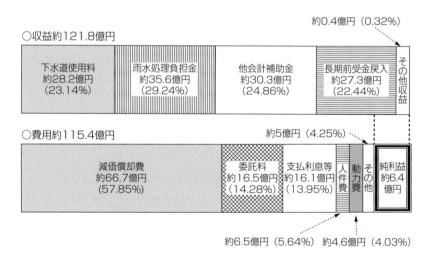

図13-3　和歌山市下水道会計の収益的収支の概要（2019年度決算）

出所：http://www.city.wakayama.wakayama.jp/_res/projects/default_project/_page_/001/008/451/R1koueikigyou-020902.pdf

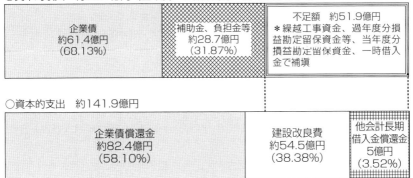

○資本的収入　約90.1億円（翌年度への繰越財源　約4.5億円除く）

| 企業債 約61.4億円 (68.13%) | 補助金、負担金等 約28.7億円 (31.87%) | 不足額　約51.9億円 ＊繰越工事資金、過年度分損益勘定留保資金等、当年度分損益勘定留保資金、一時借入金で補填 |

○資本的支出　約141.9億円

| 企業債償還金 約82.4億円 (58.10%) | 建設改良費 約54.5億円 (38.38%) | 他会計長期借入金償還金 5億円 (3.52%) |

図13-4　和歌山市下水道会計の資本的収支の概要（2019年度決算）
出所：図13-3に同じ。

足額は収支の3分の1程度を占めています。不足する分は資本金や利益剰余金で賄いますが、それらが50億円程度あるわけです。

　さて、これは和歌山市だけのことでしょうか。1990年代、「生活大国」という掛け声のもと、各地で生活関連社会資本、とりわけ、下水道の整備が進みました。バブル崩壊後の経済対策が一層拍車をかけました。

　建設費が過大になっていると、減価償却費や企業債の返済（利息部分）が過大になり、収益的収支を悪化させます。これは、規模の経済が働かない人口の少ない自治体で顕著です。過度投資だと批判することもできますが、その支出は、下水道料金の値上げもしくは一般会計からの補助金で解消しなければならず、いずれも、議会での議決が必要な事柄です。

　しかし、地方公営企業も自治体の内部機関であるわけで、過大な投資をしたとしても、利用料金に転嫁することなく、一般会計で埋めるという政策判断も可能です。企業経営に徹するのか、議会と住民のコントロール下に置くのか。やはり後者が大切であり、地方自治体が住民の福祉の向上を図るために経営する地方公営企業としての原点に立ち戻る必要があると考えられます。

＊文中、意見にかかることは筆者の意見であり、所属する団体の意見ではない。

●演習問題

　和歌山市下水道会計決算についての監査委員の決算審査意見書（258頁）を見本に、あなたのまちの水道会計や下水道会計の、収益的収支、資本的収支のそれぞれを「見える化」してみましょう。

●参考文献

太田隆之（2022）「近年の県営電気事業の現状と課題に関する調査研究」『公営企業の経営戦略、法適用化、広域連携の取組、経営分析手法等に関する調査報告書』地方公営企業連絡協議会。

尾林芳匡・渡辺卓也編著（2020）『水道の民営化・広域化を考える［第3版］』自治体研究社。

自治体問題研究所編（2022）『住民と自治』2022年4月号「特集　水道の広域化・民営化と水の自治」。

関根則之（1968）『地方公営企業法逐条解説』地方財務協会。

細谷芳郎（2018）『図解　地方公営企業法［第3版］』第一法規。

脇雅昭（2012）「解説　地方公営企業法施行令・施行規則の一部改正──地方公営企業会計基準の見直し」『下水道協会誌』594号（2012年4月号）。

●おすすめの文献

・細谷芳郎（2018）『図解　地方公営企業法［第3版］』第一法規。

　地方公営企業に働く自治体職員向けの解説書。とりわけ財務、会計基準が詳しい。2004年の初版が、2011年改正をうけ2013年に改訂版となり、資本金や剰余金の解説が大幅に改稿されています。2018年の第3版でも、財務や会計基準の考え方は、基本的に踏襲されているようです。

　　　　　　　　　　　　　　　　　　　　　　　　　　　　　　　　（中島正博）

第 14 章

観光と自治体財政

> **キーワード**
> 観光地経営、地域固有財、季節変動・季節性、「観光地のライフサイクル」仮説

1 注目されてきた観光

　周知の通り、2020年から世界規模で新型コロナウイルスのパンデミックに至り、人々が移動できない状況が生まれたことで観光は大打撃を受けました（観光庁編，2022；OECD and WTO，2022など）。その後ワクチンが開発され、接種が進んだことで状況は改善しつつありますが、観光は今なお回復の途上にあります。こうした状況ではありますが、コロナ禍前の2019年までは観光客数と観光消費額は世界的に一貫して増加してきており、今後もそれらの成長が見込まれたことで世界的に注目されてきた分野の1つでありました（UNWTO，2017など）。そして「ウィズ・コロナ」、「アフター・コロナ」の経済社会に向けて、地域の再生と活性化を図るための分野の1つとして位置づけられています（観光庁編，2022など）。

　日本では2003年の「観光立国」宣言以降、訪日外国人客の誘客を中心に観光振興を図ってきました。その結果、コロナ禍前までに多くの外国人客が日本を訪れるようになり、観光庁から地域への愛着と誇りを醸成しながら地域で「稼ぐ力」を引き出していくとされる**観光地経営**という考え方も示されました（観光庁ホームページ「観光地域づくり法人（DMO）とは？」）。しかし、地方財政

の分野では観光や観光地の財政について議論がなされてきませんでした。本章では観光地の自治体財政に注目し、事例検討を通じてその特徴を明らかにしていきます。このことを通じて「観光地経営」に取り組んでいく際に検討すべき論点や示唆を示します。

2 観光の「光」と「影」

観光地の自治体財政を検討する前に、まず観光が有する特徴を確認し、観光地の自治体財政を検討する上での視点を得たいと思います。冒頭でも触れたように、観光はかねてから世界的に注目されてきた分野の1つでありました。その理由として主に3点挙げられます（太田，2010）。

第1に、観光は**地域固有財**（local specific goods）に基づいた経済活動です。観光は温泉がある、有名なお祭りが行われる、歴史的な建造物があるなど、その地域固有の特徴、またはその地域が有する固有の価値を活かして行われる経済活動であり、その地域、都市に行かないと経験（消費）することができません。住民や地域外の人々がそうしたその地域、都市固有の特徴を認めている、それらに価値があると評価されている場合に、大都市であれ山間地であれ、場所を問わず振興を図ることができます。地域固有財をベースにした観光は、第15章で扱われる内発的発展論においてモデルの1つとして取り上げられてきました（宮本，2007など）。

第2に、観光はすそ野が広い経済活動です。毎年の観光白書でも説明されているように、観光には農林水産業、食品加工業、運輸業、宿泊・飲食サービス業など、第1次産業から第3次産業に至るさまざまな産業分野が含まれています。したがって、観光客がその地域、都市に来れば、その過程で複数の産業活動が提供する財やサービスを消費することになることから、観光地に至るまでの地域、都市、そして観光地も活性化する可能性が生ずることとなります。

最後に、コロナ禍前は世界的に成長する分野の1つでした。そして、ワクチンの接種が進むことで移動の制約が緩和される中で、今後回復が期待される分野の1つとして挙げられています。このことは冒頭で触れた通りですが、ここでは日本で観光が注目されてきた背景について少し説明します。

日本で観光が注目された背景の１つとして、かねてから日本経済を支えてきた製造業の成長が頭打ち状態になっていることが指摘されました（鈴木・奥村編 2007）。国民経済計算のデータから名目 GDP に占める製造業の今日までの規模を計算すると、1980 年に 22.5 ％、90 年に 24.4 ％と大きくなるものの、2000 年に 23.8 ％、10 年に 20.8 ％、20 年に 19.7 ％と徐々に比率を落としてきています。こうした中で注目されたのが観光です。

　このように観光には経済成長や地域振興の観点から期待される特徴、いわば「光」といえる側面が認められます。他方で観光には諸課題があることもまた指摘されています。これらは観光の「影」の側面といえるでしょう（太田，2010）。

　第１に、観光需要を規定する要因は複数あり、これらの影響を受けて観光需要は大きく変動することが指摘されてきています。これまでの議論から、観光は観光地における宿泊価格などの価格動向や国際金融市場における為替レート、そして観光客の所得水準など、観光に関わる価格や人々の所得水準に関わる要因が議論されてきました。しかし観光需要はこうした経済的な要因に限らず、観光客の年齢や好み、そして今般のコロナ禍やロシアによるウクライナ侵攻に認められる安全・安心に関わる動向も重要な要因の１つとして挙げられてきました。このように、観光需要に影響を及ぼす要因は複数あるとされます。ここで指摘すべきことは、これらの要因のうち観光地でコントロールできる要因は価格動向など一部にすぎず、他の要因はコントロールできないことです。観光地にとって観光需要は、地域外の動向によってほぼ規定されるといえます。

　関連して、観光需要は１年間のような期間でも、数年間、数十年間にわたる期間でも変動することが指摘されています。短期的な変動で代表的なのは、四季の変化や休暇制度のあり方などを要因に概ね１年間で起こる観光需要の変動で、観光学の分野では季節変動（seasonal change）や季節性（seasonality）と呼ばれています。夏休みのように夏季に長期の休暇が設けられていると観光地では夏季に観光客が集中しますが、夏が終わると観光客が一気に減少します。こうした観光需要の変動を**季節変動、季節性**といいます。

　もう１つの中・長期的な変動として注目されてきたのは、数年間〜20 年間程度で起こるとされる「観光地のライフサイクル」仮説（Tourists / Tourism Area

Life Cycle, TALC）です。この仮説を示した地理学者 R. バトラーは、ある観光地における観光客の増減の動向は 1 つの商品が経験するライフサイクルと同じだと考えられると述べました。この仮説が興味深いのは、ある地域が一旦観光地として評価されても、その地域で後述する混雑現象などを経験すると徐々に観光客が減少する可能性があり、先々まで観光地であり続けることを保証していないことです。この仮説は、観光地であり続けるためには観光振興に取り組み続けるだけではなく、観光地で生ずるさまざまな課題にもきちんと対応していくことが必要であることを示唆しています。

　最後にその地域が観光地化していくことで生ずる問題群です。これらの問題は近年オーバーツーリズム、「観光公害」と呼ばれており、コロナ禍以前に多くの観光客を得ていた観光地ではこれらの問題が生じていたことが報じられてきました（佐滝，2019）。これらの問題群は、経済学で議論される混雑現象そのものです。ある地域が観光地化して多くの観光客が訪れるようになると、多くのゴミが排出されたり、常時渋滞が発生するなどのさまざまな問題が発生します。観光地は元来生活地であり、自治体から住民に対して公共サービスが供給されていますが、定住人口以上の人々が年間を通じて滞在するようになると、住民向けの公共サービスで対応できる水準以上の状況が生じ、結果として住民の日常生活に様々な悪影響が及ぶこととなります。

　このように観光には「影」といえる側面もあり、これらに観光地の自治体の政策課題を見出すことができます。

3　観光地の自治体財政の特徴

3-1　定住人口以上の財政需要に直面する観光地の自治体

　本節では前節で把握した観光に認められる特徴群を踏まえて、観光地の自治体財政に認められる特徴を、事例を通じて把握していきます。ここでは事例として日本における典型的な観光地の 1 つである温泉観光地に注目し、その代表の 1 つである静岡県伊東市に注目します。静岡県伊東市は日本を代表する温泉観光地の 1 つである静岡県伊豆地域で最も大きな都市であり、市内に多くの温泉を有することもあって、首都圏を中心に多くの観光客を迎えてきた温泉観光

都市であり、かねてから注目されてきました（大坂, 1983）。

　まず、伊東市の経済構造を確認しましょう。静岡県が公表する2019年度の地域経済計算をみると、伊東市の市内総生産額の89.8％を第3次産業が占めており、宿泊・飲食サービス業も市内総生産額の10.9％を占めています。製造業が盛んな静岡県の同年度の県内総生産額に占める第3次産業の比率は56.8％、宿泊・飲食サービス業の比率は2.2％となっており、県の経済構造と対照すると伊東市が観光都市として際立っていることがわかります。

　次に、伊東市の観光客数と人口の推移を確認します。図14-1に市の人口の推移と静岡県が1988年度から公表されている伊東市の観光交流客数の1日当たりの平均値の推移を示しました。観光交流客数は静岡県が公表する観光客のデータであり、1年間における伊東市での宿泊客数と市内で行われるイベントへの参加客数を合算した数を示しています。図ではこの観光交流客数に注目し、観光交流客数の1日当たりの平均値を算出して人口と合算した値を示した値を「実質的人口」と表しています。

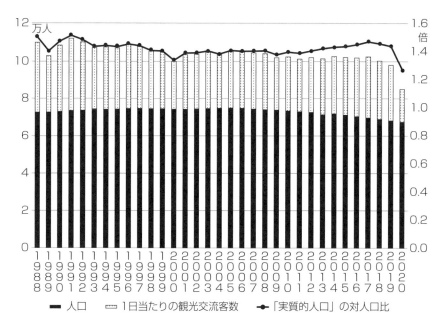

図 14-1　伊東市の人口・観光交流客数・「実質的人口」の推移
出所：伊東市の各年度の決算カードと「静岡県観光交流の動向」各年度版より作成。

「実質的人口」はその時に伊東市に滞在している人々の実際の数、すなわち実際の財政需要の規模に接近することを試みた数値です。通常、自治体はそこに住んでいる人々の数、すなわち定住人口を想定して各種公共サービスを供給しています。しかし、温泉観光都市である伊東市では年間を通じて多くの観光客数を迎え入れていることから、日々滞在する人々は定住人口以上の数になっています。その結果、市が直面する財政需要は定住人口以上の規模になっていることが考えられ、その規模をここでは「実質的人口」として把握しています。なお、ここでは観光需要に認められる季節変動をならしていることには留意が必要です。

図より、伊東市では定住する人々に加えて、宿泊客数や宿泊客数に日帰り客数を加えた観光交流客数を受け入れることで、年間で概ね定住人口の1.4倍前後の人々が滞在してきたことがわかります。すなわち、伊東市の財政はこの規模の財政需要に応じることが求められてきたことになります。

ここで興味深いのは、伊東市では人口減少と観光交流客数の減少を経験しながらも、市財政が直面する「実質的人口」の規模はさほど変わらなかったことです。まず観光交流客数の動向をみると、1990年代前半にピークを向かえてその後徐々に減少してきており、市はこの時期をピークとしたTALCを経験してきたと考えられます。他方、人口の推移をみると、市では2005年度前後の頃にピークを迎え、その後減少していることがわかります。このように、観光交流客数が減少するものの人口も減少しており、市財政が直面する財政需要の規模を示す「実質的人口」はさほど変わっていないことには注意が必要です。

3-2　今日までの歳入と歳出の動向

本節より伊東市の今日までの財政動向を把握していきます。市の財政構造を把握するにあたって、1980年代前半の伊東市の特徴を検証した大坂（1983）の議論に注目します。大坂は伊東市の類似団体である都市の財政データと市のデータを比較しながら、温泉観光都市伊東の財政の特徴を把握しました。ここでも大坂のアプローチに従って伊東市の財政の特徴を把握します。

まず歳入について述べます。ここでは市の自主財源である地方税と、国からの財政移転である地方交付税の動向に注目します。図14-2は市の地方税額と

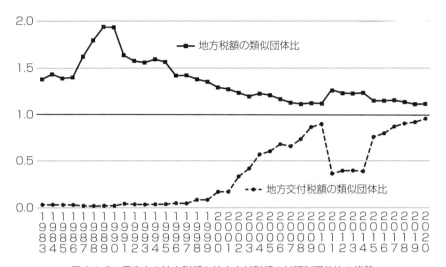

図14-2 伊東市の地方税額と地方交付税額の対類似団体比の推移

出所：伊東市の各年度の決算カードと各年度の「類似団体別市町村財政指数表」より作成。

地方交付税額の対類似団体比の推移を示しています。この値が1を超えた場合は市のデータが類似団体のデータより大きいことを示しており、1以下になった場合は市のデータが類似団体のデータよりも小さいことを示しています。

　図中、地方税収の動向を見ると、伊東市では観光交流客数が多かった1980年代後半から90年代前半にかけて類似団体と比較すると大きく増収していたことがわかります。当時、類似団体の1.9倍以上の地方税収がありました。しかし、その後、観光交流客数が減少するとともに税収も減少し、近年は類似団体の税収額をやや超える程度の水準で推移していることがわかります。他方、地方交付税の動向を見ると、1980年代から90年代にかけて市では類似団体よりもはるかに小さかったことがわかります。しかし、その後観光交流客数が減ると徐々に地方交付税額が大きくなっていき、近年では類似団体なみの水準であることがわかります。

　伊東市財政において地方税収の動向は重要です。理由は、地方交付税は定住人口に基づいて配分されており、迎え入れる観光客の動向は反映されないから

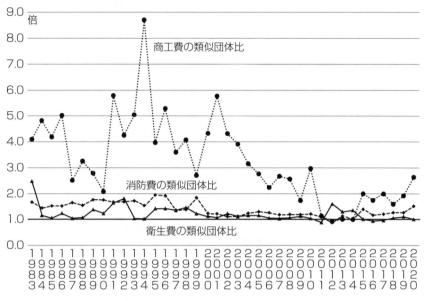

図 14-3　伊東市と市の類似団体の商工費・衛生費・消防費の推移

出所：図 14-2 と同じ。

です（大坂，1983：日本都市センター編，2019）。前節で市の「実質的人口」が概ね定住人口の 1.4 倍程度で推移してきたことを確認しました。観光客も利用する公共サービスは自主財源で対応することが基本となっている中で税収が減収することは、市にとって財政負担が重くなることを意味します。

　次に歳出について述べます。ここでは観光振興を支える主要経費である商工費と、観光地のごみ処理経費を含む衛生費、そして観光地の安全・安心に資する経費である消防費の動向に注目します。後者の 2 つの経費はそれぞれ観光地を維持する経費の 1 つです。**図14-3** も市の各歳出額の対類似団体比の推移を示しています。

　図中、商工費の推移を見ると、伊東市のそれは概して類似団体よりも高い水準で推移していたことがわかります。年によって変動していますが、観光交流客数が多かった 1990 年代前半の時期は類似団体の 4〜5 倍の規模で支出されており、1994 年度には 8 倍以上の規模の支出があったことも認められます。しかしその後、その規模は徐々に落ち込み、2010 年度以降は類似団体と同程度の時

表 14-1 「実質的人口」の規模が同程度の年度の伊東市の財政状況

年度			1990	1992	2017
「実質的人口」の対人口比			1.48	1.49	1.47
歳入		地方税収額の対類似団体比	1.93	1.57	1.15
		地方交付税額の対類似団体比	0.03	0.04	0.87
歳出	観光振興経費	商工費の対類似団体比	2.07	4.25	1.99
	観光地維持経費	衛生費の対類似団体比	1.23	1.80	0.97
		消防費の対類似団体比	1.75	1.68	1.20

出所：図 14-1～3 のデータより作成。

期があったこともわかります。他方、衛生費と消防費の推移をみると、観光交流客数が多かった 1980 年代後半から 90 年代前半の時期は類似団体よりも大きく、その後徐々に減少してきていることがわかります。しかし、その水準は類似団体をやや超えるか同程度の水準で推移してきています。観光客が減少し、人口が減少しても観光地を維持するための財政需要は一定程度あることがわかります。

　以上、伊東市の歳入と歳出の動向を把握しました。最後にまとめとして「実質的人口」の対人口比が同程度の規模である年度における市の歳入と歳出の状況を表 14-1 に示しました。

　表より、多くの観光客を迎え入れる伊東市ではこれまでに定住人口以上の財政需要に直面してきましたが、時期によって歳入と歳出それぞれの構造が異なっていることがわかります。観光客数がピークを迎えていた 1990 年代前半は自主財源である地方税収が大きく、商工費を通じて積極的な観光振興を行っていたことがわかります。その後、観光客数が減少し人口もまた減少する中で、地方税が減収して地方交付税が大きくなっていきますが、一定程度の需要がある衛生費や消防費に対応しながら、観光振興に取り組まなければならないときに商工費を大きくすることができない状況にあったことがうかがえます。

4　必要とされる「観光地経営」に向けて

　以上、温泉観光都市伊東市に注目しながら、これまでの観光客数と財政の動

向を把握しました。市では定住する人々に加えて観光客が滞在することで生ずる定住人口以上の財政需要への対応が求められてきたこと、近年観光客数が停滞するものの人口減少も進展することで、市が直面する財政需要の規模はあまり変わりがないことを確認しました。伊東市では1990年代前半をピークとしたTALCを経験してきていると考えられ、観光需要が減少することで地方税収も減収し、地方交付税が徐々に大きくなってきた経緯があること、そして一定程度の観光地維持の経費を支出しながら、以前よりも観光振興の経費が小さくなってきたことを把握しました。

　本章で確認したように、観光には地域の発展をもたらす「光」の側面がある一方で、その需要が変動したり、生活地でもある地域、都市に混雑が生じるなど「影」の側面もあります。観光振興に取り組むことは、こうした「影」にも同時に対応することが求められることになります。コロナ禍にあってワクチンの接種が進むことで再び観光は注目され、観光を通じた地域の再生や活性化が期待されつつあります。冒頭で観光庁は地域の「稼ぐ力」を引き出す「観光地経営」を示したことに触れましたが、本章で述べてきたように、観光振興だけを考えるのではなく、観光客を迎え入れることで生ずる定住人口以上の財政需要にどう対応するかということも検討する必要があります。

　ここで改めて確認したいのは、地域固有財をベースとする観光は内発的発展論において重要なモデルの1つであったことです。内発的発展は、住民をはじめとした地域の主体がイニシアチブを取って地域づくりに取り組む考え方であり、その中で自治体は重要な役割を担っています（宮本，2007など）。住民もまた重要な役割を担っています。池上は地域固有財を規定する固有価値に土地管理の必要性や空間設計の思想があることを指摘しています（池上，2003）。地域固有財である観光資源には景観や環境をはじめとした地域における有形無形の財産が含まれており、公共信託財産ともいえる側面が認められるでしょう。自治体は地域政策を通じてこれらの管理に関わることになりますが、それを支えるのは住民になります。「観光地経営」を考える場合、こうした地域づくりの考え方があることを踏まえて住民も参加しながら観光振興、観光地維持の両方を考えていく必要があります。

●演習問題

①今住んでいる地域で行われている観光振興の取り組みを調べてみよう。

②今住んでいる地域の自治体が観光客に対して提供している公共サービスを調べて
みよう。

●参考文献

池上惇（2003）『文化と固有価値の経済学』岩波書店。

大坂健（1983）「都市財政の構造と特質」『都市問題』第74巻第2号、80-104。

太田隆之（2010）「観光地再生のための政策課題と地域政策の可能性・方向性」『静岡
大学経済研究センター研究叢書』第8号、12-47。

観光庁編（2022）『令和4年版観光白書』。

観光庁ホームページ「観光地域づくり法人（DMO）とは？」https://www.mlit.go.jp/
kankocho/page04_000048.html。

佐滝剛弘（2019）『観光公害――インバウンド4000万人時代の副作用』祥伝社新書。

鈴木茂・奥村武久編（2007）『「観光立国」と地域観光政策』晃洋書房。

日本都市センター編（2019）『ネクストステージの都市税財政に向けて』日本都市セ
ンター。

宮本憲一（2007）『環境経済学 新版』岩波書店。

OECD and WTO (2022), *The economic impact of restricting international mobility*,
OECD/UNWTO, Paris and Madrid.

UNWTO (2017), *International Tourism Highlights: 2017 Edition*.

●おすすめの文献

・観光庁編『観光白書』各年度版。

・UNWTO, *International Tourism Highlights*, 各年版。

前者では主に日本の観光動向が、後者では国際的な観光動向と世界各地の観光動向
がまとめられており、インターネット上で閲覧、ダウンロードができます。いずれ
もその時々の各国・地域の経済に占める観光経済の比率や観光がもたらす経済効果
が端的にまとめられており、有益な文献です。後者については国連世界観光機関
（UNWTO）駐日事務所のホームページで日本語訳も公表されています。

（太田隆之）

第 **15** 章

地域経済と内発的発展

キーワード
中小企業、内発的発展、外来型開発、地域開発政策、過疎対策

1 グローバル化時代の地域経済

1-1 現代の地域経済構造

　グローバル化が進展する中で、日本の経済構造は大きく変化してきています。戦後日本の経済構造は、**三大都市圏**（東京・大阪・名古屋）への本社機能をはじめとした企業の中枢管理機能の集積を特徴としていますが、これに対して地方圏は、大都市圏に本社を置く大企業の支店や生産現場が配置され、支店経済と呼ばれる状態にありました。このような状況で**グローバル化**が進展することで発生したのは、経営判断などを行う中枢管理機能の海外進出ではなく、工場などの生産現場・生産機能の海外流出でした。つまり、グローバル化に伴って三大都市圏、特に東京圏の中枢管理機能は世界規模に発達した反面で、地方圏では製造業の海外流出に伴う産業の空洞化問題が深刻化したのです。

　実際に東京都の経済構造を 2015 年産業連関表からみてみると、例えば地域単位の財・サービスの販売と購入の差額を示す域際収支は、東京都の全産業の合計で＋29.8 兆円という莫大な黒字を記録しています。この域際収支黒字が最も大きい産業部門は「本社」部門で、黒字額のおよそ半分の＋14.9 兆円もの黒字を記録しています。これは、多くの企業の本社が東京都に集中した結果とし

て、各地域で発生した利潤が本社の立地地域である東京都に大量に集まってきているということを示しています。企業の中枢管理機能が東京圏に一極集中するような経済構造が構築されることで、多くの地域が自地域で生み出した利潤を自地域内に留めることができなくなってしまっているのです。

　この様な地域経済構造では、地方圏の多くの地域において地域内再投資が困難になってしまいます。岡田（2020）は、地域が長期的な経済発展を達成するためには、地域内の主体が稼得した利潤を地域内に再投資することで新たな経済活動を生み出すという地域内再投資の重要性を指摘しています。しかし、現代日本の経済構造では多くの地域で発生した利益が東京圏へと流入しています。その資金は、東京圏の本社の決定する経営戦略に従って全世界の中から最も生産活動に適している地域へと投資されることとなります。つまり、資金が発生した地域に再投資される可能性が非常に低くなってしまうのです。

　このような状況においては、いくら各地域が「地域活性化」や「地方創生」といったお題目を掲げたとしても、それだけで地域の経済状況を改善させることは困難です。ただし一部の地域では、こうした地域経済構造を打ち破り中長期的な地域経済発展を目指す効果的な取組みが展開され、目ざましい成果をあげてきました。例えば大分県旧**湯布院町**（現由布市）や鳥取県**大山町**、宮崎県**綾町**といった自治体は、地域内の主体が地域資源を活かして地域経済の活性化に取り組んできた事例として有名です。また近年では、島根県**海士町**や岡山県**西粟倉村**における移住者も巻き込んだ地域振興の事例などが注目されています。

　これらの先駆的な地域振興の事例は、東京圏中心の経済構造の中で周辺・端に位置する地方圏の小規模な農山漁村地域において盛んに展開されてきました。東京圏に中枢管理機能を置く大企業グループ中心の経済構造から外れた地域において、独自の地域経済発展のための取組みが進められてきたのだと理解できます。さらに近年では、支店経済が構築され大企業グループの生産現場としての役割を担ってきた地方圏の中小都市においても、地域の主体による地域経済発展を目指した取組みが展開されています。

1) 長野県飯田市の地域産業政策

　長野県南部、南信州地域の中心市で人口約10万人を擁する**飯田市**では、これまで大企業の下請けとして仕事を受けてきた中小製造業者が、市と協力しなが

ら新製品開発や新規産業への参入を目指した事業展開を行っています。例えば2006年に開始された飯田航空宇宙プロジェクトでは、市内の複数の中小製造業者が企業グループを結成して勉強会や研究開発を行い、参入のハードルが非常に高い航空宇宙産業への参入を果たしています。

飯田航空宇宙プロジェクトでは、参加企業が共同受注や品質保証システム構築といったテーマ別にワーキングチームを結成し、勉強会などの活動を行ってきました。その中でも共同受注のチームに所属している9社は、共同受注グループ「エアロスペース飯田」を結成し、実際にこのグループでの共同受注を何件も成功させています。こういった動きをサポートするため、飯田市及び市の外郭団体である南信州・飯田産業センターは当該プロジェクトの事務局を担うとともに、プロジェクトマネージャーの雇用を安定化させるなどの積極的な支援を行ってきました。また同時に、地域の産業人材を育成するための飯田産業技術大学事業を展開し、地域内の**中小企業**に共通の課題である人材教育への支援も行っています。そしてこれらの支援政策は、地域内の個別企業への単なる経営支援以上の意味を持っていると考えられます。

大企業グループ中心のサプライチェーンが強い機能を発揮してきた日本の製造業では、飯田市などの地方都市に立地する中小製造業者もこのサプライチェーンに組み込まれており、営業や研究開発能力をほとんど持っていませんでした。また人材育成能力も不十分であり、高度成長期には社員教育を行って新たな商品開発等に挑み、それを売るようなビジネスモデルとは無縁の存在でした。しかし、製造業における産業の空洞化が進み生産現場が海外に移されるようになると、サプライチェーンの上位に位置する企業からの仕事を待っているだけでは企業の存続が危ぶまれるようになりました。このような状態では、経営戦略を自主的に決定し、実際の事業展開を行うことが求められます。そのため飯田市では、同様の課題を抱えた複数の中小企業と行政が協力して、地域共通の課題の解決に共同で取り組むこととなりました。

航空宇宙プロジェクトの実施過程においては、「地域内の中小企業が協力して取り組むことのできる目標や夢」を持つことで地域の中小企業の体質改善を促すとともに、地域内の企業間協力体制に基づく「地域企業共同体」を構築することが意図されていました。企業の体質改善と地域内での協力関係の構築が

達成されれば、仮に新産業の創出・育成が失敗してしまったとしても新たな挑戦が共同でなされ、最終的に地域の社会経済的発展が達成される可能性が高まるとの考えが重視されたのです。つまり、飯田市における航空宇宙産業参入に向けた一連の支援政策の展開は、新産業創出・育成のみを目指したものではなく、地域経済発展のための主体づくりも意図していたと理解できます。

　また飯田市においては、航空宇宙産業に挑戦する製造業者以外に対しても、ネスクイイダという共同受注グループを構築し、新製品開発や共同受注を企業間の協力関係に基づいて推進しようとしています。市はここでも、地域内の中小企業に対して「共創の場」を提供することで地域の企業間の関係性構築を図ってきました。この共同受注グループにおいてはLED防犯灯を筆頭に複数の製品開発実績が存在しており、製品開発以外にも地域内の企業間での取引増加等の効果が見られます。

　飯田市の製造業に対する支援政策は、航空宇宙プロジェクトにおいてもネスクイイダにおいても、地域内の中小製造業者間の関係性構築を重視している点に特徴があるといえます。元来、市内の中小製造業者は大企業のサプライチェーンの一部として機能してきていたために、地域内の企業間関係は希薄でした。そこで飯田市は、一連の政策を通じて各製造業者間のつながりを構築し、地域単位の企業ネットワークを成立させたのです。そしてこのネットワーク形成支援は、個別のプロジェクトの成否に留まらない、長期的な地域経済発展の主体形成を目指しているという点に特徴があります。

　飯田市のような地方都市は、小規模な農山漁村とは経済規模や産業構造が大きく異なっており、地域経済振興のための施策も異なったものが求められます。多くの農山漁村地域で行われてきた地域の名産品の加工販売といった比較的単純な地域振興施策のみならず、地域の産業構造を踏まえた高付加価値化や新産業創出といった施策が必要となるのです。そしてそういった地域振興の実現のために重要となるのが、地域の企業や生産者を巻き込みながら地域経済発展のための取り組みを行う主体です。産業振興のための主体形成という点で、飯田市の取組みは多くの地域の参考となるものだといえます。

2 内発的発展の理論

2-1 外来型開発の失敗

　このような地域経済の発展を目指す各地域の取り組みは、理論的には**内発的発展**論から説明が可能です。この議論は、1980年頃にそれまで実践されてきた地域開発を批判し、そのオルタナティブとして登場した理論です。そのため、内発的発展論の理解のためには**外来型開発**と呼ばれた当時の**地域開発政策**の整理から始める必要があります。

　戦後復興と産業の振興が至上命題であった戦後の日本では、政府が産業政策を通じて積極的に地域開発を行い、産業の高度化を図ってきました。この地域開発では、太平洋ベルト地帯に原油や鉄鋼などの精製を行って他産業の素材供給を担う産業をコンビナートという形で立地させ、日本の重化学工業生産の基盤を形成することが目指されました。コンビナートの立地地域の立場からすると政府の資金で巨大な産業が地域に創出されることとなるため、多くの地域が地域経済発展の手段としてコンビナートの誘致活動を展開しました。

　しかし、実際に地域開発政策によって整備された巨大コンビナートなどの各種生産設備は、期待されたほどの地域経済効果をあげることができないばかりか、公害問題などの社会問題を引き起こし、深刻化させてしまいました。なぜ一連の地域開発政策で公害問題が深刻化してしまったのかというと、第1に整備された重化学工業が汚染物質の排出量の比較的多い産業であり、環境汚染が進んでしまったことがあげられます。第2に、コンビナートで操業している企業の多くは都市圏から開発地域へと進出した企業であり、中枢管理機能が被害地域に立地していなかったこともあって被害への認識が薄く、対応が遅れてしまいました。第3に、被害が深刻であった反面で、地域経済に対して期待されたほどの波及効果は存在しておらず、そこから得られる税収などで公害問題に対応することもできませんでした。

　地域開発政策の費用負担と効果の関係を分析した遠藤（1985）の研究成果から、第3の問題点の深刻さがより明確に分かります。例えば日本最大級のコンビナートである**四日市コンビナート**は、開発投資の資金負担が国217億円、三

重県331億円、四日市市176億円でした。これに対して1960〜77年の間に発生したコンビナートからの税収は国462億円、県220億円、市331億円となっており、国と市はプラス収支ですが、県はこの段階で110億円の赤字が発生しています。そしてここに、コンビナートによって発生した公害の対策費用が上乗せされるのです。

　四日市市が1960〜77年の間に負担したコンビナートによる公害問題への対策の経費は累計で90億円以上と推計されています。市の負担したコンビナートの開発投資と市の税収の差額は155億円のプラスであり、一見すると公害対策経費を補って余りある税収をもたらしているようにみえます。しかし地方交付税の交付団体では、地方税の増加は基準財政収入額の増加を通じて普通交付税の減少を引き起こします。この点を考慮に入れた四日市コンビナートによる実際の歳入増加額は76億円と推計され、公害対策経費を大きく下回ることになります。つまり、コンビナートから得られた利益では公害対策経費を賄えていない状態であったのです。

2-2　内発的発展の理論と展開

　このように、地域開発政策による沿岸部への重化学工業の集積は、周辺住民を中心に多数の公害被害者を生み出してしまい、なおかつそれを解決できるような構造にはありませんでした。そこで宮本憲一は、そのような外来の資本や技術に基づいた地域の実情を顧みない外来型開発を批判した上で、これに代わる発展論として前述の旧湯布院町や大山町の地域振興を例示しながら内発的発展論を提起したのです。内発的発展は、「地域の企業・労働組合・協同組合・NPO・住民組織などの団体や個人が自発的な学習により計画をたて、自主的な技術開発をもとにして、地域の環境を保全しつつ資源を合理的に利用し、その文化に根ざした経済発展をしながら、地方自治体の手で住民福祉を向上させていくような地域開発」と定義されています（宮本，2007，p.319）。

　宮本による定義には、主体論・目的論・方法論の要素が含まれています。第1に主体論としては、地域外の大企業に依存するのではなく、地域内の企業や組合、そして何よりも住民が主体となることが求められています。第2に目的論としては、経済成長だけではなく環境や住民福祉まで含んだ総合的な発展を

目的としていることが重要であるとされています。第3に方法論としては、地域の資源を活用しながら複雑な産業連関を構築し、付加価値があらゆる段階で地元に帰属するような方法が示されています。内発的発展論は、**外来型開発**の失敗を繰り返さないためにも、地域内の主体が主導する地域の社会経済発展の重要性を訴えているのです。

　この**内発的発展論**は、全国各地での実践からフィードバックを得て、理論的にも進展していきました。例えば中村（2004）では、それまで農村地域の小規模な取り組みばかりに注目が集まっていた内発的発展が、金沢などの地方中核都市レベルでも実践可能であることを示しました。また小田切・橋口（2018）では、イギリスにおいて議論されているネオ**内発的発展**論を参照しながら、農村地域においてこれを実践するためには、外部のアクターとの協力が重要であることを強調しています。

　外部の資本による地域の実情を無視した外来型開発を批判し、地域の主体性を重視した議論を展開してきた内発的発展論において「外部アクターとの関係性が重要」であるといわれると、やや矛盾しているように聞こえるかもしれません。しかし、経済活動はある地域の内部だけで完結するものではありません。むしろ地域経済は非常に開放性が高く、常に外部のアクターと関係を持ちながら動いています。ですので、内発的発展を考える上でも外部のアクターとの関係性は当然に重要になります。さらに近年の人口減少と少子高齢化によって、特に地方圏において地域の自治を担い社会問題の解決に取り組む余力のある人材が急速に減少してしまっています。そのため、外部の活力のあるアクターとうまく連携することの重要性はより一層高まっています。

3　地域振興と行財政の関係

3-1　都市地域における中小企業支援

　飯田市における内発的発展の取組みに象徴されるように、地域振興には国と地方自治体の政策や制度が重要な役割を果たしています。飯田市では、地域内の企業共同体の構築を目指して中小製造業に対する複数の支援政策が展開されていました。また、太平洋ベルト地帯を中心に重化学工業を集積させるという

形で地域の経済構造を大きく変化させたのも、地域開発政策という国の政策でした。

　これらの地域経済の振興のために実践される政策や制度の内容は、当然地域の経済構造ごとに大きく変わってきます。特に、経済活動の盛んな都市地域とそうではない過疎地域では、取り組むべき地域振興策は大きく異なります。飯田市のような地方都市をはじめ、一定規模の経済活動が行われている都市地域においては、地域内にすでに存在する産業・経済活動をいかに活性化するかということが重要になります。そして、そのような形での地域振興に際しては、地域内の中小企業が重要な役割を果たすことになります。

　飯田市の事例においても確認したように、中小企業、特に中小の製造業者は大企業のサプライチェーンに組み込まれることで仕事を確保していました。しかし、グローバル化の進展による産業の空洞化問題などによってサプライチェーンに変化が生まれると、多くの企業が自前で仕事を確保する必要性に迫られることとなりました。結果として中小企業は新たなビジネスに取り組むことを求められることになりましたが、それによって中小企業が新しいイノベーションの担い手となることも期待されるようになりました。

　中小企業に期待される役割の変化を受けて、これに対する政策の理念も大企業との格差是正から競争とイノベーション促進へと変化したことが指摘されています（長山，2020，p.277）。1999 年に策定された新中小企業基本法では、中小企業を競争の中で新産業を創出し地域経済の活性化をけん引する存在と規定していて、この理念の転換が確認できます。そして、実際の支援政策もイノベーションや新規事業を促進するようなものが中心となってきました。具体的には、地域内でのネットワーク形成によるイノベーションの創出などが重視されてきました。

　2000 年代にはシリコンバレーを参考に、地域内の中小企業間での連携や産官学でのネットワーク形成を軸にイノベーティブな活動を生み出そうとする産業クラスター政策が推進されました。また 2014 年から取り組まれている地方創生政策においても、地域内のネットワークに基づくローカルイノベーションの促進が強調されています。規模が小さく事業展開の幅やアイディアに限界が生まれやすい中小企業がイノベーションを生むためには、地域単位でのネットワ

ークによる多方面との連携が重要になるのです。

　また、制度融資と呼ばれる金融政策も多くの自治体において実施されています。制度融資とは地域内の企業が借り入れを行う金融機関に自治体が預託金を預けることで、市中金利よりも低利で借り入れが可能となる制度です（梅村，2019，p.16）。経営基盤がぜい弱な中小企業にとって、資金面での支援は安定した経営のためにも新規事業の展開のためにも重要な役割を果たすものとなっています。

3-2　過疎地域振興のための財政措置

　民間経済の活動がある程度活発に行われている都市地域においては、ここまで確認してきた通り、中小企業がよりイノベーティブな活動をしやすい環境を整えることを意図した政策が主流となっています。対して事業を展開している民間企業が非常に少ない過疎地域においては、地方自治体などが地域経済発展のためのより積極的な役割を果たすことが求められます。実際に国は、過疎地域に対して特別な財政制度を用意することで地域振興を後押ししています。

　国による過疎地域をはじめとした条件不利地域への振興策としては、半島振興や離島振興、山村振興、豪雪地対策など、地理的な条件不利地域の支援に加えて、過疎地域対策が展開されています。中でも2000年に策定された過疎地域自立促進特別措置法に基づく過疎地域対策は重要です。同法は複数回の改正を経て2021年3月まで継続し、同年4月からは新たに類似の役割を果たす「過疎地域の持続的発展の支援に関する特別措置法」が施行されています。

　一連の**過疎対策**事業の対象となる過疎地域には、人口減少率や高齢化率などを指標とした人口要件と財政力指数を指標とした財政要件が、一定の条件を満たすと指定されます。2022年時点では、全1718市町村の半分を超える885市町村が過疎関係市町村に指定されています（総務省，2022）。そして、過疎関係市町村に指定をされることによって、各種事業の国庫補助率の引き上げや税制の特例措置といった財政措置を受けることが可能となります。

　これらの財政措置の中でも特に活用されている制度が、過疎対策事業債（過疎債）です。過疎債は充当率100％で元利償還金の70％が交付税措置される制度です。つまり過疎対策事業を実施する際には、その事業費の全額を過疎債で

調達することができ、さらにその債務を返済する際には返済額の70％が交付税によってカバーされるのです。なお過疎債の事業対象は建設事業に限定されていましたが、2010年の過疎法改正によって地域医療や生活交通の確保、産業振興といったソフト事業も対象となりました。

これらの過疎対策事業によって、過疎関係市町村に指定された自治体は少ない財政負担で地域の社会経済問題に対する対策を講じることができるようになっています。人口減少と少子高齢化が急速に進む過疎地域では、商業や公共交通、医療機関などがビジネスとして成り立つことが困難になり、生活機能の維持が課題となっています。地方自治体と地域住民が主体となってこれらの地域課題に対応する際に、過疎対策事業の財政措置が機能するのです。

以上のように、都市地域においても過疎地域においても国や自治体の政策や財政制度は、地域振興のために重要な役割を果たしていることがわかります。都市地域においては中小企業に対する支援政策を中心に政策展開がなされ、民間企業主導の地域振興を可能とする環境が整備されています。また過疎地域においては、地方自治体と住民による地域の社会経済問題解決のための取組みを、国の過疎対策事業が財政面で下支えする構図となっています。

展開されている政策の内容は、都市地域に対するものと過疎地域に対するもので大きく異なっていますが、どちらの政策も地域外の資本による外来型開発ではなく、地域内の主体による発展を目指していることは共通しています。現代の地域振興は、地方自治体と地域内の企業や住民が主体となる内発的発展論をベースとしているといえます。

4　地方財政と地域経済・内発的発展

本章ではここまでに、地域の経済構造を変化させようとする飯田市の取組みを紹介した上で、それが外来型開発ではなく内発的発展と符合することを確認しました。また、都市地域と過疎地域で実際に展開されている主な政策や制度についても整理を行い、それらが地域内の主体による地域振興を志向していることも確認しました。その点で現代の地域振興策は、外来型開発ではなく内発的発展論を基礎としていると理解できます。

しかし、単に地域内の主体によって取り組まれているからといって、内発的発展論がうまく機能し、地域の社会経済発展が達成されるとは限りません。全国的に人口が減少し経済が停滞する日本において地域の社会経済発展を実現するためには、地域内の主体が学習と実践を繰り返してその能力を成長させる必要があります。また、外部アクターとの連携による新たな刺激やアイディアの獲得も重要になります。

　これらの地域内の主体による内発的発展を目指した活動に、国や地方自治体による地域の特徴と課題に合わせた政策展開や財政措置が合わさることによって、地域振興が可能となっていくのです。最終的には地域の経済構造を変革し、長期的な地域経済発展を可能とする経済構造を構築していかなければなりません。その際に、政府の政策と財政が重要な役割を果たすのです。

●演習問題
自分と関わりのある地域の経済を活性化するために、国や地方自治体はどんな政策を展開しているのか調べてみましょう。また、より一層の活性化のために必要な政策や制度を考えてみましょう。

●参考文献

梅村仁（2019）『自治体産業政策の新展開――産業集積の活用とまちづくり的手法』ミネルヴァ書房。

遠藤宏一（1985）『地域開発の財政学』大月書店。

岡田知弘（2020）『地域づくりの経済学入門――地域内再投資力論［増補改訂版］』自治体研究社。

小田切徳美・橋口卓也編著（2018）『内発的農村発展論――理論と実践』農林統計出版。

中村剛治郎（2004）『地域政治経済学』有斐閣。

長山宗広編著（2020）『先進事例で学ぶ地域経済論×中小企業論』ミネルヴァ書房。

宮本憲一（2007）『環境経済学［新版］』岩波書店。

総務省（2022）「過疎地域市町村等一覧（令和4年4月1日現在）」。

東京都（2021）「平成27年（2015年）東京都産業連関表」。

●おすすめの文献

中村良平（2014）『まちづくり構造改革——地域経済構造をデザインする』日本加除
　出版。
保母武彦（2013）『日本の農山村をどう再生するか』岩波書店。

（江成　穣）

第 **16** 章

農山漁村の自治体財政

キーワード

農山漁村・農林漁業の公益的機能、中山間地域等直接支払交付金、多面的機能支払交付金、森林整備地域活動支援交付金、担い手育成

---

1 なぜ農山漁村・農林漁業の公益的機能の増進なのか

1-1 農山漁村とは

　本章のねらいは、農山漁村と呼ばれるような地域の市町村財政を対象として、主に農林漁業の振興に対する財政の役割についてケーススタディを行い、**農山漁村・農林漁業の公益的機能**（多面的機能）の維持、増進に関する財政的課題を検討することです。ここでケーススタディの対象とする東北地方の A 町は、漁業と農業（畜産業を含む）を地域の基幹産業とする典型的な人口小規模自治体であり、林業も含めて第一次産業の振興に対する財政の標準的な役割が見いだされることが想定されています。

　農山漁村・農林漁業の公益的機能とは、農山漁村や農林漁業が備える食料や原料（石材、木材、パルプ、飼肥料、医薬品等向け）の供給、国土・自然環境・景観の保全（水資源涵養、洪水防止、土壌の侵食や流出の防止、大気・水質の浄化、野生鳥獣生態系の維持）、保健休養・レクリエーション、人格形成・総合教育、文化・芸能・技術（有形・無形）の保存・継承、自然エネルギーの素材供給など、国民経済や国民生活にとって欠かせない機能であり、とくに都市に

住む人々が暮らすことを直接間接に支えることになります。以上の機能を国民全体の共有財産として位置づけると、それは人々の手によって脈々と維持管理されてきました。しかし、人口や従事者の減少等を背景にして、農山漁村や農林漁業は長期にわたり縮小する一方で、環境保全や災害防止、食料確保などがグローバル、ナショナルな政策課題として一層重視され、生活や仕事あるいはコミュニティ活動の見直しが強く問われています。

　まず農山漁村（以下、農村と略称することがあります）の定義から共有していきましょう。農山漁村とは辞書的にいえば、農林漁業者が居住する村落あるいは農林漁業を生業とする人々が構成する地域社会となります。また、都市に対する地域の呼称として用いられます。しかし、必ずといってよいほど、断り書きが続きます。すなわち資本主義の発展あるいは農村の都市化を付言するか否かはあるものの、現在では上記だけでは純粋に説明できない実態があるということです。例えば農林漁業により収益を得る人が少ない地域が多いですが、それを農村と呼ぶのかということになります。また、農村を人口密度や面積などの指標で区分することがありますが、視覚的には都市と農村の境界がはっきりしないことが多いです。こうした点に農村を捉える難しさがあります。

　議論の余地はあろうかと思いますが、本章では農山漁村とは、第1に、従事者数や生産額をベースにして、農林漁業およびその関連産業が地域の基幹産業になっている地域（社会）としておきます。第2に、第1の条件に明確に該当するといえなくとも、農村の変化を捉えるという歴史的な側面を重視し、かつて農林漁業およびその関連産業が非常に盛んであった地域も含めておきます。なお、地域は伝統的に都市と農村という社会的分業から生まれた2つの異質の定住形態によって基本的に構成されると考えられてきました。本書で重視する多様な地域あるいは主体という観点からいえば、両者を大都市、地方都市、小都市、農山漁村、過疎地域といったように分類することが可能となりますが、都市と農村をベースにすれば、前者と異なる後者の特徴は宮本他編（1990）などで整理されており、私たちはその捉え方を原理的な側面から摂取することができます。

1-2 農山漁村・農林漁業の公益的機能を巡る議論

次に、農山漁村・農林漁業の公益的機能（多面的機能）の維持、増進が課題となる背景に迫ってみます。いくつかの文献を整理すれば、日本ではそれは生産主義の負の側面となります。世界との関係を踏まえれば、農林水産物の内外価格差を直接的指標とする市場原理、国際分業論に基づく自由貿易政策の偏重があげられます。また、世界的な規模での森林破壊や地球温暖化といった、環境破壊にかかるさまざまな問題が深刻になっています。

農林業の公益的機能に関する本格的な議論はEU諸国で始まりました。例えば1992年の国連環境開発会議での**アジェンダ21**や森林原則声明があげられます。また、同時期にEU諸国ではいわゆる条件不利地域における農業に対する直接所得補償が創設されました。とはいえ、環境保全からみれば、それ以前に淵源を見いだすことができます。1972年にスウェーデンのストックホルムで開催された**国際連合人間環境会議**は、世界で初めて環境問題を広範囲、かつ大々的に取り扱った政府間会合であり、そこで採択された宣言や計画は後にさまざまな形で実践に移されていきました。

日本における議論はEU諸国の影響をかなり受けています。例えば1974年の森林法の改正において公益的機能は強く意識されています。1992年の農林水産省による「新しい食料・農業・農村政策の方向」（新政策）を経て、国民に対するインパクトが大きくなったのは、新世紀に入る少し前といえます。1999年7月制定の「食料・農業・農村基本法」は農村振興との関わりの重要性を踏まえながら、農業の持続的な発展を強調するなかで、これまで農業近代化政策の枠外とされてきた多面的機能をあげています。このことから農政の大転換とまで言われることがあります。2001年に水産基本法や森林・林業基本法が制定され、多面的機能の持続的発揮が前面に登場しています。

このころには農林業の公益的機能の経済的価値が定量的に算出されるようになり、一定のインパクトがありました。そのなかには何兆円、何十兆円という単位が並びますが、その評価はさまざまです。いくつかの評価手法がありますが、定量的評価が可能である対象、範囲があれば、そうでないものもあり、本質的な議論に至らない、誤解を生じやすいといった批判があります。

農村の土地、海が農林水産物の生産のためにあり、その増大がいかなる課題

よりも優先する、という生産主義に異議が唱えられ、生産（生業）の質的改革や公益的機能を巡る議論につながっていくことになりました。というのも、それが地域共同体や地域内資金循環との関係を断絶することになったり、地域の環境（自然、生活、温室効果ガス排出など）にさまざまな負荷を与えたりするからです。換言すれば、単に生産を最大化するといういわば「終わりのない拡大化（経済効率化）」にだけ重要な意義があるわけではないという認識が広がりました。とはいえ、公益的機能が推進されても、生産主義は残るのかという疑問は生じるかもしれません。となれば、所得や雇用を巡る、農林漁業の「二重構造（二極化）」の是非が問われます。また、地域人口・農林漁業者の適正規模の議論あるいは家畜の屋内での集約的飼育の是非などもあるにしても、例えば環境に配慮する側面が同じように重視されることになります。

　公益的機能は経済学でいう「市場の失敗」や「正の外部経済」から説明され、公共財の性格を有します。公益的機能の維持保全は市場機構を通じて達成することは困難であり、それを伴う農林業生産や森林管理活動に投入される資源についても、社会的にみて十分な水準が確保されません。したがって、公共セクター（政府）の役割が問われることになります。また、食料・木材の供給といっても、安全な食料・木材の安定供給は本来的な機能であることから、これ以外の機能が重視されることになります。そして、このことはグローバル、ナショナル、ローカルのいずれのレベルであっても、仕事や生活の質、より根本的には自然、命・健康、家族・コミュニティ、人間関係（企業間の取引、人々の交流）などを問い直すことになります。

　農林漁業の公益的機能の維持、増進は、農林漁業が持続的に行われていることを議論の前提としていますが、そうであれば農山漁村に担い手が生活して、従事していることが前提となります。したがって、農山漁村の持続性が欠かせません。このことからいえば、地域政策の視点が肝要です。同時に、農林漁業が環境に与える負荷（負の側面）を最大限に除去し、生産の対象としない土地、空間などについても公益的機能の増進を徹底するような姿となります。この場合、農山漁村や農林漁業の活性化や環境保全と何が違うのかという疑問が出てくるかもしれません。また、野生鳥獣生態系の維持があげられますが、獣害・病虫害に悩まされる現実もあります。だとすれば、「活性化」や「環境」、「生態

系」の内容が問われ、それを共有しておく必要があります。

　生産活動がある限り、環境汚染・破壊の側面が全くないとは言い切れないでしょう。かといって、何も手をつけないことが良いわけでもありません。この点、日本における農地・森林は歴史的に良好な「二次的自然」として位置づけることができます。例えば日本は国土の大半を森林が占める世界有数の森林大国ですが、林業では収穫期（主伐期）を迎えて余っている森林資源が多く、「伐採→植林→育林→伐採」のサイクルが重要になります。また、国産材の需要を高め、利用し、資金を山に還元することが欠かせません。厳密にいえば天然林、人工林はそれぞれ特性をもち、例えば前者は災害防止の点で優れています。とはいえ、いずれであっても間伐や枝打ち、下草刈りなどの手入れが必要です。したがって、担い手の育成が要請されます。「森林の多面的な機能は総合的に発揮されるとき最も強力なものとなる。さらに、他の環境の要素との複合発揮性や、重複発揮性、階層性等の特徴を持つ」ようです（祖田他編，2006）。

② 農山漁村・農林漁業の公益的機能の増進と地方財政

　前節では公益的機能を巡る議論を整理しましたが、日本の地理や地形などを少し理解すれば、その維持、増進の重要性は誰でも指摘することができます。日本は狭い国土であり、急峻な山々が多く、河川は細くて急流で短く、狭隘な農地や急傾斜地が多く、貯水力は弱いです。また、崩壊しやすい火山灰土に広く覆われています。農業が積極的に行われるような平野部は少なく、条件不利地域が多く、例えば谷筋や川筋に傾斜しながら、農業が営まれています。そもそも農林業は生産一辺倒でいける条件になっていません。こうした特徴のなかで、豪雨が多発していますが、注意を喚起したいのは地震や噴火などの大災害頻発国であるということです。森林の荒廃は災害の被害を拡大させます。

　これに対して日本は四方を海で囲まれ、多くの好漁場を抱えており、漁業は適切な管理に基づけば維持可能な生業です。漁業協同組合（以下、漁協）は経済機能に加えて自治機能を備え、その組合員は地域の漁家を中心としており、漁場の秩序形成や廃棄物処理、安全確保などに取り組んでいます。農林業から漁業をみれば、下流域との関係が重要になります。すなわち、「協同して適切な

自然管理をするために、生産・生活・生態環境が有機的に一体化した地縁社会が形成された。同時に、下流域を意識した森林や里山管理、田畑や水の管理が心掛けられた。そこには、流域圏思想とでもいうべき考え方が存在したのである」（祖田他編，2006）。

　農山漁村・農林漁業の公益的機能の増進が自明のことであれば、山（緑）、海、川があり、恵まれているという認識では不十分です。公益的機能の発揮は農山漁村・農林漁業に対するさまざまな価値の創造およびその実践を伴いますが、その主体となる個人、企業などの関わりも欠かせません。また、国や県などの行財政では支出がかさばる治山・治水事業との関係が問われます。さらに展開すれば、地域共同体（コミュニティなど）の存在意義や本来的な機能・活動（地域資源管理、生産活動補完、生活相互扶助など）、その現代的な再編成も重要になりますが、都市（住民、企業）との連携やNPO法人や農業協同組合のような非営利・協同セクターとの関係もポイントになります。コミュニティは多義性をもつ用語ですが、辞書的にいえば、居住の地理的近接性があり、利害や関心の一致する同一の活動を行う人々をさします。ここでは自治会、町内会といったような単位としておきましょう。農林漁業の維持可能性は社会システムとしての地域共同体と一体となって存在する、という日本の特性に基づく性格がごく普通に理解され、そのうえで公益的機能の社会的価値が認識され、財政措置に反映される必要があります。

　ここで地方財政措置に関する議論まで踏み込む場合、地方財政の対象を設定する必要があります。端的にいえば、統計がある程度整備されている点から町村ということになります。また、その他にも対象の設定方法はありえます。ただし、次のような対象が外れることになるでしょう。新世紀に入ってから、「平成の大合併」と称されるように、市町村合併が大規模に進められ、市となっても広大な農山漁村を抱えるようなケースがあります。

　農山漁村・農林漁業の公益的機能の維持、増進に対する財政措置という場合、その典型例として理解してもらうべく、公共サービスの大きな転換点になったともいわれるいくつかの交付金をあげておきます。すなわち、農林水産省の**「中山間地域等直接支払交付金」**、**「多面的機能支払交付金」**、**「森林整備地域活動支援交付金」**です（詳細は用語解説を参照）。なお、農村といっても地理や地

形などに違いがありますが、例えば中山間地域（農業地域類型区分の中間地域と山間地域）は平地や都市に比して厳しい条件を抱え、生産性が低いと捉えられています。したがって、農政では公益的機能の点から当該地域に重点的な財政措置が講じられるようになっています。しかし、「中山間地域等直接支払交付金」等だけで中山間地域の諸課題に十分に対応できるわけではありません。この点は後に言及します。

3 農山漁村自治体財政の現状

3-1 財政の全体像と国庫・県支出金

　本節ではA町の財政の実態を、農山漁村・農林漁業の公益的機能の維持に焦点を当てながら整理しておきます。

　まず、2007年度から20年度までの町財政の全体像を、一般会計を中心に把握したうえでいくつかの年度を表にしました（**表16-1**）。A町の財政は他の市町村と同様に一般会計と特別会計からなりますが、後者は2007年度で9（国民健康保険、国民健康保険診療施設、魚市場事業、生活排水処理事業など）、17年度以降で7です。一般会計の主な特徴は次の3点に整理することができます。第1に、2020年度は**新型コロナウイルス感染症**の感染拡大に伴う諸対策の影響で、過去にない状況がみられますが、歳入では地方交付税の比重が、歳出では民生費の比重が非常に大きく、典型的な農山漁村の構造になっています。第2に、実は農林水産業費の比重は相対的に大きくありません。そのうち林業費は非常に小さい比重です。主な財源は国庫・県支出金となることが多いですが、それらを増大させるインパクトもそれほど強くないです。第3に、2019年度以降の歳の「その他」に着目すれば、地方譲与税の存在が大きいことがわかりますが、19年度に森林環境譲与税1300万円（20年度2800万円）が新たにみられます。なお、2020年度には地方消費税交付金が消費税率引き上げの影響で3億4600万円（19年度2億4900万円）となり、大幅に増加しています。

　次に、農林水産業費の財源に深く関わる国庫・県支出金の構造を整理しておきます（**表16-2**）。この財源の特徴としては、災害復旧を含む大規模な公共事業や国の経済対策に伴う関連事業の実施により急増する年度がある一方で、民

表16-1　A町の財政の全体像（一般

		2007年度		2008年度		2009年度		2017年度	
		金額	構成比	金額	構成比	金額	構成比	金額	構成比
歳入	町税	1,196	11.9	1,229	11.6	1,171	10.5	1,434	12.4
	地方交付税	5,090	50.6	5,160	48.5	5,197	46.5	5,151	44.7
	国庫支出金	634	6.3	1,255	11.8	1,741	15.6	1,371	11.9
	県支出金	626	6.2	529	5.0	759	6.8	673	5.8
	町債	1,195	11.9	1,413	13.3	1,048	9.4	1,266	11.0
	その他	1,315	13.1	1,046	9.8	1,250	11.2	1,636	14.2
	合計	10,056	100.0	10,632	100.0	11,165	100.0	11,530	100.0
歳出	農林水産業費	678	6.8	502	4.8	863	8.0	642	5.7
	農業費	*466*	*4.7*	*329*	*3.2*	*561*	*5.2*	*434*	*3.9*
	林業費	*55*	*0.6*	*54*	*0.5*	*45*	*0.4*	*42*	*0.4*
	水産業費	*157*	*1.6*	*120*	*1.2*	*257*	*2.4*	*166*	*1.5*
	民生費	2,007	20.2	1,973	19.0	2,073	19.1	2,605	23.3
	社会福祉費	*1,134*	*11.4*	*1,187*	*11.4*	*1,260*	*11.6*	*1,705*	*15.2*
	児童福祉費	*874*	*8.8*	*786*	*7.6*	*814*	*7.5*	*900*	*8.0*
	衛生費	969	9.8	905	8.7	948	8.7	1,312	11.7
	教育費	1,080	10.9	2,163	20.8	1,871	17.3	999	8.9
	土木費	830	8.4	814	7.8	882	8.1	871	7.8
	総務費	1,518	15.3	1,514	14.6	1,871	17.3	1,277	11.4
	公債費	1,702	17.2	1,526	14.7	1,389	12.8	1,566	14.0
	その他	1,132	11.4	977	9.6	937	8.7	1,916	17.2
	合計	9,915	100.0	10,374	100.0	10,836	100.0	11,188	100.0

出所：A町歳入歳出決算書（各年度版）より作成。

生費にかかる大型補助事業が継続的にあり、これだけで大半を占めるといった傾向がみられます。農林水産業費にかかるものをみると、国庫分では大型事業はない一方で、県分では比較的大きな事業がほぼ毎年度みられる状況です。2018年度の畜産競争力強化整備事業費県補助金は12億円超に達しますが、ある農事組合法人が整備する豚舎等の整備に対する助成となっています。これに対して、事業数では県分の大半は農業費分であり、林業費分はゼロの年度があります。林業費分や水産業費分は1事業あたりの補助金が平均して100～200万円で小規模ですが、町村にとっては貴重な財源となるのでしょう。

会計決算）

（単位：百万円、%）

2018 年度		2019 年度		2020 年度	
金額	構成比	金額	構成比	金額	構成比
1,446	12.2	1,425	12.3	1,451	10.5
5,012	42.3	5,560	47.9	5,685	41.2
724	6.1	765	6.6	2,967	21.5
1,835	15.5	747	6.4	791	5.7
942	7.9	880	7.6	1,089	7.9
1,904	16.0	2,238	19.2	1,804	13.2
11,863	100.0	11,615	100.0	13,788	100.0
1,958	17.0	927	8.4	693	5.3
1,737	*15.1*	*650*	*5.9*	*446*	*3.4*
57	*0.5*	*61*	*0.6*	*76*	*0.6*
165	*1.4*	*216*	*2.0*	*170*	*1.3*
2,582	22.5	2,652	24.1	4,663	36.0
1,717	*14.9*	*1,740*	*15.8*	*3,398*	*26.2*
865	*7.5*	*910*	*8.3*	*1,265*	*9.8*
973	8.5	1,237	11.2	1,531	11.8
948	8.2	1,380	12.5	1,276	9.8
796	6.9	708	6.4	721	5.6
1,495	13.0	1,367	12.4	1,072	8.3
1,629	14.2	1,650	15.0	1,562	12.0
1,114	9.7	1,092	10.0	1,447	11.2
11,494	100.0	11,013	100.0	12,965	100.0

3-2 農林水産業費

　次に、農林水産業費の特徴を整理していきます（A町の『主要な施策の成果を説明する書類』等に基づく）。表16-3は大きな金額の事業をあげていますが、農業費の1割超は農業集落排水事業特別会計への繰出金です。その他には畜産業のインフラ整備が目立っており、長期にわたって重点事業となっています。例えば草地畜産基盤整備事業交付金は、牛飼養農家が規模拡大による経営安定を図るために行う畜舎、飼料基盤整備等に対する助成です。林業費では地域の森林組合事業資金貸付金や、町の重点政策である、しいたけ種菌購入費補助（生産組合向け）があ

げられます。水産業費ではハード事業が目立つ一方で、地域の漁協向けの支出もあげられ、町がその経営のサポートにおいて重要な役割を果たしています。

　ここでは小規模事業にも目を向けておきます。農業費では、①中山間地域等直接支払事業は2007〜09年度にいずれも330万円であり、補助率で国1/2、県1/4、町1/4となっています。交付対象面積は15万6480m²、協定集落数は7集落、参加農家数は32戸です。②2017年度には多面的機能支払事業が約1200万円の規模で登場しています。補助率は国1/2、県1/4、町1/4です。そのうち農地維持支払・資源向上支払（共同活動）交付金分が700万円（11団体）、資源

表 16-2 　A 町財政の国庫・県支出金の

	2007 年度	2008 年度	2009 年度	2017 年度
国庫支出金	634	1,255	1,741	1,371
負担金 　主な負担金	276 障害者自立支援給付費等 118	266 障害者自立支援給付費 132	252 障害者自立支援給付費 144	828 公共土木施設災害復旧費 317 障害者自立支援給付費 247
補助金 　主な補助金	350 合併市町村補助 106 地方道路整備臨時交付金 104	981 T 中学校改築事業費 535 定額給付金事業費 146	1,480 地域活性化臨時交付金（経済危機対策・公共投資・生活対策）781 T 中学校改築事業費 197	537 二酸化炭素排出抑制対策事業費 319 社会資本整備総合交付金（住宅局分）55
委託金	7	8	9	6
県支出金	626	529	759	673
負担金 　主な負担金	191 国民健康保険保険基盤安定負担金 70	207 障害者自立支援給付費 66	220 障害者自立支援給付費 73	317 障害者自立支援給付費 124
補助金 　農林水産業費 　　農業費 　　林業費 　　水産業費 　主な補助金	369 110 *81（8 事業）* *10（5 事業）* *19（2 事業）* 合併市町村自立支援交付金 100 農村振興総合整備統合補助事業費 63	262 35 *26（8 事業）* *7（3 事業）* *2（2 事業）* 合併市町村自立支援交付金 100 重度心身障害者医療費 21	482 161 *134（12 事業）* *3（1 事業）* *25（4 事業）* 合併市町村自立支援交付金 100 畜産基盤再編総合整備事業費 71	303 108 *104（14 事業）* *0* *4（2 事業）* 農山漁村地域整備交付金 59 農業用施設災害復旧費 56
委託金	66	59	58	53

注：主な負担金、主な補助金は特定の費目について記載しているわけではなく、全費目を対象にして金
出所：表 16-1 に同じ。

向上支払（長寿命化）交付金分が 500 万円（9 団体）です。③ 2009 年度の畜産
環境総合整備事業もあげておきます。これは地域の環境改善を図るために低コ

構造

（単位：百万円）

2018 年度	2019 年度	2020 年度
724	765	2,967
541 障害者自立支援給付費 265 児童手当 126	553 障害者自立支援給付費 281 児童手当 119	761 障害者自立支援給付費 290 公共土木施設災害復旧費 212
178 防災・安全社会資本整備交付金（道路局分）65 社会資本整備総合交付金（町営住宅建替分）49	208 ブロック塀・冷房設備対応臨時特例交付金 48 防災・安全社会資本整備交付金（道路局分）40	2,201 特別定額給付金給付事業費 1,624 新型コロナウイルス感染症対応地方創生臨時交付金 309
5	4	5
1,835	747	791
320 障害者自立支援給付費 133	331 障害者自立支援給付費 140	333 障害者自立支援給付費 145
1,474 1,301 *1274（14 事業）* *0* *27（2 事業）* 畜産競争力強化整備事業費 1,229 子ども・子育て支援事業費 52	344 195 *193（16 事業）* *1（1 事業）* *0.4（1 事業）* 農山漁村地域整備交付金 157 子ども・子育て支援交付金 53	412 59 *52（14 事業）* *4（2 事業）* *3（1 事業）* 農業用施設災害復旧費 134 新型コロナウイルス感染症対策市町村総合支援事業費 42
41	72	46

額の大きい事業の順に記載しています。

ストの臭気対策モデル施設を整備する公社営事業に対して助成され、脱臭付発酵処理施設（コンポスト）の整備が対象となっています（県補助あり）。

林業費では、①森林整備地域活動支援事業が 2007～09 年度で 290～370 万円であり、補助率で国 1/2、県 1/4、町 1/4 となっています。協定件数は各年度 20 件、事業量は 569～727ha です。② 2007 年度に地域の森林組合向けに、700 万円近い間伐等事業費補助が行われています。ここには国や県の補助も含まれ、そのうち森林づくり交付金事業は国庫補助 10/10 です。その後も、数百万円単位で森林組合向けの補助がみられます。③全国レベルの交付金再編により、2017 年度あたりから森林整備地域活動支援事業が見当たらなくなり、間伐や枝打ちなどの森林整備事業も以前に比して少額になっています。

水産業費では、①栽培漁業が盛んであることから、毎年度、ハード、ソフトのいずれにおいても主に漁協向けに重点的に支出されており、施設整備では漁協に 2000 万円近い補助が行

表16-3　A町財政の農林水産業費の

	2007年度	2008年度	2009年度	2017年度
農林水産業費	678	502	863	642
農業費 主な事業	466 農業集落排水事業特別会計操出金57 農道T海岸2号線道路整備工事46	329 農業集落排水事業特別会計操出金64 農道U線舗装工事費20	561 畜産基盤再編総合整備事業費負担金・補助金127 農業集落排水事業特別会計操出金75	434 農業集落排水事業特別会計操出金63 草地畜産基盤整備事業交付金59
林業費 主な事業	55 K地方森林組合事業資金貸付金21	54 K地方森林組合事業資金貸付金21	45 K地方森林組合事業資金貸付金21	42 町しいたけ種菌購入費補助金7
水産業費 主な事業	157 漁業協同組合信用事業統合促進資金貸付金84 強い水産業づくり事業費補助金19	120 漁業協同組合信用事業統合促進資金貸付金60 K漁港基本設計業務委託料8	257 漁業協同組合信用事業統合促進資金貸付金59 T漁業協同組合経営支援貸付金50	166 D漁港海岸保全施設整備工事66 水門陸こう自動閉鎖システム整備事業負担金10

出所：表16-1に同じ。

われることがあります（国や県の補助もあり）。②広大な海浜公園の維持管理事業もあり、例えば2007年度460万円です。2011年の東日本大震災以降、利用者は大幅に減少しましたが、多い年度で2万人超に達しました。

3-3　コミュニティ活動の振興

　農林水産業費以外の費目に目を向けると、農山漁村の維持可能性に欠かせない、コミュニティ向けの活動助成金があります。ここでは市町村合併にかかる県の財政措置を背景にして、2006年度からスタートし、継続されている地域づくり交付金事業とみんなのまちづくり支援事業を取り上げます。

　地域づくり交付金事業は地域に密着した協働によるまちづくりを推進するために、町内の全行政区（2019年度73）を単位として組織する自治会に対して、使途の自由な活動資金を交付する制度です。交付額の算定方法はここでは詳述しませんが、均等割、世帯数割、納付額割（町民税や固定資産税等を対象）によります。したがって、自治会ごとに交付額が異なります。この交付金（決算額）は2006年度以降、単年度1200〜1600万円で、歳出総額に占める割合は0.2％に満たない水準です。

（単位：百万円）

2018 年度	2019 年度	2020 年度
1,958	927	693
1,737 畜産競争力強化整備事業費補助金 1,229 A 施設大規模改修（Ⅰ期）工事 77	650 草地畜産基盤整備事業交付金 157 A 施設大規模改修（Ⅱ期）工事 71	446 農業集落排水事業特別会計操出金 55 県営地域用水環境整備事業負担金 24
57 町しいたけ種菌購入費補助金 6	61 森林環境譲与税基金積立金 13	76 森林環境譲与税基金積立金 28
165 町管理漁港機能保全計画策定業務委託料 72 水産業栽培漁業振興事業費補助金 8	216 小規模漁場造成事業 49 水門陸こう自動閉鎖システム整備事業負担金 37	170 水門陸こう自動閉鎖システム整備事業負担金 40 漁業継続支援対策交付金 24

みんなのまちづくり支援事業は町民の連帯の強化および協働によるまちづくりを推進し、地域活動の振興を図ることを目的に、公募形式によって町内会やボランティア団体を含む各種団体の活動に補助金を交付します。この事業は、合併前の村が実施していた取組みを全域に広げ、改良したうえで実施されています。補助金の交付には「育成部門」と「発展部門」の2部門があります（2006～10年度は部門なし。18年度に学生団体を対象とするチャレンジ部門の新設）。「育成部門」の対象はこれからまちづくり活動を始める団体、「発展部門」は育成部門以外の団体です。対象事業は多岐にわたりますが、ソフト事業です。「育成部門」が1団体あたり10万円、「発展部門」が1団体あたり50万円をそれぞれ限度額として交付されます。この補助金の規模は2006年度以降、年間おおよそ100～300万円であり、補助団体数は00年代後半で年間6～8団体でしたが、10年代後半で2～4団体です。これには新規団体の応募を重視したルールが影響しています。本事業の成果の1つとしては、団体が活動し始める際の資金源として、補助金が決定的な意義をもち、その後団体独自に資金を確保して取組みを続けている点があげられます。

4　農山漁村自治体財政の課題

　A町の事例から、農業にせよ、林業、漁業にせよ、ハードのインフラ整備が多額の支出となっていますが、町サイドからみればそれらの振興にとって欠かせないのでしょう。ハード事業は農山漁村・農林漁業の公益的機能の維持にと

って重要であるのですが、それに対する直接のソフト事業に限れば、事業数はそれほど多くなく、支出規模も小さいです（全費目ベース）。水産業費にいたっては生産における環境保全等の側面を見いだしにくいです。換言すれば、漁業の生産そのものの下支えに集中しているような状況です。また、コミュニティ向けの活動助成金に関しては、地域の社会的基盤の強化にとってかなりの効果をもちますが、公益的機能の維持にとって直接的な効果をもつ側面はそれほど大きくないです。こうして支出面における不十分さを指摘することができます。これに対して財源面をみると、国、県の補助金やその原資となる税などが問われることになります。

　まず税に着目して、全国レベルの財政的課題を検討します。ここでは2018年度に創設された森林環境税（国税）・森林環境譲与税があげられます。これは、わが国の温室効果ガス排出削減目標の達成や災害防止等を図るために、森林整備等に必要な地方財源を安定的に確保する観点から創設されました。森林環境譲与税の譲与総額は森林環境税収入額に相当する額となります。この税の課税標準および税額は国内に住所を有する個人、年額1000円/人です（2024年度から課税開始で、それまでは他の方法を採用しています）。これは住民税個人均等割の上乗せにより課税されます。譲与される団体は市町村、都道府県です。譲与基準は市町村については5/10が私有林人工林面積、2/10が林業就業者数、3/10が人口、都道府県については市町村と同様です。譲与割合は市町村、都道府県の順で、2020年度から17/20、3/20、22年度から22/25、3/25、24年度から9/10、1/10です。譲与基準の補正として林野率による補正（私有林人工林面積のみ）があります。使途は森林整備およびその促進に関する費用、市町村の支援等に関する費用です。なお、2020年度の譲与実績額は400億円でした。

　森林整備事業の充実や整備財源の拡充それ自体については、国民レベルでおおよその合意は得られるでしょう。その上で、国税としての森林環境税が森林整備の財源調達方法としては不適切であるという批判がみられます（詳細は青木編，2021を参照）。特に問題とされる点は、①地方税の理論（地方税原則）を国税に適用した結果、森林環境税が極端に不公平な人頭税になっています。②増税の目的・根拠と、増税により目指す政策効果がきわめて不明瞭であり、国民に説明責任を果たせていません。例えば譲与基準の「人口」の比重が高いた

めに、林業費がゼロであったり森林がほとんどない大都市に多額の譲与税が譲与されています。以上の他にも、分権改革推進により2000年代には多くの府県が森林環境税を導入しましたが、住民税（個人、法人）の超過課税方式を採用し、目的税のように運用されており、国税の森林環境税との二重課税が問われます。

　A町の林業費でも担い手確保・育成や森林路網整備などに森林環境譲与税基金が充当されていますが、他の財政措置の可能性はないのでしょうか。農山漁村・農林漁業の公益的機能の維持、増進は現状からいえば、回復不可能なものもあり、大規模かつ迅速に進めなければなりません。また、担い手の育成も急務です。このことに対してインセンティブを強力に与える必要がありますが、担い手は時に専門的な知識、技術を要し、受け入れ組織の強化も欠かせません。こうした点を考慮して公共、協同、民間の各セクター間、国・地方間、地方間の役割の分担と連携、それに応じた財政措置が長期的に講じられるべきでしょう。公益的機能の維持、増進が財政調整の根拠になるとすれば、地方交付税の枠組みなのか、地方譲与税や国庫支出金などの手法なのかとなります。

　近年、**担い手育成**に対して国や地方のさまざまな補助金が創設されています。A町では農林水産業費においていくつかの現金給付型の新規就業支援事業が実施されています（ニューファーマー支援事業や漁業就業者奨励金など）。その他にも重点政策として特定の加工分野の技術者育成のために、実質的には個人単位で公費が投入されています。また、農林漁業に限りませんが、起業支援制度も創設されており、移住者の定住支援にも手厚い補助があります。全国レベルでは県の取組みを契機に拡大した「緑の雇用」（林業へ新規参入する労働者の雇用支援制度の総称）を典型とする就業者の雇用、育成プログラムがあげられます。また、総務省の地域おこし協力隊のような大きな成果をあげている事業もあり、財政の役割が拡大していることがわかります。

　日本の国土あるいは経済社会の持続性からいえば、地域政策の側面から誰かが公益的機能の維持、増進を担う必要があります。これに関する実践面では農林漁業の従事者や地主・山主、さらに農協や漁協などの役割が大きいでしょうが、現実としては国民レベルで農山漁村・農林漁業の価値を大きく見直さなければ、取り返しのつかない社会的損失となるステージにあります。したがって、

担い手育成・確保の質的向上や量的拡充を巡っては、利害関係者への柔軟な財政措置をはじめさまざまな可能性が検討されるべきでしょう。これまで農山漁村・農林漁業に対して税財政・金融上の優遇を受けやすい国の保護政策があったので、利害関係者に収益力向上を促す政策を展開し、各種の支援を縮小せよ、企業参入を阻む規制を緩和せよというのは簡単でしょうが、それらの公益的機能の維持、増進に関して丁寧な議論が欠かせないのではないでしょうか。

●演習問題

　農山漁村・農林漁業の公益的機能の維持、増進に対する国や地方自治体の財政措置の具体ケースを調べてみましょう。

●参考文献

青木宗明編（2021）『国税・森林環境税——問題だらけの増税』公人の友社。

Woods, Michael（2011）*Rural*, Routledge. 高柳長直・中川秀一監訳（2018）『ルーラル——農村とは何か』農林統計出版。

小田切徳美（2021）『農村政策の変貌——その軌跡と新たな構想』農山漁村文化協会。

桒田但馬（2006）『過疎自治体財政の研究——「小さくても輝く」ための条件』自治体研究社。

桒田但馬（2012）「農山漁村地域における自治体財政の実態と課題」日本地方自治学会編『第一次分権改革後10年の検証』敬文堂。

祖田修・佐藤晃一・太田猛彦・隆島史夫・谷口旭編（2006）『農林水産業の多面的機能』農林統計協会。

農林水産省編（各年度版）『食料・農業・農村白書』日経印刷。

宮本憲一・横田茂・中村剛治郎編（1990）『地域経済学』有斐閣。

宮本憲一・遠藤宏一編著（2006）『セミナー現代地方財政Ⅰ——「地域共同社会」再生の政治経済学』勁草書房。

山尾政博・島秀典編著（2009）『日本の漁村・水産業の多面的機能』北斗書房。

●おすすめの文献

青木宗明編（2008）『苦悩する農山村の財政学』公人社。

関野満夫（2007）『日本農村の財政学』高菅出版。

諸富徹・沼尾波子編（2012）『水と森の財政学』日本経済評論社。

（桒田但馬）

第 17 章

原発・再生可能エネルギーと地方財政

> **キーワード**
> 再生可能エネルギー、電源立地地域対策交付金、エネルギー自治、
> 森林バイオマス、地域内経済循環

1 エネルギーと地方自治・地方財政

　エネルギーは、私たちの生活にとって一瞬たりとも欠かせない重要なものです。エネルギーという場合、電気が真っ先に思い浮かぶかもしれませんが、電気はエネルギーの1つの姿にすぎません。家のコンセントの先を発電所までたどってみると、もともとは石炭などを燃やすことによる「熱」エネルギーが、タービンを回す「運動」エネルギーへと変換され、さらにそれが「電気」エネルギーへと姿を変えて、電線をたどって各家庭へと届けられていることがわかります。家庭に届いてからも、照明などの「光」、ラジオやテレビの「音」、暖房・冷房といった「熱」など、エネルギーはさまざまな形に変換され、私たちの生活を支えています。

　こうした身近なエネルギーをめぐっては、意外なことに長らく、地方自治体や地方財政・地方自治との関連で論じられることはありませんでした。むしろ2節でみる原発立地のように、地方自治の理念と対立することのほうが多かったといえます。

　この背景には、原発推進を中心とした強力な国家政策がありました。エネル

ギー政策を方向づけるうえで重要な「エネルギー基本計画」は、国会によるチェックをほとんど受けず、電力事業者などの利害関係者（しばしば原子力ムラと呼ばれます）による審議会によって事実上決められてきました。また国策民営と表現されるように、国家による強力なバックアップを受けながらも、電力会社自体は民間企業であるため情報公開が不十分であるなど、長年にわたって政策決定過程が非民主的なまま、地方自治が不在で住民のコントロールが及ばない領域でした。

　こうしたエネルギー政策の矛盾が深刻な結果をもたらしたのが、2011 年 3 月 11 日の**福島原発事故**でした。この事故による放射能汚染によって地域は丸ごと破壊され、住民は長期の避難を余儀なくされました。もとの地域へ帰還が可能になったと政府や地方自治体が旗を振っても、放射能汚染への不安や避難の長期化によって、戻りたくとも戻れない住民が数多く生み出され、原発被災地域の再生と復興は遠のいたままです。このように、エネルギーの選択は地域の未来を大きく左右します。だからこそ、安全性や世代間の衡平性、持続可能性を重視しながら、エネルギーのあり方は地方自治に基づいて決定しなければならないのです。

　また、現在私たちは、原発・化石燃料などによる大規模・集中型から、**再生可能エネルギー**中心の小規模・分散型のエネルギーシステムへの転換点に立っています。その意味でも、エネルギー政策の主体としての地方自治体・地方財政の役割と重要性はますます高まっているのです。

　再生可能エネルギーとは、風力・太陽光・森林バイオマス・小水力・地熱などの自然現象から得られるエネルギーのことで、石油や石炭、ウランといった枯渇性のエネルギーと区別されます。再生可能エネルギーはそれぞれ地域に分散して存在し、風の強い地域もあれば地熱が多く存在する地域があるなど、地域ごとに多様です。再生可能エネルギーが地域によって賦存量や形態が大きく異なる「地域資源」であり、活用方法が地域ごとに問われることを考えれば、その開発主体として望ましいのは地方自治体・地域住民です。さらに、再生可能エネルギーは地方圏における既存の農林漁業との親和性も高いため（例えば林業と森林バイオマス）、農山漁村地域の再生において大きな役割を果たすと期待されています。

写真 17-1　島根県松江市の島根原発（筆者撮影）

　エネルギーの選択は、地域のあり方を大きく左右します。こちらに掲げた 2 枚の写真を見てみてください。

　写真 17-1 は島根原発（島根県松江市）の様子です。厳重な警備に守られ、地域から隔絶された広大な土地に立地しています。原子力発電は莫大な投資を伴うため、一見して経済効果も大きくて、地域に恩恵をもたらすように思えます。しかし実際は、建設工事などがせいぜい地元経済を潤す程度で、立地後はさほど雇用をうむわけでもなく、さらに地域の既存産業との取引や相乗効果も生まれないため、もとから地域にある農林漁業はむしろ衰退していきます。

　さらに、そこで得られた利益のほとんどが本社のある都会へと送られます。このように原発は、地元経済にたいして大きな経済的利益を生むことはありませんでした。2 節でみる**電源立地地域対策交付金**制度は、この点を補って地元へ利益を還元するために整備されたものです。

　一方で、原発立地が地域にもたらす影響は大きなものでした。原子炉を冷却するため海の水を大量に取り込み、温排水として再び海に流し込むなど、地域の環境や生態系を狂わせていきます。原発立地賛成・反対をめぐる地域住民のあいだでの意見対立や分断もまた、深刻な地域破壊です。福島原発事故による取り返しのつかない被害も思い起こすべきでしょう。

写真 17-2　鳥取県北栄町にある北条砂丘風力発電所（北栄町提供）

　一方、**写真 17-2** は風力発電所のある風景（鳥取県北栄町）です。手前で農家が作業をしているのが印象的です。北栄町がこの発電施設を整備する際に、住民参加型ミニ市場公募債を発行し、町民からの資金提供を呼びかけました。このことで地元の関心が高まり、理解が進みました。注目すべきは、この公募債により、風力発電によって得た利益の一部が町民に還元されているという点です。このように再生可能エネルギーは、地元の農業をはじめとした既存産業と共生可能であり、地域住民に直接利益をもたらします。

　このように、地域の未来を大きく左右するエネルギーのあり方について、住民自身が自ら決定する、**エネルギー自治**が大切になってきます。エネルギー自治とは、エネルギー源の選択や開発、利用のあり方に至るまで、住民自身が決定する、というところからまず始まり、さらにエネルギー事業を地域の中で展開し、その収益を活用して地域の課題を解決するまでの一連のプロセスを指します。このエネルギー自治の観点から、原発をめぐる地域の実態や地方財政について明らかにし（2節）、その対比として再生可能エネルギーと地域、地方自治体や地方財政のかかわり（3節）をみていきましょう。

2-1 島根原発の立地過程にみる地方自治の後退

　島根原発が立地しているのは、松江市鹿島町片句地区です。原発が建設される30年ほど前の1939（昭和14）年、この場所を訪ねた著名な民俗学者・宮本常一は、『出雲八束郡片句浦民俗聞書』のなかで「片句は湾も土地も狭く、……海岸は断崖をなしているところが多いので、……磯漁や磯のものをとる……古来海苔、わかめ、てんぐさなどを多く産し、このためにこれが採集に従うものが多い」と記しています。宮本は、沿岸での漁が難しいながらも、磯漁中心の水産業が地域産出額の86％を占めていること、山が背後に迫り平地がほとんどないため住宅が密集し、その裏にある小さな段々畑で芋や麦をつくっているが自給自足が難しいこと、現金収入や食料調達のために集落の女性が松江にまで行商に行って活躍していることなどに注目しています。また、片句の住民は近隣の集落と比べて「人情の敦厚」であって、「素朴な温順さを多分に持っている」との印象を記しています。

　それから30年あまりが経過し、原発立地の話が持ち上がるのですが、そのときの地域社会は、おそらく、宮本が目にした姿とさほど変わっていなかったと思われます。このことを示すエピソードが残されています。原発工事に着工した1968（昭和43）年の第2回定例鹿島町議会（3月25日）の議事録によれば、「原子力建設本部の開所式の際本部長は町長から要望があれば、本部の事務所を将来役場庁舎にするためバラック建ではなく本式なものを建て」ると発言したとされ、ある議員がこのことを好意的に取り上げ、町長の見解を質しています。原発建設のための現地事務所を「本式」のものとし、これを後に町役場庁舎として払い下げてもよいと、中国電力の建設本部長が発言したという、このエピソードからわかるように、当時の中国電力が鹿島町と比べても圧倒的な経済力を持っていたことがうかがえます。

　建設工事着工以降、こうした電力会社の圧倒的な経済力への地域の依存意識が頭をもたげてきます。例えば、1969年に出された町議会による県への要望書のなかで、町の振興基本構想実施にかかわって、中国電力の協力と支援なしに

は進まないとの記述があります。

　「これらの事業を完全に実行するためには大きな財政投資を必要とし、現在の当町の財政規模を以ってしては、これが実現は困難であります。

　……当町として住民の生活環境、経済基盤、教育環境等の整備のため、是非共実現をさせたい諸事業について……中国電力株式会社との間に立って速やかに斡旋の労をお取りいただき、一方町民の期待と信頼に応え、原子力発電所設置による恩恵としてそれぞれの事業が計画通り完成し、未来永ごうにいたって鹿島町と中国電力株式会社との間に密接な協調関係が保たれ、原子力発電所設置について、いささかの悔を留めないよう格別の御配慮をいただきたい。」(傍点―筆者)

　この町から県への要望書が実を結び、町への寄付金として1億5000万円が必要と、県知事から中国電力側にたいして申し入れられたと、町長が町議会に報告しています（1970［昭和45］年12月8日、第7回臨時町議会）。この寄付要求は実現することになりますが、前年1969年の鹿島町の一般会計の予算が2億6000万円程度であることを踏まえると、この1億5000万円という寄付金が地域にとってどれだけ大きな額であるかがわかるでしょう。

　こうした中国電力への依存によって、町行政の意識に変化が生じます。1974（昭和49）年6月25日の町議会では、島根原発の稼働によって生じた「うるみ現象」についての質疑が行われています。「うるみ現象」とは、原発からの温排水によって海中の透視度が悪化し、かなぎ漁――長い竿の先に金具をとりつけて漁船から海底のサザエやアワビ、海藻などを取る漁――が深刻な被害を受けたことを指します。

　「(原発立地は)私共が中電から誘致して持って戻った問題ではありません。県が施策して受け入れたいからぜひ適地が貴方のところだそうだから協力を願いたいと言うことが発端である。……近頃県の役人の中にはお前の方がいらないものを受け入れるから我々は迷惑だというような態度が見えますが、持っての外だと私に言わせれば県が協力方を要請して協力をしている。かりにも鹿島町には迷惑はかけないと言う態度で対処してもらいたいと言った様な訳でございます。」(括弧内・傍点―筆者)

　この町長の答弁からは、原発誘致はしていない、県が決めたことだと自らの

責任を回避することで、原発による地域への影響、立地や稼働の政策判断についての意思決定をあえて欠如させる、地域の将来に対する無責任な姿勢が読み取れます。

電力会社から多額の寄付金を受け取り経済・財政的に「自立」できていないことが問題なのではありません。こうした資金の流れによって電力会社への依存意識が生まれ、安全性や地域への影響を考慮したうえでの原発についての自律的判断がしづらくなること、つまり、原発をめぐって地域の現状や将来にたいして責任ある自律的な意思決定と行動ができなくなること、言い換えれば、地方自治の後退こそが大きな問題点であるといえるでしょう。

2-2　島根原発と地方財政

次に、原発立地と地方財政の関係を、原発が立地した鹿島町（2005年に松江市と合併）を例に具体的に明らかにしていきます。

第1に注目すべきは、なんと言っても固定資産税額の大きさです。1975年の島根原発1号機稼動直後の町全体の固定資産税額は、前年の4600万円から4.9億円へ、4.4億円以上も急増しています。1990年の2号機稼動開始時は、同様に7.7億円から40.8億円と、実に33億円も急増しました。原発は大規模で高額な発電設備が稼働し続ける、いわば装置型産業であるため、雇用はさほど生まれませんが、莫大な固定資産税収をもたらすのです。

第2に、その固定資産税収が短期間で急減している点です。1990年に40.8億円あった固定資産税収入は1995年には25.2億円へと、実に15億円以上の減収となり、わずか5年で半減に近くなっています。これは原発に加速的な償却計算が適用されるため、5年で半分の価値とみなされてしまうからです。建設時の地域の活況が一時的であったように、税収効果もまた一時的です。

第3に、寄附金増加の時期が特徴的であることです。1984年に2号機建設が決定し、「電源立地地域対策交付金」が町に支給されることとなりましたが、その支給開始前の1981年から1983年までの3年間でそれぞれ2.3億円、4.4億円、5.1億円と寄附金が急増しています。まさに2号機増設決定をめぐって地域が揺れる時期に、交付金までの「つなぎ」として多額の寄附金が寄せられているのです。また7億円という破格の寄附金が寄せられた1986年は、チョルノー

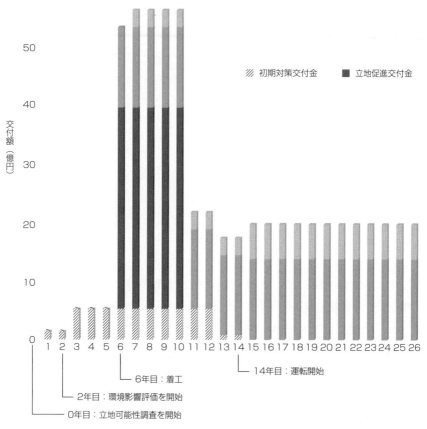

図 17-1　原発立地自治体および周辺への電源立地地域対策交付金支給モデル
出所：資源エネルギー庁（2016）『電源立地制度について』より作成。

ビリ原発事故の年でした。

　以上のような固定資産税や寄付金といった地方財政収入とは別に、国からの電源立地地域対策交付金（第19章参照）があります。こうした交付金の原資は、私たちの電力料金に上乗せされ徴収されています。**図 17-1** は原発立地自治体における電源立地地域対策交付金の支給モデルです。135 万 kW の原子力発電所が新設された場合、立地可能性調査から54年間（運転開始から40年と想定）で、地域（所在市町村、周辺市町村、都道府県）にもたらされる総額は、1365億円にのぼります。交付金はいくつもの項目に分かれる複雑な構造になってい

27 28 29 30 31 32 33 34 35 36 37 38 39 40 41 42 43 44 45 46 47 48 49 50 51 52 53 54　年数

└── 44年目：運転開始から30年

ますが、注目すべきはその支給のタイミングです。

　例えば、立地可能性調査の段階から交付金が支出されはじめ、運転開始まで
のあいだ多額の交付額となっています。初期段階の交付金は、立地反対の声を
抑える効果を狙っているものといえます。また、鹿島町を例にみたように、原
子炉や関連施設が完成し、稼働してはじめて固定資産税が入るため、それまで
の「つなぎ資金」となっています。さらに、運転開始30年経つと割り増しされ
ていることも注目されます。これは地域住民の老朽化への不安を抑えながら、
原発をできるだけ長期に稼動させることで、巨額の投資を回収したいという電

力会社の意向に沿ったものといえるでしょう。以上のような交付のタイミング
からみても、この制度は、立地反対を押さえ込み、さらには可能な限り長期に
稼動させるための「買収・賄賂」の論理が含まれた、歪んだ制度であるといわ
ざるを得ません。

　このような交付金制度によってもたらされたのは、皮肉なことに、立地自治
体の財政危機と原発へのさらなる依存でした。原発の運転開始後、地方財政は
莫大な固定資産税収入によって潤うものの、立地自治体はたちまち大幅な減収
を余儀なくされました。また、電源立地地域対策交付金はハード投資中心に支
出され、のちに公共施設の維持管理費の負担が膨らんで、立地自治体は財政危
機に直面しました。2003年以降は交付金の使途制限が緩和され、公債費以外で
あれば人件費やソフト事業へも支出可能となりましたが、このことによって立
地自治体の財政は原発依存体質をますます強め、更なる原発の誘致を選択する
こととなります。こうして、特定の地方自治体に複数の原発が集中立地する状
況が生じたのです。

3　再生可能エネルギーの開発と地方自治体

　原発との対比を意識しながら、再生可能エネルギーの開発を行って注目され
ている地方自治体の事例をみていきましょう。林業を中心に据え、**森林バイオ
マス**の開発に取り組んでいる北海道下川町です。バイオマスとは、生物資源
（bio）の量（mass）という意味で、とくに植物性のエネルギー源のことです。例
えば森林資源から薪を取り出して燃やす場合、森林バイオマスをもとした熱エ
ネルギーを利用している、ということになります。

　北海道下川町は面積の88％が森林で、昔から林業が盛んです。下川町が町の
主要産業として位置づけているのは、森林資源を余すところなく活用した「森
林総合産業」です。一本の木を製材加工し、そこから出たおがくずはキノコの
菌床として利用する、端材はバイオマスエネルギーの燃料や炭にして利用する、
その際に発生する煙でさえも、木材の防腐・防虫のために利用する、葉っぱも
アロマオイルに加工するといった徹底ぶりです。森林資源を余すところなく活
用することで関連の産業クラスターが形成され、活発な経済活動と雇用を生み

出しています。

　下川町が同時に取り組んでいるのが、バイオマスを利用した再生可能エネルギーの開発です。下川町では森林バイオマスボイラー11基から30の公共施設に熱を供給し、公共施設の熱利用の65％を地域内で自給しています。これによって年間1900万円の光熱費が削減でき、このうち半分を町の子育て支援政策に充てています。こうしたバイオマスボイラーの燃料は、町内の「森林総合産業」の生産過程から排出される木材チップであり、その代金は町内へと還流されています。町の試算によると、町内全体で2.4億円ぶんの燃料がバイオマスエネルギーに取って代わられ、そのすべてが地域内に還流され、さらにCO_2排出量が20％削減されたといいます。

　このように下川町は、「森林総合産業」という形で林業を中心に持続可能な地域経済・社会を形成しながら、森林バイオマスを使ったエネルギー自給に取り組み、燃料費として地域の外に流出していた資金を地域内に還流させ、より豊かな地域経済を実現しようとしています。

　下川町の森林バイオマス事業の成功の背景は、第1に、町行政が産業基盤の整備に責任を持ったことです。町が国有林・民有林を買い取って広範な町有林を整備し、さらにバイオマス燃料による暖房を公共施設において率先して導入したことで、事業拡大の基盤をつくりあげました。

　第2に、町行政が主導して、多種多様な地域内の主体の連携や利害調整をうまくマネジメントしながら、推進体制を構築した点です。森林組合、林業事業体、製材工場など既存の産業を支援するだけではなく、木材からつくるアロマオイル製造に乗り出す新たな産業などをサポートしながら次々と起業させ、地域内産業クラスターの形成を支援しました。とくに利害関係者への対応に取り組んだことが注目されます。石油や重油の販売を商売にしていた業者は、バイオマスエネルギーへの転換によって仕事がなくなることが予想されましたが、行政の主導のもと「下川エネルギー協同組合」を合同で立ち上げ、木材チップといったバイオマス燃料の生産・販売へと徐々にシフトしています。こうして利害調整をしながら進めていったことが、地域全体での合意形成と連携・協働を促し、取り組みが成功することへとつながったのです。

　以上のように、再生可能エネルギーの導入と開発にあたっては、①既存の地

域産業振興と再生可能エネルギー開発との連携・相乗効果を図り、地域再生に直結させること、②化石燃料購入のために地域外へと流出していた資金を地域に還元することで、**地域内経済循環**（第15章参照）を高め、地域を豊かにしていくこと、この2つが重要なポイントといってよいでしょう。このように地域内の経済活動と密接にかかわらせ、地域再生と同時に取り組んでいくことが成功のカギを握っており、こうした点からも、再生可能エネルギーの活用を構想・実行する担い手は、地方自治体・住民こそがふさわしいということができます。

4 再生可能エネルギーの開発と 持続可能な地域づくりへの展望

　最後に、再生可能エネルギーの開発と持続可能な地域づくりに向けて地方自治体には何が求められるのか、政策課題と展望を考えてみましょう。

　残念ながら、3節でみたような成功事例は再生可能エネルギー全体の流れとはいえないのが実情です。例えばメガソーラーと呼ばれる大規模な太陽光発電施設や森林バイオマスを利用した発電施設などは、地域外の資本が建設し、その利益は本社がある都市部へと流出するという構図が、むしろ多数派となっています。このことが示すように**エネルギー自治**を欠いたまま再生可能エネルギーが開発され、地域の豊かさを実現することにはつながらない事例が多くみられるのです。こうした地域における野放図な開発を食い止めるため、土地利用規制権限を地方自治体に持たせていくことも、重要な政策課題です。

　省エネ（少エネ）もまた、重要な政策課題です。既存のエネルギー消費量を前提に、これをすべて再生可能エネルギーでまかなうというのは非現実的であり、より少ないエネルギー消費で快適に暮らせるようにしていくことが求められています。その点で政策的な盲点になっているのが、住宅などの断熱です。断熱改修を促進することで中小工務店の仕事づくりにもなり、地域内経済循環の観点からも効果が高く、地方自治体がさらに力を入れるべき重要なエネルギー政策であるといえます。

　再生可能エネルギーの開発と持続可能な地域づくりに向けて、地方自治体に

何が求められるのか、その第1は、再生可能エネルギー開発のための基盤整備を進めることです。下川町では町有林を大幅に増やし、さらに公共施設に森林バイオマスに対応した暖房設備を導入するなど、事業発展のための基盤整備を地方自治体が直接担いました。財政力が低い地方自治体であっても、こうした政策を可能にするべく、国や県による財政支援が重要になってきます。また、FIT（Feed-in Tariff, 固定価格買取制度）のような再生可能エネルギーの導入促進を支える、国レベルでの制度枠組みも不可欠です。

第2に、地域住民や企業・団体といった多様な地域内の主体の努力や工夫を促し支え、これら主体が連携・協働関係を構築していくための条件整備や支援が求められます。再生可能エネルギーを開発して地域内経済循環を高めるためには、地方自治体がすべて直営で行うだけでは限界があり、既存の産業や企業・団体・住民による積極的な取り組みが必要です。そこで求められるのは、再生可能エネルギーの開発・導入にたいして地域づくり活動の一環として、地域の多様な主体が取り組むことであり、そのための主体形成です。つまり、学習や合意形成、信頼関係の醸成など住民自治の涵養がカギを握っており、こうした住民自治活動を下支えする地方自治体の役割が重要になります。再生可能エネルギーの開発に取り組む長野県飯田市では、地域の公民館単位で展開されている住民活動がその原動力となっており、行政職員が公民館活動の事務局を担うなど「黒子」として、こうした主体形成を支えています。

第3に、専門性を持った職員の育成など、地方自治体の政策形成能力を高めていくことが必要です。しかし、このことを地方自治体任せにするだけでは限界があります。オーストリアの事例でみられるように、先進的な地方自治体の経験・教訓をもとに専門的なアドバイスを伝えたり、専門職員を派遣するなど、中間支援（第20章参照）を担う公的機関の設置が、日本においても求められています。再生可能エネルギーという専門性が必要な新規の政策領域においては、自治体間競争をあおるのではなく、地方自治体同士が連携・協働するための枠組みが求められているのです。

●演習問題
身近な地方自治体による再生可能エネルギーの取り組み実態について、エネルギー

自治や地域内経済循環の観点から、分析・評価してみよう。

●参考文献

上園昌武ほか（2016）『島根の原発・エネルギー問題を問いなおす』今井出版。

下川町（2021）『下川町 SDGs 未来都市計画〜人と自然を未来へ繋ぐ「しもかわチャレンジ」〜（2021〜2023）』https://www.town.shimokawa.hokkaido.jp/gyousei/.assets/%E7%AC%AC2%E6%9C%9FSDGs%E6%9C%AA%E6%9D%A5%E9%83%BD%E5%B8%82%E8%A8%88%E7%94%BB.pdf。

的場信敬ほか（2021）『エネルギー自立と持続可能な地域づくり—環境先進国オーストリアに学ぶ』昭和堂。

諸富徹（2015）『「エネルギー自治」で地域再生！——飯田モデルに学ぶ』岩波書店。

諸富徹編著（2015）『再生可能エネルギーと地域再生』日本評論社。

八木信一・関耕平（2019）『地域から考える環境と経済——アクティブな環境経済学入門』有斐閣。

吉弘憲介・山川俊和（2023）「再生可能エネルギー施設立地の政治経済学——日本の木質バイオマス発電を中心に」『季刊経済研究』第 41 巻第 4 号。

●おすすめの文献

植田和弘監修（2016）『地域分散型エネルギーシステム』日本評論社。

大島堅一（2011）『原発のコスト——エネルギー転換への視点』岩波書店。

原子力市民委員会（2022）『原発ゼロ社会への道——「無責任と不可視の構造」をこえて公正で開かれた社会へ』インプレス R&D。

（関　耕平）

第 **18** 章

災害対策と自治体財政

> **キーワード**
> 復興、豪雨、被害、防災、災害復旧

---

1 防災・救援・復旧・復興と地方財政

1-1 災害とは何か

　本章のねらいは、日本において死者を伴う災害のうち最も頻度の高い豪雨災害を主な分析対象として、国・県と市町村の財政関係や市町村の財政運営（マネジメント）の側面からケーススタディにより復旧、**復興**を整理し、災害対策に関する財政課題を検討することです。ここでケーススタディの対象とする東北地方の農山漁村であるＢ町は、2011 年の東日本大震災に続いて 16 年に台風を伴う**豪雨**により甚大な**被害**を受けましたが、後者による被害は前者よりも格段に大きいものの、公的支援がそれほどでもありませんでした。本ケースは従来からの重大な問題に加えて、新たに生じている問題を浮かび上がらせるような位置づけとなっています。

　日本は災害大国といわれるほど、全国いたるところで大小さまざまな災害が多発しています。とくに1990年代に入ってから多くの死者を伴う災害が頻発し、被害額が膨大になるという傾向が鮮明にみられます。災害はどれ１つとっても同じものはないといわれ、人間の生命、心身、生活、感情、経済面に多様で重大な打撃を与える現象です。災害は平常時にはみえにくい経済、社会等の諸矛

盾、諸問題を招来します。したがって、災害の研究は自然、社会、人間の諸科学の全分野にまたがる学際性、総合性を求められます。災害は莫大な経済的損失を伴いますので、災害への対応は国、地方自治体に第一義的責任があり、救援・救助、復旧に巨額の費用を要します。災害財政は必要な財源の確保、支出や融資（貸付）の配分の問題などを研究することになります。

　災害とは地震、津波、台風、豪雨、噴火、竜巻、高潮、干ばつ、山火事、異常高温・低温などを引き金として発生する不時の災いです。それらは自然災害と総称されますが、人災、つまり**防災**の不備、初期対応の遅れや不十分さなどが加わると被害は幾倍にもなります。この点では自然災害という表現は人為的要因や社会的要因を見落としがちになるので、ここでは単に「災害」と呼びます。したがって、行政当局や関係者（企業やコミュニティなど）の責任問題が議論されることがあります。災害によって被害構造は異なりますが、災害の直後、ないし一定の期間をおいて二次災害の可能性が常に存在します。2011 年の**福島第一原子力発電所**の爆発事故はその顕著な例です。大地震後に頻発する余震や降雨による土砂災害、燃料・化学物質などを扱う施設に引火して起こる火災もこれに該当します。

　災害はさまざまな人的・物的被害をもたらします。災害ではその影響が長期化し、避難所や仮設住宅での生活はストレスの累積、疾病、家庭崩壊・分散などの社会的被害を生み出します。また、企業・コミュニティにも経済的社会的損失が生じますし、市役所やその職員が被災し行政が機能不全に陥ることもあります。生態系や文化財など再生が不可能なケースもあります。局地的な災害でも都市の社会インフラ、例えば地下街や地下鉄、高層ビル群、情報通信網などが被害を受けると、被害額はより大きくなります。留意すべきは、住宅の損壊、生業の喪失などの被害が階層性、差別性を持つことです。すなわち、社会的弱者や低所得層の人々は、被災によって失った雇用や住宅を回復できず、生活状態が以前より悪化することが多いです。他方、国の災害後の公的支援が逆に被災者の心身や生活に悪影響を与えることがあり、**復興災害**と呼ばれたりします。なお、レアケースである、あるいは災害ではないと片付けられないのは、近年の夏季の高温であり、熱中症で多くの方が亡くなっています。この主な要因には冷房設備を持たない現実があり、ここから日常的に起こる災害がありう

ることが示唆されます。

1-2　第2次大戦後の災害論と財政

　第2次大戦後の災害論は社会科学あるいは政治経済学から接近すれば、佐藤・奥田・高橋（1964）、宮本（1977）、宮入（1999）などにみるように、災害の対象設定、災害現象や被害構造（要因を含む）、公的支援等の制度、復旧等の主体（形成）などを研究対象としてきたといえます。例えば被害構造論＝各種被害構造は直接被害と間接被害に分けられ、それらが地域性、歴史性、階級性（階層性）の観点から分析されます。公的支援等の制度を巡っては、国は個人の資産形成を断固として拒否するなか、生活と生業（労働）の機会保障が追求されてきました。というのも、産業でいえば小規模零細企業は生産の回復に時間を要し、あるいは廃業を余儀なくされ、それが多い地域の経済に大きな影響を与えます。また、「自助―共助―公助」論における個人の自己責任の拡充あるいは公共セクターの責任放棄を指摘し、コミュニティや非営利組織の存在、協働が積極的に評価されました。これとの関わりからいえば、まちづくりにおける地方分権や住民参加などいわゆるボトムアップの重要性も実証されてきました。1990年代あたりから海外研究も盛んになり、例えば課題アプローチとしてのレジリエンス論があげられます。

　先行研究は資本主義社会下での災害による被害が社会的、経済的、生物的弱者に集中しやすいメカニズムを明らかにしてきました。このことから近年の大災害の頻発を踏まえると、平常時の社会経済システムに非常時を当然のごとく埋め込み、「防災―救援・応急対策―復旧―復興―防災」という災害対策のタイムラインを見通して、諸対策を実装化していくことが課題として析出されるでしょう。近年では災害・被害構造に限らず、復興と防災の局面に関する研究も積極的に進められ、各種のデータも蓄積されています。したがって、個人・企業や地域・自治体がそうした成果を踏まえ、事前・事後に専門家等と協働しながら積極的に動けるかが問われます。例えば地域のハザードマップはかなり浸透していますが、地域経済・社会や市町村行財政のハザードマップがあってもよいわけです。どれほど市役所が浸水し、行政機能が低下するか、そしてこの場合、市民がどこへ連絡、訪問すればよいのかといったことです。他方、避難

所や仮設住宅の運営に関して地域経済の側面からアプローチして、物資・資材や空地・空室などを巡る経済循環や有効活用（行財政対応を含む）を分析すれば、現代でも鋭く指摘されるそれらの質的向上に加えて地域産業の早期復旧にも寄与できるかもしれません。

　国や地方自治体の災害政策はすでに整理したとおり、①防災、②救援・応急対策、③復旧、④復興からなります。防災は災害を未然に防止し、被害を最小化（減災）するために、治山治水、耐震化、防潮堤、防災施設の整備や避難訓練の強化と改善を行う政策措置です。救援・応急対策（初期対応）は災害の発生直後に被災者の救援、避難誘導を行い、人的被害の拡大を防ぐ一連の措置です。復旧は破壊された**ライフライン**（毎日の生活に不可欠な水、電気、ガス）や道路、学校、病院、港湾などのインフラの原状回復です。住宅や工場・営業施設については個人や企業の意向があり、損失補償や入退去などの問題が複雑に絡みます。津波や噴火などによって未曾有の被害を受けると、同じ場所で同規模の家屋や工場、公共施設を再建することは少なく、同じような災害による被害を防止するために改良復旧が行われます。復興は人々の生活、地域の経済社会の維持可能な発展に資する諸政策です。

　①防災から④復興までの政策措置は区別されるとともに、重なり合い、密接に関連します。周到な防災政策は救援などの初期対応の実効性を高めますし、初期対応の成果と反省は復旧・復興政策に生かされなければなりません。復旧・復興政策には当然のことながら、将来の災害に備える措置が組み込まれるので、防災の意味を持ちます。津波で破壊された住宅の再建を高台に移転して行う場合がその例です。

　大災害は現象的には、被災や被害が１つの都道府県（以下、府県）を越える範囲に及びます。とくに大水害や大震災は府県境を越えて都市、農村の広い範囲に人的物的被害をもたらします。したがって、災害への対応は一府県では困難であり、国が直接、乗り出すことが不可欠になります。「激甚災害に対処するための特別の財政援助等に関する法律」（以下、激甚災害法）は大災害への対応を規定します。さらに「超大災害」は特別立法が必要になる大災害であり、国が復旧・復興について法制度、基本計画、復旧復興財源の面で第一義的責任をもち、実施面で地域・自治体の意向を最大限尊重することが求められます。

大災害に対処する際、国は災害対策基本法を柱にして、スピードが強く求められる災害救助、応急措置を講じるとともに、ケースによって新たに特別の関連法を制定します。財政的に予備費では到底対応できないので、補正予算を編成し、国債発行などで臨時的な財源を確保します。通例、国と自治体の平時の財政関係に準拠して災害救助、災害廃棄物処理、災害対応公共事業、災害関連融資などが実施されますが、特別な措置が講じられることがあります。自治体の財政に対しては、インフラなどへの応急対策や復旧活動において国庫補助負担率のかさ上げのような財政支援、国税に加えて地方税や国民健康保険料（税）の特別減免、融資・貸付の条件緩和・規模拡大などの措置が実施されます。これらについても大規模な取扱いがみられることがあります。次いで、新年度には当初予算で**災害復旧**・復興の予算措置が盛り込まれ、復旧状況に応じて年度途中に補正予算が追加されます。

1-3　地方自治体の災害財政

　戦後の地方財政システムを整理するうえで欠かせないのが 1949 年の**シャウプ勧告**ですが、そこでは規模の大きな災害復旧事業については全額国費という画期的な内容が盛り込まれました。そして、それを受けて賛否両論がありましたが、1950 年度には災害復旧事業費国庫負担特例法が制定され、全額国庫負担が条件付きながら実施されました。しかし、全額国費は翌年度には早くも見直しが進められました。勧告が目指した政府間の行政責任の明確化、すなわち分離型に対する財政対応は非現実的とみなされ、融合型の事務配分にとっては地方自治体の何らかの責任、負担が避けられなかったようです。国庫依存や災害便乗、現代の用語でいえば**モラルハザード**（倫理の欠如）が強調され、いわゆる揺り戻しの要因となったようです。

　とはいえ、その後、個別法が制定されるとともに、高率補助が設定され、また、財政力に応じた地方負担の差別化も採用されました。さらに、措置方法は地方交付税や地方債などを動員しながら大きく広がっていき、シャウプ勧告は災害復旧のための財政制度を議論するうえで原点となりました。高率の国庫補助の設定は災害復旧の枠を超えて、過疎法のように、その後の後進地域特例法に基づく特別財政措置のメルクマールになったと整理されることもあります。

大災害の発生を背景に、1961年には災害にかかる財政措置の制度的枠組みを規定した災害対策基本法、1962年には国民経済に著しい影響を及ぼす災害にかかる個別補助のかさ上げ措置を恒久的に規定した激甚災害法が制定され、現在のシステムの骨格ができました。

　国・自治体が講じる初期の対策には食料提供、（応急仮設）住宅供与、被災者救出、災害弔慰金や災害障害見舞金の支給、災害援護資金の貸付などがありますが、とくに災害救助や避難所の設置・運営面では、臨時特別の財政需要に充当される特別交付税の機動性、弾力性が発揮されます。1995年の阪神・淡路大震災の場合、国が特別交付税を加算する措置を講じたり、被災自治体に対してそれを普通交付税とともに繰上げ交付したりしました。2011年の東日本大震災でも特別交付税が積極的に活用されました。

　過去の大災害では特別法が制定され、個別に対応されていることも特徴としてあげられます。それに基づき国庫負担の上乗せや補助対象の拡大などが行われます。応急対策から災害復旧に進む段階で、多様かつ複数年の財政需要に対応するために、一般会計と区別され、資金の流れの透明化を図る「復興特別会計」が時限的に設置され、予算の単一原則・単年度原則の例外扱いとなります。東日本大震災では2012年度から東日本大震災復興特別会計と、復興政策を担当し復興特別会計を管理する復興庁が創設されました。

〈災害の財政（理論）―国と自治体〉

①一般予算の災害関係費（各年）：国の一般会計、府県・市町村の普通会計
　＊実態としては特別会計でも災害対応の支出はあります。

②復興特別会計：大災害の時に国や府県・市町村に設置

③災害対策基金（複数年を対象）：一般予算から繰り入れ、義援金、寄附金

　1990年代以降、復旧・復興財政の予算編成や執行の体制が中央集権的な縦割りでは、地域・住民、自治体のニーズから乖離し、他方では行政責任の回避を生んだとの批判が相次ぎ、復興の理念、国の責務の範囲、国庫負担のあり方が強く問われました。分権の文脈で国と地方の災害にかかる責任分担、財源配分を行うかということは今日もなお最も重要な論点です。この間、日本の災害財政の問題点は、とくに阪神・淡路大震災、東日本大震災において露呈すること

になりましたが、部分的な改善をみつつ今日に至っています。それでも大きな災害になれば、新たな問題が生じます。災害ごとの個別対応も同様ですが、特別法であっても、それが重なると、それぞれの違いとその根拠が問われることになり、賛否両論が生じます。他方、いわば「想定外」といって公的支援を回避することも許容されません。

　こうしたなか、東日本大震災では復興増税の実施等を背景に自治体負担がゼロとなった期間があります。これまで補助金とともに主な財政措置となってきた「起債＋元利償還金の交付税算入」ではなく、復興交付金や復興特別交付税などの創設があり、国の財政措置の到達点といえます。また、いわゆる原形復旧を超えた改良復旧は例外ではなくなり、個人・企業に対して実質的な公費投入を行う個別制度が増え、一部は東日本大震災以降の大災害でも創設され、定着しています。

2　豪雨災害に対する市町村財政

2-1　復旧・復興等における町財政の推移

　2016年の台風10号豪雨（以下、台風10号）は8月30日に、気象庁の1951年の統計開始以来、初めて東北地方太平洋側に直接上陸し、A県のB町やその近隣の市を中心に県内に甚大な被害をもたらしました。その記録的な暴風雨による被害を簡潔に説明すれば、大小の河川氾濫や土石流、大量の流木などを引き起こし、国道を含め道路は至る所で寸断され、死者25人が発生しました。住家被害は全壊453棟（非住家536）、大規模半壊236棟（同298）、半壊255棟（同73）などで、地域の中心部一帯や農地の冠水、牛舎の浸水なども深刻でした（2018年3月27日時点）。被害額329億円のうち土木施設関係が1/3を占めました。なお、2019年には台風19号を伴う豪雨災害も経験しており、沿岸部を中心に被害が及びました。

　復旧等にかかる公的支援について、B町は災害救助法の適用に加えて、局地激甚災害（激甚災害法）の指定、被災者生活再建支援法の適用となりました。これらのうち**被災者生活再建支援制度**は全壊および大規模半壊の世帯に対して、新築・購入で最大300万円を支給し、今回県内の市町村に適用されています。

これとは別に、町独自の上限額200万円の支援が創設されています。これと併せて被災者定住化住宅建設資金利子補給補助金も用意されています。また、本制度の対象とならない半壊や床上浸水の世帯に対する支援金支給を実施するB町のような市町村に、県は必要な経費の一部を補助しています。なお、県は産業再建に対してもいくつかの独自補助を実施し、東日本大震災時に近い水準にしました。また、県は多くの県道や国道の一部、河川などを対象にして大規模なハード復旧事業を担いました。

B町の災害前後の財政の全体像は**表18-1**のとおりです。表からはわかりにくい点を含めてその特徴は次のように整理されます。

第1に、2015年度および16年度の決算には多額の東日本大震災対応分（15年度47億円）が含まれます。ただし、2016年度以降、それは大幅に縮減しており、大震災の復興計画における事業完了率は17年12月末時点で95％です。第2に、2016年度決算には台風10号対応分38億円が含まれており、その6割

表18-1　B町の財政の全体像（一般会計決算）

(単位：億円)

		2015年度	16年度	17年度	18年度	19年度	20年度
歳入	町税	7	7	7	7	7	7
	地方交付税	53	75	55	54	55	54
	国庫支出金	29	12	48	52	20	31
	県支出金	14	14	38	19	10	5
	町債	19	19	34	16	14	11
	その他	39	54	51	49	34	24
	合計	161	181	233	197	140	132
歳出	総務費	25	30	20	28	26	30
	民生費	18	34	19	16	17	17
	衛生費	8	9	34	10	10	10
	農林水産業費	20	10	54	11	8	10
	商工費	8	6	5	3	3	5
	土木費	16	9	10	17	12	9
	教育費	12	9	7	7	9	8
	災害復旧費	25	18	48	55	23	12
	公債費	12	12	14	21	18	19
	その他	6	10	4	8	5	5
	合計	150	147	215	176	131	125

出所：B町歳入歳出決算書（各年度版）より作成。

が公共土木施設を中心とするハードの災害復旧事業です。また、避難所運営や住宅再建支援などにより民生費が急増しています。第3に、その38億円は該当しませんが、台風10号対応分の多くが2017年度に繰り越されました。これは事業の進捗が思わしくなかったからです。その結果、2017年度の総額および農林水産業費（牛乳処理加工施設整備関連27億円）、災害復旧費（公共土木施設復旧24億円）、衛生費（災害廃棄物処理24億円）が著増しています。第4に、歳入では高率の国庫負担を伴う災害復旧事業が多く実施されたので、国庫支出金の急増が目立っています。局地激甚災害指定に基づく対象事業のなかには100％国庫補助があります。これにより町の財政負担は大きく軽減されています。第5に、2016年度に地方交付税が大幅に増大していますが、これは災害に伴う特別需要に対する特別交付税の影響です。2017年度には県支出金と町債が急増していますが、いずれも林道をはじめ農林水産業施設復旧向けとなっています。町の基幹産業である第一次産業のインフラ復旧が急務となっていました。

2-2　公的支援を巡る論点

　公的支援を巡っては、国や県の財政措置の対象となるか否かが論点になるなか、台風10号では**生活橋**が対象外となりました。生活橋とは、住居と町道等を結ぶ個人・地域所有の橋をさし、長いものでは80mに及び、コンクリート製や鉄製もあります。生活橋は190か所あり、73か所が被災しましたが、私道扱いのために災害復旧補助（激甚災害）の対象になりません。これに対して、B町では生活橋の復旧支援の根拠となる制度として、台風10号前の1995年に「生活道及び農道整備事業費補助金交付要綱」が定められていました。ただし、補助額は「当該経費の9/10に相当する額以内の額」、「ただし、10000千円を限度額とする」と規定されています。

　財政面でのポイントは、費用として1か所当たり100万円から1000万円を要することから、町も所有者も負担が大きくなることです。そこで町は仮橋を建設したうえで、本復旧費補助の基金を創設し、インターネットの「Yahoo! ネット募金」を活用して、企業・団体や個人に募金を呼びかけることにしました。町はいろいろと手を尽くし、全国から2000万円近い募金を集めました。この間に、生活橋復旧の希望は43か所に減りましたが、町は寄付金や自主財源も充当

しており、2021 年度中に事業をほぼ完了するに至りました。

　この豪雨災害から次の問題も明らかになりました。すなわち、地区によっては雨があまり降らず、天気も回復していたのに、川の増水・溢水により家屋が浸水して、住人が慌てて住家の2階に避難したケースが少なくありませんでした。このことから流域全体の雨量や河川水位の変化に注意し、情報共有できるシステムの構築が再認識されました。そして、東日本大震災以降にクローズアップされている在宅避難者（被災者）の問題がありました。第1に、被災者生活再建支援制度のような公的支援を利用しても、不十分であるため、壊れたまま、傾いたままの自宅での生活を余儀なくされるケースです。災害救助法の応急修理制度を利用すれば、仮設住宅入居が認められません（後の災害では条件が緩和されました）。第2に、自宅の罹災認定が半壊以下であるために、被災者生活再建支援制度を利用することができず、自宅の補修が不十分となるケースです。利用できる支援が災害救助法の応急修理制度のみとなります。被災者は修理費用の高騰や修理業者の不足、修理開始の遅れなどにも悩まされながら、浸水しなかった2階で長期間過ごすことになります。

　以上のとおり、本節では若干の復旧・復興事業を整理しただけですが、生活インフラ復旧ではソフト、ハードの両面で少額とはいえ、町の積極的な支援を垣間みることができます。その他には、災害公営住宅整備事業や被災者移転地分譲地造成事業は大事業に分類できます。また、これらの他に年間1000万円超の継続的な事業として、例えば被災者見守り・相談支援委託料があげられます。B町が町内の社会福祉協議会や特定非営利活動法人と協力して、生活支援相談員を配置し、応急仮設住宅入居者および高齢独居の在宅避難者を対象に見守り・相談支援活動を行うとともに、被災者の憩いの場として集会所等においていわゆるサロンを開催します（町提供資料）。なお、2019 年度においても町内では東日本大震災の被災者支援について、町は国の被災者支援総合交付金事業を活用し、被災者の見守り・訪問活動や、料理教室などの参加型イベントを実施し、被災者の閉じこもり予防や心のケアに取り組んでいます（同）。

　農山村という地域性や後期高齢者の多い階層性などに鑑みて、住民（個人）・生活本位の公的支援からアプローチすれば、法制度の不十分さが論点になりえます。被災者生活再建支援制度における 2020 年度の「中規模半壊」（最

大 100 万円）への対象拡大のように、本災害以降に新たな見直しがあるものの、実際には一部損壊が圧倒的に多いです。また、本制度の補修適用や災害救助法の応急修理制度にも批判が絶えません（後に制度改正により、応急修理制度の対象は床下浸水を含む「一部損壊」へ拡大されました）。被災すれば住宅に限らずさまざまな問題が生じます。生活面にせよ、仕事面にせよ、東日本大震災に続き、再建途上で「二重被災」となった被災者がいるなか、それぞれ別のものとして法制度が取り扱われていることへの被災者の憤りも耳にしました。本節の最後に、2020 年度には新型コロナウイルス感染症の感染拡大を受けて、町でもさまざまな対策が講じられていますが、町の災害復興事業は終了に至っていないどころか、仮設住宅暮らしの被災者が依然として存在しており、復興の長期化、多様化、複雑化が懸念されるところです。

3 災害対策における財政的課題

宮入興一は、早くから日本の災害政策の問題点として次の4つをあげていました。第1に、国の防災上の責任の所在が曖昧である。災害を天災と同一視し、国には責任がないので、被災者個人の生活・生業基盤の回復は基本的に自責自助で行うべきとする。第2に、被災者個人の避難所生活およびその後の生活や生業の基盤を、人間の尊厳や基本的人権と結び付けて支援する観点に乏しい。第3に、国土保全・公共施設復旧優先主義であり、被災者の救済、支援の優先順位が低い。国の防災責任が曖昧なもとでは、防災（予防）予算の位置づけも弱い。個人の災害補償が軽視され、公共施設の災害復旧や治山治水など従来型の公共土木事業に偏るやり方がみられる。第4に、長期化・複合化災害に対応できる総合的なシステムを欠く。現在の災害対策の枠組みは、被災者が短期間に自力で復旧・復興できることを暗黙の前提にしているからである。いずれの点についても資金面では地方自治体が負担を余儀なくされるとともに、すぐに財政力の限界に突き当たります。国の特別措置が認められる場合も、国との協議に相当な時間を要します。

以上の点は、今なお妥当性を持っているものの、これまで人的・物的被害の大きさや被災者・被災地の要望などを背景に、災害関連の法制度や財政措置は

着実に見直され、拡充されています。とはいえ、とくに復興とは何かは災害の
たびに問われており、国や自治体の復興政策に影響を与えます。階層性や差別
性を背景とする復興の多様化を重視すれば、災害ケースマネジメントが取り組
まれるべきです。財政対応は地域単位でより個別的であってもよく、地域によ
っては暮らし、仕事、集落活動の一体的、総合的な再建が必須となるでしょう。
このことも踏まえて、防災につながる復興検証が地域ぐるみで実施されるべき
です。こうしたなか「国の財政負担には限りがある」、「国民の血税である」、
「地域・自治体のモラルハザードが生じる」、「個人財産の形成に資する」といっ
た論理で批判が起こります。議論の出発点としては個人・企業あるいは地域・
自治体が耐震化にせよ、建物の立地、災害保険、まちづくりにせよ、防災を講
じているかが重要になります。それでも被害が不可避となれば、国民レベルで
支えるための合意形成が行われるべきです。個人レベルの公的支援に関しては
被災者が申請しやすい環境が整備され、公費の執行に不正があれば、事後的に
罰則を科すということがありえます。

　こうした復旧、復興にかかる公的支援に対する批判が強まるほど、防災面で
の予算措置は遠のくかもしれませんが、その拡充は重要な課題です。近い将来、
南海トラフ、首都直下地震、日本・千島海溝地震などの超巨大地震津波が予想
されるなか、事前復興がクローズアップされており、計画的な土地利用や防災
対策に基づき実践していくことが急務です。防災面でもケースマネジメントと
その財政措置が要請されます。例えば避難に困難を抱える高齢者であれば、平
常時の介護・福祉系制度や近隣・親族の支援体制なども含めて事前に検討する
ことになります。企業については事業継続計画（BCP, Business Continuity Plan）
の策定とそのための行政との協働があげられます。公共施設のアセットマネジ
メントも事前復興の観点から問われるべきでしょう。これらを広域的観点から
みると、例えば豪雨災害等を背景に治水にかかる上流と下流の「流域連携」
（流域治水）の重要性も強調されています。河川は規模の大小で、氾濫や被害
のメカニズムは異なり、大河川のリスクのみ分析したり、情報共有したりすれ
ばよいとは限りません。

　他方、地域性の側面から都市に焦点を当てると、いわゆる東京一極集中の是
正が大規模かつ迅速に進められなければなりません。記録的豪雨が頻発するな

か、下水道のような排水施設で雨水が川に排水しきれずにあふれて浸水被害をもたらしています。また、復旧に際して、一斉に施設等が整備されれば、将来、更新時期が重なりますので、計画的な対応が問われます。他の都市についても過去の地域づくりは防災の優先順位が低く、例えば急傾斜地で宅地開発を大規模に進めてきましたので、土石流や地滑りなどの恐れがあり、土地利用の地道な見直しが必要になります。地域・自治体レベルでさまざまなハザードマップを作成することは、人手や財源などの点で課題となっていますが、それが周知徹底され、訓練に用いられなければなりません。

こうして防災から復興までの諸課題に向き合えば、人材や資金などが必要になります。まず公共、非営利・協同、民間の各セクターの体制の充実と活動の連携が強く求められます。ケースによって市町村に高度な技術や他市町村との共通対応が問われるのであれば、防災にかかるハードのインフラの日常的な維持管理であっても国や府県による代行もありえます。次に資金の点では国や自治体の財源の充実が欠かせません。例えば恒久的な災害対策基金の創設あるいは強化です。同時に、公共セクターから他のセクターへの財政の流れも、被災集落や被災者の目線で被害の長期化、複雑化、多様化に対応できることが重要になってきます。他方、事態を複雑にさせることとして、地球の温暖化により海水面が上昇して、いわゆるゼロメートル地帯が水没する恐れから、防潮堤の整備、かさ上げが推進されるかもしれません。また、ダムや堤防などの既存インフラの老朽化が至るところでみられますが、無条件にバージョンアップされれば、維持管理面で地方自治体が際限なく膨らむ費用負担のリスクを抱えるかもしれません。以上のような点での地方財政の分析は新たな課題となっています。

●演習問題

災害のケーススタディを行い、どのような公的支援が講じられたか、その成果や課題は何であったかを検討してみましょう。

●参考文献

内山昭編著（2018）『財政とは何か［改訂版］』税務経理協会。
菜田但馬（2021）「過去の被災事例からひもとく災害財政運営」『地方財務』第810号、

ぎょうせい。

財団法人阪神・淡路大震災記念協会編（2005）『阪神・淡路大震災10年　翔べフェニ
　　ックス・創造的復興への群像』財団法人阪神・淡路大震災記念協会。

佐藤武夫・奥田穣・高橋裕（1964）『災害論』勁草書房。

重森曉・植田和弘編（2013）『Basic 地方財政論』有斐閣。

宮入興一（1999）「災害の政治経済学の展開と課題」『立命館経済学』第48巻第4号、
　　立命館大学経済学会。

宮入興一（2012）「災害と復興の地域経済学——人間復興の地域経済学の提起に向け
　　て」『地域経済学』第25号、日本地域経済学会。

宮本憲一（1976）『社会資本論［改訂版］』有斐閣。

宮本憲一（1977）「災害問題の政治経済学——都市災害を中心に」『法律時報』第49巻
　　第4号（臨時増刊）、日本評論社。

宮本憲一・遠藤宏一編著（2006）『セミナー現代地方財政Ⅰ——「地域共同社会」再
　　生の政治経済学』勁草書房。

●おすすめの文献

桒田但馬（2016）『地域・自治体の復興行財政・経済社会の課題——東日本大震災・
　　岩手の軌跡から』クリエイツかもがわ。

内閣府編（各年）『防災白書』日経印刷株式会社。

復興10年委員会（2005）『阪神・淡路大震災復興10年総括検証・提言報告』兵庫県
　　ホームページ。

（桒田但馬）

第 19 章

米軍基地と自治体財政

> **キーワード**
> 日米安全保障条約、日米地位協定、国有提供施設等所在市町村助成交付金、
> 施設等所在市町村調整交付金、軍用地料、特定防衛施設周辺整備調整交付金

1 本章の課題

　日本国憲法によれば、「平和を愛する諸国民の公正と信義に信頼して、われ
らの安全と生存を保持しようと決意」（前文）して、「国権の発動たる戦争と、
武力による威嚇又は武力の行使は、国際紛争を解決する手段としては、永久に
これを放棄する」（第9条）ことが、この国の基本政策であるはずです。ところ
が歴代政権は、アメリカ合州国との軍事同盟である**日米安全保障条約**を遵守す
る諸施策を最優先としてきました。

　敗戦後80年近くを経過した今日なお、安保条約に基づく日本側の義務とし
て沖縄を初めとして全国各地に米軍基地が置かれています。自治体の権限がま
ったく及ばない米軍基地は地域づくりを阻害しています。加えて、その存在に
よって、どんなに多くの米軍人・軍属・家族が集まって生活し、関連する経済
活動が行われても、立地自治体への直接の財政収入は全くといってよいほど生
じません、なぜなら、**日米地位協定**第13条によって、米軍関係者はほとんどの
公租公課を免じられているからです。他方、米軍関係者は自治体が提供する上
下水道、ごみ処理などのサービスは享受します。つまり、自治体側からみると

米軍基地立地の財政効果は大幅なマイナスとなります。

　こうしたマイナスを少しでも補うとともに、基地に占有されていることによる地域経済への負の影響を緩和するべく、日本政府はさまざまな財政措置を講じてきました。本章では、こうした財政措置の特徴を明らかにし、それが自治体財政にどのような意味合いを有しているかについて、原子力発電所立地自治体の場合と比較しながら述べることとします。

２　一般財源として

2-1　基地交付金

　日米地位協定第13条を受けた「地位協定の実施に伴う所得税法等の臨時特例に関する法律」「地位協定の実施に伴う地方税法の臨時特例に関する法律」によって、米軍及びその関係者は、所得税、住民税、固定資産税などを免除されています。これは地方自治体の立場からすると、基地の存在によって日常的にさまざまな被害を被っている上に、公共サービスを提供しているにもかかわらず、課税権を行使できないことを意味します。

　そこでこうした財政的損失を補填するべく、以下のような措置が講じられてきました。

　第1は、1957年に制定された「**国有提供施設等所在市町村助成交付金**に関する法」に基づいて支給される交付金です（以下、助成交付金）。この交付金の前身は、戦前に設けられていた官営製鉄所助成金（1919年から33年）、市町村助成金（海軍助成金）（1923年から45年）、軍関係市町村財政特別補給金（1945年）です。敗戦による日本軍の解体に伴い、これらはすべて廃止されましたが、代わって駐留することとなったアメリカ軍が所在する自治体において、何らかの財政的損失を補填する措置を求める声が高まり、助成交付金が創設されました。

　助成交付金は、国有財産のうち①国が米軍に使用させている土地、建物及び工作物、②自衛隊が使用する飛行場、演習場、弾薬庫、燃料庫及び通信施設の用に供する土地、建物及び工作物、が所在する市町村が交付対象となります（2021年3月末現在で296市町村）。予算総額の10分の7に相当する額を対象

資産の価格であん分して各自治体に配分し、残り 10 分の 3 は対象資産の種類、用途、自治体の財政状況等を勘案して配分されることとなっています。

第 2 は、「施設等所在市町村調整交付金要綱」（1970 年自治省告示 224 号）に基づいて支給される交付金です（以下、調整交付金）。これは、助成交付金の対象とならない米軍資産（建物及び工作物）が所在する市町村が交付対象です（2021 年 3 月末現在で 52 市町村）。予算総額の 3 分の 2 に相当する額を米軍資産の価格であん分して各自治体に配分し、残り 3 分の 1 は市町村民税の非課税措置等により自治体が受ける税財政上の影響を勘案して配分されることとなっています。こうした仕組みからして、米軍基地が集中させられている沖縄県内自治体に多く交付されることが予想されます。実際 2021 年度予算額でみると、助成交付金の総額 291 億 4000 万円のうち沖縄県内自治体への交付分は 26 億 5994 万円で、総額の 9.1 ％であるのに対し、調整交付金の場合は、総額 74 億円のうち、沖縄には 46 億 634 万円と、3 分の 2 近くが交付されています。

以上の 2 つの交付金は「基地交付金」と総称され、固定資産税の代替的なものとして交付され、かつ一般財源です。自治体への配分額はほぼ同じ仕組みで決まります。すなわち、まず総額が決まり、それを対象となる国有財産や米軍資産の価格であん分して交付額が決まります。その総額ですが、「予算で定める金額」とされているだけで、明確なルールがありません。つまり政府の裁量によって決まりますが、固定資産税の代替的性格を有していることからして、固定資産税収との関連が総額決定に際して目安となっているのではないかと推察できます。では実際はどうでしょうか。

図 19-1 は 2 つの交付金の総額の推移を示したものです。助成交付金は初年度の 1957 年度が 5 億円、翌 58 年度には 2 倍の 10 億円に増え、以降一度も減額とならず 2021 年度は 291 億 4000 万円です。調整交付金は初年度の 70 年度が 3 億円でした。沖縄の統治を再び日本政府が担うようになった 72 年度には 16 億 4000 万円に増加しました。そして以降、一度も減額とならず 21 年度は 74 億円です。子細にみますと、1980 年代は据え置かれましたが、1989 年度以降は、3 年おきに、固定資産税の評価替え年度の翌年度に助成交付金は 8 億円、調整交付金は 2 億円、計 10 億円ずつ増額されています。ところで固定資産税収入の近年の動向をみますと、1999 年度の 9.2 兆円をピークに減少傾向が続きましたが、

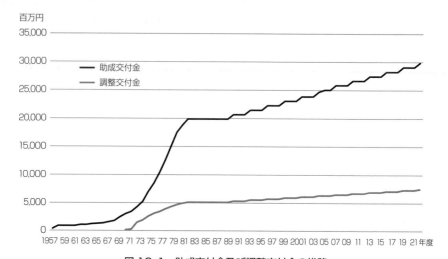

図 19-1　助成交付金及び調整交付金の推移

出所：地方税務研究会編（2022）『地方税関係資料ハンドブック』地方財務協会、p.180、より作成。

12 年度 8.5 兆円を底として増加に転じ、2019 年度からは 9 兆円台で推移しています。

　こうしてみると、3 年おきに見直すのは固定資産税の代替的な性格故のことと思われますが、総額は固定資産税収とは関係なく増え続けているといえます。

2-2　軍用地料

　基地交付金と並ぶ重要な一般財源が**軍用地料**です。日米安保条約に基づいて米国に基地として提供される土地が非国有地の場合、日本政府が土地所有者と賃貸借契約を締結して使用権原を取得します。当該土地が自治体所有地の場合、軍用地料は自治体財政に財産運用収入として計上され、民有地の場合は地権者の地代収入となります。これは沖縄県内の自治体財政にとって大きな意味を有します。というのは、県内所在米軍基地を所有形態でみると、市町村有地が大きな比重をしめているからです。このため、大量の公有地を基地に提供させられている自治体の歳入には、多額の財産運用収入が計上されます。

　図 19-2 は、沖縄県内における米軍関連の軍用地料の推移を示したものです。5 月 15 日に始まる 1972 年度は 123 億円でした。前年の軍用地料は、アメリカ合州国の会計年度である 71 年 7 月 1 日から 72 年 5 月 14 日までの 321 日間で

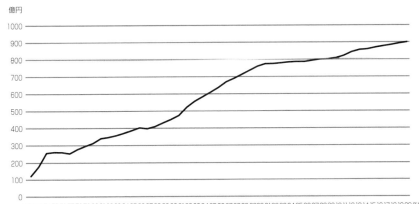

億円

図 19-2　沖縄県内軍用地料の推移（米軍関連）

出所：沖縄県知事公室基地対策課（2022）『沖縄の米軍及び自衛隊基地（統計資料集）』pp.40-41、より作成。

31億円でしたが、72年5月15日から73年3月31日までの321日間のそれは4倍にも引き上げられました。これに見舞金や協力金などが上乗せされたため、実質的には6倍を超えました。以降、76、77、87年度に若干引き下げられましたが、88年度以降は毎年増え続けて2020年度は888億円にのぼります。これに自衛隊基地のそれ131億円を加えると、計1019億円となっています。

　ところで軍用地料というのは、いうまでもなく「地代」です。毎年地価が上がりつづけた「土地神話」の時代ならともかく、バブル経済崩壊以降今日まで、地価はおおむね減少または横ばいが続いています。にもかかわらず、軍用地料は減額されていません。社会経済状況にかかわらず増額が続くという基地交付金総額と同じ状況がみられます。

③　特定財源として

　以上の2種類の一般財源に加えて、特定財源として「防衛施設周辺の生活環境の整備等に関する法律」（以下、環境整備法）に基づく財政措置が講じられています。

　環境整備法の前身は、1966年に制定された「防衛施設周辺の整備等に関する

法律」（以下、周辺整備法）でした。これは、1953年に制定された「日本国に駐留するアメリカ合衆国軍隊等の行為による特別損失の補償に関する法律」では、補償の対象が農林業、学校教育事業、医療保険事業等の特定の業種を営む者に限られていたため、行政措置により行われていた防音工事、住宅移転の補償などを法制化したものです。そして1974年に周辺整備法が廃止されて、環境整備法が制定されました。

　環境整備法に基づく財政措置は、大きく２つに分類できます。１つは、基地が存在することによる騒音など生活環境の悪化を防止ないしは軽減するための財政措置です。それは、米軍等の行為による道路の損傷、河川の洪水や土砂流出の被害、電波障害などの被害を防止・軽減するための工事費を補助する「障害防止工事の助成」、学校など公共施設の防音工事費を補助する「学校等騒音防止工事の助成」、住宅の防音工事費を助成する「住宅防音工事の助成」、騒音が激しい地域に所在する建物などを移転または除去する場合の「移転補償等」などです。これらは、基地の存在を前提とする以上は、必要な財政措置といえましょう。

　自治体財政への影響という点で、より大きな意味を有するのが、もう１つの基地所在自治体の公共施設整備のための特別な補助金・交付金です。それは２種類あり、１つが周辺整備法で創設され環境整備法にも盛り込まれた「民生安定施設の助成」（以下、民生補助金）です。これは、自治体が道路、児童養護施設など法に定められている諸施設を整備する場合、他の自治体より高い補助率を適用するものです。

　もう１つが、環境整備法で新設された「特定防衛施設周辺整備調整交付金」（以下、特防交付金）です。民生補助金に加えて、新たな施策が必要となった背景には、当時の日本政府が、首都圏の米空軍基地を整理縮小して横田基地に集約する「関東平野空軍施設整理統合計画」を実行することを最重要課題としていたことがあります。特防交付金は、この計画によって負担が増える東京都福生市など横田基地周辺自治体の要望に応えて創設された特別な財政措置です。

　環境整備法の作成に携わった元防衛事務次官の守屋武昌は、そのねらいについて「首都圏から多くの基地が返還され、首都圏では米軍基地問題が社会問題化することはなくなった」（『世界』2010年2月号）と述べています。つまり基地

の立地を全国民的な課題とせず、特定地域の問題に矮小化する一方で、負担が集中する自治体への特別な財政措置として創設されたのが特防交付金なのです。それゆえ、基地負担が増える自治体にとって民生補助金より‘魅力’ある施策とするべく、次のような仕組みが採用されています。

第1は、「騒音・振動が著しく、また、広大な面積を有するなど障害が顕著なジェット飛行場、砲撃が実施される演習場及び大規模な弾薬庫などの防衛施設に限定」（2009年11月開催の行政刷新会議に提出された防衛省の説明資料）して、対象となる防衛施設及び周辺市町村を防衛大臣が選別し指定することです。開始時の1975年3月には、53の特定防衛施設、94の特定防衛施設関連市町村が指定されました。

第2は、その配分方法です。まず交付金の総予算額の62.5％を普通交付額とします。指定を受けた市町村は、特定防衛施設の面積、その面積が当該市町村の面積に占める割合、関連市町村の人口、飛行機運用の態様などに基づいて点数づけされます。その点数に基づいて、総予算額を按分比例して各市町村への交付限度額が決まります。いわば‘迷惑度’に応じて交付限度額が決まると言ってよいのです。また残り37.5％は特別交付額として「運用の態様の変更を考慮して防衛大臣が配分」（環境整備法施行規則第3条の3）します。ちなみに、総予算額は初年度5億円、翌1975年度は30億円に増え、以来今日まで減額されたことはなく、2022年度は228億円です。

第3は、対象となる事業について、民生補助金のように具体的施設を明記せず、交通施設及び通信施設、スポーツ及びレクリェーション施設など8分野を明記しているだけという点です（環境整備法施行令第14条）。自治体は8分野に該当する整備を希望する施設を選択して申請しますが、その際に総事業費のうちどれだけをこの交付金で充当できるかについて制限がありません。したがって交付限度額内であれば事業費全額をこの交付金に充当することができます。さらに2011年度からは医療費の助成などソフト事業にも交付可能となっています。

特防交付金や民生補助金の問題として強調しておきたいのが、財政優遇措置の対象となる公共施設は、基地の存在ゆえに余儀なくされるものではなく、基地の有無にかかわらずどこの自治体でも必要な施設であり、通常は他の省庁が

所管する補助金等を獲得して整備されるという点です。にもかかわらず、防衛省（制度創設時は防衛施設庁）の予算によって基地が所在する自治体だけを優遇する根拠について、国会の審議でも疑義が呈されました。政府は、民生補助金については「間接的に、具体的にその原因に直ちにはつながらないにしましても、その周辺の苦しみを若干でもやわらげたい」（第51国会衆議院内閣委員会［1966年4月21日］）と、特防交付金については「現在の周辺整備の諸施策の中で欠けている問題は……基地が存在するということによっても、大きな不満、不平というものが残っているであろうということ」（第72回国会衆議院内閣委員会［1974年5月16日］）などと説明しました（傍点は筆者）。つまり、政府自身も「具体的にその原因に直ちにはつながらない」と言わざるを得ないほど因果関係を明確に説明できないのです。また、それによって施設整備がすすんだとしても、日本の主権が及ばない米軍基地の運用が変わらないのですから、「苦しみ」や「不平、不満」が緩和されることは決してありません。

　このように根拠が不明朗で効果も見込めないような予算要求は、通常なら財政当局にまずは認められないはずです。にもかかわらず「基地問題が社会問題化すること」がないようにするために認められた特別な財政措置であるということ、この点こそ民生補助金や特防交付金の基本的性格であることを改めて強調しておきます。

4　自治体財政への影響
——原子力発電所立地自治体と比較して

　以上のほかに、米軍から返還された旧施設及び区域内の道路で、施設及び区域の返還に伴い、現状に回復することが不適当と認められるものについて、公道とするために市町村が当該道路敷地を買い入れるのに要する経費を補助する「返還道路整備事業費補助金」などを加えて、一般に基地関係収入といわれています。

　表19-1は、2020年度において沖縄県内自治体のうち基地関係収入の絶対額もしくは歳入総額に占める割合が相対的に大きい自治体の基地関係収入の状況を示しています。

歳入総額に占める基地関係収入の割合が高い自治体をみると、宜野座村 28.2 ％、金武町 26.1 ％、恩納村 23.9 ％と、人口が少なく財政力が弱い沖縄島北部の町村に集中しています。

　基地交付金をみると、沖縄市が 13 億 9558 万円と最も多く、次いで嘉手納町 10 億円余、北谷町 7 億 7640 万円、宜野湾市 6 億 6627 万円と、嘉手納飛行場や普天間飛行場などが所在する自治体に多く計上されていることがわかります。他方、軍用地料である財産運用収入をみると、名護市、宜野座村、金武町が 20 億円余、恩納村 18 億円余と沖縄島北部 4 市町村に多く計上されています。これら市町村の基地は海兵隊の訓練場として使われている山林が多くを占めており、いわゆる字有地です。しかし名義上は市町村有地となっているため、財産運用収入に計上されています。

　なお、こうした字有地に係る財産運用収入については、一定割合が字に再配分されています。これを「分収制度」といいます。名護市の場合は、4 割を再配分しています。したがって先の表の名護市の財産運用収入 20 億円のうち、実質的な名護市の収入は 12 億円ほどとなります。

　次に、こうした財政収入が自治体財政に与える意味合いについて、原子力発電所立地自治体の場合と比較して考えてみることとします。表 19-2 は、表 19-1 で基地関係収入の比重が最も高い比重を示した宜野座村（2020 年国勢調査人口 5833 人）と、柏崎刈羽原子力発電所が立地している新潟県刈羽村（同 4380 人）の 2020 年度の主な歳入項目を比較したものです。これをみると、いわゆる迷惑施設受け入れの「代償」として過分な財政収入を得ているのは同じですが、その内訳について次のような違いを読みとることができます。

　第 1 に、地方税の占める割合が、刈羽村は 35.3 ％と 3 分の 1 以上を占めているのに対し、宜野座村は 6.6 ％にすぎません。これは、原子力発電所にかかわる最大の収入源が固定資産税の償却資産分であるのに対し、軍用地料は財産収入に、基地交付金は国庫支出金に計上されているからです。もっとも、宜野座村における地方税収、財産収入と基地交付金など一般財源の比重は、刈羽村とさほど変わりません。ただし、同じく一般財源とはいっても、大きな違いがあります。すなわち、固定資産税償却資産分は、減価償却により着実に減少していきます。他方、基地交付金も軍用地料も、すでに述べたようにほぼ毎年増加

表 19-1　主な自治体の基地関係収入

	環境整備法		基地交付金		財産運用収入	
	金額	歳入総額比	金額	歳入総額比	金額	歳入総額比
那覇市	108,546	0.1 %	289,872	0.1 %	98,486	0.0 %
うるま市	440,466	0.6 %	592,131	0.7 %	357,832	0.4 %
宜野湾市	2,965,468	5.1 %	666,268	1.1 %	132,290	0.2 %
浦添市	1,115,657	1.7 %	486,283	0.7 %	262,535	0.4 %
名護市	282,959	0.6 %	311,407	0.6 %	2,039,414	4.2 %
沖縄市	1,124,702	1.1 %	1,395,580	1.4 %	1,251,845	1.2 %
恩納村	1,412,108	10.2 %	63,663	0.5 %	1,830,468	13.2 %
宜野座村	421,406	4.2 %	110,929	1.1 %	2,029,441	20.3 %
金武町	436,953	3.7 %	524,773	4.4 %	2,089,651	17.7 %
伊江村	756,652	8.8 %	78,665	0.9 %	85,911	1.0 %
読谷村	373,029	1.7 %	360,563	1.7 %	636,696	2.9 %
嘉手納町	741,731	5.9 %	1,019,444	8.1 %	507,812	4.0 %
北谷町	638,724	3.3 %	776,401	4.0 %	378,013	1.9 %
合計	12,001,120	1.2 %	7,308,081	0.7 %	11,832,944	1.1 %

出所：沖縄県知事公室基地対策課（2022）『沖縄の米軍及び自衛隊基地（統計資料集）』p.42、

表 19-2　宜野座村・刈羽村の主な歳入（2020 年度）

（単位：百万円）

	宜野座村		刈羽村	
	決算額	構成比	決算額	構成比
地方税	658	6.6 %	2,745	35.3 %
地方譲与税	30	0.3 %	32	0.4 %
普通交付税	1,444	14.4 %	0	0.0 %
国庫支出金	2,577	25.8 %	1,969	25.3 %
財産収入	2,029	20.3 %	21	0.3 %
地方債	243	2.4 %	3	0.0 %
合計	10,000	100.0 %	7,785	100.0 %

出所：宜野座村、刈羽村の決算カードより作成。

してきました。基地交付金が減額されるとしたら交付額算定の対象となる自衛隊や米軍の資産などがなくなる場合です。軍用地料は、基地が一部もしくは全面返還されたりしなければ、政府の政策が変わらない限り減りません。

　第 2 に、両村の収入構成のもう 1 つ大きな違いは、普通交付税です。地方税収入が多くを占める刈羽村は、2020 年度財政力指数が 1.36 の「富裕団体」で、

（2020 年度）

（単位：千円）

その他		合計		歳入総額
金額	歳入総額比	金額	歳入総額比	
150	0.0 %	497,054	0.2 %	200,498,453
117,575	0.1 %	1,508,004	1.9 %	79,795,191
693,912	1.2 %	4,457,938	7.6 %	58,545,749
141,707	0.2 %	2,006,182	3.1 %	64,942,338
1,371,182	2.8 %	4,004,962	8.2 %	48,896,138
6,005,139	5.9 %	9,777,266	9.6 %	101,791,026
12,541	0.1 %	3,318,780	23.9 %	13,860,614
257,255	2.6 %	2,819,031	28.2 %	9,999,902
32,614	0.3 %	3,083,991	26.1 %	11,837,353
4,756	0.1 %	925,984	10.7 %	8,634,096
58,760	0.3 %	1,429,048	6.6 %	21,747,005
22,120	0.2 %	2,291,107	18.3 %	12,545,565
29,088	0.1 %	1,822,226	9.3 %	19,635,554
8,790,514	0.8 %	39,932,659	3.9 %	1,034,217,818

より作成。

普通交付税の不交付団体です。他方、宜野座村は財産収入だけで歳入総額の2割を占めていますが、普通交付税も 14.4 ％を占めています。これは基地交付金、軍用地料ともに一般財源でありながら、普通交付税の基準財政収入額算定の対象外となっていることによるものです。

　一般財源の構成の相違とは対照的に、国庫支出金の比重は両村ともほぼ同じです。原子力発電所所在自治体において特防交付金に相当するのが電源開発促進税法など電源三法に基づくさまざまな交付金です。経済産業省資源エネルギー庁『電源立地制度について』（2016 年版）によると、出力 135 万 kW の原子力発電所が新設された場合、電源立地地域対策交付金が約1340億円交付されます。その内訳は、立地可能性調査の翌年から運転開始の翌年まで交付される「電源立地等初期対策交付金相当部分」約56億円、着工時から運転開始後5年まで交付される「電源立地促進対策交付金相当部分」約170億円、運転開始の翌年から運転終了（廃炉後も発電所内の貯蔵施設に使用済燃料が貯蔵されている場合は、貯蔵量に応じて交付）まで交付される原子力発電施設等周辺地域交付金相当部分が約657億円などです。

特防交付金も電源三法交付金も、先に交付限度額が決まり、その限度額の範囲内で自治体が広範な分野を対象として施設整備を行うというよく似た制度となっています。それもそのはずです。というのは、電源三法と環境整備法は、1974年の通常国会でほぼ同時並行で審議されて成立しているからです。こうした類似性がある一方で、次のような違いがあります。電源立地促進対策交付金は、当初は原発の運転開始とともに打ち切られていました。これはその本来の趣旨が、原子力発電所の新規立地の獲得であったことによります。もっとも、1980年の電源開発特別会計法の改正による電源多様化勘定の創設以降のたびたびの改正によって、今では運転終了まで支給されるさまざまな交付金が設けられています。それでも、運転開始以前と以後とを比べると、1年間に交付される金額には大きな差があります。また、その財源は販売電気に課される電源開発促進税です。他方、特防交付金については、こうした支給期限はなく、基地が存在する限りなくなることはありません。そしてすでに述べましたように、これまで総額が減額されたことはありません。

　このように、基地所在自治体が得られる一般財源は、軍用地料が1970、80年代に3度減額されたものの、それを例外として総額では減少していないこと、どんなに増えても税収ではないので財政力の向上にはつながらないので普通交付税も減額されないこと、そして特防交付金の総額も減額されたことがないこと、これらの諸点からして基地所在自治体は、原子力発電所所在自治体と比べても、財政措置について「優遇」されているようにみえます。しかしこうした相違は、基地が経済活動の拠点ではない政治施設であることによるといえます。どんなに「優遇」されようと、自治体にはまったく裁量権がないのです。

5　「お金の力」で基地受入れを迫る施策でよいのか

　本章では、米軍基地が立地する自治体にもたらされる基地交付金、軍用地料、特防交付金を取り上げて、原子力発電所が立地する自治体にもたらされる財政収入と比較して「優遇」されていることを示しました。しかしその「優遇」は、日米安全保障条約の遵守を最優先とする政府の裁量によるものであり、自治体にはまったく権限がありません。そしてどんなに「優遇」しようとも、沖縄が

象徴するように、80年近くも軍事基地に占領されて自治権が侵害されていることによる「機会費用」には遠く及びません。

　日米安全保障条約による義務である基地の提供をどうするかについては、本来なら国政上の最重要課題として全国民的な議論がなされるべきでしょう。ところがこの国では、国政選挙等で争点として取り上げられることが全くといってよいほどなく、立地の対象とされた自治体が受け入れるかどうかという地域問題に矮小化することを常としてきました。例えば、米軍基地を沖縄に集中させて、その立地について「沖縄問題」とする、という具合にです。その際、対象となった自治体の経済事情が厳しく、財政力が弱い状況につけ込んで、さまざまな財政優遇措置を用意して、受入れを迫るのが日本政府の常套手段でした。それは基地の必要性について言葉で説得できないのでお金の力で糊塗しようとするもので、この国の公共政策決定過程のお粗末さを象徴しているといえます。

　なお本章の内容は、主として既存基地の維持にかかわるものです。沖縄の普天間飛行場撤去の前提として名護市辺野古への新基地建設受け入れを迫る政府の施策のお粗末さについても、参考文献などで学習を深められるよう希望します。

● 演習問題

　基地や原子力発電所に関連する補助金・交付金などが歳入総額にしめる比重が高い自治体は、もし基地や原子力発電所が撤去されたら、財政が成り立たなくなるのではないかという意見があります。これについて、本書で学んだ日本の地方財政制度の基本的仕組みを踏まえて論じてください。

● 参考文献

伊勢崎賢治・布施祐二（2021）『［文庫増補版］主権なき平和国家——地位協定の国際比較からみる日本の姿』集英社。

川瀬光義（2013）『基地維持政策と財政』日本経済評論社。

川瀬光義（2018）『基地と財政——沖縄に基地を押しつける「醜い」財政政策』自治体研究社。

川瀬光義（2022）「特定防衛施設周辺整備調整交付金にみる防衛省による自治体支配の深化」『自治と分権』第87号。

佐藤昌一郎（1981）『地方自治体と軍事基地』新日本出版社。

清水修二（1999）『NIMBY シンドローム考——迷惑施設の政治と経済』東京新聞出版
　　局。

清水修二（2011）『原発になお地域の未来を託せるか——福島原発事故 利益誘導シス
　　テムの破綻と地域再生への道』自治体研究社。

前田哲男（2000）『在日米軍基地の収支決算』筑摩書房。

前泊博盛（2013）『本当は憲法より大切な「日米地位協定入門」』創元社。

経済産業省資源エネルギー庁（2016）『電源立地制度について』。

（川瀬光義）

第 20 章

非営利・協同部門と公民連携

> **キーワード**
> 非営利・協同部門、福祉三角形、利潤非分配、特定非営利活動促進法、
> NPO 法人

1 非営利・協同部門とはどのような領域か

1-1 非営利・協同部門の特徴

　政府部門（セクター）や市場部門という言葉は耳にすることが多いのですが、読者にとって**非営利・協同部門**という言葉にはなじみがないかもしれません。とはいえ、ボランティア活動への参加や募金の経験がある人は多いのではないでしょうか。本書では、共同社会的条件の担い手として、市民や地域自治組織など自治体以外の担い手にも注目していますが、この章では、ボランティア組織、NPO、あるいは協同組合などで構成される領域を「非営利・協同部門」ととらえ、セクターとしての特徴や日本での制度などを示したうえで、自治体と非営利・協同部門の協力関係のあり方について考えていきます。

　まずは、社会領域の中での非営利・協同部門の特徴について整理してみましょう。**図 20-1** は、ペストフの「**福祉三角形**」をもとに、社会がどのような領域で構成されているかを示したものです。社会全体は、「政府」「市場」「非営利・協同」「コミュニティ」の 4 つの領域で構成され、「政府」には公的機関、「市場」には民間企業、「非営利・協同」には自発的結社や非営利組織、最後の「コ

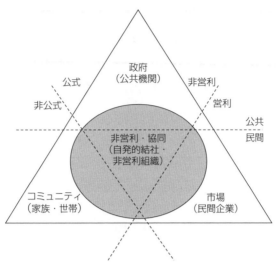

図 20-1　福祉三角形と非営利・協同部門
出所：ペストフ（2000）p.48 に筆者加筆。

ミュニティ」の領域には家族が含まれています。非営利・協同部門は、政府部門、市場部門に次ぐ第三の部門としてとらえられています。市民による自発的な結社を担い手とすることから「市民セクター」や「市民社会」と表現されることもありますが、本章では、非営利・協同部門としておきます（坂本編，2017）。

　非営利・協同部門は、「公式・非営利・民間」という3つの性質を備えています。地域で広がりを見せている「子ども食堂」を例にしましょう。子ども食堂は、子どもの食や地域の交流の場など、さまざまな機能を持つ取組みですが、民間企業のように営利を求めたビジネスでも、法律に根拠のある政府の事業でもありません。また、家族や友人といった親しい人に対象を限定せず、「地域の子ども」に目を向けています。このような市民発の公益的な活動が、子どもの育つ環境という共同社会的条件を作り、地方自治を豊かにしています。

　非営利・協同部門には、①社会的課題の存在や課題解決について社会に訴えかけるアドボカシー、②社会的課題を解決するためのサービス提供、③市民育成の3つの機能があります。公益の実現という点では政府部門と共通するのですが、社会的課題へのアプローチは政府と違っています。政府の場合、法律を

表 20-1　政府部門、市場部門、非営利・協同部門の特徴

	政府部門	市場部門	非営利・協同部門
社会的主体	政府（国家・自治体）	企業	NPO・ボランティア・協同組合など
社会的価値	平等・公平	利潤追求	生活・生命（非平等・非公平）
行動の規範、サービスの特質	均一・画一	対価性	個性・個別・多様
基本財源	税	取引による対価	会費、寄付、助成金、サービスの対価
失敗	政府の失敗	市場の失敗	ボランタリーの失敗

出所：山岡ほか（1997）p.152 の表に筆者加筆。

根拠に租税を用いて実施されるため、平等や公平といった社会的価値が重視され、サービスにおいても均一・画一になりがちです。一方、非営利・協同部門の場合は、自発的な活動であるからこそ、対象者やテーマとする課題に対して集中することができます。つまり、個別性の尊重やニーズに応じた多様な支援を実現できる「強み」があります（表 20-1）。

1-2　「非営利」とは何か

　ここで、「非営利」とは何かを示しておきます。非営利とは無償とのことだと思うかもしれませんが、「利潤を所有者に分配しない」（**利潤非分配**）ことを意味しています。営利企業の経済活動が、究極的には株主など企業の所有者に分配するために利益を求めて行動するのとは対照的に、そうしないのが「非営利」です。望ましい社会像（ビジョン）実現のための目標（**ミッション**）が組織の優先すべきことで、そのために利潤を分配せず、事業で収益が出ても所有者に分配せず再投資することといってもよいでしょう。

　民間非営利組織（NPO）について国際的に共有されている定義では、①公式の組織であること（formal）、②政府ではないこと（non-governmental）、③非営利（nonprofit）、④自己統治性（self-governing）、⑤自発性（voluntary）という 5 つの要素があげられています。ここでも利潤非分配が 1 つの条件となっています（サラモン・アンハイアー，1996）。

ただ、営利を追求せずミッションの実現のために動く組織の経営は必ずしも容易ではありません。政府には財源としての税がありますし、企業の場合は産出物への対価があります。しかし、非営利・協同部門の組織の場合は安定的な財源がありません。サービス対象者が対価を支払えないこともありますし、徴税権もないからです。寄付や助成などでコストがまかなえるとは限りません。その結果、必要なサービスが不十分にしか提供されなかったり、資金調達にエネルギーが割かれてしまい本来の事業に集中できなかったりすることも起こりえます。そして、ミッション実現を志向する社会性と経済的基盤を安定させて事業に取り組む事業性の間に矛盾が生じる可能性が存在することにも注意が必要です。

　21世紀に入ると、非営利・協同部門において、ビジネスの手法を積極的に活用しながら課題解決を図る組織が関心を集めました。社会性を重視しつつ経済的リスクをとり、財やサービスの継続的な供給に関与する組織は「**社会的企業**」と呼ばれ、伝統的な非営利組織を部分的に超える現象として注目されました（ボルザガ、ドゥフルニ編，2004）。いわば、非営利・協同部門と市場部門の「ハイブリッド」だととらえられたのです。日本でも、同様の組織が「コミュニティ・ビジネス」、「ソーシャル・ビジネス」などと呼ばれ、国が振興策を検討する動きもありました。事業性と社会性の両立という議論に対しては、社会性の軽視につながりかねないという指摘もありました（藤井ほか編，2013）。

1-3　他の部門との境界領域

　非営利・協同部門は政府部門、市場部門、コミュニティと接していますが、他の領域との境界に位置している組織をいくつか紹介しておきます。第1は、コミュニティと近い位置にある組織です。例としては自治会・町内会などの地縁型組織があります。親睦や地域での共同作業を通じたつながりを基礎にする点では、ミッションを掲げるNPO等とは少し違いますが、地域では大きな存在感を持っています。第2は、市場部門と近い組織です。この例としては協同組合があります。協同組合は組合員に配当を出し、利潤非分配ではありません。しかし、ヨーロッパでは協同組合を非営利・協同部門を構成する重要な組織としています。協同組合は、組合員の民主的参加を基礎にした経済組織、助け合

いの組織であり、資本家の利潤追求のための組織である企業とは異なるものととらえられているからです。第3は、政府部門との境界領域の組織です。自治体のいわゆる「第三セクター」などがこれにあたります。日本の「第三セクター」は、観光、教育などさまざまな分野で公共性と効率性を実現するために、政府部門と市場部門の双方が出資して設立された組織です。このように、非営利・協同部門の組織には多様なものが含まれています。

1-4　非営利・協同部門への注目

　宗教団体の慈善活動にみられるように、歴史的には非営利・非政府の主体による社会的課題への取組みは古くからあるのですが、これが、非営利・協同部門として関心を集めるようになったのは、1990年代頃からです。背景には、経済や社会の変化に公共政策が対応できないという状況があります。経済活動のグローバル化や産業構造の変化に伴う雇用システムの流動化、経済格差の拡大が起こっています。女性労働者の増加、人口減少や高齢化、世帯規模の縮小など家族の形も変化しています。企業や家族が人々の暮らしを支える機能が弱まっています（『厚生労働白書』2020年版）。

　本来、政府部門はこれらのリスクに対応する役割を持っているのですが、経済成長が鈍化するなか、政府の財政赤字や非効率性への批判が高まり、政府部門の縮小と規制緩和、市場部門の拡大を志向する新自由主義的改革が進んでいます。また、政府の制度自体が長期雇用、家族や地域の支えを前提にしているため、家を失いホームレス状態にある人など、制度はあってもカバーされない、かつ、経済活動への参加、社会的なつながりへの参加、政治への参加から排除される**社会的排除**の状態に陥る人々が生じています（宮本, 2009）。こうした人々はセーフティネットから事実上こぼれおち、しかも、病気や借金、孤立など抱えている問題が複雑で、既存の制度ではその一部しか解決できない場合もあります。政府、市場、コミュニティでは対応が難しい課題が現れ、人々の状況に合わせた支援が求められる中、非営利・協同部門の柔軟な対応に期待が寄せられているのです。

2　日本における非営利・協同部門

2-1　国際比較からみた非営利・協同部門

　アメリカのジョンズホプキンス大学では、世界 41 か国についてのデータを集め、非営利・協同部門の国際的な比較研究が行われました（以下、JHCNP と略）。ここでは、JHCNP による知見をいくつか紹介します。第 1 は、無給でのボランティア労働力を含めると、かなり多くの人が非営利・協同部門で働いていることです。2005 年の時点で、41 か国で 5400 万人の人が働いています。この人数は、建設業（5700 万人）より少ないが、運輸・通信業（4600 万人）より多い水準です。第 2 は、非営利・協同部門で働く人の半分以上（59 ％）は、サービス提供活動に従事していることです。第 3 は、一般的なイメージと異なり、組織の収入は寄付に依存していないことです。41 か国の平均では、サービスの対価や会費、投資収益などの「料金」が 50.3 ％、助成や委託、サービスへの支払いなどからなる「政府」が 35.3 ％、残りの 14.4 ％が個人や財団、企業からの寄付である「慈善」となっています（Salamon, et al., 2017）。

　他方、非営利・協同部門のあり方には国による違いもみられます。例えば、収入構造については、日本では「料金」が 61 ％、「政府」が 38 ％、「慈善」が 1 ％です。アメリカでは「料金」が 56 ％、「政府」が 30 ％、「慈善」が 14 ％です。両国とも大きいのは「料金」と「政府」ですが、「慈善」の比率は大きく違います。日本では行政による強い統制のもとで非営利・協同部門が形成されてきた経験を反映して、「料金」と「政府」頼みの収入構造となっています。このように、各国の非営利・協同部門の規模や、収入源の構成などの違いは、セクター形成の歴史的経緯が影響しています（Salamon, et al., 2017）。

2-2　NPO 法による変化

　日本では、明治期に公益法人制度の基本的な枠組ができましたが、その特徴は、主務官庁制と呼ばれる行政による強い統制でした。組織の活動している分野を所管する行政組織（主務官庁）が法人となる許可を出し、法人設立後も指導監督を行う体制です。また、学校法人や宗教法人のように、特別法に基づく

公益法人を各省庁が所管する場合もありました。公益法人制度にもタテ割りが持ち込まれているありさまでした。

　1998年に制定された**特定非営利活動促進法**（NPO法）が、この状況に変化をもたらしました。NPO法は、阪神・淡路大震災後のボランティアの活躍をきっかけに成立したものですが、最大の成果は法人化の手続きを容易にしたことです。基本的に、書面審査で基準に適合していれば特定非営利活動法人（**NPO法人**）として**認証**する手続きとなりました。NPO法人には、事業報告や会計報告など、市民への情報公開が義務づけられています。所轄庁が認めた**認定特定非営利活動法人**（**認定NPO法人**）については、寄付者への税制優遇措置が設けられています。2006年から2008年には公益法人制度改革も行われました。全体的にみれば、公益的な法人制度の透明性が高まっています。

2-3　NPO法人の状況

　ここでは、NPO法人について、データをいくつか示しておきます。2021年度末の時点で、5万783のNPO法人が全国に存在しています。同時点での認定NPO法人は、1235です。NPO法人の総数は、2000年度の3800から13倍以上に増えていますが、近年については法人数が若干減少しています。

　NPO法では、法人が行う社会貢献活動として20の分野をあげています。2022年9月30日現在、多いもの上位5つは①「保健・医療・または福祉の増進」、②「社会教育の推進」、③「子どもの健全育成」、④「団体の運営又は活動に関する連絡、助言又は援助の活動」、⑤「まちづくりの推進」です。地域の課題や社会サービスがテーマとなっています。なお、「団体の運営又は活動に関する連絡、助言又は援助の活動」とは、NPO法人を支援する組織のことです。NPO法人とさまざまな機関との間で「中間支援」の機能を果たすことから、中間支援組織と呼ばれることもあります。

　資金面にも注目してみましょう。内閣府が2020年度に全国のNPO法人に行った調査では、特定非営利活動事業の収益が年間1000万円を超えると回答したのは認証法人の36.4％でした（認定NPO法人では68.0％）。一方、年間500万円以下の組織は認証法人で54.8％（認定NPO法人で18.0％）でした。認証法人の特定非営利活動事業収益をみると、「事業収益」83.1％、次いで「補助

金・助成金」10.9％、「寄附金」2.4％、「会費」2.2％です。事業収益を中心に、行政からの資金などを組み合わせながら活動しています。

　では、NPO 法人による社会的課題への取組みはどのようになされるのでしょうか。次では具体例を紹介します。

③　NPO 法人による地域課題への取組み

3-1　子育て支援に取り組む NPO 法人

　新潟県上越市は、人口約 18 万 8000 人（2020 年国勢調査）の自治体です。多くの自治体と同様、高齢化率は上昇し、生産年齢人口や年少人口は減少しています。この地域で子育て支援に取り組んでいるのが認定特定非営利活動法人「マミーズ・ネット」（以下、マミーズ・ネット）です。1996 年ごろから活動を始めた子育てサークル連絡会と子育て応援誌を発行する団体が 1 つになり、2004 年に NPO 法人となりました。2007 年からは「子育て応援ひろば　ふぅ」を立ち上げ、親子で訪れて遊び、交流などを行う居場所を運営しています。育児サークルの支援、子育て情報の発信、男女共同参画社会の推進を目指す講座の開催なども行い、「子育て中の人や子どもたちを支援する活動を通して、子どもの幸せを願うすべての人々が、地域で支えあって子育てしていける社会、および、子どもも大人も性別にとらわれずに生きやすい社会」を目指しています。

　こうした実績を活かし、マミーズ・ネットは上越市の子育て支援施策にも深く関わっています。2007 年には上越市こどもセンターの運営受託を開始しました（当初は 1 か所、現在は 2 か所で事業を実施）。2011 年からはファミリーサポートセンターも受託。こどもセンターでは、子どもと保護者が自由に遊べる場づくり、一時預かり、子育て相談受付、支援サービスの情報提供や利用相談を通じた子育てサービスのコーディネートなどのサービスを提供しています。マミーズ・ネットは、子育て相談から支援サービスの提供までを担う存在となっています。さらに、こどもセンターでは、保育ボランティア養成講座や子育て支援活動団体への支援など、子育てを支援する人材や環境づくりも進めています。

　2021 年度、マミーズ・ネットの経常収益は 6378 万円、そのうち事業収入が

6105万円（95.7 %）です。事業収入のうち、行政からの受託事業は5952万円で大半を占めています。経常費用は全体で6292万円、うち事業費が5500万円（87.4 %）です。事業費のうち人件費は5099万円と9割以上です（「令和3年度活動計算書」）。

　委託事業の規模が大きく、マミーズ・ネットは行政の下請けのようにみえるかもしれませんが、実際には委託事業、補助事業、自主事業とタイプの異なる事業を行い、財源面でもさまざまな資金を活用しています。2021年度の場合、マミーズ・ネットは新潟県の「地域の子育て力育成事業」の補助金を得て、コロナ禍で妊娠・出産を経験した家庭へのセミナー等を実施しました。また、企業や市民団体のイベントの時に、臨時の保育ルーム設置や保育者を手配する事業も実施し、さまざまな場面での子育て支援サービスを積極的に展開しています。マミーズ・ネットは多様な事業を行うことで、「委託に縛られない余地」を確保し、新たな事業展開を進めているのです。

3-2　非営利・協同部門の媒介機能

　マミーズ・ネットのように、非営利・協同部門の組織は、自らのミッションを実現するために、多様な資源を組み合わせ、さまざまな事業を実施しています。これには2つの利点があります。1つは、柔軟に事業ができることです。多様な取り組みからさまざまなニーズを集め事業に反映させることで、非営利・協同部門の強みが生まれています。もう1つは、組織としての自律性確保です。財源にはそれぞれ制約があり、単独の財源に依存することは必ずしも望ましいことではありません。委託事業であれば実施事業は契約で決まっており委託元から統制を受けます。助成金や補助金には使途の制約があります。また、これらは恒常的な財源ではありません。経営の安定性、組織としての自由な事業展開のどちらにとっても、単独財源への依存にはリスクがあり、多様な財源はそれを回避する方策といえます。

　非営利・協同部門の組織は、多様な財源、有給／無給のスタッフ、組織間のネットワークなどの資源を活用し、社会性、事業性、組織としての自律性を実現しています。見方を変えれば、非営利・協同部門は、組織と多様な資源や部門を結び付け、媒介する働きを持っているといえます。

4 非営利・協同部門の力を活かすために

4-1 協働の基本方針と組織の設立・運営支援

　NPO法の制定を機に、自治体の間に協働推進のための施策が広がっています。協働の施策は大きく、①非営利・協同部門と政府部門の関係についての基本方針、②非営利・協同部門全体の活性化施策、③公共政策の実施局面における協働の3つに整理することができます。

　第1は、「協働推進指針」や「協働推進計画」等の基本方針です。これらは、自治体と非営利・協同部門との関係の基盤となります。こうした方針においては、協働を推進する目的や、非営利・協同部門の自律性の尊重を明示することが重要です。横浜市では1999年に通称「横浜コード」と呼ばれる基本方針が策定され、①対等の原則、②自主性尊重の原則、③自立化の原則、④相互理解の原則、⑤目的共有の原則、⑥公開の原則が掲げられています。市民の活動と自治体行政は、協力して共通の課題に取り組むパートナーであることを確認し、協働には多様なレベルがあることなどが明示されています。

　基本方針のもとに進められるのが、第2の活性化施策です。非営利・協同部門の支援を行う「市民活動支援センター」等の拠点の設置などが行われています。これらの拠点では、設立や運営の相談受付や、組織が利用できる助成金の情報、組織間のネットワーク形成の場などが提供され、宮崎市の宮崎市民活動センターのように、地域自治区のまちづくり組織と、特定のテーマを掲げる非営利・協同部門の組織を結びつける動きも現れています。また、豊田市では、組織の立ち上げからステップアップと段階に応じた補助制度を設けています。このように、組織自体の立ち上げと運営の安定を支援する施策が行われています。

4-2 公共政策実施における協働手法

　第3が、公共政策の実施局面における協働です。ここにはいくつかの手法があります。1つめは、協働提案型事業です。これは、非営利・協同部門の組織が事業を提案し、行政と協働して実施するものです。豊中市では、2004年度の

協働提案事業制度での提案を機に、図書館で利用されなくなった本を展示・販売し、売上金は地域に還元するリサイクル本フェアを開催するなどの事業が継続的に行われています。2つめは委託です。マミーズ・ネットの例で触れましたが、自治体が主体となるべき事業に非営利・協同部門の組織の専門性や柔軟性、ネットワークを活用するものです。4-1で示した「市民活動支援センター」にも、施設設置は自治体、運営は非営利・協同部門の組織が担う「公設民営」型の施設が多くあります。3つめは補助です。事業の主体は非営利・協同部門の組織ですが、事業資金の一部を自治体が補助します。

　実施局面における協働では、非営利・協同部門の組織の強みと、自治体行政の資源の相乗効果が期待されるのですが、行政が行う積算に対する改善の必要が、フルコスト・リカバリー論として提起されています（馬場，2007）。委託、補助等いかなる実施手法であるかを問わず、非営利・協同部門の力を活用する場合、単なるコストカット志向になっていないかを問い直すべきでしょう。

4-3　地域の課題を議論する場を

　最後に、協働「以前」の局面、すなわち地域の課題についての議論の場の重要性について指摘しておきます。福祉三角形が示すように、社会的な課題は政府部門、市場部門、非営利・協同部門すべてで取り組まれるのであり、そこでどう役割分担をするかが問われます。地域自治組織を制度化している自治体も増えていますが、地域内での役割分担、さらには地域と自治体の役割分担を整理しなおす議論が進みにくい現状があります。また、地域内の議論では、ジェンダーバランスの偏りがあるケースも見受けられます。何が地域の課題なのか、さまざまな声が議論に反映しているのかなどの点から、地域の課題を議論する場を作っていくことも重要なのではないでしょうか。

●演習問題
　地元の自治体では、非営利・協同部門の組織に対してどのような政策を行っているか調べてみましょう。

●参考文献
L.M. サラモン、H.K. アンハイアー著、今田忠監訳（1996）『台頭する非営利セクター

――12 カ国の規模・構成・制度・資金源の現状と展望』ダイヤモンド社。

坂本治也編（2017）『市民社会論――理論と実証の最前線』法律文化社。

内閣府（2021）「令和 2 年度 特定非営利活動法人に関する実態調査」。

馬場英朗（2007）「行政から NPO への委託事業における積算基準――フルコスト・リ
　カバリーの観点から」『ノンプロフィット・レビュー』Vol.7，No.2。

藤井敦史・原田晃樹・大高研道編（2013）『闘う社会的企業』勁草書房。

V. ペストフ著、藤田暁男・石塚秀雄ほか訳（2000）『福祉社会と市民民主主義―協同
　組合と社会的企業の役割』日本経済評論社、Pestoff, A. Victor (1998), *Beyond the
　Market and State: Social enterprise & civil democracy in a welfare society*, Ashgate
　Pub Ltd.

C. ボルザガ・J. ドゥフルニ編、内山哲朗・石塚秀雄・柳沢敏勝訳（2004）『社会的企
　業（ソーシャルエンタープライズ）――雇用・福祉の EU サードセクター』日本経
　済評論社、Borzaga, Carlo and Defourny, Jacques (eds.) (2001), *The Emergence of
　Social Enterprise*, Routledge.

宮本太郎（2009）「福祉国家改革と社会サービスの供給体制――ニーズ表出型への収
　斂と分岐」『年報行政研究』44 号。

山岡義典ほか（1997），『NPO 基礎講座 市民社会の創造のために』ぎょうせい。

Salamon, Lester M., Sokolowski, S. Wojciech, Haddock, Megan A. and associates
　(2017), *Explaining Civil Society: Development: A Social Origins Approach*, Johns
　Hopkins University Press.

●おすすめの文献

川口加奈（2020）『14 歳で"おっちゃん"と出会ってから、15 年考えつづけてやっと
　見つけた「働く意味」』ダイヤモンド社。

横浜市（2018）「AMPERSAND（アンパサンド）協働実践　市民と市職員のための協
　働契約ハンドブック」。

（栗本裕見）

第3部
改革・展望編

第 21 章

地方自治をめぐる動向と地方財政

> **キーワード**
> 平成の大合併、道州制、人口減少社会、地方創生政策、自治体戦略 2040 構想、
> 行政デジタル化、デジタル田園都市国家構想

1 「失われた 20 年」と地方自治・財政

2000 年代以降の日本の経済社会は、**人口減少社会**への転換期を迎えるなかで長期的な経済停滞と続けており、「失われた 20 年」ともいえるものでした。しかし、この間の中央政府の行財政改革や地方自治・地方財政における改革は、分権型福祉社会への期待にもかかわらず、「失われた 20 年」を促進したようにみえます。この点を振り返っておきます。

1-1 「平成の大合併」と道州制構想

まず、地方自治を歪めたのが「**平成の大合併**」です。「平成の大合併」は、1995 年の「市町村の合併の特例に関する法律」（合併特例法）改正による自主的合併の推進策にはじまりました。その後、1999 年の合併特例法改正によって合併特例債が創設されるなど財政優遇が拡充され、2005 年 3 月に特例法期限を迎える時期までの期間に強力に推進され、2005 年度以降も引き続き推進された後、2010 年 3 月末に一区切りとなりました。1999 年 4 月に 3229 あった市町村数は 2010 年 4 月には 1727 へと減少しました。

しかし、「平成の大合併」の1000市町村に再編する目標は達成されませんでした。合併を財政誘導する「アメとムチ」の政策や小規模町村の自治を制限する構想に対して、全国の小規模町村を中心に「小さくても輝く自治体フォーラム」が開催されるなど、小規模自治体の自治を守る運動が展開されたこともあり、人口1万人未満の小規模自治体が500近くも残ったのです。

「平成の大合併」に引き続いて検討されたのが**道州制**でした。2007年11月には自民党道州制推進本部が設置され、2008年の「道州制に関する第3次中間報告」では、2015年から2017年を目途に道州制の導入を目指すべきとの方針が示されました。「第3次中間報告」ではまた、都道府県が担っている事務・権限を移譲すべく、人口30万人以上（少なくとも10万人以上）が望まれるため、700から1000程度にまで市町村を再編することも明記されていたのです。

道州制導入によって、国による垂直的財政調整制度や財源保障機能を欠いたまま、州内の財政調整に力点が置かれて、効率性のみが追求されるとすれば、州間、州内の格差はさらに拡大し、投資の重点化によって州都への投資のみが加速化されることとなります。全国町村会は、「道州制の導入によりさらに市町村合併を強制すれば、多くの農山漁村の自治は衰退の一途を辿り、ひいては国の崩壊につながっていく」として、道州制反対決議を行いました。さらに全国の多くの町村議会でも道州制反対決議が行われるなかで、第二次安倍内閣下で道州制基本法案は提出されませんでした。しかし、道州制導入を掲げる政党・会派は国会で多数派を占めており、今後の動向が注目されます。

1-2　人口減少社会危機論をめぐって

日本は人口減少社会を迎えています。明治維新以降、急激な増加を続けてきた日本の人口は2008年にピークを迎え、その後は急激な減少局面に入っています。日本の合計特殊出生率は戦後から1970年代前半までは概ね2を超えていましたが、1970年代後半以降、低下傾向が続き、1990年代後半以降は1.5を切る状況になりました。

こうしたなかで人口減少社会危機論が出てきます。なかでも社会にインパクトをもたらしたのが2014年5月に発表された日本創成会議「ストップ少子化・地方元気戦略」（以下、増田レポート）でした。「増田レポート」は、第1に、合

計特殊出生率が最も低い東京圏への若者移動が日本の人口減少を促進していることを指摘しました。第2に、若年女性人口が2040年に5割以上減少する896自治体、うち人口1万人未満が523自治体について、将来的に消滅するおそれが高いとして、自治体リストを推計値入りで公表しました。そのうえで「若者に魅力のある地方拠点都市」を中核とした「新たな集積構造」の構築し、選択と集中の考え方のもとで投資と施策を集中することを提言しました（増田,2014）。

「増田レポート」に対しては研究者から厳しい批判がだされました、特にショック・ドクトリン的手法への以下の批判がありました。

「人口が減少すればするほど市町村の存在価値が高まるから消滅など起こらない。起こるとすれば、自治体消滅という最悪の事態を想定したがゆえに、人びとの気持ちが萎えてしまい、そのすきに乗じて『撤退』を不可避だと思わせ、人為的に市町村を消滅させようとする動きが出てくる場合である」（大森彌、『町村週報』2014年5月19日）。

また「増田レポート」の試算への批判もありました。国立社会保障・人口問題研究所（以下、社人研）の推計を踏襲しながら、社人研と異なり、人口移動が収束しないという試算前提を置いていることや、実際には小規模自治体の自己努力によって社人研の推計を大幅に上回る人口維持をみせる自治体もあったというものです。社人研の人口予測を覆す地域づくりと人口維持の事例としては宮崎県西米良村、島根県海士町などがあります（岡田,2014）。また、「増田レポート」は人口減少の要因分析が不十分でした。

1-3 「失われた20年」と地方財政

「増田レポート」における人口減少社会危機論が一定の説得力をもった背景には、実際に日本の地域経済社会に進行する危機がありました。第1に、人口減少、高齢化に伴う問題として、平均余命の延伸の一方、健康寿命との差は縮まらず、認知症の高齢者増加、入院・介護需要増大のなかで、労働力人口減少によって医療・介護人材の不足が深刻になったことがあります。第2に、インフラ、公共施設の老朽化と住民負担増です。第3に、東京一極集中と東京圏におけるリスク増大です。特に大規模災害リスクに対する対策の不十分性、医

療・介護需要増大に対する人材不足、子育て環境の悪化などが深刻化しています。第四に、格差と貧困の拡大です。

こうした地域経済社会の危機に対して公共部門の対応が求められますが、小泉純一郎内閣の構造改革以降の20年は公共部門の弱体化のなかで、公共部門は機能不全を来しました。また、住民生活と地域を維持する最前線には自治体がその使命を果たすためには財政手段が不可欠ですが、政府の財政抑制策のなかで、自治体の政策を支える地方財政は逼迫しました。

今日の地域経済社会の危機と地方財政の逼迫は、小泉政権時代の構造改革以降の20年の政策の帰結ということができます。小泉内閣の構造改革は社会保障、公共事業および地方経費が抑制・削減対象となりました。さらに「三位一体改革」は地方構造改革の一環として進められ、国の財政再建を優先したことから、税源移譲額より国庫補助負担金の縮小額が大きく、さらに地方交付税が一方的に削減されました。

さらに「夕張ショック」を利用して導入された自治体財政健全化法は自治体財政の「健全化」圧力となり、「地方行革」とも相まって公共部門の弱体化、空洞化を促進しました。

格差と貧困問題の深刻化を背景として自公政権への批判が高まり、2009年に民主党への政権交代が起こりました。民主党政権では、公共事業を削減する一方で、高校実質無償化やこども手当といった基礎的サービスの普遍主義的供給の端緒となる政策を進めましたが、地方行財政分野では自公政権の地方行財政合理化政策を踏襲したため、公共部門の再建にはつながりませんでした。そして、2012年には自公政権への再交代となり、第二次安倍政権が成立しました。

② 地方創生政策と自治体戦略 2040 構想

2-1 地方創生政策の展開

「増田レポート」が提起した人口減少社会危機論は、**地方創生政策**として政府の政策に取り入れられました。地方創生政策は「積極戦略」と「調整戦略」からなります。積極戦略は社会増対策（東京圏への人口流出抑制、東京圏からの人口流入増加）と自然増対策（国民の結婚・出産・子育ての希望をかなえる

とともに 2060 年 1 億人維持という事実上の人口目標を設定）からなります。それに対して、調整戦略は人口減少に調整対応した効率的な行政・まちづくりを目指すものです。積極戦略が仮に成功したとしても実際に人口減少に歯止めがかかるのはかなり先になります。その間、人口減少が続くことから、実際、短期的には調整戦略が重視されることになります。

　地方創生政策は、人口減少下において財政再建と経済成長の二兎を追うため、「集約化」と「活性化」を同時に進めることを自治体に求めるものです。まちづくり・公共施設再編をつうじた行財政合理化はコンパクトシティ、公共交通網の再編、公共施設再編などによって進めることになります。しかし、性急な政策推進はコミュニティ解体や「農村たたみ」につながるおそれが出てきます（小田切，2014）。新たな圏域づくりをつうじた合理化は連携中枢都市圏、定住自立圏、「小さな拠点」といった重層的な各レベルの圏域の中心都市あるいは中心地区に集約化を図ることになります。しかし、拠点への選択と集中は周辺部の衰退につながるおそれが出てきます。

　また、東京圏を中心とした大都市圏の医療・介護問題への対応については、広域連携を視野に入れた医療・介護計画、空き家活用、公的賃貸住宅団地の再生・福祉拠点化などが打ち出されました（増田，2015）。ただし、こうした地域的な役割分担論は地域の独自性を重視した総合的な地域づくりが歪められるおそれがあります。

　地方創生総合戦略の第一期（2015 年度〜2019 年度）の結果、人口減少に歯止めがかからず、合計特殊出生率は 2014 年の 1.42 から 2015 年の 1.45 にいったんはやや上昇しましたが、2016 年には 1.44 と低下（出生数は 100 万人割れ）し、2019 年には 1.36 に落ち込みました。2020 年の目標 1.6 に対して実際には 2020 年の合計特殊出生率は 1.33 でした。また、東京一極集中も止まりませんでした。

2-2　自治体戦略 2040 構想の展開

　地方創生政策の「人口政策」が失敗するなかで、総務省の**自治体戦略 2040 構想**研究会が 2018 年、第一次報告および第二次報告（以下、研究会報告）を出しました。研究会報告は、日本全体の人口減少や東京圏への人口集中を前提として、2040 年頃の姿を描き、それに対して現時点から調整するための自治体改

革および地方制度改革の必要性を提起したものでした。

　研究会報告は、2040年頃に迫る内政上の危機を次の3つの柱に整理しました。①若者を吸収しながら老いていく東京圏と支え手を失う地方圏、②標準的な人生設計の消滅による雇用・教育の機能不全、③スポンジ化する都市と朽ちるインフラ。

　それに対して、研究会報告はこれまでの地方行革による職員減少などから自治体の経営資源の持続可能性を問題にしており、資源制約のなかで持続可能な行政体制を構築する課題に焦点が当てられました。研究会報告が描いた公共部門や医療・介護・教育などの危機は、公共部門に振り向ける財源や職員体制の制約の問題に収斂しました。2040年頃の危機的状況とは、自治体経営資源の制約・若年者の減少が労働力の不足につながり、そのため公共部門の維持できるサービス、公共施設の減少につながるというものであり、それに対して、公務員を半減化しても機能が維持できる仕組みを構築する必要を提起したのです。

　研究会報告は、自治体のあり方のパラダイム転換を提起しました。それは、人口拡大期には個々の自治体の個別最適が全体最適をもたらしたが、人口縮減期には個別最適を追求し、資源の奪い合いを続ければ全体が衰退するとして、行政の標準化された共通基盤、および個別最適と全体最適を両立できる圏域マネジメントが必要というものです。

　第1に、「スマート自治体への転換」については、特にクラウドサービスによって自治体情報システム（国保、戸籍、公会計等）を共通化することが強調されました（図21-1）。情報システムや行政サービス等の申請書式等が自治体に

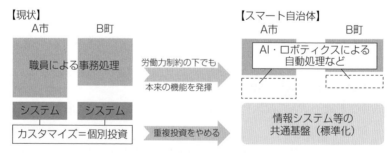

図21-1　スマート自治体への転換イメージ

出所：経済財政諮問会議への総務省提出資料（2018年11月20日）

よってバラバラでは重複投資となり、コストがかかるとともに複数自治体の業務の一体的管理ができないので、情報システムや申請書式等の共通基盤化を確実にするため新たな法律による義務づけを検討すべきというものです。

　第2に、「公共私による暮らしの維持」であり、自治体の経営資源の制約から新しい公共私の協力関係を構築する必要があるとしています。新たな「公」とは「スマート自治体」であり、自治体は「サービス・プロバイダー」としての機能だけでなく、「プラットフォーム・ビルダー」への転換が求められるとされました。「プラットフォーム・ビルダー」とは、新しい公共私相互間の協力関係を構築する役割であるとされています。次に新たな「私」とはシェアリングエコノミー等であるとしています。シェアリングエコノミーとは、「個人等が保有する活用可能な資産等（スキルや時間等の無形のものを含む）をインターネット上のマッチングプラットフォームを介して、他の個人等も利用可能とする経済活性化活動」をいうものです（内閣府シェアリングエコノミー促進室ウェブサイト）。さらに、新たな「共」については地方部における地域運営組織の強化、大都市部では地域を基盤とした新たな法人の設立の必要性を挙げています。

　第3に、「圏域マネジメントと二層制の柔軟化」です。そのうち圏域マネジメントについては圏域単位の行政のスタンダード化を図ることを重視しています。その背景として、個々の市町村が行政のフルセット主義と他の市町村との勝者なき競争から脱却し、圏域内の都市機能等を守らなければならないという認識があります。それに関連して、研究会報告は現在の連携中枢都市圏の不十分性を指摘し、圏域行政の法制化による強制論につながっていったのです。

　次に、「二層制の柔軟化」については、都道府県による市町村補完のあり方に関わり、5万人以上の中心都市による圏域行政の条件のない小規模自治体に対して、都道府県・市町村の機能を結集した共通の行政基盤を構築するとしています。特に、小規模市町村では専門職員の不足がインフラ維持管理等の足かせになるとし、都道府県や市町村の組織を越えて、希少化する人材を柔軟に活用する仕組みを構築する必要があるとしています。

　第4に、「東京圏のプラットフォーム」については、東京圏をはじめ三大都市圏の急速な高齢化が我が国全体の危機となるとし、早急に近隣自治体との連携や「スマート自治体」への転換をはじめとする対応を講じなければ危機が顕在

化するとしています。東京圏においては、圏域全体で取り組むべき行政課題として以下をあげています。①圏域全体の医療・介護サービスの供給体制、②首都直下型地震における広域避難体制、③23区以外における職住近接の拠点都市の構築。これらの行政課題に関し、9都県市をはじめ国を含め圏域全体でマネジメントを支えるプラットフォームが必要であるとしています。

　自治体戦略2040構想は、総務省がめざす新たな地方統治機構改革の一環です。当時、総務省の山崎重孝は、ICTの発達のもとではサービス供給体制の効率化のために市町村合併は必須ではないとし、サービス供給の標準化、アウトソーシング化、ネットワーク化により、それぞれの地域で一元化することが重要であり、そのためには個々の自治体の壁も二層制も乗り越えた新しい地方統治機構が必要だという見解を示しました（山崎，2018）。

　研究会報告に対して、日弁連は、「圏域」を法制化し「行政スタンダード化」を進めていくことは団体自治の観点から問題があるとし、さらに「住民による直接選挙で選ばれた首長及び議員からなる議会もない『圏域』に対し、国が直接財源措置を行うことは住民の意思を尊重する住民自治の観点からも問題がある」と指摘しています（日本弁護士連合会，2018）。

　研究会報告を受けて発足した第32次地方制度調査会は2020年6月に答申を行いました。基本的には自治体戦略2040構想研究会報告と同様に2040年頃から逆算した課題設定、資源制約論、**行政デジタル化論**、組織や地域の枠を超えた連携論などを内容としています。全国町村会など地方団体からの批判を受けて、圏域行政の法制化については両論併記にとどめましたが、今後の検討課題として残しています。それに代って全面に押し出されたのが行政の標準化・共通化・デジタル化です。

3　デジタル化政策と地方財政

3-1　行政と社会のデジタル化政策の展開

　第32次地方制度調査会答申では行政デジタル化について以下のように述べています。

　「住民基本台帳や税務など、多くの法定事務におけるデジタル化は、地方公

共団体が創意工夫を発揮する余地が比較的小さく、標準化等の必要性が高いため、地方公共団体の情報システムや事務処理の実態を踏まえながら、一定の拘束力のある手法で国が関わることが適当と考えられる。他方、地方公共団体が創意工夫を発揮することが期待され、標準化等の必要性がそれほど高くない事務については、奨励的な手法を採ることが考えられる」。

「基幹系システムについては、個々の地方公共団体でのカスタマイズや共同利用に関する団体間の調整を原則不要とするとともに、ベンダロックインを防ぎ、事業者間のシステム更改を円滑にするため、システムの機能要件やシステムに関係する様式等について、法令に根拠を持つ標準を設け、各事業者は当該標準に則ったシステムを開発して全国的に利用可能な形で提供することとし、地方公共団体は原則としてこれらの標準準拠システムのいずれかを利用することとすべきである」。

「標準を設定する主たる目的が、住民等の利便性向上や地方公共団体の負担軽減であることを踏まえ、地方公共団体が、合理的な理由がある範囲内で、説明責任を果たした上で標準によらないことも可能とすること」。

「知識・情報の共有による課題解決の可能性を広げ、効果的・効率的にサービスを提供するためには、地方公共団体が全て自前で行うよりも、組織や地域の枠を越え、官民が協力して、相互のデータの利活用や、アプリケーション開発等の取組を進めることが重要である。また、そのためには、公共データのオープン化等によるデータ利活用環境の充実も求められる」。

地制調答申を受けて、総務省は 2021 年 12 月、各自治体におけるデジタル化の取組の指針と国による支援策を内容とする自治体デジタルトランスフォーメーション（DX）推進計画を策定しました。そこでは住民記録、地方税、福祉など、自治体の主要な業務を処理する情報システム（基幹系情報システム）の標準仕様を、関係府省で作成し、自治体が標準仕様に準拠したシステムを導入するプロセスを「法制化」するとともに、目標時期を設定することで、自治体の業務システムの統一・標準化を加速化することをねらいとしています。

各自治体においては、標準化されたシステムを前提とした業務プロセスの見直しや関連業務も含めたシステム最適化、手続のオンライン化などに、全庁的な推進体制を確立して計画的に取り組むことが必要とされます。対象期間は

2021 年 1 月から 2026 年 3 月までであり、推進体制の構築として、首長、CIO（Chief Information Officer）、CIO 補佐官等を含めた全庁的なマネジメント体制の構築、デジタル人材の確保・育成、都道府県による市区町村支援が求められます。重点取組事項としては、①自治体の情報システムの標準化・共通化、②マイナンバーカードの普及促進、③行政手続のオンライン化、④ AI（Artificial Intelligence）・RPA（Robotic Process Automation）の利用推進、⑤テレワークの推進、⑥セキュリティ対策の徹底があげられています。

2021 年 9 月、デジタル庁が発足しました。デジタル庁は首相がトップをつとめるトップダウン色の強い行政組織であり、情報システム予算などで強い権限をもち、他の府省庁間の総合調整を行い、行政や社会のデジタル化を強力に推進する役割があります。

2022 年 6 月には政府は**デジタル田園都市国家構想**基本方針を策定し、官民による地方の DX の推進を以下のように掲げました。

「デジタル田園都市国家構想は『新しい資本主義』の重要な柱の一つ。地方の社会課題を成長のエンジンへと転換し、持続可能な経済社会の実現や新たな成長を目指す。構想の実現により、地方における仕事や暮らしの向上に資する新たなサービスの創出、持続可能性の向上、Well-being の実現等を通じて、デジタル化の恩恵を国民や事業者が享受できる社会、いわば『全国どこでも誰もが便利で快適に暮らせる社会』を目指す。これにより、東京圏への一極集中の是正を図り、地方から全国へとボトムアップの成長を推進する」（内閣官房「デジタル田園都市国家構想基本方針」2022 年 6 月）。

デジタル田園都市国家構想は、デジタル化を組み込んで地方創生政策を再編するというものです。2022 年 12 月にはデジタル田園都市国家構想総合戦略が策定されます（まち・ひと・しごと創生総合戦略の改訂）。分野横断的支援として、デジタル田園都市国家構想交付金等の地方財政措置、スーパーシティ関連施策、デジタル推進人材 230 万人育成、デジタル人材地域環流戦略、デジタルデバイド対策などが講じられます。

行政デジタル化の課題・問題点としては以下があげられます。第 1 にベンダロックインであり、ガバメントクラウドに複数の事業者がアプリを構築し、競争するとしていますが、いったんベンダロックインが解消されたとしても結局

は大手事業者による寡占化がおき、分野ごとにベンダが固定する可能性があります。第2に窓口や対面サービスの後退のおそれです。オンライン化による対面申請等が減少すれば、窓口職員が担っていた住民とのコミュニケーションにおける機能（相談対応、他部門・他機関へのつなぎ、アウトリーチ、施策へのフィードバック等）をどう補うのかが問題になります。第3に、自治体の独自の施策・サービスの抑制です。自治体独自の施策・サービスに伴うカスタマイズに対する抑制（総務省による自治体クラウド導入時における情報システム調達におけるカスタマイズ抑制の基本方針およびガイドライン）は、カスタマイズを伴う自治体独自の施策・サービスそのものの抑制につながる可能性があります。第4に、情報セキュリティ問題です。個人情報保護が不十分な中で官民連携による産業振興が優先されれば、プライバシー流出の危険（個人情報の復元、AIによる個人特定など）が増大します。

　IoT（Internet of Things）、ビッグデータ、AIを中心とした「第4次産業革命」は、医療、交通、公共サービスなどの質や利便性・効率性を高め、人々の生活を助ける可能性があります。しかし、資本主義社会においては、技術革新がもたらす新たな経済活動に伴う社会的費用や社会的損失を企業が負担せず、政府の対策が後回しになるおそれがあります（公害の経験を想起）。AIの「栄養源」はビッグデータであり、オープンガバメントにより公共部門等がもつ健康情報を含む個人情報が産業に提供され、危険にさらされます。AI・ビッグデータはそのモデルしだいで「数学破壊兵器」となるのです。また、AIは戦略的軍事技術として位置づけられています（オニール，2018）。また、デジタル時代の資本主義を「監視資本主義」と定義づけ、人間の行動データを材料にAIを使って行動予測を商品にするだけでなく、人々の行動を修正し、その自由意志を奪い取るものだという見解があります（ズボフ，2021）。公共部門におけるAI・ビッグデータ活用は、行財政合理化、公共サービス産業化、行政のビッグデータの産業への提供という目的が優先されれば、公共性や住民のプライバシーが犠牲になるおそれがあり、慎重な検討のうえでの活用がもとめられます。

3-2　デジタル化と地方財政の課題

　デジタル化に関わる地方財政の課題としては、第1に、経費削減にかかわる

問題です。ガバメントクラウドへの移行によって情報システム経費の３割削減を図るという目標がありますが、経費増要因もあります。ガバメントクラウドへの移行における経費とともに、バックアップシステム経費やアナログ対応を維持する必要性からコスト削減に限界がでてきます。さらにクラウドに乗らない独自システムも残さざるをえないでしょう。

　第２に、地方自治の観点からは、自治体情報システムにおけるカスタマイズや独自システムを保障する必要があります。それゆえ、情報システムの標準化等に要する経費に加えて、カスタマイズに要する経費あるいは独自システムに要する経費に対する一般財源保障（交付税算定）が必要です。この点は日弁連も提言しています。

　第３に、新たなベンダロックインによる中長期的なコスト増が起こるおそれです。

　第４に、カスタマイズ抑制によって独自施策・サービスが抑制され、さらに、カスタマイズ抑制が地方交付税算定に反映されれば、地方一般財源抑制、自治体職員削減につながる可能性があります。

　今日、デジタル化による行政効率化や新たなプラットフォームづくりが住民生活の向上と地方自治の拡充につながることが期待されています。しかし、実際には、行財政合理化と「公共サービス産業化」を優先したデジタル集権主義によって住民生活と地方自治が危機に瀕するおそれもあるのです。

● 演習問題

①人口減少の地域にとってのプラス面とマイナス面を考えてみよう。また、人口減少地域における行財政のあり方を考えてみよう。
②デジタル化が地域社会と自治体にもたらすプラス面とマイナス面を考えてみよう。

● 参考文献

岡田知弘（2014）『「自治体消滅」論を超えて』自治体研究社。
小田切徳美（2014）『農山村は消滅しない』岩波新書。
O'Neil, Cathy（2016）*Weapons of Math Destruction*, Crown Books.　久保尚子訳（2018）『あなたを支配し、社会を破壊する AI・ビッグデータの罠』インターシフト。
川瀬憲子（2022）『集権型システムと自治体財政――「分権改革」から「地方創生」へ』自治体研究社。

白藤博行・岡田知弘・平岡和久（2019）『「自治体戦略 2040 構想」と地方自治』自治体研究社。

Zuboff, Shoshana（2019）*The Age of Surveillance Capitalism: The Fight for a Human Future at the New Frontier of Power*, Profile Books. 野中香方子訳（2021）『監視資本主義——人類の未来を賭けた闘い』東洋経済新報社。

日本弁護士連合会（2018）「自治体戦略 2040 構想研究会第二次報告及び第 32 次地方制度調査会での審議についての意見書」2018 年 10 月 24 日。

本多滝夫・久保貴裕（2021）『自治体 DX でどうなる地方自治の「近未来」——国の「デジタル戦略」と住民のくらし』自治体研究社。

平岡和久（2020）『人口減少と危機のなかの地方行財政——自治拡充型福祉国家を求めて』自治体研究社。

増田寛也編著（2014）『地方消滅——東京一極集中が招く人口急減』中公新書。

増田寛也編著（2015）『東京消滅——介護破綻と地方移住』中公新書。

山崎重孝（2018）「地方統治の変遷とこれから」総務省『地方自治法施行 70 周年記念論文集』2018 年 3 月。

●おすすめの文献

宮崎雅人（2021）『地域衰退』岩波新書。

諸富徹（2018）『人口減少時代の都市——成熟型のまちづくりへ』中公新書。

堤未果（2021）『デジタル・ファシズム——日本の資産と主権が消える』NHK 出版新書。

（平岡和久・川瀬憲子）

第 **22** 章

地方財政改革

キーワード
政府の失敗、分権改革、市場の失敗、NPM、補完性原理、集権型地方財政システム

1　国際比較からみた地方財政の歴史的展開

　現在、世界的に地方分権や地方自治に関する議論が高まりをみせています。体制を問わず集権型システムの限界が顕在化し、分権型システムへの転換が焦眉の課題となっているためです。地方自治体の役割がますます重要になり、自治体の経済的基盤ともいえる「地方財政」の活動領域もまた拡大してきました。そのため、国と地方の財政関係、とくに地方財政調整制度と補助金をめぐっては焦眉の課題ともなっています。そこで少し歴史を振り返ってみましょう。

　そもそも「財政」という用語が用いられるようになったのは、欧米では市民革命以降、日本では明治維新以降になってからのことです。**絶対主義国家**のもとでの国家財政は、あくまでも国王の私家計でした。市民革命によって成立した産業資本主義においては、財政は公家計へと転換し、公共性を有することとなります。つまり、**基本的人権**としての**財産権**の確立と経済活動の自由が認められるようになったことの代償として、市民が租税を納入するという社会的関係が生まれたのです。**産業革命**を経て産業資本が確立するようになると、都市化の進行とともに、都市問題が深刻化し、都市的需要の増大によって新たな段

階を迎えることとなります。しかし当時は「夜警国家」ともいわれるように、国家による保護干渉は最小限に抑えるべきとする自由競争の支配する資本主義であり、財政面でも国防、司法など最小限にとどめるといったアダム・スミスらによる「安価な政府」論が中心でした。

　産業革命によって諸矛盾が拡大すると、やがて公共部門とくに都市自治体の役割が重要性を帯びてくるようになります。それとともに、国と地方との財政関係にも新たな展開がみられるようになっていくことになります。イギリスにおいては、まず救貧法の改正によって救貧行政が統一され、中央機関の指揮監督の下に置かれるようになりました。地方自治の近代的類型の１つともいわれる都市団体法によって、地主階級が支配的であった都市自治に、商工ブルジョアジーも参加できるようになりました。その一方で、住宅・衛生・交通・教育面での中央の監督権が認められるようになると同時に、地域の問題は住民の意思にしたがって解決するという「古典的地方自治」の制度が確立していくことになりました。さらに、産業資本主義の全国的規模での発達とともに、全国均一のサービスが要求されるようになり、1830年代には、中央政府は教育、道路、警察などの面で地方に対して比例補助金が支出されるようになりました。ナショナル・ミニマムの提唱者で有名なS.ウェッブは、政府は補助金によって地方への監督の権利を買い取ったと指摘しています。

　産業革命を経て資本主義の独占段階以降になると、労資の対立激化、都市と農村の対立激化、都市への人口集中、慢性的失業、家族制度の崩壊などの国内問題、植民地獲得をめぐる戦争の危機によって、軍事費、社会政策費、産業経済費などが急増し、しだいに「高価な政府」へと転換していきました。19世紀当時の財政思想の中心は、帝国主義下のドイツ財政学でした。19世紀から20世紀初頭にかけて、L.シュタイン、A.ワグナー、A.シェフレら19世紀ドイツ財政学の３巨星と呼ばれる思想家の影響が大きく現れました。19世紀末には、プロイセンにてミーケルの改革が行われました。ミーケルの改革が行われました。その改革の内容は、①所得税を税制の中心におき、累進課税を行うこと、②地租、家屋税、営業税のような収益税を地方税に移すこと、③所得税を保管し、所得種類別の差別課税を完成するために、補完税（財産税）を設けて中央の税とするというもので、地方には地方所得税も課されていました。

ビクトリア時代のイギリスでも、大きな税財政改革が実施されていました。イギリスでは、産業革命期に都市問題が深刻し、公衆衛生行政の拡充が求められる一方で、農村での貧困問題、都市と農村の経済的格差が生じ、公共部門の経費膨張と国から地方への補助金の増額、地方税であるレイト（財産税）増税による負担増がもたらされていました。1888年に実施されたゴッシェンの改革は、地方経費増加の制限を行うことを目的とした財政改革でした。ゴッシェンの改革の内容は、①地方制度の改正、②補助金の整理（特定のものだけを残す）、③国税収入の比例配分というもので、補助金の整理による地方収入の減少分を埋め合わせるものとして、指定収入制度（assigned revenue system）が設けられました。これがイギリスにおける地方財政調整制度の先駆となります。

　20世紀以降には、**地方行政のナショナル化**がすすみ、20世紀初頭のイギリスでは、国と地方の税源配分の新たなる展開がみられました。ナショナルなものとローカルなものを分ける考え方です。ここにおいて、しだいに地方財政調整制度が制度化されていくこととなります。地方財政調整制度とは、地方団体相互の財政力格差を是正して、地方行政の国民的最低水準（ナショナル・ミニマム）を保障するよう、主として、中央が地方に、また地方団体相互の間で、財政的援助を与える制度です。国庫補助金との違いは、援助する資金の使途が特定されていないことにあり、財政力に反比例して配分されるという点で、比例補助金とも違うものです。貧困団体には多く、富裕団体には少ないかまったく与えないというシステムであり、地方行政の基本的部分を全国的に一定の水準までは、一般財源として保障しようとするものです。都市化がすすみ、地域経済が不均等発展するに伴って重要性を帯びてくることになります。イギリスの地方財政調整制度の場合には、包括補助金の考え方の拡大という形で成立し、1929年の財政改革においてレイトの減税、地方経費節減のための行政事務（救貧、道路等）の統合とその上級団体への移管、補助金制度の改正が実施されて、本格的に地方財政調整制度が成立することとなりました。アメリカにおいては、1930年代の**ニューディール期**に、また日本においては**高橋財政期**に現在の補助金制度の原型が形成されています。現代資本主義への移行とともに、中央集権化がすすみ、補助金行政は全面展開を迎えることとなったのです。

　ところが1980年代には、国家財政危機を契機として、ケインズ主義批判と新

古典派経済学の議論が支配的な潮流となっていくことになります。そのために、国による補助金政策にも変化がみられるようになっていきます。公共選択論のブキャナン＝ワグナーは、『民主主義の赤字』のなかで、民主主義の政治のもとでは、租税よりも公債発行を選択する傾向にあり、官僚主義の非効率を招くとして、「小さな政府」論を提唱して、「**政府の失敗**」論を強調しました。公共性の優先順位を示して、軍事費は純粋公共財として最も公共性が高いと主張し、教育、福祉、医療など優先順位の低いものは、予算削減か民営化すべきとし、内政面に対する補助金を削減する理論的根拠となっていくことになります。18世紀のアダム・スミスの理論は、平和主義的な新しい理論に満ちあふれていたのに対して、新自由主義の理論は保守主義的です。その意味で、新自由主義＝新保守主義とも呼ばれているのです。

　1980年代にはアメリカのレーガン政権、イギリスのサッチャー政権、日本の中曾根康弘内閣などで規制緩和と民営化を中心とする新自由主義的な政策が実施されました。アメリカでは軍事費など対外的な支出の増額を図る一方で、徹底的な経費節減を実施し、中央政府から州・地方政府への補助金もブロック補助金化によって大幅に削減しました。税制面では、所得税の累進税率を緩和あるいはフラット化して、課税ベースを拡大する政策がとられるようになりました。イギリスでも国から地方への補助金をブロック補助金化によって削減し、地方への歳出制裁を強める一方、唯一の地方税であったレイトを廃止して、**コミュニティチャージ**と呼ばれる人頭税を導入しました。大都市圏自治体である大ロンドンカウンシルを廃止したのも、サッチャー政権期です。1980年代末には貧富の格差が拡大し、新自由主義的諸政策のゆきづまりが明らかとなっていったのです。

　ノーベル経済学賞を受賞したJ.スティグリッツ、A.センらは、グローバル化のもとでの社会的不平等の原因やメカニズムを追求し、新自由主義批判を展開しました。1990年代からはその修正が進められることになり、イギリスではメージャー政権下でコミュニティチャージを廃止して、**カウンシル税**という人頭税の部分と資産割の部分を組み合わせた税を導入しました。2000年代のブレア政権では、教育補助金を大幅に増大する政策を展開し、教育格差の是正を図る試みがなされました。アメリカではブッシュ政権期に最高税率の引き下げが行

われましたが、オバマ政権期に再び累進税制を強化して、医療保険制度の充実を図る政策や**アメリカ再生及び再投資法**によって州・地方への補助金拡充策がすすめられました。

2 転換期の資本主義と「小さな政府」・NPM

現代は資本主義の転換期であるといわれています。日本における「**分権改革**」は、財政構造改革に組み込まれる形で展開しており、ますます「小さな政府」の方向性が追求され、地域間格差や所得格差が拡大していく傾向にあります。1980年代において各国で展開した**民営化**と**規制緩和**を中心とした新自由主義的改革は、東欧や東アジア諸国での市場化と自由化の波とも相まって各国で政策転換が行われましたが、1990年代に入って次々と修正が行われました。

日本では1990年代から2010年代にかけての時期は「失われた20年」ともいわれ、バブル崩壊後の金融危機と財政危機を克服すべく、規制緩和と民営化を推し進めつつ、政府部門を縮小させて、公務労働者を大幅に削減していったのです。「政府の失敗」も大きな課題です。土建国家型財政構造のなかで国と地方の財政関係が複雑化し、政官財癒着の構造が政治的課題として注目されるようになり、さらには、官僚主義的中央集権型システムの弊害が顕在化しました。市場を重視し、プライマリーバランスと財政規律を高めることが唯一の解決策であるかのような議論もなされています。

しかし、その一方では、「**市場の失敗**」への批判も大きくなってきています。所得格差の拡大、地域間格差の拡大、地方切り捨ての時代ともいわれ、公共事業費が大幅に削減されるようになると、これまで公共事業に依存してきた地方経済も大きな影響を受けるようになってきました。規制緩和によって、非正規雇用が急増し、ワーキングプア問題が社会問題となる中で、市場重視によってゆがんだ構造を是正すべきであるとの主張も多くみられるようになっています。

新自由主義的諸政策の展開においては、内政面とくに教育、福祉、医療分野に対して徹底的な市場化が追求され、市場原理重視へと突入していきました。雇用者に占める公務員の割合はOECD諸国の中では最下位です（2019年）。公務員の半数以上は教員であり、ケースワーカーや保育士など福祉関係など現業

に携わる公務員の比重も多くなっています。公務員の削減によって、公的教育サービスや公的福祉サービスの分野にも民営化や廃止の圧力が強まっていくことになります。

ニューパブリック・マネジメント（新公共経営、**NPM**）は、1980年代のサッチャー政権下のイギリスなどで導入された手法であり、上からの改革という色彩ものでした。1990年代にヨーロッパで導入されたNPMは、分権的要素が強いのが特徴で、スウェーデンのフリーコミューンなどはその典型的なものです。近年では、新しい公共論やガバナンス論と結合して、新たな展開をみせていますが、日本の場合には、新自由主義的な色彩が強く、そのことは、社会保障改革にも大きくあらわれています。いわゆる措置から契約への流れは、社会福祉の縮小と受益者負担の拡大をもたらしているのです。

市場化テストや指定管理者制度などもNPM手法の1つであり、公務員の定員削減に用いられています。公務員の定員管理によって、性質別歳出に占める人件費の割合も低下してきています。市町村では、市町村の人件費の割合が低下しており、民間委託すれば、委託費が増加することになります。公共事業においても、PPPやPFIの手法が用いられるようになり、計画段階から民間事業者が参入する傾向にあります。市民ニーズに見合ったサービス供給はどうあるべきかが、課題となってきます。市場原理に委ねるのではなく、計画段階から市民ニーズが反映されるシステムづくりが求められるべきであり、たとえ不採算部門であったとしても、必要なサービスは優先順位が高く設定されるべきです。いかに市民のニーズを行政に反映させるのかといった観点からの改革が求められているといえましょう。

3　問われる集権型システム

2000年代以降の政府の緊縮政策下における集権的地方行財政改革は、以下の3つの領域に整理できます（平岡，2020）。

第1に、マイナスサムゲーム下における「生き残り競争」促進です。国は、ふるさと納税、地方交付税における成果配分方式、地方創生関係交付金といった国の財政措置を得ることや、他の自治体から奪い合う自治体間競争の舞台を

用意しました。人口減少社会における人口維持・増加のためのマイナスサムゲーム下では大半の自治体は「負け組」になることは最初から明白です。そのことを前提として、「負け組」自治体に「あきらめ」のマインドを持たせ、次にみる民営化などの「外部化」や「圏域行政」などに誘導していくのです。

第2に、自治体行政の「標準化」・「アウトソーシング化」「「産業化」促進です。地方交付税におけるトップランナー方式、自治体業務改革、民間委託・民営化等による官民連携、「公務公共サービスの産業化」、公営企業改革、行政の標準化・共通化・デジタル化などの多岐に渡る政策が国によって推進されました。標準化・アウトソーシングによる効率化は、一方では公共サービス分野に民間事業者が参入できる市場が拡大することを意味しますが、他方では自治行政権の空洞化をもたらします。

第3に、拠点化、広域化、圏域単位の行政の促進です。自治体戦略2040構想が目指した「圏域行政」の単位は連携中枢都市圏や定住自立圏ですが、市町村内における拠点化政策として、都市部では立地適正化計画によるコンパクトシティ、農山村部では「小さな拠点」が位置づけられています。拠点化・集約化については、公共施設等総合管理計画による公共施設の総量削減や学校統廃合の推進も関わってきます。また、「圏域行政」と関連して自治体の事業やインフラの広域化も推進されています。特に消防事業、ごみ処理事業、水道事業などの広域化が進んでいます。また、自治体事業の広域化は民間委託・民営化等による官民連携とも関わって進められるケースも増えています。

こうした集権化改革を全体としてみると、**集権型地方財政システム**への転換過程にあるといってもよいでしょう（川瀬, 2022）。

サステナブルな社会を目指す視点からみれば、環境的な上限の範囲内に人間の活動をおさめることが求められることから、ある程度の人口減少はむしろ望ましいといえます。ただし、人口減少に対応したまちづくり、地域づくりは人間中心でなければならず、社会経済的土台をしっかり満たす必要があります。また地域コミュニティによる自治を尊重するものでなければなりません。

ところが、今日の日本における出生数の急激な減少は社会の危機の反映でもあります。そして、日本社会の危機は、これまでの各章でもみたように、地域において多岐に渡って厳しい課題をつきつけるものとなっており、地域のサス

テナビリティを脅かしています。こうした地域のサステナビリティの危機は、「失われた 20 年」における集権化改革が大きく影響しています。

　集権化改革からの転換を図るには、まず経済主義を克服し、非経済的価値を含む人間中心の社会への基本的考え方の転換および社会システムの再構築が求められます。そのためには財政による再分配機能を高め、基礎的・普遍的サービスの無償提供を実現するための税財政改革が求められます。特に、非正規雇用の抜本的解消・改善、教育・研究への財政支出の抜本的拡充が必要です。

　また、都市と農山漁村の再生のためには、大型開発、外来型開発からの転換、地域内経済循環を重視した地域の内発的発展を後押ししなければなりません。そのためには、地方自治を壊す中央集権的発想による改革を進めてはなりません。

　地方自治の拡充、コミュニティ自治の再生を基礎として、21 世紀日本社会の課題の最前線である自治体、コミュニティにおける課題解決のための仕組みづくりが不可欠な時代になっているのです。

4　地方財政改革をめぐって

　最後に、民主的地方財政改革の方向性を示しておきましょう。

　第 1 に、憲法 25 条で定められている生存権を保障するという目標を果たすために、民主主義地方自治を基本理念とする行政の民主化を行うと同時に、地域間格差を是正するための地方交付税の役割を重視しつつ、行政事務の再配分、財源再配分を行うことです。そのためにまず掲げなければならないのは、①軍縮経済への道であり、②資源浪費型・環境破壊型公共事業から市民生活を支えるためのサステナブル・ソサイエティへの転換をすすめて、環境にやさしい地域づくり・まちづくりへと根本的に編成替えを行うこと、③**セーフティネット**と「地域セーフティネット」を再構築することであるといえます。

　戦前において、地方自治運動が展開したのは、平和をもとめる世論とのつながりが深く、増大しつつある軍事費から平和的利用への転換をもとめるものでした。現代においても、沖縄にて普天間基地移転をめぐる国と地元自治体や住民との対立が続いています。沖縄には国内米軍基地の 75 ％も集中しており、そ

の縮小が求められています。日本の場合には、思いやり予算を含む軍事費は増え続けています。アメリカに約束した防衛費対 GDP 比 2 ％への増額が実現すれば軍事費においてアメリカ、中国に次いで世界 3 位になるといわれています。軍縮のためには、国連安全保障体制を中心とする国際的な平和と軍縮への道を模索する必要があります。

　公共事業に関しては、**選択と集中**によって、規模の大きい公共事業が推進される傾向が続いています。一方では、公共施設の老朽化が深刻化するなかで、住民生活や地域経済に関する共同社会的条件のサステナビリティが脅かされる状況があります。資源浪費型・環境破壊型公共事業ではなく、市民のニーズに応じたまちづくり、地域づくりを基本とするサステナブル・ソサイエティに向けた転換が図られるべきです。そのためには、まちづくりに関する縦割り型の行政システムからの脱却を図る必要があります。環境アセスメントの実質化と需要予測の市民サイドからの監視システム、事前事後の評価システムを導入する必要があります。

　また、セーフティネットに関しては、単に国の所得再分配政策のみならず、地域においてセーフティネットの構築が可能となるようなシステムをつくっていくことが重要です。それを、「地域セーフティネット」と称しておきましょう。これは国による財源保障制度とセットでなければならず、地域において貧困問題を解決する 1 つの方向性を示したものです。

　第 2 は、ナショナル・ミニマムを達成するための社会的規制を通じたシステムを再構築することです。市場原理の強化によって、民営化や規制緩和がすすめられた結果、市民生活に不可欠な公共財の多くが、供給できない状態が続いています。新古典派経済学では混合財、あるいはきわめて私的財に近いものと規定されますが、ここではあえて公共財としておきましょう。それは、少子高齢社会において不可欠なサービスであり、保育サービスなどはその典型だといえるからです。高齢者福祉や障がい者福祉についても、措置から契約への流れがすすみ、社会福祉から社会保険へと転換したことで、サービスの低下が問題となっており、社会福祉ひいては地域福祉として必要なサービスが提供できるような体制を構築すべきです。また、教育、福祉・医療分野や、鉄道・バスなど公共交通分野などは、公共性の大きい分野であり、民営化によって公共料金

の引き上げ、サービスの質の低下、不採算部門の切り捨てなどが引き起こされる可能性があります。民営化を行う場合においても、基準を設けて、社会的規制を行うべきです。

　第3に、自治体財政の充実を図るために、税源移譲をすすめつつ、地域固有財源である地方交付税の決定方法の民主化を図り、地方における会計制度の改革と情報公開の徹底を行うべきです。さらに、市民共同参画を促進し、全体としての財政民主主義を徹底させることも重要です。

　事務再配分をめぐっては、**シャウプ勧告**や**神戸勧告**において、行政責任明確化、能率、市町村優先が掲げられていました。シャウプや神戸は3原則にもとづいて提言を行いましたが、行政に反対され、未実現に終わっています。高度経済成長期には、松下圭一氏らが**シビル・ミニマム**論を提起し、都市政策の公準として、物理的、自然的環境の保全、生活水準の維持向上、適正な所得水準、所得配分構造、労働条件の確保、社会的共同消費手段の最低水準の確立、社会福祉サービスの向上、とくに、教育、文化、スポーツの発展等を掲げていました。農村政策の公準がないなどの問題点はありましたが、こうした提起は革新自治体へと受け継がれたのです。

　宮本憲一（1977）は、①コミュニティレベルでの共同社会の最低行政水準の策定（コミュニティ・ミニマム）、1中学校区単位、小公園、公民館、小図書館、学童保育所、保育所、診療所等、②都市（市町村）レベルでの最低行政水準の策定（シビル・ミニマム）、都市公園、保育施設、小中学校、老人福祉施設、厚生文化施設、市民会館、上下水道、清掃施設、保健所、病院、交通（道路、バス、鉄道）、消防等、③都道府県必要行政水準の策定（ローカル・ミニマム）、公害対策、産業、住宅団地、高校、大学、研究所、上水道、清掃、自然保護等、④国家的最低行政水準（**ナショナル・ミニマム**）、社会保障、所得保障、産業政策、交通・通信、商品管理、食管、国立大学等という区分を行い、コミュニティ・ミニマム、シビル・ミニマム、ローカル・ミニマム、ナショナル・ミニマムを通じた、事務再配分を行い、その上での財源再配分について提起しています。都道府県と市町村の二層制を前提としたものです。

　以上の提案は現在においても地方行財政のあり方を考えるうえで示唆に富みます。序章で紹介したラワースの「社会的土台」を、環境容量の範囲内におい

て、日本と地域の実情を踏まえて重層的かつ自治的に満たしていくビジョンと実践が求められます。

　ところで、財源再配分については、「三位一体の改革」以降、個人所得税の割合が、国：地方＝６：４が５：５となり、一部実現していますが、その後の税源の中央集中の過程において、三位一体改革前の水準にまで戻る結果となりました。税源再配分にあたっては、国と地方を通じての税制改革が必要となってきます。税制改革の流れは「応能課税」から「応益課税」への政策的流れが中心となっており負担の不公平が拡大しています。したがって、垂直的公平と水平的公平の是正をいかに実現するかが、課題となっています。

　日本においては、1980 年代以来、法人税減税と所得税減税と消費税増税が実施されてきました。消費税は 2019 年 10 月には８％から 10 ％（軽減税率８％）への引き上げが実施され、国税のみならず都道府県税においても最大税目になっています（2020 年度決算）。加えて、2023 年 10 月から予定されているインボイス制度（適格請求書等保存方式）の実施により、1000 万円以下の消費税免税事業者への影響も懸念されています。インボイス事業者の登録をしなければ、取引の対象から排除される懸念があるためです。地方消費税は 2.2 ％相当分を国から都道府県に消費額、人口、従業者等に応じて配分されるシステムであるため、事実上の地方譲与税になっています。逆進性緩和措置や小規模事業者への対応も必要です。

　一方、法人税、法人住民税とともに、税率の引き下げが実施されており、法人の**内部留保**は 2021 年度現在 480 兆円を超えています。法人税については、租税特別措置の見直しとともに税率の引き上げ等を図る必要があります。所得税は「１億円の壁」といわれる高所得者への優遇、**分離課税**による金融所得優遇を見なおすとともに、総合累進課税の強化を図る必要があります。いずれにしても、負担の不公平を是正する税制改革がのぞまれます。

　地方税をめぐっては、まず自治体課税権を確立させることです。税率決定権、徴収権、当年課税主義への転換を図る必要があります。住民税については、フラット化の影響で中・低所得階層に重い負担となっています。課税最低限を引き上げるなどの措置が講じられるべきです。固定資産税については、**市街化区域内農地の宅地並み課税**問題への対応や土地の用途に応じた複数税率の適用な

ども課題であるといえましょう。

　地方交付税については、自治体の最前線において住民の生活を改善し、地域経済を再生するためには地方一般財源総額の実質前年度同水準ルールを転換し、自治体一般財源保障を拡充することが求められます。また、人権保障のための現金給付・保険・社会サービスに係る国庫補助負担金の維持・拡充を図る必要があります。

　新しい時代にふさわしい基礎的自治体の規模と役割については、サステイナブル・ソサイエティと行政サービスのあり方を検討し、量から質への転換を図る必要があります。これまでは、広域行政への対応が優先されてきましたが、狭域行政の単位としての基礎的自治体の役割を再確認する必要があります。広域行政については、**一部事務組合、広域連合**などを活用して、その改革をすすめるべきです。農村自治体や小規模自治体を尊重し、都市と農村の連携を図ることが重要であるといえましょう。内発的発展をすすめる上では、基礎的自治体の役割が大きいといえます。それは、民間に依存できるのは大都市に限られるためです。デジタル化については、自治体を強化するうえで、公共性と人権に配慮しながら、IoT、AI、RPA 等を活用し、自治体職員は住民と向き合うしごとに力を入れるべきでしょう。デジタル化に際して、住民と向き合って公共性と人権保障を担う公務労働者の役割の重要性を考慮する必要があります。

　自治体財政について情報公開を徹底させ、透明性を確保するとともに、行政のみならず市民レベルでも検証することが必要です。そのためには、住民による共同学習を通じて市民白書をつくることが重要になっており、いま多くの地域で取組みが始まっています。

　地方自治は、**二層制**を維持しながら多様な基礎的自治体の存立と独自性を認めるとともに、都道府県が広域行政機能、市町村に対する補完・支援・調整機能および参加機能を発揮していくことが期待されます。アメリカでは、市町村数が約 8 万もあり、州とカウンティが財政調整的な役割を果たしています。フランスでも約 3 万 6000 の市町村があり、ドイツでも約 1 万 6000 の市町村があります。アメリカ大都市郊外では、市町村の規模は小さく、住民参加型の行財政運営が行われています。新しい時代にふさわしい維持可能な社会と分権型共同参画福祉社会への転換を図るためには、コミュニティ主体の自治を確立し、

コミュニティレベルでの住民参加が必要になってきます。ニューヨーク市のコミュニティ・ボードやイタリアの地区住民評議会はその先進的事例です。

　いま改めて、集権型行財政システムからの脱却を図りつつ、モノづくりからヒトづくりへ、コミュニティづくりへの転換が求められているのであり、分権型共同参画福祉社会に向けた方向性こそ示されるべきであるといえましょう。

●演習問題

①集権型システムを変えていくとすれば、どのような方向をめざすべきか、考えてみましょう。

②サステナブルな分権型共同参画型福祉社会に向けた国と地方の財政のあり方を考えてみましょう。

●参考文献

川瀬憲子（2011）『「分権改革」と地方財政——住民自治と福祉社会の展望』自治体研究社。

川瀬憲子（2022）『集権型システムと自治体財政——「分権改革」から「地方創生」へ』自治体研究社。

小西砂千夫（2022）『地方財政学——機能・制度・歴史』有斐閣。

重森暁・植田和弘編（2013）『Basic 地方財政論』有斐閣。

Stiglitz, Joseph E.（2002）*Globalization and Its Discontents*, Norton Paperback. 鈴木主税訳（2002）『世界を不幸にしたグローバリズムの正体』徳間書店。

関野満夫編著（2021）『現代地方財政の諸相』中央大学出版部。

Sen, Amartya（1995）*Inequality Reexamined*, Oxford University Press. 池本幸生・野上裕生・佐藤仁訳（2018）『不平等の再検討——潜在能力と自由』岩波現代文庫。

沼尾波子・池上岳彦・木村佳弘・高端正幸（2017）『地方財政を学ぶ』有斐閣。

佐藤進・高橋誠編（1987）『地方財政読本［第3版］』東洋経済新報社。

林健久編（2003）『地方財政読本［第5版］』東洋経済新報社。

平岡和久・自治体問題研究所編（2014）『新しい時代の地方自治像と財政——内発的発展の地方財政論』自治体研究社。

平岡和久（2020）『人口減少と危機のなかの地方行財政』自治体研究社。

藤田武夫（1976, 1978, 1984）『現代日本地方財政史［上・中・下］』日本評論社。

宮本憲一（1977）『財政改革』岩波書店。

宮本憲一・遠藤宏一編著（2006）『セミナー現代地方財政Ⅰ——「地域共同社会」再生の政治経済学』勁草書房。

宮本憲一・鶴田廣巳編（2008）『セミナー現代地方財政Ⅱ——世界にみる地方分権と

　地方財政』勁草書房。

宮本憲一（2016）『日本の地方自治　その歴史と未来［増補版］』自治体研究社。

森裕之・諸富徹・川勝健志編（2020）『現代社会資本論』有斐閣。

●おすすめの文献

川瀬憲子（2022）『集権型システムと自治体財政——「分権改革」から「地方創生」
　へ』自治体研究社。

平岡和久（2020）『人口減少と危機のなかの地方行財政——自治拡充型福祉国家を求
　めて』自治体研究社。

（川瀬憲子・平岡和久）

あ と が き

　本書の構想が持ちあがったのは、2022年夏のことです。新しい地方財政のテキストを作りたいという有志の思いから始まり、瞬く間に執筆者たちの手によって形あるものになりました。コンセプトはサブタイトルである「地域から考える自治と共同社会」に込められています。平和・環境・生存の危機に直面している現在は新しい時代への転換期でもあります。新しい時代のシステムをつくっていくための起点になるのが地域であり、地域の新たな取組みや共同社会的条件をつくっていくためには自治とそれを保障する地方財政が鍵となります。そうした思いから本テキストは編集されました。新しい時代には新しいテキストが必要です。本書はそのための模索の第一歩でもあります。

　本書の特徴は、地方経費論、地方税論、国と地方の財政関係論、予算論に加えて、社会保障・社会福祉、医療教育、まちづくり、廃棄物問題、観光、地域政策、農山漁村、原発・再生可能エネルギー、災害対策、基地問題、NPOなどのテーマ別に、典型事例を用いてわかりやすく解題するところにあります。地方財政論テキストは理論と制度を中心に論ずるのが一般的ですが、歴史的視点を加えることと事例を取り入れることによって課題が鮮明になるのではという思いから、本書で展開してきたような構成になりました。

　ところで、本書の執筆中に、国の予算案に大きな変化がみられました。2022年度の政府予算規模は107兆円超、軍事費（防衛関係費）は5兆3687億円と増加の一途を辿ってきましたが、2023年度予算案では114兆円超、軍事費は6兆7880億円と一挙に拡大したのです。2022年12月に策定された「防衛力整備計画」（2023〜2027年度）では、5年間で43兆円もの予算が計上されています。元利払いを入れると約60兆円になります。軍事費がほぼ倍増になり、そのための増税や社会サービスカットなどが検討されているのです。社会保障関係費については、実質的な伸びの抑制、国民健康保険制度の見直し、医療費や医療扶助の見直し、公立・公的病院の再編統合を含む見直しの検討などが進められてい

ます。教育費は一貫して抑制傾向にあり、GDPに対する公的教育支出の水準は先進国の中で最下位です。家族関係社会支出の水準も先進国のなかでも低い傾向にあります。

　こうした政府予算の方向性は、憲法9条への自衛隊明記や緊急事態条項を含む改憲の動きや、平和主義を根本から否定するような安保3文書改定の閣議決定ともリンクしています。平和主義、基本的人権の尊重、国民主権、地方自治は憲法の理念でもあり、地方財政を考える上においても、重要な要素となっているといえます。少子高齢化や人口減少への対応としては、他の先進国並みに教育や福祉を充実させる必要があります。

　2020年から始まるコロナ禍においては、雇用の不安定化がさらに促進され、惨事便乗型と呼ばれるように、新自由主義的諸政策による構造転換がよりいっそう進展しています。それはさらなる格差と貧困を拡大させることにつながっており、非正規雇用の拡大、ワーキングプア、行政のワーキングプア、子どもの貧困、女性の貧困なども大きな課題になっています。6人に1人の子どもが、相対的貧困、つまり中位所得の半分以下の貧困家庭にあたるという事態も生み出されており、NPOなどの手によって対応が行われているのが現状です。また、自治体では約半数の職員が非正規雇用です。戸籍などを扱う窓口業務の多くが、非正規雇用の職員によって、また、図書館、博物館など専門性の高い業務の多くが、指定管理者によって担われています。その大半が自治体からの委託料の範囲内で運営されるために、職員の多くが非正規の低賃金労働者です。

　現在、地方制度調査会答申の柱でもある「行政のデジタル化」、スマート自治体への転換と圏域行政、「地方創生」政策と集約型の国土再編、デジタル関連6法とデジタル庁設置に伴う統治機構の再編、監視を強める土地規制法の制定、経済安全保障法制定の動きなどがありますが、デジタルやAIを活用しつつ行政部門を縮小させるなど、いずれも地方自治や地方財政に大きな関わりをもっています。

　また、地球規模での環境危機が続くなかで、原子力発電所新設、再稼働の動きなども出ています。日本列島には数多くの活断層があります。原子力発電所の多くが活断層付近に位置していることから、原発に依存しない地域づくりがもとめられています。気候変動が常態化し、大規模災害のリスクも高まりをみ

せていますが、いまなお、東日本大震災と福島第一原発災害の対応も残された課題であり、国や電力会社を相手取った裁判も続いています。

　そうしたなかで、いま、各地でサステナブルな地域発展に向けた取組み、地域分散型の再生可能エネルギーに向けた取組み、自治体や市民による地域再生に向けた新しい協働の動きもまた盛り上がりをみせています。今後の動きに注目すべきでしょう。

　このような激動の時代に、地方財政について基礎から学ばれる読者の皆さまにとって、本書が少しでもお役に立てれば幸いです。末筆ながら、本書の作成にあたっては、自治体研究社の寺山浩司さんをはじめ、関係者の方々にたいへんお世話になりました。各章での執筆にあたっては、各自治体財政課や NPO などへのヒアリング調査にご協力いただきました多くの皆さまに厚く御礼申し上げます。

　2023 年 2 月

編著者一同

用語解説

[第1章]

競争的分権

アメリカに代表されるモデルであり、中央政府による財源保障機能・財政調整機能は弱く、地方財政に競争原理を導入することで、地方政府による住民のニーズに合った効率的な行政サービスが提供されることが期待できるというもの。

協調的分権

北欧諸国、ドイツ、カナダに代表されるモデルであり、地方自治充実のための中央政府による財源保障機能・財政調整機能が発揮されるとともに、州・地方政府間の水平的財政調整を含む財政における協調を特徴とする分権のあり方を指す。

自主財源主義と一般財源主義

自主財源主義とは、地方政府が地域共同需要をまかなうための財源を中央政府に依存するのでなく、自ら地方税を拡充することで調達することを重視する考え方。それに対して一般財源主義は地方税等の自主財源でなくても一般財源が保障されればよいという考え方であり、中央政府による地方交付税等による一般財源保障を重視する。この2つの考え方は、日本においては地方交付税の位置づけと関わっており、地方交付税を地方共有の自主財源として、そのあり方の決定に地方団体が参画する制度が実現すれば、自主財源主義に近づくことができるという見方もできる。

[第2章]

繰出金

性質別歳出の一分類。普通会計と公営事業会計との間または特別会計相互間において支出される経費、基金に対する支出のうち定額の資金を運用するためのもの、法非適用の公営企業に対する繰出などが含まれる。ただし、地方公営企業法が適用される公営企業への繰出は補助費等に含まれるため、繰出金には含まれない。

経常収支比率

地方自治体の財政構造の弾力性を判断するための指標。人件費、扶助費、公債費のように毎年度経常的に支出される経費（経常的経費）に充当された一般財源が、地方税、普通交付税を中心とする毎年度経常的に収入される一般財源（経常一般財源）、

減収補填債特例分、猶予特例債及び臨時財政対策債の合計額に占める割合（2022年現在）。

$$経常収支比率 = \frac{人件費、扶助費、公債費に充当した一般財源}{経常一般財源等（地方税＋普通交付税等）＋減収補填債特例分＋猶予特例分＋臨時財政対策債} \times 100$$

決算カード

　総務省が毎年実施している地方財政状況調査の集計結果にもとづいて、都道府県、市町村ごとの普通会計歳入・歳出決算額、各種財政指標等の状況について、自治体ごとに1枚にまとめられたもの。

財政力指数

　地方自治体の財政力を示す指数。基準財政収入額（標準的な状態で徴収が見込まれる税収入から算出した額）を基準財政需要額（標準的な状態で必要とされる財政需要から算出した額）で除した数値の過去3年間の平均値。一般的に指数が高いほど財政力が高いと判断される。

実質収支比率

　実質収支の標準財政規模に対する比率。実質収支とは、形式収支から翌年度に繰り越すべき財源を差し引いたものであり、その年度における実質的な収支の状況を判断するもの。翌年度に繰り越すべき財源とは、継続費の逓次繰越、繰越明許費、事故繰越、支払い繰り延べに伴い翌年度に繰り越すべき財源などである。実質収支は、これらの繰越事業を当該年度に執行し、その会計年度に発生した債務を当該年度に履行するものをさしている。

指定管理者制度

　地方自治体の公の施設の管理運営を地方自治体が指定する企業や団体に委任する制度。2003年の地方自治法一部改正によって導入された。公共サービスの質の向上や行政コストの削減が主な目的とされているが、医療・福祉・教育・文化など、本来地方自治体が直接その公的責任を負わなければならない施設まで指定管理者制度の対象となっていることから、問題点も指摘されている。

標準財政規模

　地方自治体の一般財源の標準財政規模を示す指標で、標準税率で課税された通常の地方税粗収入額に普通地方交付税と地方譲与税などを加算したもの。この数値が大きいほどその自治体は自主的な事業を行う財政力があるとされる。標準財政規模に対する実質収支の比率（実質収支比率）や公債費の標準財政規模に対する比率（公債費比

率など）、標準財政規模はその自治体の財政状況を知る上での指標の1つのとなる。ただし、地方財政法施行令附則第10条第1項の規定により、臨時財政対策債の発行可能額についても含まれる（2022年現在）。

ラスパイレス指数

地方自治体の職員構成が国のそれと同一と仮定して、国家公務員による指数を100として算定する地方公務員平均給与の指数。加重平均による指数で、100を大きく超える自治体に対しては、人件費抑制等の行政指導が常態化している。

［第3章］

公示地価（地価公示）

地価公示法に基づき算出される地価。国土交通省の土地鑑定委員会が毎年1回（1月1日時点）、都市計画区域内で標準地を選び、その単位面積当たりの正常な価格、その所在地などを公表する制度をさす。一般の土地取引の指標、公共事業の土地買収価格の算定基準などとして適正な地価形成を目指したもの。

消費税

事業者が事業として対価を得て行う資産の譲渡、貸付およびサービスの提供と外国貨物の輸入を課税対象とする。納税義務者は事業者となる。消費税は必ずしも消費者からの預かり金とはいえず、商品やサービスの代金に上乗せしているわけでもなく、消費税相当額はあくまでも当該取引において提供する物品や役務の対価の一部である。また、消費税は「付加価値（＝売上げ－仕入額）×税率」で算出されるが、正確にいえば、売上げや仕入額は製造（業者）や卸売（業者）、小売（業者）などさまざまな取引段階で発生している（課税売上高1000万円以下の場合、免税事業者として納税免除）。この取引に関して譲渡割は国内取引、貨物割は輸入取引としてイメージすることができる。なお、消費税の税率は2014年に8％、2019年に10％に引き上げられたと理解されることが多いが、地方消費税が含まれていることに注意を要する。

社会保障と税の一体改革

社会保障サービスの充実、安定と、そのための財源確保と財政健全化の同時達成を目指すものであり、2012年に関連八法案が成立した。その後、諸改革を実施に移していくために法制度の整備が図られたが、財源確保の狙いは消費税の税率引き上げにある。また、社会保障の充実は消費税の使途に関わるが、年金、医療、介護に少子化対策を加えることとされる。

地域決定型地方税制特例措置（わがまち特例）

地方自治体の自主性、自立性を一層高めるとともに、税制を通じて、これまで以上

に地方自治体が地域の実情に対応した政策を展開できるようにするという観点から、国が一律に定めていた内容を、地方自治体が判断し、条例で決定できるようにする仕組みとして2012年度より導入された（総務省ホームページ）。具体的には、課税標準や税額の特例割合。なお、前者では参酌基準、上限、下限は法律で定められ、一定のブレーキがかかる。

地方消費税交付金

各都道府県に帰属することとなった清算後の地方消費税収入については、その1/2が当該都道府県内の市町村に本交付金として交付される。市町村への交付基準は、税率引き上げ分（0.6％分）については人口（国勢調査）のみで按分され、従来分（0.5％分）については人口と従業者数（経済センサス基礎調査）1：1での按分となる。

付加価値額（法人事業税の課税標準）

「収益配分額＋単年度損益」をさす。収益配分額とは、「報酬給与額（給料、賞与、手当、退職金等の合計額）＋純支払利子（支払利子から受取利子を引いた額）＋純支払賃借料（土地・家屋にかかる支払賃借料から受取賃借料を引いた額）」。

不均一課税

地方税の課税方法の1つであり、通常と異なる税率などを適用することができる制度をさす。それは自治体（都道府県、市町村）の条例に基づくことになり、大半の税目で可能。そのなかには市町村合併にかかる不均一課税があげられ、合併前の一部の旧市町村で税負担が急増することを避けるために、一定期間、異なる税率が採用されることがある。また、固定資産税においてホテル業または旅館業の用に供する建物に対して不均一課税（減額）を行うケースもある。そこには政策課税としての性格がみられる。

普通税

収入の使途を特定せず、一般経費に充てるために課される税をさす。他方、収入の使途が特定されるものは目的税と呼ばれる。普通税のうち地方税法により税目が法定されているものを法定普通税といい、それ以外のもので地方自治体が一定の手続、要件に従い課するものを法定外普通税という。なお、法定目的税には都市計画税や入湯税が該当する。

［第4章］

基準財政収入額

各自治体の地方交付税算定基礎となる標準的な一般財源収入額。法定普通税、地方譲与税、一部の目的税（自動車取得税、経由取引税、事業所税）が対象とされ、法定

外普通税や目的税、国庫補助負担金、使用料・手数料などは対象外とされる。標準的な税収の 75 ％を基準税率として算入される方法が用いられている。

基準財政需要額

各自治体の地方交付税算定基礎となる「標準的な行政サービス水準」として算定されるもの。都道府県では人口 170 万人、市町村では人口 10 万人を標準団体と想定し、行政項目に分けてそれぞれの「測定単位」に「単位費用」を乗じ、さらに「補正係数」を乗じて算定される。補正係数には、人口規模に応じて 1 人当たりの経費が割高になることを考慮した「段階補正」、都市化に伴う費用が低減することを考慮した「密度補正」「態容補正」「数値急増補正」などがあるが、これらの補正係数は総務省令で定められている。

健全化判断比率

実質赤字比率、連結実質赤字比率、実質公債費比率および将来負担比率の 4 つの財政指標の総称。「地方公共団体の財政の健全化に関する法律」（2007 年法律第 94 号、2009 年施行）によって導入された。地方自治体は、この健全化判断比率のいずれかが早期健全化基準または財政再生基準となった場合には、財政健全化計画または財政再生計画を策定し、財政健全化団体または財政再生団体として、財政の健全化を図らなければならないとされる。

三位一体改革

2002 年の小泉内閣の経済財政諮問会議にて提起され、2004 年から 2006 年までの間に、国庫補助負担金の廃止・縮減、税源移譲、交付税の見直しを一体的に実施した改革。国庫補助負担金廃止・縮減は 4.7 兆円、交付税見直しは 5.1 兆円、税源移譲は 3 兆円。国庫補助負担金の廃止・縮減では義務教育費国庫負担率の引き下げ（1/2 → 1/3）や公立保育所等運営費交付金の廃止（一般財源化）などが実施された。

市場公募債

地方自治体が資本市場の投資家から幅広く資金を調達するために、公募形式で発行する地方債。公募団体は都道府県や政令指定都市など比較的財政規模が大きい自治体に限定される。

地方交付税特別会計

正式名称は「交付税及び譲与税配布金特別会計」であり、内閣府、総務省及び財務省が所轄している。地方交付税法にもとづいた国税（所得税、法人税、酒税、消費税）の一定割合と地方法人税の全額が、地方交付税の原資として国の一般会計からこの特別会計に繰り入れられている（2022 年度現在）。なお、原資の不足を理由とした旧大

蔵省の資金運用部資金を用いた借入金の増加が問題視され、2001年度より新規の借入金は停止されている。

地方財政調整制度

　国と地方自治体の間、および地方自治体間の財政上の格差・不均衡を調整し、すべての地域において標準的な行政水準を保障するための制度。広義には国と地方間の税源配分、使途を指定しない一般補助金、使途を指定した特定補助金、地方債の発行が含まれるが、一般的には狭義の一般補助金（地方交付税）を地方財政調整制度と呼んでいる場合が多く、本章でも後者の定義を採用している。

地方分権推進一括法

　「地方分権の推進を図るための関係法律の整備等に関する法律」（1999年法律第87号）。地方自治法関連法475本を改正した法律で、機関委任事務の廃止と法定受託事務への再編、自治体業務の義務づけや基準の緩和を主な内容としている。地方自治法では国の関与の定義と制限、国地方間の紛争にかかわる手続き等が新たに盛り込まれた。地方財政関係では地方債の許可制度の原則廃止や地方の課税権の拡充等が図られたが、地方債の事前協議制など国の関与は残された。2014年からは、地方分権改革推進委員会勧告方式から提案募集方式に変更され、2022年の12次一括法までの間に農地転用基準の緩和、地方版ハローワークの設置解禁、学童保育（放課後児童クラブ）の全国一律基準の撤廃などが実施されている。

地方創生推進交付金（まち・ひと・しごと創生交付金）

　まち・ひと・しごと創生法（2014年法律第136号）の規定に基づき策定した都道府県や市町村のまち・ひと・しごと創生総合戦略に位置付けられた自主的・主体的で先導的な事業の実施に要する費用充てられる交付金。交付率は事業費の1/2程度で、期間は5年。認定基準は自主性、官民連携、地域間連携、デジタル社会形成への寄与などであり、重要業績評価指標などについて達成状況をもとに検証される。

特別交付税

　地方交付税法にもとづき、地方自治体に配分されている地方交付税総額の6％相当額（2022年度現在まで）にあたるもの。普通交付税の算定において捕捉されなかった特別の財政需要や著しく過大に算定された財政収入があった場合、または普通交付税算定後に災害等によって特別の財政需要の増加や財政収入の減少があった場合に交付対象となる。都道府県分は総務大臣、市町村分は都道府県知事がそれぞれ算定を行う。

臨時財政対策債

　地方一般財源の不足に対処するため、投資的経費以外の経費にも充てられる地方財

政法第5条の特例として発行される地方債。2001年度以降、通常収支の財源不足額のうち、財源対策債等を除いた額を国と地方で折半し、国負担分は一般会計から地方交付税特別会計への繰入による加算（臨時財政対策加算）、地方負担分は臨時財政対策債により補填することとされている（2022年現在）。

[第5章]

アカウンタビリティ

説明責任と訳されることが多く、会計Accountingと責任Responsibilityを組み合わせた言葉。本来は企業経営者が株主などの出資者に対して、企業の経営状況を全般的に説明する責任があるということを示していたものだが、国や自治体財政においても、納税者への説明責任という意味でよく使われるようになっている。

専決処分

議会の議決を必要とする事件について、何らかの事情で不可能な場合、首長が専決処分を行い、後日議会の承認をえるという形で対応ができるという仕組みのこと。地方自治法第179条、第180条に規定があるが、2010年に当時の鹿児島県阿久根市長が対立する議員が多い定例議会を開催せず、専決処分を乱発するという事件があり、首長の専決処分の範囲に制限をかけるという法改正が2012年に行われるということがあった。

住民監査請求制度

地方自治法第242条において規定されており、住民は、自治体の首長や職員の違法または不当な行為や怠る事実に対して、監査委員に対し、事実を改めることや、必要な措置を講ずるべきことを監査請求できるという制度。住民が自治体を主権者としてコントロールするという財政民主主義の観点から、その理念の具体化として重要な制度の1つとなっている。

財政状況資料集

総務省が毎年、各自治体に対して「地方財政状況調査」を行い、財政関連情報の整理および公開を行っている。各自治体の決算は「決算カード」として個別に公開されているが、2010年からは他の類似団体の比較なども取りまとめた形で、「財政状況資料集」として公開するようになっている。自治体財政分析の資料として活用していきたい資料の1つ。

[第6章]

社会的排除

貧困は状態を指すものであるのに対して、社会的排除はプロセスを問題にする違い

があるといわれている。ある人が社会生活とのかかわりから排除されていくなかで、貧困状態へと陥ってしまうというプロセスをみたときに、個人の責任だけを指摘するのではなく、社会的に「包摂」する必要な手立てを求めるという、貧困問題を社会的な課題としてとらえる強い問題意識のある概念。

生存権

日本国憲法第25条、「すべて国民は、健康で文化的な最低限度の生活を営む権利を有する」という条文が、生存権の規定になっている。なお、第25条の2項も重要な規定で、「国は、すべての生活部面について、社会福祉、社会保障及び公衆衛生の向上及び増進に努めなければならない」となっており、国民の生存権の保障を国の義務としている。

水際作戦

本来は軍事用語として、上陸してくる敵を水際で撃滅する作戦のことを意味していたが、国外から国内に入れてはならない人や物を押しとどめるという検問のあり方としても使われたりすることがある。社会保障の現場では、利用者が申請をしないと利用できない制度、特に生活保護制度に関して、窓口で申請をさせずに利用させないという行政の態度を指すものとして使われている。

[第7章]

機会費用

人々の選択行動に関する経済学上の概念であり、複数の選択肢、たとえばAとBがあり、AではなくBを選択することによって失う利益を意味する。たとえば、独身で仕事を続けた場合の収入をA、結婚・出産を選んだ場合の収入をBとすれば、仕事と子育てがトレードオフの関係にあり、Bを選択した場合に減収になるとすれば、A－Bが機会費用となる。

互酬性

R.パットナムは、人々の協調行動を活発にすることによって社会の効率性を高めることのできる「社会的信頼」「互酬性の規範」「水平的ネットワーク」といった社会的仕組みの特徴を「ソーシャル・キャピタル」と定義づけた。とくに、地域再生や地域の持続可能性を高めるうえでは、世代間の互酬性（reciprocity）が重視されている。

社会福祉事業

社会福祉事業は、社会福祉法において第一種と第二種に区別されている。前者は、国、地方公共団体、社会福祉法人に経営主体が限定されているのに対して、後者は、経営主体の制限がない事業を指す。

処遇改善交付金

2021年11月19日に閣議決定された「コロナ克服・新時代開拓のための経済対策」に基づく「福祉・介護職員処遇改善臨時特例交付金」として、福祉・介護職員を対象に、賃上げ効果が継続される取り組みを行うことを前提として、収入を3％程度（平均月額9000円相当）引上げるための措置が実施された。対象期間は、2022年2月～9月まで、10月以降は臨時の報酬改定（福祉・介護職員等ベースアップ等支援加算）により継続された。

地域共生

地域住民の生活課題の複雑・複合化をふまえ、高齢者・障害者・児童の垣根を越えた地域拠点を軸とする重層的・包括的な支援体制をもつ地域社会づくりが求められている。惣万佳代子らによる富山型デイサービスを先駆けとして、高知県においても「あったかふれあいセンター」が高知型福祉して県内全域で展開されているが、社会福祉法等の2020年改正によっても地域共生社会の実現がめざされるようになっている。

[第8章]

後期高齢者医療制度

2006年の健康保険法等の改正（老人保健法の廃止）をふまえ、2008年度から、高齢者医療確保法に基づき、75歳という年齢によって区別し、独立化された初めての医療保険制度として創設、施行された。国、都道府県、市町村が分担する給付費の50％の公費負担率は固定させ、残りの50％のうち、10％は本人の保険料、40％は75歳未満の「支援金」で賄い始め、少子高齢化に伴う負担バランスを図ろうとするシステム。患者一部（窓口）負担割合は、現役並み所得者の3割負担とは別に、その年収等基準未満の一般所得者のうち、夫婦世帯で年収等320万円以上、単身世帯で200万円以上の場合、2022年10月から1割負担から2割負担へ引上げられた。なお、後期高齢者の保険料は、都道府県単位で定率の所得割と、定額の均等割によって構成され、個人別に課される。

マクロ経済スライド方式

物価スライド（前年度の物価の増減率に合わせた年金の増減）や賃金スライド（新規受給の際の過去の現役時代の賃金の現在価値への再評価）に対して、物価や賃金が上昇した場合でも、少子化と高齢化が進展した程度だけ年金額を抑制することにより、少子高齢化に伴う現役世代の負担を緩和しようとする政策を意味する。しかし、その結果、政府の見通し（財政検証）によっても、賃金と比べた年金の水準（賃金代替率）は政府目標の5割を割り込んでいくことが示されており、高齢者の生活の持続可能性が問われる。

2025 年問題

2025 年問題とは、戦後のいわゆるベビーブームに生まれた「団塊の世代」（1947～49 年生まれ、出生数約 806 万人）がすべて 75 歳以上になることによる医療・介護需要の拡大等に対応する課題を指す。総務省『令和 2 年国勢調査』の実施時点（2020年）では、約 596 万人が団塊の世代に該当する。同調査では 75 歳以上の人口約 1860万人（14.7 %）だが、2025 年には、後期高齢者人口は約 2179 万人（約 18.1 %）に増加するものと推計されている。内閣官房・内閣府・財務省・厚生労働省「2040 年を見据えた社会保障の将来見通し」（2018 年 5 月）によれば、医療給付費は 2018 年度約39.2 兆円から 2025 年度約 47.4～48.4 兆円に 1.2 倍化、介護給付費は 2018 年度約 10.7 兆円から 2025 年度約 15.3 兆円に 1.4 倍化することが見込まれている。

2040 年問題

2040 年問題とは、1971～74 年の第二次ベビーブームに生まれた「団塊ジュニア世代」が 65 歳～70 歳となる 2040 年には、少子高齢化が進行し、高齢者人口がピークに到達する（同時に、全都道府県で高齢化率が 30 %を超え、全国高齢化率は 35.3 %と推計）ことで生じる諸問題を指す。2040 年には後期高齢者人口が約 2239 万人になると推計されているが、前掲「2040 年を見据えた社会保障の将来見通し」によれば、2040 年度には社会保障給付費の対 GDP（国内総生産）比率が推計 23.8～24.1 %に増加（2025 年度時点では推計 21.7～21.8 %）し、医療給付費は 2040 年度約 66.7～68.5 兆円（2025 年度の 1.4 倍）、介護給付費は 2040 年度約 25.8 兆円（2025 年度の 1.7 倍）となることが見込まれている。

[第 9 章]

医療機関

法制度上、病院や診療所、薬局（調剤）などをさす。病院は 20 人（床）以上の入院設備を備える施設、診療所は 19 人（床）以下であるか、入院機能を有しない施設となる。私たちがまちのなかで見かける○○クリニック、△△内科、□□医院といった名称の大半は診療所に分類され、開業医と呼ばれる民間セクター（個人、法人）。ここで「大半」と付言したのは、民間に対して公立、公的と呼ばれる医療機関もあるため。

公衆衛生

人間が健康に生活できるための組織的社会活動をさす。本章ではさしあたり「保健」や「衛生」の意味を踏まえて、「地域ぐるみで健康を保つこと」と捉えることとする。

新型コロナウイルス感染症緊急包括支援交付金

交付対象は都道府県事業および都道府県の補助事業（市区町村、民間団体の事業）。

都道府県が病床確保、設備整備、医師等の派遣などに使える。具体的には、重症や中等症の患者を専用で受け入れる「重点医療機関」を都道府県が指定し、患者の発生に備えて病棟を空けておいても経営が悪化しないように、本交付金で収入を補填できるようにした。創設後に補助率は1/2から10/10に変更され、介護・福祉分野の支援も追加された。

前期高齢者交付金

　都道府県の国保事業において、65歳〜74歳の人（前期高齢者）の偏在による各保険者の財政負担の不均衡を是正するために、2008年度に創設された財源。前期高齢者が多く加入している国保には交付金が交付され、逆に職域の健康保険（協会けんぽや共済組合など）は納付金を納めることで負担が平準化されている。

［第10章］

義務教育費国庫負担制度

　日本国憲法第26条において、教育を受ける権利は国民の権利であるとされ、義務教育は無償とする、と定められている。国の義務として、義務教育にかかる費用は無償にし、国民が教育を受ける権利を保障する必要がある。そこで、国は義務教育費国庫負担制度により、義務教育に必要な経費のうち、最も重要なものである教職員の給与費について、その3分の1を負担することとしている。

給特法

　正式名称は、「公立の義務教育諸学校等の教育職員の給与等に関する特別措置法」。公立の義務教育諸学校等の教育職員の職務と勤務態様の特殊性に基づき、給与その他の勤務条件について特例を定める、ということが法の目的。校長、副校長及び教頭を除く教職員について、給料月額の4％に相当する額を基準として、教職調整額を支給する代わりに、時間外勤務手当及び休日勤務手当は、支給しないというもの。

公民館

　公民館は、社会教育法第20条において、地域住民のために、生活に関する教育、学術および文化に関する各種の事業を行い、住民の教養の向上や健康の増進を図り、生活文化の振興、社会福祉の増進に寄与することを目的と設置するものとされている。公民館を設置できるのは、市町村か、一般社団法人または一般財団法人。社会教育法に規定のない、「私設公民館」も広く存在している。

［第11章］

アメニティ

　市場価値では評価できない生活環境をさす。自然、歴史的文化財、街並み、地域文

化、コミュニティの連帯、地域的公共サービス、交通の利便性などを内容としている。「住み心地のよさ」あるいは「快適な居住環境」を構成する複合的な要因を総称している（宮本憲一［2007］『環境経済学［新版］』）。イギリスではアメニティ法によりアメニティ権が保障されている。

公共施設等総合管理計画

2014年に総務省から地方自治体に対して策定要請された公共施設等の老朽化対策をいう。公共施設、公用施設その他の当該自治体が所有する建築物その他の工作物をさしており、いわゆるハコモノの他、道路・橋りょう等の土木建造物、公営企業の施設（上下水道等）等を対象としている。公共施設ごとの長寿命化計画や公共施設統廃合計画なども含まれる。

公共施設等適正管理推進事業債

2017年に創設された地方債。対象事業は、個別施設計画に位置付けられた公共施設等の集約化・複合化、立地適正化計画に基づく単独事業であり、コンパクトシティの推進に特に資するよう、立地適正化計画に定められた都市機能誘導区域内または居住誘導区域内で実施することが前提となっている。元利償還に対して30％～50％の地方交付税措置が講じられる。

立地適正化計画

2014年「都市再生特別措置法等の一部を改正する法律」が施行され、それに基づき創設された計画。コンパクトなまちづくりと公共交通ネットワークの再編（地域公共交通活性化再生法）を活用した「コンパクトプラスネットワーク」推進を目的とし、居住誘導区域や都市機能誘導区域を設けて、居住、医療、商業などの公共サービスの立地「適正化」を行うもの。

［第12章］

ガス化溶融炉

従来の焼却炉よりも300～600度高い1300～1500度の高温で燃焼させ、不完全燃焼によって発生するダイオキシンの濃度を大幅に低減させる、新しい技術を導入した炉のこと。1990年代後半以降、多くの地方自治体が導入している。焼却灰や不燃物などを溶融するため、最終処分量を大きく削減できるというメリットがある一方で、一度に大量に廃棄物を炉に投入・処理することが必要でReduceとは矛盾すること、建設・運営費用が高額になる、といった課題を抱えている。

[第13章]

議会制民主主義

主権者たる国民が、代表者としての議会に権力の行使を委ねることで実現する政治のあり方。議会を通さずに直接執行したり、コントロールしたりするのが直接民主主義。

規模の経済

もともとは工場等で同じ設備を使っても多くの製品を作ったほうが、製品1単位当たりのコストが小さくて済むこと。ここから、公共施設等においても、人口の多い自治体のほうがコストが安く済む意味としても使われる。

上下分離

上（ランニング）と下（設備の建設等）に分ける考え方。上下水道ばかりではなく、交通事業にも導入の動きがある。「上下」を切り離せば、「上」が軽くなることは自明のことである。

[第14章]

類似団体

国勢調査の結果得られた人口と産業構造（産業別就業人口の構成比）の2つの基準に基づいて総務省によって作成された市町村の類型。総務省の直近の資料によると、政令指定都市、特別区、中核市、施行時特例市についてはそれぞれ1類型ずつ、都市については16類型、町村については15類型設定されている。

[第15章]

地域開発政策

戦後の日本においては国主導の地域開発が実施されてきた。その手法は、全国総合開発計画に代表される大規模な開発計画に基づく開発と、新産業都市建設促進法やテクノポリス法、リゾート法などの特定の産業分野に着目した開発に大別される。なお両者は無関係ではなく、前者では太平洋ベルト地帯の形成や高速交通ネットワークの整備といった大きな目標が提示され、後者の個別事業によって具体的な開発が進められるといった関係にある。

[第16章]

多面的機能支払交付金

農業・農村の多面的機能の維持、発揮を図るために地域の共同活動を支援するための制度として、2014年度から実施されている。農用地、水路、農道等の地域資源およ

び農村環境の保全ならびに水路、農道等の施設の長寿命化を図るために、地域共同により農地維持活動や資源向上活動に取り組む活動組織に対して、農地維持支払交付金および資源向上支払交付金が交付される。

中山間地域等直接支払交付金

農業の生産条件が不利な地域における農業生産活動を継続するために、国および地方自治体による支援を行う制度として2000年度から実施されている。そして、2015年度からは「農業の有する多面的機能の発揮の促進に関する法律」に基づいた安定的な措置として位置づけられている（多面的機能支払や、有機栽培や堆肥の施用などを対象とする環境保全型農業直接支払の各交付金も同様の位置づけとなる）。集落等を単位に、農用地を維持・管理していくための取決め（協定）を締結し、それにしたがって農業生産活動等を行う場合に、面積に応じて一定額が交付される仕組み。

森林整備地域活動支援交付金

森林の有する多面的機能が十分に発揮されるように、適切な森林整備の推進を図る観点から、市町村長と締結した協定に基づき行われる森林経営計画作成、森林境界の明確化などに対して交付され、2012年度から実施されている。具体的な対象は、森林所有者等による計画的かつ一体的な森林施業の実施や森林整備に対する意欲向上につなげる地域活動、林業事業体等による施業実施の前提となる境界の測量、間伐等実施のための関係者の同意の取り付け等を図る地域活動。

［第17章］

FIT（feed in tariff）

再生可能エネルギーによる電気を、電力会社が一定価格で一定期間買い取ることを約束する「固定価格買取制度」のこと。しかし2017年、再生可能エネルギーの送電網への優先接続を電力会社に義務付ける条項が形骸化され、再生可能エネルギーの普及が妨げられているなど、問題点を抱えている。

［第18章］

災害ケースマネジメント

専門家が連携して被災者の個別の課題にそって生活再建を後押しする仕組み。支援する側が待ちの姿勢ではなく、被災者のもとに積極的に出向いていくスタイル。

事前復興

過去の災害の教訓を踏まえて、特定の、あるいはさまざまな大災害を想定し、減災のための（被害を最小限にするための）ハード、ソフトの事業を実施しておくこと。地域経済・社会の動向を踏まえながら、防災、復興のためのまちづくりを準備してお

くことでもあり、地域住民や事業者と行政などとの協働で推進していくことが想定されている。

ハザードマップ
　一般的に「自然災害による被害の軽減や防災対策に使用する目的で、被災想定区域や避難場所・避難経路などの防災関係施設の位置などを表示した地図」とされている。別名あるいは類似のものとして、防災マップ、被害予測図、被害想定図、アボイド（回避）マップ、リスクマップがある（国土交通省国土地理院）。

被災者生活再建支援制度
　都道府県が相互扶助の観点から拠出した基金を活用して支援金を支給するとともに、国が支援金の一定割合を補助することにより、被災者の生活再建を支援し、もって住民の生活の安定と被災地の速やかな復興に資することを目的としている。「同一の市町村で 10 世帯以上の住宅が全壊」、「同一の都道府県で 100 世帯以上の住宅が全壊」などの条件を満たすと制度が適用される。支援金は基礎支援金と加算支援金で構成され、改正後に全壊と大規模半壊に加えて、中規模半壊が対象となったが、基礎支援金の対象外となっている。

[第 19 章]

日米地位協定
　「日本国とアメリカ合州国との間の相互協力及び安全保障条約第 6 条に基づく施設及び区域並びに日本国における合州国軍隊の地位に関する協定」（1960 年 6 月 23 日号外条約第 7 号）の略称。本章で述べた租税免除など米軍の治外法権的特権は、この協定によって保証されている。アメリカ合州国政府は、自国の軍隊を派遣している諸国と地位協定を結んでいるが、近年、伊勢崎賢治・布施祐二（2021）、前泊博盛（2013）、そして沖縄県の調査報告書（沖縄県庁ホームページの「地位協定ポータルサイト」に掲載）などによって、諸外国と比べて日本の主権放棄ぶりの異常さが明らかになっている。

[第 20 章]

公益法人制度改革
　2006 年から 2008 年に、明治期の公益法人制度成立以来の制度改革が実施された。法人の設立が登記だけで可能になり、法人格の取得が容易になった。また、法人の設立と公益認定とが切り分けられ、税制優遇を受けるには、法人設立とは別に審査されることになった。これにより主務官庁制は廃止された。

フルコスト・リカバリー

　行政が非営利・協同部門の組織に支払う費用を積算するにあたり、直接の事業経費は積算されるが、非営利・協同部門の組織維持や、効果的な事業開発に必要なコスト（事業の人件費や管理人件費、事務所維持費など）が見落とされている現状がある。そのため、コストが十分カバーできるよう積算するべきという主張である。

［第21章］

合計特殊出生率

　15歳から49歳までの女性の年齢別出生率を合計したものであり、「一人の女性が一生の間に生む子どもの数」と解釈される。「コーホート合計特殊出生率」（世代ごとの出生率）と「期間合計特殊出生率」（その年における各年齢階層の女性の出生率の合計）の2通りがあるが、後者が使われることが多い。合計特殊出生率が人口置換率（約2.07。長期的にみて人口が減りもせず増えもしない出生の水準）を下回るほど、長期的に人口減少が加速する。

ベンダロックイン

　自治体などが情報システムを使い続けるために、そのシステムを導入した特定の事業者（ベンダー）以外の事業者が作業を行うことができないため、その特定事業者を利用し続けるしかない状態を指す。2022年2月の公正取引委員会の調査によれば、多くの自治体でベンダロックインがみられている。

夕張ショック

　2006年、北海道夕張市の会計操作による粉飾決算が明らかになり、夕張市が財政再建団体を申請し、国の管理下におかれたことは全国の自治体に大きな反響を呼んだ。夕張市の「財政破綻」を契機に財政が悪化した自治体への注目が集まるとともに、現行の財政再建団体制度の不備が指摘され、「自治体破綻法制」の導入論へとつながった。結果的には「破綻法制」ではなく、自治体財政健全化法が成立し、自治体財政に対する国の統制が強化された。

［第22章］

シビル・ミニマム

　ナショナル・ミニマムが国の責任において健康で文化的な生活を保障する水準を示すのに対して、地域における文化的生活を保障する指標と水準を指しており、自治体独自の政策目標として革新自治体において提起されたもの。シビル・ミニマムを理論化した松下圭一によれば、都市的社会における市民の生活基準として地方自治体が保障すべき生存権（社会保障・社会資本・社会保健）をさしている。実施主体は地方自治体だが、そのためには地域民主主義、市民自治、民主政治が行わなければならない

とされる。しかし、シビル・ミニマムの理論は都市化を前提としていることや産業政策が欠如している点なども指摘されている。最近ではシビル・オプティマム論の提起もみられる。

ナショナル・ミニマム

国家が国民に対して保障すべき必要最低限の生活水準のことをさす。1920年代にウェッブ夫妻によって、すべての国民に最低限の生活を保障するための諸条件が整備されるべきであると提起され、福祉国家の概念として用いられるようになる。1942年にはイギリスの「ベバリッジ報告」において、すべての国民に最低生活費水準の所得を保障することが国の義務であるとされた。日本では「国家的最低行政水準」や「国民的最低居住水準」の意味で用いられることが多い。

補完性原則

住民に最も身近な基礎自治体である市町村に対して優先的に事務配分を行い、広域政府（州政府や都道府県など）や中央政府はそれを補完する役割を担うという考え方。1985年に採択されたヨーロッパ地方自治憲章、1998年の世界地方自治憲章草案などの提起を受けて、日本でも1999年の地方分権推進一括法の地方自治法改正において「住民に身近な行政はできる限り地方公共団体に委ねること」（第一条の二第二項）を基本とする内容が盛り込まれた。

PPPとPFI

PPPはPublic Private Partnershipの略。従来、公共部門が担ってきた公共施設の建設、維持管理、運営などにおいて、民間資本や民間のノウハウを利用し、効率化をめざす手法の総称。PFIはPublic Finance Initiativeの略。公共施設等の建設、維持管理、運営などを民間の資金、経営能力及び技術的能力を活用する公共事業の手法をいう。いずれも、行政責任やリスク負担のあり方、住民参加の保障などが課題とされる。

[補注] 地方財政に関する用語解説については、主として総務省『地方財政白書』各年度版、重森暁・植田和弘編（2013）『Basic 地方財政論』有斐閣、宮本憲一・遠藤宏一編著（2006）『セミナー現代地方財政Ⅰ──「地域共同社会」再生の政治経済学』勁草書房等を参照。

索 引

執筆者紹介／執筆分担

平岡和久（ひらおか・かずひさ）　序章、第 1 章、第 21 章、第 22 章
立命館大学政策科学部教授。1993 年大阪市立大学大学院経済学研究科博士後期課程単位取得退学。専門は財政学、地方財政学。
著書等　『学校統廃合を超えて――持続可能な学校と地域づくり』（共編著）自治体研究社、2022 年、『新型コロナウイルス感染症と自治体の攻防［コロナと自治体 1］』（共編著）自治体研究社、2020 年、『人口減少と危機のなかの地方行財政――自治拡充型福祉国家を求めて』自治体研究社、2020 年、など。

川瀬憲子（かわせ・のりこ）　第 2 章、第 4 章、第 11 章、第 21 章、第 22 章
静岡大学人文社会科学部教授。1990 年大阪市立大学大学院経営学研究科博士課程単位取得退学。経済学博士（京都大学）。専門は財政学、地方財政学。
著書等　『集権型システムと自治体財政――「分権改革」から「地方創生」へ』自治体研究社、2022 年、『アメリカの補助金と州・地方財政――ジョンソン政権からオバマ政権へ』勁草書房、2012 年、『「分権改革」と地方財政―住民自治と福祉社会の展望』自治体研究社、2011 年、など。

葉田但馬（くわだ・たじま）　第 3 章、第 9 章、第 16 章、第 18 章
立命館大学経済学部教授。2003 年立命館大学大学院経済学研究科博士課程単位取得満期退学。経済学博士（立命館大学）。専門は財政学、地方財政学、地域経済学。
著書等　『地域・自治体の復興行財政・経済社会の課題――東日本大震災・岩手の軌跡から』クリエイツかもがわ、2016 年、『過疎自治体財政の研究――「小さくても輝く」ための条件』自治体研究社、2006 年、など。

霜田博史（しもだ・ひろふみ）　第 5 章、第 6 章、第 10 章
高知大学人文社会科学部教授。2006 年京都大学大学院経済学研究科博士後期課程学修指導認定取得退学。経済学博士（京都大学）。専門は財政学、地方財政学。
著書等　『小さな拠点を軸とする共生型地域づくり――地方消滅論を超えて』（共著）晃洋書房、2018 年、『欧州グローバル化の新ステージ』（共著）文理閣、2015 年、など。

田中きよむ（たなか・きよむ）　第 7 章、第 8 章
高知県立大学社会福祉学部教授。1990 年滋賀大学大学院経済学研究科修士課程修了（経済学修士）。1993 年京都大学大学院経済学研究科後期課程単位取得退学。専門は社会保障論、地域福祉論。
著書等　『社会保障システム』ビジネス実用社、2023 年、『少子高齢社会の社会保障・地域福祉論』中央法規出版、2021 年、『小さな拠点を軸とする共生型地域づくり――地方消滅論を超えて』（編著）晃洋書房、2018 年　など。

関　耕平（せき・こうへい）　第 12 章、第 17 章
島根大学法文学部教授。2005 年一橋大学大学院経済学研究科博士課程単位取得退学。同大学院にて博士（経済学）。専門は財政学、地方財政学。
著書等　『地域から考える環境と経済――アクティブな環境経済学入門』（共著）有斐閣、2019 年、『「公共私」・「広域」の連携と自治の課題』（分担執筆）自治体研究社、2021 年、『「教

育＋若者」が切り拓く未来──山陰発・持続可能な地域へのアプローチ』（共著）今井印刷、2022 年、など。

中島正博（なかじま・まさひろ）　第 13 章
和歌山県上富田町総務課長。2009 年中央大学大学院経済学研究科経済学専攻博士課程後期課程修了。博士（経済学）（中央大学）。専門は、財政学、地方財政学、地域創生論。
著書等　『「競争の時代」の国・地方財政関係論──一般財源は自治体の自由になるのか』自治体研究社、2019 年。「人口減少による町村の地方交付税配分の変化についての考察」『日本地域政策研究』29 巻所収、2022 年、など。

太田隆之（おおた・たかゆき）　第 14 章
静岡大学地域創造学環・人文社会科学部准教授。2007 年京都大学大学院経済学研究科博士後期課程修了。経済学博士（京都大学）。専門は地方財政学、地域政策論。
著書等　『入門地域付加価値創造分析』（分担執筆）日本評論社、2019 年、『再生可能エネルギーと地域再生』（分担執筆）日本評論社、2015 年、『観光の活性化と地域振興──伊豆の観光を考える』（分担執筆）新評論、2015 年、など。

江成　穣（えなり・ゆたか）　第 15 章
松山大学経済学部特任講師。2020 年立命館大学政策科学研究科博士後期課程修了。政策科学博士（立命館大学）。専門は地域経済学、地方財政学。
著書等　『東アジアのグローバル地域経済論』（分担執筆）大月書店、2022 年、「内発的発展論における地域産業政策の位置づけ──長野県飯田下伊那地域を事例として」『政策科学』第 28 巻第 1 号、2020 年、など。

川瀬光義（かわせ・みつよし）　第 19 章
京都府立大学名誉教授。京都大学大学院経済学研究科博士後期課程指導認定退学。経済学博士（京都大学）。専門は地方財政学、地域経済学。
著書　『基地と財政』自治体研究社、2018 年、『基地維持政策と財政』日本経済評論社、2013 年、『幻想の自治体財政改革』日本経済評論社、2007 年、など。

栗本裕見（くりもと・ゆみ）　第 20 章
佛教大学非常勤講師。2004 年大阪市立大学大学院法学研究科博士課程後期課程単位取得退学。専門は地方自治、NPO 論。
著書等　「自治体改革の中のコミュニティ施策」『都市と社会』（大阪市立大学都市研究プラザ）第 5 号、2021 年、『ローカルガバナンスとデモクラシー──地方自治の新たなかたち』（共著）法律文化社、2016 年、など。

編著者

平岡和久（ひらおか・かずひさ）立命館大学政策科学部教授
川瀬憲子（かわせ・のりこ）静岡大学人文社会科学部教授
桒田但馬（くわだ・たじま）立命館大学経済学部教授
霜田博史（しもだ・ひろふみ）高知大学人文社会科学部教授

執筆者（執筆分担順）

田中きよむ（たなか・きよむ）高知県立大学社会福祉学部教授
関　耕平（せき・こうへい）島根大学法文学部教授
中島正博（なかじま・まさひろ）和歌山県上富田町総務課長
太田隆之（おおた・たかゆき）静岡大学地域創造学環・人文社会科学部准教授
江成　穣（えなり・ゆたか）松山大学経済学部特任講師
川瀬光義（かわせ・みつよし）京都府立大学名誉教授
栗本裕見（くりもと・ゆみ）佛教大学非常勤講師

＊詳しくは「執筆者紹介／執筆分担」参照。

入門　地方財政
──地域から考える自治と共同社会

2023 年 3 月 30 日　　初版第 1 刷発行

　　　　　　　編著者　平岡和久・川瀬憲子
　　　　　　　　　　　桒田但馬・霜田博史

　　　　　　　発行者　長平　弘

　　　　　　　発行所　㈱自治体研究社
　　　　　　　　　　　〒162-8512 東京都新宿区矢来町 123 矢来ビル 4F
　　　　　　　　　　　TEL：03・3235・5941／FAX：03・3235・5933
　　　　　　　　　　　https://www.jichiken.jp/
　　　　　　　　　　　E-Mail：info@jichiken.jp

ISBN978-4-88037-752-0 C0033　　　　　　印刷・製本／美研プリンティング株式会社

自治体研究社 ─────

人口減少と危機のなかの地方行財政
──自治拡充型福祉国家を求めて

平岡和久著　定価1870円

新型コロナ感染症への対応のなかで公共部門の空洞化が明らかになった。住民生活と地域を維持するために地方行財政はどうあるべきか考える。

自治体財政を診断する
──『財政状況資料集』の使い方

森　裕之著　定価1870円

『財政状況資料集』をページごとに解説して、データが示す多面的な情報を読み解く。自治体財政にアクセスするための市民・議員必携の一冊。

市民と議員のための自治体財政
──これでわかる基本と勘どころ

森　裕之著　定価1650円

まちの財政はどうなっているのか。「財政」を「家計」に置き換えて身近なお金の動きと比較対照して自治体財政の仕組みを分かりやすく解説。

「競争の時代」の国・地方財政関係論
── 一般財源は自治体の自由になるのか

中島正博著　定価2750円

1980年代後半からの30年間の国と地方の財政関係を地方財政計画に基づいて分析し、分権と集権のせめぎ合いの中で一般財源のあり方を検証。

データベースで読み解く自治体財政
──地方財政状況調査DBの活用

武田公子著　定価1760円

市町村の財政状況を表わす「地方財政状況調査個別データ」が総務省のウェブサイトで公開されている。その活用の仕方を分かりやすく解説。